The Mirror of Jaume Roig:

An Edition and an English Translation of MS. Vat. Lat. 4806

MEDIEVAL AND RENAISSANCE
TEXTS AND STUDIES

VOLUME 350

The Mirror of Jaume Roig:
An Edition and an English Translation of MS. Vat. Lat. 4806

María Celeste Delgado-Librero

ACMRS
(Arizona Center for Medieval and Renaissance Studies)
Tempe, Arizona
2010

*The publication of this volume has been greatly assisted by
a grant from the Program for Cultural Cooperation between
Spain's Ministry of Culture and United States Universities.*

Published by ACMRS (Arizona Center for Medieval and Renaissance Studies)
Tempe, Arizona
© 2010 Arizona Board of Regents for Arizona State University.
All Rights Reserved.

Library of Congress Cataloging-in-Publication Data

Roig, Jaume, d. 1478.
 [Spill]
 The mirror of Jaume Roig : an edition and an English translation of Ms. Vat. Lat. 4806 / Maria Celeste Delgado-Librero.
  p. cm. -- (Medieval and Renaissance texts and studies ; v. 350)
 Text in Catalan, with English translations, and introduction and commentaries in English.
 Includes bibliographical references and index.
 ISBN 978-0-86698-398-3 (alk. paper)
 1. Roig, Jaume, d. 1478. Spill. I. Delgado-Librero, Maria Celeste. II. Roig, Jaume, d. 1478. Spill. English. III. Biblioteca apostolica vaticana. Manuscript. Vat. Lat. 4806. IV. Title.
 PC3937.R6S7 2010
 849'.913--dc22

2010027182

Cover Art:
Hours of Catherine of Cleves
MS M.917, p. 139
The Pierpont Morgan Library, New York.
Image courtesy of Faksimile Verlag Luzern.

∞
This book is made to last. It is set in Adobe Caslon Pro,
smyth-sewn and printed on acid-free paper to library specifications.
Printed in the United States of America

*For Lisa N. Johnston,
whose name, in all justice,
should appear next to mine
on the title page.*

Table of Contents

Acknowledgments ix

Introduction

I. Jaume Roig 1
   A. Jaume Roig's Biographers 1
   B. Jaume Roig's Biography 3
   C. Jaume Roig: Author of *The Mirror*? 6

II. Historical Context 7

III. *The Mirror* 13
   A. The Manuscript 13
   B. Previous Editions 14
   C. Title 19
   D. Modernizations and Prosifications 19
   E. Translations 20
   F. Structure 20
   G. Prosody 21
   H. Language and Style 22
   I. Genre, Narrative Techniques, and Purpose of *The Mirror* ... 27
      1. Autobiographical Fiction; Dream; *Speculum* ... 28
      2. Picaresque 33
      3. Sermon 36
      4. Misogyny 39

Bibliography 47

Transcription of MS. Vat. lat. 4806

Transcription Criteria 61

Transcription of MS. Vat. lat. 4806 65

Translation of MS. Vat. lat. 4806

Translation Criteria 269

Translation of MS. Vat. lat. 4806 271

Index of Proper Names 429

Acknowledgments

Many people have contributed to the creation of this book in many different ways. I am very grateful to Michael Gerli, Alison Weber, and Ricardo Padrón at the University of Virginia; to José Saval at the University of Edinburgh; to David Wacks at the University of Oregon; and to so many people at Sweet Briar College: everyone in the Department of Modern Languages and Literatures (Rosalia Ascari, Pam DeWeese, Ron Horwege, Alix Ingber, Marie-Thérèse Killiam, Dominique Leveau, Angelo Metzidakis, and Margaret Stanton), Toni Hudson and Helen Grose at the Junior Year in Spain, Steve Wassell, and Thelma Jordan, Shirley Reid, John Jaffe, and, most especially, Lisa Johnston at the Library.

Introduction

I. Jaume Roig

A. Jaume Roig's Biographers

Until the eighteenth century, the only known facts about Jaume Roig were those included in the first edition of *The Mirror* (Valencia, 1531): "Here begins the book of women, arranged by the magnificent Jaume Roig, famous doctor of the most serene queen Donya Maria; it offers examples and advice given by him to his nephew Baltasar Bou, Lord of Callosa, whom he loved dearly."[1] At the beginning of the eighteenth century, Father Joseph Rodríguez attempted the first reconstruction of Roig's life in his *Biblioteca valentina*, published in 1747. Since reliable data were scarce at the time, Rodríguez resorted to the purported autobiographical information contained in the poem itself, a dangerous trend that was later continued by other scholars and that produced many errors. After Rodríguez, much more research was conducted on Jaume Roig's life, which yielded an abundance of archival documents. Unfortunately, the investigators who collected these documents[2] failed to realize that some of the data did not refer to the author of *The Mirror*, but to other persons by the name of Roig, a circumstance that led to further erroneous assumptions about our author.[3]

Finally, in 1905, most of these mistakes were rectified when Roc Chabàs i Llorente, canon of the Cathedral of Valencia, published a very detailed biography of Jaume Roig in an appendix to his edition of *The Mirror*. His main source, apart from archival documents contemporary to Jaume Roig, was a manuscript about the Roig family written by a certain Francesc Roig, born in 1659. According to

---

[1] "Comença lo libre de les dones, ordenat per lo magnifich en Jaume Roig, doctor famos de la serenissima senyora reyna Dona Maria; es exemplar e de consells per ell donats a son nebot en Balthasar Bou, senyor de Callosa, qui molt amava." Quoted by Ramon Miquel i Planas, *Spill o Libre de consells de Jaume Roig: Poema satírich del segle XV*, 2 vols. (Barcelona: Biblioteca Catalana, 1929–1950), 1:4. All English translations of texts in other languages included in this introduction are my own.

[2] Antonio Bastero, Vicent Ximeno, Cerdà i Rico, Nicolás Antonio, Just Pastor Fuster, Gayangos, Pelay Briz, Manuel Milà i Fontanals, Rafael Ferrer i Bigné, and Joaquin Serrano Cañete (Miquel i Planas, *Spill o Libre de consells*, 1:x).

[3] Miquel i Planas, *Spill o Libre de consells*, 1:x.

Chabàs, this document, known as the Alcahalí manuscript because it was kept in the archives of the Baron of Alcahalí, provided information that, although distant in time by more than two hundred years and occasionally inaccurate, seemed to proceed from generally good sources.[4] Chabàs used these materials to disprove several allegedly autobiographical facts contained in *The Mirror*, in an attempt to distinguish the author from the narrator. Regrettably, he was not always consistent. On some occasions he was inclined to accept certain facts as semi-autobiographical, arguing that "perchance under the crust of the fiction itself, which is but a disguised truth, we will find the answer we are looking for."[5] Thus, for example, he conjectured that the protagonist's first trip to Catalonia must be a disguised version of Jaume Roig's experiences in Lleida, where he must have attended the only university that existed in the region at the time.[6] Chabàs supported this theory upon the knowledge of anecdotes and customs of the region that the poet exhibits in lines 1,866–1,880 and 12,899–12,900.[7] Other times Chabàs accepted certain facts at face value, without offering any justification. Such is the case of his admission as autobiographical of what is said in lines 1,957–1,959 about the protagonist of the poem: that he had left Paris (where Roig supposedly attended the university according to the Alcahalí manuscript) and returned to Valencia at the age of thirty-two. While Chabàs generally admitted that such speculations were merely plausible, but in no way verifiable, other scholars who have based their biographical information on Chabàs's work have neglected to exercise the same caution.

Ramon Miquel i Planas, author of the most authoritative edition of *The Mirror* (1929–1950), relied on Chabàs's account of Roig's life, but he omitted his predecessor's frequent speculations, including only those facts that could be confirmed by archival documents. The following account attempts to do the same.

---

[4] Roc Chabàs i Llorente, *Spill o Libre de les Dones per Mestre Jacme Roig* (Barcelona and Madrid: L'Avenc, 1905), 414.

[5] "Acaso en la misma ficción, que no es otra cosa que una verdad desfigurada, debajo de su corteza encontraremos la respuesta que buscamos" (Chabàs i Llorente, *Spill o Libre de les Dones*, 420).

[6] Chabàs i Llorente, *Spill o Libre de les Dones*, 420.

[7] Lines 1,866–1,880: "Upon entering Lleida, I saw a baker woman being drawn and then quartered only because she was a go-between and she had led her son to sleep with her youthful customers in the woodshed. With great rigor they executed her and let her son go for being so valiant in his youth." Lines 12,899–12,900: "like that bread that is made in Lleida."

B. Jaume Roig's Biography

From lines 7,278–7,281 of *The Mirror* Chabàs surmised that Jaume Roig was born in Valencia to a family with noble origins.[8] The exact date of his birth is unknown, although Chabàs calculated that Roig must have been born at the beginning of the fifteenth century. His family had come originally from Mataró, near Barcelona. His grandfather, Pere Roig, had been a notary, and his father, also named Jaume Roig, a doctor of medicine and law. From the fact that the male members of the family worked in such professions Chabàs deduced that, in spite of their noble origins, they must not have been very wealthy.[9] According to the Alcahalí manuscript, Roig's mother was called Francisca Pérez de Borrell, although there are no other documents that confirm this information. The documentary evidence reveals that our Jaume Roig had at least one brother, Pere, who became a canon and doctor of law, theology, and medicine, and two sisters.[10]

Jaume Roig *pus jove* (junior),[11] as he is identified in some documents in order to distinguish him from his father, Jaume Roig *lo vell* or *lo antich* (senior), married Isabel Pellicer. According to Roig's last will and testament, the couple had at least six children: Gaspar Jeroni (a knight), Jaume Honorat (a canon), Joanot Batista, Leonor, Joana (an Augustinian nun), and Violant (a Franciscan nun in the convent of the Trinity). Isabel Pellicer probably died around 1455, since there are no documents that mention her name after this date. At any rate, she had already died by the time Roig wrote *The Mirror*, since her death is mentioned in the poem.[12]

There is no definitive documentation regarding the university where Roig studied medicine. The Alcahalí manuscript mentions Paris. Antoni Chabret, in

---

[8] Speaking about Valencia, Solomon says to the narrator, "where you were born and where your lineage, which comes from old stock, is lodged." This is another example of facts about the narrator that Chabàs applies to the author as well: Chabàs i Llorente, *Spill o Libre de les Dones*, 416, 419.

[9] Such professions, the family name, and Jaume Roig's vast knowledge of the Old Testament, as can be deduced from reading *The Mirror*, indicate a possible Jewish origin, a matter that has not been suggested or studied and that deserves investigation. In a recent article, however, David Wacks questions the possibility that Jaume may have had a Jewish upbringing, given the prominence of the Roig family in the Christian community (David A. Wacks, "Reading Jaume Roig's *Spill* and the *Libro de buen amor* in the Iberian *maqama* Tradition," *Bulletin of Spanish Studies* 83 [2006]: 597–616, here 607).

[10] All this biographical information can be found in Chabàs i Llorente, *Spill o Libre de les Dones*, 416–19.

[11] Chabàs indicates that in the contemporary documents our author's first name is usually spelled Jacme, but in the editions of his work it is always Jaume (*Spill o Libre de les Dones*, 440–41). The variants of his first last name are Rotg, Rog, Roig, and Roch. In its Latinized version, used sometimes in Latin documents, his name is spelled Jacobus Rubeus.

[12] Chabàs i Llorente, *Spill o Libre de les Dones*, 432.

an appendix included in Chabàs's edition, and Chabàs himself believed he attended the University of Lleida. Antònia Carré thinks it possible that Roig may have attended Montpellier, Toulouse, Avignon, or one of the northern Italian universities.[13]

The first documented information about Roig dates from 18 April 1434, when he was designated *examinador de metges* (examiner of physicians) by the city council of Valencia. This was a yearly appointment, to which his father had been elected several times. Our Jaume Roig held this post at least seven more times (in 1436, 1440, 1450, 1463, 1466, 1474, and 1477). There are several documents that connect Jaume Roig to the royal house of Aragon and provide proof of his prestige as a physician and a civic figure. Jaume Roig's name appears in a 1446 register of persons attached to the *Palau del Real*, the Royal Palace.[14] In 1447 Queen Maria of Castile, wife of Alphonse V, ordered Roig, along with four other famous doctors, to examine the corpse of a certain Angelina Betran, who had died from the plague eight years before and whose incorrupt body had just been discovered.[15] In 1456, the queen charged Roig with the supervision of the constructions that were to take place in the convent of the Trinity, which she had founded and where Roig's daughter Violant was a nun.[16] There are several documents from 1456, 1457, and 1458 that attest to the fact that Roig attended Maria of Castile, whose death certificate he signed, along with two other doctors, on 4 September 1458.[17] And finally, in 1469, during the reign of John II, Roig also treated the king's daughter, Joana, for the plague.[18]

Jaume Roig enjoyed at least two prestigious administrative positions: one in the famous hospital of En Clapers from 1450 until at least 1462,[19] and another in the hospital of the Innocents[20] in Valencia, from 1468 until at least 1477.[21] Antònia Carré indicated that he was also associated to the hospital of En Bou until his death.[22]

Like his father before him, Jaume Roig was a very active parishioner in the church of Saint Nicholas in Valencia, for which in 1455 he wrote the

---

[13] Antònia Carré, "La medicina com a rerefons cultural a l'*Espill* de Jaume Roig," in *Jaume Roig i Cristòfor Despuig: Dos assaigs sobre cultura i literatura dels segles XV i XVI*, ed. eadem and Josep Solervicens (Barcelona: Eumo, 1996), 7–71, here 16.

[14] Miquel i Planas, *Spill o Libre de consells*, 1:xiv.

[15] Miquel i Planas, *Spill o Libre de consells*, 1:xiv-xv.

[16] Chabàs i Llorente, *Spill o Libre de les Dones*, 426–27.

[17] Chabàs i Llorente, *Spill o Libre de les Dones*, 427.

[18] Chabàs i Llorente, *Spill o Libre de les Dones*, 427–28.

[19] Miquel i Planas, *Spill o Libre de consells*, 1:xv.

[20] The *Casa dels Folls* or *Hospital d'Innocents* (House of the Insane or Hospital of the Innocents), opened in 1409, was the first psychiatric hospital in Europe.

[21] Chabàs i Llorente, *Spill o Libre de les Dones*, 434.

[22] Carré, "La medicina com a rerefons," 14.

libre de la obra,[23] an account of the construction in which Roig himself was involved.[24] In 1456–1457, Jaume Roig was elected to be a city councilman by the same parish of Saint Nicholas.[25] In addition to his connections to the convent of the Trinity and the church of Saint Nicholas, he was also involved with the cathedral and the *Reial Convent de Predicadors*, the Royal Convent of Preachers.[26]

In 1460, according to information given in the poem and widely accepted as truthful, Roig began writing *The Mirror*. Chabàs obtains this date from lines 10,506–10,515, where Solomon speaks of the redemption of man by Jesus Christ: "This inheritable annuity, tax, or tariff was already settled . . . one thousand four hundred and twenty-seven years ago (plus thirty-three, the first years, since the Redeemer was born and while he lived)."

Only one other composition has been attributed to Jaume Roig: a short poem that was submitted to a contest in 1474 and that was later included in *Les Trobes en lahors de la Verge Maria*, considered by some to be one of the first books published in Spain.[27]

Jaume Roig died in 1478. The circumstances of his death are detailed in the *Dietari del Capellà d'Anfòs el Magnànim*, quoted by Chabàs. Roig felt ill while he was on an excursion with other landowners to inspect their properties and, dismounting in order to relieve himself, he fell off his mule and was badly hurt. The writer of the *Dietari* speculates the cause of the fall to have been apoplexy. The men who accompanied him took him to the nearby village of Benimanet, where they noticed that he had difficulty speaking. He was then transported to his house in Valencia, where he wrote his will on 3 April. His death occurred on either 4 April or 5 April.[28]

Roig's two oldest sons wrote an inventory of his possessions, which Chabàs claims did not amount to much.[29] This inventory contained a list of the titles and physical descriptions of fifty-eight books, mostly about medicine and astrology, which Chabàs includes in an appendix to his edition (410–12). All the books were in Latin except for the *Vida de Sant Honorat*, which was in Catalan. There are no allusions to any manuscript of Roig's work, but Chabàs suggested that it might not have been considered of enough commercial value to be included in

---

[23] In this document Jaume Roig himself mentions the burial of his wife (Joseph Almiñana Vallés, *Spill* [València: Del Cenia al Segura, 1990], 868).

[24] Chabàs i Llorente, *Spill o Libre de les Dones*, 424–25.

[25] Chabàs i Llorente, *Spill o Libre de les Dones*, 426.

[26] Carré, "La medicina com a rerefons," 14.

[27] Manuel de Montoliu, *Un escorç en la poesia i la novel·lística dels segles XIV i XV* (Barcelona: Alpha, 1961), 40.

[28] The author of the *Dietari* claims that Roig died on 4 April, whereas the notary that published his testament signs this document on 5 April (Chabàs i Llorente, *Spill o Libre de les Dones*, 434).

[29] Chabàs i Llorente, *Spill o Libre de les Dones*, 434.

the inventory. Perhaps, Chabàs ventures, it figured among the *papeles sin importancia* ("papers of no importance") mentioned in the inventory.[30]

C. Jaume Roig: Author of *The Mirror*?

The first documented connection between Jaume Roig and *The Mirror* was not established by the only manuscript of the poem that has come down to us (from ca. 1490–1492), but rather by its first edition (Valencia, 1531). As a consequence, *The Mirror*'s authorship can be reasonably questioned. Most scholars, however, tend to agree that the proximity of the edition in time and space to Jaume Roig's life makes the attribution probably correct. Antonio Chabret, for example, in an appendix included in Chabàs's edition of *The Mirror*, claims that, in spite of the narrator's efforts to demonstrate that he is not a physician, his vocabulary and his knowledge of illnesses and treatments betray him constantly.[31] The many coincidences between the life of the nameless protagonist and Jaume Roig's biography are also frequently adduced as proof of his authorship. The strongest evidence is usually taken from lines 15,995–16,000: "White and red is his name. Hers I remember: 'Is' plus the first dead man, and the fish called 'loach' make up her maiden name" ("blanch e uermell / es lo nom d'ell / d'ella'm recort / Js primer mort / lo peix lliçer / hach nom primer"). These lines contain a cryptic reference to Roig and his wife, the only mortal woman excepted from his diatribe. On the one hand, white is the color associated with the clothes and horse of Saint James (his namesake), whereas *vermell* (red) is synonymous with *roig*. On the other hand, his wife's given name, Isabel, can be obtained by adding the name of the first dead man according to the Bible (Abel) to "Is," while her first last name, Pellicer, is phonetically similar to *Peix lliçer*.[32]

To this date, Josep Guia i Marín is the only scholar who has disputed Roig's authorship of *The Mirror* and proposed an alternative candidate: Joan Roís de Corella. Previous scholars had called attention to several incongruities either in the text or in the attribution of the text to Roig, such as the puzzling fact that the alleged author of one of the masterpieces of Catalan literature wrote only one other poem, of mediocre quality, or the descriptions of certain areas of Valencia that seem to correspond to later developments (for example, the *Llotja* mentioned in line 2,611). Guia i Marín has compiled an exhaustive list of such inconsistencies or debatable issues: the linguistic and stylistic coincidences between *The Mirror* and several other Catalan works; references to events, places, and institutions that would make more sense had *The Mirror* been written in the last decade of the fifteenth century (such as the plague of 1489 and the references to the Alhambra or the Inquisition); the erudition in matters of theology and the

---

[30] Chabàs i Llorente, *Spill o Libre de les Dones*, 433.
[31] Chabàs i Llorente, *Spill o Libre de les Dones*, 393.
[32] Chabàs i Llorente, *Spill o Libre de les Dones*, 432.

relationships of the protagonist with women, which seem more applicable to the person of Corella; the fact that the inventory of Roig's possessions did not include the books that he must have needed to write *The Mirror* at a time when the access to books and libraries was not easy; and many other examples.

Some of these arguments are more tenable than others, but none is conclusive. Perhaps least convincing of all is the linguistic and stylistic evidence, which may be rather attributed to literary practices of the time. Furthermore, the passage of *The Mirror* that could most legitimately raise suspicion about its authorship has been recently elucidated by Antònia Carré. Lines 15,995-16,000 quoted above are preceded by an apparently perplexing statement about Roig as the author of the text: "I knew him well, a supplanter and a fighter" ("be'l conegui / subplantador / he lluytador," lines 15,992-15,994). Miquel i Planas avoided the implications (or the incongruity) of the term "subplantador" by translating it into Spanish as "emprendedor" (enterprising), but, as Carré indicated in a 2007 article, "supplanter," like "fighter," is a reference to Jacob (that is, James).[33]

In Guia's opinion, many other fifteenth-century Catalan works apart from *The Mirror* must have been written by Corella: *Tirant lo blanch*, *Vita Christi*, *La brama dels llauradors*, *Col·loque de dames*, most of *Lo procés de les olives*, *Lo somni de Joan Joan*, *Lo Passi*, and *Vida de santa Magdalena*.[34] No other scholar seems to have taken the trouble to refute or confirm Guia i Marín's theories. Perhaps his being an outsider (he is a professor of algebra) and/or the extremism of his affirmations have prevented most scholars from taking him seriously. Nevertheless, many of the issues that Guia i Marín raises probably deserve further study.

II. Historical Context[35]

The city of Valencia, where Jaume Roig was probably born, where he lived most of his life, and where most of the action of *The Mirror* takes place, is located on the east coast of the Iberian Peninsula and is today the capital of the Spanish

---

[33] Antònia Carré, "Aportacions a la lectura literal de l'*Espill* de Jaume Roig," Llengua & Literatura 18 (2007): 371-402, here 388.

[34] Josep Guia i Marín, *Fraseologia i estil: Enigmes literaris a la València del segle XV* (València: Eliseu Climent, 1999), 341.

[35] For more detailed information and analyses of different aspects concerning the city and the kingdom of Valencia in the late Middle Ages, see the works of the following scholars listed in the bibliography at the end of this introduction: Ernest Belenguer Cebrià, Philippe Berger, Vicente Boix, Robert I. Burns, Mª Desamparados Cabanes Percourt, Enrique Cruselles, Andrés Díaz Borrás, Jacqueline Guiral-Hadziiossif, Stephen Haliczer, Earl Hamilton, José Hinojosa Montalvo, R. Pérez Casado, Leopoldo Piles Ros, Joan Reglà, Manuel Sanchis Guarner, and Álvaro Santamaría Arández. For information about the Crown of Aragon in the late Middle Ages, see Thomas N. Bisson, John Boswell, Ángel Canellas, Mario Del Treppo, L. P. Harvey, Roger Highfield, J.

autonomous community of the same name. The city was founded in the second century BCE by the Romans, who named it *Valentia*, meaning strength or worth. It was later conquered by Visigoths in the fifth century CE and by Muslims around 718. Thereafter, with the exception of the years 1094–1102, when Valencia was conquered and ruled by Rodrigo Díaz de Vivar, el Cid, and his wife Ximena, the city remained in Muslim hands until 1238, when James I the Conqueror occupied it. James I then established the Kingdom of Valencia, a territory within the Crown of Aragon, and Valencia became its capital city.

By the time Roig was born, at the beginning of the fifteenth century, the Crown of Aragon was a federative commonwealth constituted by several territories with a great deal of political and administrative independence. In addition to the Kingdom of Valencia, it comprised the Principality of Catalonia and the Kingdom of Aragon in the Iberian Peninsula and the Mediterranean enclaves of Majorca, Sicily, and Sardinia, acquired between the thirteenth and the fifteenth centuries as a result of the Aragonese politics of expansion. During the thirteenth century and the first half of the fourteenth, Catalonia had been the hegemonic territory within the Crown, but the generalized crisis that affected most of Europe devastated Catalonia as well, and the leadership passed to Aragon, which would maintain it until the mid-fifteenth century. Then, and until the last third of the sixteenth century, it was Valencia's turn to take the lead. By the time *The Mirror* was written in 1460, the Kingdom of Valencia, and especially its capital city, was on its way to experience a period of unprecedented economic and cultural prosperity, which would come to an end during the last third of the sixteenth century.

Politically, the Crown of Aragon witnessed many changes in the fifteenth century, caused mainly by the ending of the Barcelona dynasty with the death of Martin the Humane (1395–1410) and the enthronement of the Castilian Trastámaras, with Ferdinand I (1412–1416). Ferdinand's son, Alphonse V the Magnanimous (1416–1458), was one of the most famous European figures of his time. He continued the traditional Aragonese policy of Mediterranean expansion and spent most of his reign away from the Iberian Peninsula, leaving his wife Maria and his brother, the future John II of Aragon, as his lieutenants in the Iberian territories. In 1443 Alphonse conquered Naples, which became the seat of his government and a hub of humanistic activity. John II (1458–1479) was mostly preoccupied with the political situation in Castile and abandoned his brother's Mediterranean endeavors. His reign was marked by violence, especially in Catalonia, which was involved in a devastating civil war (1462–1472). In 1469 John arranged for the marriage of his son Ferdinand to Isabella, the heiress of Castile. After John II's death in 1479 (a year after Jaume Roig's death), Ferdinand II succeeded him as king of Aragon. The union of the crowns of Castile and Aragon

---

N. Hillgarth, Jesús Lalinde Abadia, Joseph O'Callaghan, J. Rubió i Balaguer, Giuseppe Tavani, and J. Vicens Vives.

ushered in a new era for the peninsular kingdoms, with Castile as the hegemonic power and Aragon clearly on the wane.

The three peninsular realms of the Crown of Aragon had relatively independent economies in the fifteenth century. The Kingdom of Aragon was mostly agrarian, with an incipient industry and a relatively successful commerce. The plague and the wars of the previous centuries, however, took their toll, and the Aragonese economy still faltered in the 1400s. Catalonia was living through moments of acute economic and commercial decline caused by, among other factors, the loss of population due to the plague (Catalonia was the hardest-hit region in the peninsula), social and political unrest, the failure of its banks, and a lack of entrepreneurial initiative. The Catalan economy began to recuperate in the 1450s just as revolution and civil war brought ruin to the principality. The only exception to this generalized crisis was Valencia. Economically and demographically, the Kingdom of Valencia had always lagged behind Aragon and Catalonia, but in the fifteenth century, especially during and after the 1460s, its capital became the financial center of the Crown and one of the most prosperous cities in the peninsula.

The Kingdom of Valencia did have its share of afflictions in the fifteenth century, just like the rest of Aragon and the rest of Europe: war, flood, drought, and bouts of the plague in the years 1411, 1428, 1439 (7,200 deaths), 1450 (11,000 deaths), 1459 (12,000 deaths), 1475, 1478, and 1489 (11,000 deaths).[36] Due to the strength of its economy, however, Valencia recovered from these setbacks rapidly. The population of the city increased from approximately 40,000 inhabitants in 1418 to 75,000 in 1483,[37] making it the most populous Christian city in the Iberian Peninsula (only Granada, still under Muslim control, was larger). The massive immigration of people from Catalonia, Aragon, and Castile in search of better living conditions was a major factor in this population growth. The main source of income for the city was commerce, followed by industry and agriculture.[38] Through its very active port, El Grau, Valencia established commercial relations with the other territories of the Crown and Castile. Some Valencian merchants, especially the Jewish, also traded with different Muslim territories, mostly in Andalusia and Northern Africa, in spite of papal prohibitions. Piracy was another lucrative business for some: under the pretext of protecting the coast from foreign attacks, many

---

[36] For a detailed list of the calamities that befell Valencia from 1340 to 1500, see Álvaro Santamaría Arández, *Aportación al estudio de la economía de Valencia durante el siglo XV* (Valencia: Instituto Valenciano de Estudios Históricos, Institución Alfonso el Magnánimo, Diputación Provincial de Valencia, and Caja de Ahorros y Monte de Piedad de Valencia, 1966), 81–85.

[37] By contrast, the population in Catalonia, which in 1378 was close to 350,000, experienced a sharp decline, dropping to approximately 270,000 by 1497 (Joseph F. O'Callaghan, *A History of Medieval Spain* [Ithaca: Cornell University Press, 1994], 605).

[38] References to all sorts of commercial, industrial, and agricultural activities in the city of Valencia abound throughout *The Mirror*.

Valencian men, some of high standing, attacked and ransacked vessels to sell their products. Slavery also thrived in the Crown of Aragon, in contrast with Castile, and Valencia enjoyed a well-established and very lucrative slave market. Different industries flourished in the city, where there were over one hundred guilds. Shipbuilding, furniture, ceramics, textiles, dyes, and metal and leather crafts were among the most prosperous. Although agriculture was third behind commerce and industry as a source of revenue, it was very prosperous thanks to the employment of irrigation and cultivation techniques introduced by the Muslims, and it produced an abundance of rice, oranges, sugar, silk, and cotton, which, together with other industrial goods, were exported throughout the Mediterranean.

In his *Regiment de Princeps* (1383), the Catalan writer Francesc Eiximenis divided Aragonese society into three groups: *maiors* (the rich), *mitjáns* (the middle classes), and *menors* (the "little people"). In the Crown of Aragon, the middle classes (physicians, public officials, bankers, merchants, artisans) and the guilds were much stronger and more numerous than their Castilian counterparts. Nevertheless, as in Castile, the gap between the wealthy and the poor increased during the fifteenth century and gave rise to many frictions, especially in Catalonia.[39]

There were two religious and ethnic minorities in the Crown of Aragon: the Mudejars (Muslims living under Christian rule) and the Jews. In the midst of all its prosperity, Valencia experienced, along with the rest of the peninsula, the progressive disintegration of *convivencia* (the delicate balancing of mutual interests between the Crown and the Muslim and Jewish ethnic minorities),[40] and both the Jewish and the Mudejar communities suffered violent attacks. The Valencian Vincent Ferrer (1350–1419), a Dominican friar and theologian of international repute, insisted on their conversion and contributed to the intensification of religious intolerance. The Inquisition would eventually be established in Valencia in 1483. The Mudejars belonged to the lower classes, for the most part, or were artisans. In the Kingdom of Aragon they enjoyed the protection of the king and the nobility, but in Valencia they were less assimilated and became the object of persecutions during the fifteenth century. Nevertheless, they continued to prosper, more or less, until the assault upon their community in 1456, which was ignited by the refusal of some Mudejar children to pay the respect due to a procession in honor of the election of the new pope. Although there were only a few casual-

---

[39] In the cities, the urban oligarchy (*biga*) opposed the lower classes (*busca*); in the country, the *payeses de remensa* (peasants bound to the soil) were in conflict with their landlords.

[40] Recent scholarship has questioned the idealism of the term *convivencia*, first applied in this sense by Américo Castro. See Richard Fletcher, *Moorish Spain* (Berkeley: University of California Press, 1992), 131–56; David Niremberg, *Communities of Violence: Persecution of Minorities in the Middle Ages* (Princeton: Princeton University Press, 1996), 245; Mark R. Cohen, *Under Crescent and Cross: The Jews in the Middle Ages* (Princeton: Princeton University Press, 1999), esp. xv–xxi, 3–14.

ties among the Mudejars and the assailants were punished by the authorities, the Mudejar neighborhood was destroyed and never rebuilt, which prompted its inhabitants to leave the city. The Jewish communities of the Crown suffered much more persecution. They never recovered from the violent massacres of 1391, and during the fifteenth century they experienced the recrudescence of anti-Semitic sentiments and legislation. In spite of all this, Aragonese Jews and *conversos* had rather more leeway than their Castilian co-religionists.

In spite of the political, economic, and social unrest, in the fifteenth century the Crown of Aragon experienced a period of splendor in art and literature, with Valencia at its center. The affluence of the Valencian bourgeois and noble classes was accompanied by a greater interest in all the arts. There was a desire to make the city beautiful, apparent in the number of reforms and constructions of numerous civil and religious buildings that were undertaken, mostly in the Flamboyant Gothic style. In addition to architecture, painting and sculpture flourished at the time, also under the auspices of the wealthy bourgeoisie.

The court of Alphonse V in Naples became one of the main centers of learning and creativity in all of Europe, where literary activity took center stage. The Neapolitan connection served as a cultural bridge between the two peninsulas, through which humanism and the new ideas reached Valencia, Catalonia, and Aragon before any of the other peninsular kingdoms. The first peninsular writer to show the influence of humanism was the Catalan Bernat Metge in *Lo somni* (1399). The works of Dante, Petrarch, and Boccaccio were translated into Catalan in the fourteenth and fifteenth centuries, well before they were translated into Castilian. Nevertheless, the effect of all this intellectual activity on Catalan literature must not be overstated. Alphonse was primarily interested in the cultivation of literature in Latin, the language he most admired, and did not encourage the production of literature in any of the vernaculars (Catalan, Castilian, or Italian). Additionally, in the Iberian territories of the Crown of Aragon, especially in the austere Valencian court of Queen Maria, his wife, humanism was generally considered as a foreign phenomenon, and it was not to be completely assimilated until the reigns of John II (1458–1479) and Ferdinand the Catholic (1479–1516).

In spite of this attitude, a new interest in learning is evident from the foundation of universities in all the realms of the Crown: Girona (1446), Barcelona (1450), Saragossa (1474), Majorca (1483), and Valencia (1499), although the most prestigious university of the region continued to be in Lleida (established in the fourteenth century). Intellectual activity also benefited from the rise of a new industry, the printing press, which made Valencia the first and most successful publishing center of Spain after 1474.[41] Most of the greatest Aragonese writers of that time (Joanot Martorell, Ausiàs March, Joan Roís de Corella, Jaume Roig)

---

[41] In 1478, the year of Jaume Roig's death, the first Bible in a European vernacular was published in Valencia.

came from Valencia or spent most of their lives there.[42] The *tertulias*, informal gatherings of writers who exchanged their work, have been considered instrumental in the development of cultural enterprises in the city.[43] Also an indication of the creativity of the times are the literary contests that were convoked in Valencia (at least in the years 1440, 1470, 1474, 1486, 1487, and 1488), even though the quality of the submissions tended to be mediocre. The most significant of these contests was organized by Bernat Fenollar in 1474, to which Jaume Roig submitted a poem. All the submissions were gathered in the book entitled *Les Trobes en lahors de la Verge Maria*, which was published that same year.

The fifteenth century marks the Golden Age of Catalan literature. To the notable prose production of the two preceding centuries[44] were added the writings of Martorell, Roís de Corella, Isabel de Villena,[45] and Felip de Malla, together with numerous anonymous works. Poets, who had been weighed down for centuries by the Provençal tradition, began to find new forms of expression. At the beginning of the century, courtly love poetry received a new impetus, fostered in

---

[42] Three other fifteenth-century personalities of international significance came from Valencia: Vincent Ferrer and the two Borja (or Borgia) Popes, Calixtus III and the infamous Alexander VI.

[43] Aristocratic writers like Roís de Corella, Guillem Ramon de Vila·rasa, Lluís de Castellví, and Joan de Proixità attended the *tertulia* of Berenguer Mercader, whereas a more bourgeois group (Joan Moreno, Jaume Gassull, Narcís de Vinyoles, Baltasar Portell, et al.) formed around Bernat Fenollar (ca. 1438–1516), a canon of the Cathedral. While the former preferred a more erudite, classical type of literature, the latter were more inclined to satire and humor of the type we encounter in *The Mirror*.

[44] By authors such as Ramon Llull, Arnau de Vilanova, Bernat Desclot, Francesc Eiximenis, Anselm Turmeda, and Bernat Metge, among others.

[45] Isabel de Villena (1430–1490) was the illegitimate daughter of Enrique de Villena and the most important Catalan female writer of the Middle Ages. Her only preserved work is the *Vita Christi*, a treatise written in Catalan (despite its Latin title) for the edification of the nuns at the convent of the Trinity where she was an abbess and where she must have crossed paths with Jaume Roig. Joan Fuster suggested that she may have written her *Vita Christi* in defense of women and as a reaction to *The Mirror* ("Lectors i escriptors en la València del segle XV," in idem, *Obras completas* [Barcelona: Edicions 62, 1968], 209–10), a theory that has not been confirmed by any evidence but supported by other scholars, such as Rosanna Cantavella (*Els cards i el Llir: Una lectura de* l'Espill *de Jaume Roig* [Barcelona: Quaderns Crema, 1992], 39–40) and Albert G. Hauf i Valls ("La *Vita Christi* de sor Isabel de Villena y la tradición de las *Vitae Christi* medievales," in *Studia in honorem profesor Martín de Riquer*, ed. Carlos Alvar [Barcelona: Quaderns Crema, 1986–1987], 2:105–64). Antón María Espadaler claims that she headed a group of devoted writers, among whom was "our bad-tempered physician" ("nuestro malhumorado médico," *Literatura catalana* [Madrid: Alfaguara, 1989], 64). For a comparative analysis of the treatment of motherhood, pain, and reproduction in the works of Villena and Roig, see Jean Dangler, "Motherhood and Pain in Villenas's *Vita Christi* and Roig's *Spill*," *La Corónica* 27 (1998): 99–113.

part by the Italian influence, in the works of Gilabert de Pròixita, Melcior Gualbes, Andreu Febrer (author of the first verse translation of Dante's *Divina Commedia*), and Jordi de Sant Jordi. But the three most outstanding poets of the century are Ausiàs March, Joan Roís de Corella, and Jaume Roig. Ausiàs March is not only the first major lyric poet to use exclusively Catalan in his verse, but also the greatest. The use of Catalan freed him from the clichés that had formed over centuries of Provençal tradition and permitted him to create a completely original and personal expression in which to convey a level of introspection unknown in peninsular poetry until then. Roís de Corella, the only other lyric poet who managed to elude the Provençal tradition, is representative of the type of poetry known as "humanistic lyric," characterized by a strong Latin influence both in syntax and in lexicon, and by a certain preference for the exaggerated and hyperbolic. His proclivity towards baroque complication has been the object of dissension among critics: whereas some see it as a sign of decadence, others describe it as innovative and groundbreaking, the direction in which Catalan literature would have gone, had it had a chance to prosper. Jaume Roig, with a completely different style, epitomizes the satirical vein in Catalan poetic writing that will be continued by other poets well into the sixteenth century. By then, however, the hegemony of Castile over Aragon had precipitated Catalan literature into a decadence from which it would not recover until the nineteenth century.

III. The Mirror

A. The Manuscript[46]

The only manuscript of *The Mirror* that has come down to us is a copy kept at the Vatican Library in Rome (call number Vat. lat. 4806). It is 297 mm. high by 208 mm. wide. Its watermark (an extended hand or glove with the letter F inside and a star or a flower above the middle finger) led the experts consulted by Chabàs to date it between 1490 and 1492.[47] Judging from the small number of errors, Miquel i Planas concluded that the copyist must have had access to the original and that the date of the copy may be pushed back "some decades." Antònia Carré compared the watermark to that of some documents from Genoa and determined that the manuscript could have been written any time between 1479 and 1505.[48]

The text, arranged in two columns, occupies 119 folios, all of which are written on both sides except for the first and the last ones, the *verso* sides of

---

[46] For a very detailed and accurate study of the manuscript, see Antònia Carré, "El manuscrit únic de l'*Espill* de Jaume Roig," *Boletín de la Real Academia de Buenas Letras de Barcelona* 44 (1993–1994): 231–73.
[47] Chabàs i Llorente, *Spill o Libre de les Dones*, 364.
[48] Carré, "El manuscrit únic de l'*Espill*," 233.

which are blank.⁴⁹ The text begins with a *Consulta* (Advice) and does not include either title or name of author. The entire manuscript is written in one single type of black ink. The handwriting, "usual" for the fifteenth century, "clear" and "without calligraphic embellishments," is also uniform throughout the text.⁵⁰ As was customary at the time, the punctuation is practically nonexistent, a circumstance that renders many passages ambiguous and subject to misinterpretation. The manuscript does not have any illuminations, although there are spaces left for that purpose at the beginning of each of the twenty subsections into which the text is divided.⁵¹

B. Previous Editions

In the sixteenth century there were three editions of *The Mirror*. Edition A (Valencia, 1531) by Francesc Diaz Romano bears the title *Libre de consells: fet per lo magnifich mestre Jaume Roig, los quals son molt profitosos y saludables axi per al regiment y orde de ben viure com pera augmentar la deuocio a la puritat y concepcio de la sacratissima verge Maria*.⁵² In spite of a number of changes in spelling and punctuation with respect to the manuscript, Chabàs maintains that this edition follows it very closely and is, therefore, somewhat old-fashioned for its time.⁵³

There are also differences in content between A and the manuscript, some due to errors,⁵⁴ but most attributable to an attempt at making the text more palatable to a sixteenth-century readership. Perhaps the most outstanding discrepancy, perpetuated in the four subsequent editions, is the elimination of lines 10,674–10,777 of the manuscript and the interpolation of 104 new lines.⁵⁵

---

⁴⁹ The total number of folios of Vat. lat. 4806 is 123: the text is preceded and followed by 2 blank folios.

⁵⁰ Miquel i Planas, *Spill o Libre de consells*, 1:l.

⁵¹ See note to line 47 of the transcription.

⁵² Miquel i Planas thought that the period of time between the completion of *The Mirror* and its publication was unusually long for a fourteenth-century satirical work in Valencia, especially when compared to a text of a similar vein but of much less literary value such as *Lo procès de les olives e disputa dels jouens e dels vells*, written some thirty-five years after Roig's poem and printed around 1497. The reason, Miquel i Planas ventures, could have been the intrinsic difficulty of *The Mirror*, a book that he surmises was not meant for a general audience, but rather for a learned minority (*Spill o Libre de consells*, 1:lii–liii). Or perhaps its virulent satire encountered resistance on the part of some strict moralist who opposed its publication (1:lv). Guia i Marín interprets this alleged "delay" as more evidence that *The Mirror* was written later in the century by Roís de Corella.

⁵³ Chabàs i Llorente, *Spill o Libre de les Dones*, 374.

⁵⁴ Chabàs offers a comparison between the manuscript and editions A, B, C, D, and E, but it contains many mistakes.

⁵⁵ In Chabàs's edition, they correspond to lines 10,786–10,889. (Unless otherwise indicated, as in this case, the line numbers used in this introduction correspond to those

Chabàs and, more extensively, Miquel i Planas discuss these alterations, which pertain to the dispute over the Immaculate Conception of the Virgin Mary that divided fifteenth-century Franciscans and Dominicans in particular and Christendom in general. When Jaume Roig wrote *The Mirror*, both the Church and the majority of Christians tended to follow the Franciscans' belief in the Immaculate Conception. Roig seems to share this view when he has Solomon remark that "the one that I am presenting to you (the option of being conceived without sin) is accepted by the majority and seems more devout and quite sound" (10,772–10,777). But the question was then far from solved and, consequently, Roig gives the Dominicans' postulate equal legitimacy: "You know that another school maintains a different doctrine from the one mentioned before. Without suspicion, believe whichever one you want" (10,674–10,679).[56] Although it would not be proclaimed a dogma until 1854, by 1531 the Immaculate Conception was unquestionably the predominant doctrine, upheld by ecclesiastics and monarchs. All the editions of *The Mirror* prior to the twentieth century thus eliminate the lines that legitimize the Dominican belief (10,674–10,777) and include instead a new fragment in praise of the purity of the Virgin (10,786–10,889, according to Chabàs's edition). Chabàs proposed Roig's son, Jaume Honorat, a canon and a vicar, as the plausible author of the change. Miquel i Planas saw no reason why Jaume Roig himself could not have done it later in his life but, given the title chosen for the first edition, he was more inclined to believe the first editor responsible for it.

Other noteworthy changes in edition A pointed out by Miquel i Planas are the suppression of the manuscript's anti-*converso* language in lines 3,420, 6,905, and 13,725–13,741, and the elimination of expressions of "doubtful" taste in lines 970, 1,060, and 2,373. Also, in addition to the text of *The Mirror*, edition A includes an anonymous *Prolech* (Prologue) and an anonymous poem before the *Consulta*. Contrary to Chabàs's opinion, Mario Eusebi believes that all these differences are too striking to suppose that A is based on Vat. lat. 4806.[57]

Edition B (Barcelona, 1561) by Jaume Cortey is based on A, the title of which it copies almost identically: *Libre de consells fet per lo magnifich mestre Iaume Roig, los quals son molt profitosos y saludables axi pera regiment y orde de ben viure, com pera augmentar la deuocio a la puritat y concepcio de la sacratissima verge Maria*. B includes the same *Prolech* and poem as A, adding at the end of *The Mirror* the satirical composition *Lo procés o disputa de viudes i donzelles* (1560) by Jaume Si-

---

used in the present edition.)

[56] The defense of the Virgin's Immaculate Conception was the object of the already mentioned poetic contest of 1474 in which Jaume Roig took part and that would produce the volume *Les Trobes en lahors de la Verge Maria*. The contests of 1486 and 1533 had an identical purpose (Miquel i Planas, *Spill o Libre de consells*, 1:xlviii-xlix).

[57] M. Eusebi, "La tradizione dello *Spill* di Jaume Roig," *Cultura neolatina* 3 (1973): 357–59, here 358.

urana, Lluís Joan Valentí, and Andreu Martí Pineda. The only other difference with respect to A is a tendency to change the orthography in order to make it look more Catalan, less Valencian.

Edition C (Valencia, 1561) by Joan de Arcos introduces significant modifications with respect to the previous editions and the manuscript, beginning with the title, which is changed to *Libre de les dones, mes verament dit de consells profitosos y saludables, axi per al regiment y orde de la vida humana, com pera aumentar la deuocio de la inmaculada Concepcio de la Sacratissima verge Maria*. Immediately after the title, edition C claims to be "newly corrected and amended of many errors" ("nouament corregit y esmenat de moltes faltes"). In terms of orthography and punctuation, there is an attempt at modernizing the text. In terms of content, Miquel i Planas remarked that several passages that might be considered irreverent have been suppressed (the most significant being lines 5,419–5,431, 5,437–5,604, and 5,834–5,964) or modified (5,359).[58]

In addition to the texts already included in B, C contains several others. The volume opens with a twelve-line poem addressed to the reader by an Onofre Almudever. After *The Mirror* come three satirical texts preceded by a *Carta proemial als lectors* written by the same Almudever, in which he justifies the new publication on the dearth of copies from previous editions and on the general disrepute the Catalan language was falling into. The three texts are *Lo procés de les olives* (written collectively in 1496 by Bernat Fenollar and his friends, Jaume Gassull, Joan Moreno, Narcís Vinyoles, and others), *Lo somni de Joan Joan*, and *La brama dels llauradors de l'Horta de València contra lo venerable mossèn Fenollar* (both generally attributed to Gassull).

Although the precise dates of publication of B and C are unknown, the many differences that separate C from A, B, and the manuscript led Chabàs to consider the 1561 Valencia edition as the later one, calling it C, an assumption that has not since been either challenged or confirmed.

There were no editions of *The Mirror* in the seventeenth century, and Carles Ros's (Valencia, 1735, edition D) is the only one in the eighteenth. As he explains in the *Dedicatoria* in Castilian to his protector, Ros felt the need to publish this *principal* book in order to promote "the excellence and noteworthy circumstances of the Valencian language" ("las excelencias, y apreciables circunstancias de la lengua Valenciana"), which might otherwise be forgotten. Its title is *Lo libre de les dones, e de concells donats per Mosen Jaume Roig, a son nebot En Balthasar Bou, senyor de Callosa*, but in an *Advertencia proemial*, Ros explains that the poem is commonly known as *La Cudolada de Mosen Jaume Roig*. Although Ros claims his edition to be a copy of C "without adding nor taking anything" ("sin añadir, ni quitar cosa alguna"), it is some 1,200 lines shorter than the manuscript.[59] Since

---

[58] Miquel i Planas, *Spill o Libre de consells*, 1:lviii.
[59] In addition to the *Consulta*, Miquel i Planas lists the following lines as missing: 1,827–1,922, 8,235–8,354, and 14,519–15,058 (*Spill o Libre de consells*, 1:lx).

the passages omitted do not seem at all controversial, Miquel i Planas does not attribute these *lacunae* to censorship and is more willing to believe the editor's assertion in the *Dedicatoria* that his enterprise was greatly hindered by the fragmentary texts available to him.[60]

Francesch Pelay Briz (spelled Francesc Pelagi Briz in modern Catalan) was responsible for *The Mirror*'s only edition in the nineteenth century (Barcelona, 1865, edition E), which was based on Ros's. Its title, however, is closer to that of edition C: *Lo libre de les dones é de conçells mòlt profitosos y saludables així pera regiment y ordre de ben viurer, com pera augmentar la devoció á la puritat de la Concepció de la Sacratíssima Verge María, fet per lo magnifich mestre Jaume Roig*. Edition E adds a prologue with biographical information on Jaume Roig taken from Vicente Ximeno, Just Pastor Fuster, and George Ticknor, as well as other considerations by Pelay Briz himself.

Through these five editions, the text of *The Mirror* suffered serious disfigurations and mutilations that added extra difficulties to its understanding.[61] Attempts to rectify this situation did not take place until the twentieth century, when many new editions of *The Mirror* appeared. The first such attempt was undertaken by Roc Chabàs in his critical edition (F, 1905).[62] Entitled *Spill o Libre de les Dones per Mestre Jacme Roig*, it takes into account the preceding five and the manuscript, and it includes a prologue, notes, and three appendices dealing with bibliographic and biographic issues, all of this in Castilian. Granting that this was the greatest contribution to date with regards to vocabulary clarifications, biblical and historical allusions, and some aspects about Roig's life, Miquel i Planas nevertheless laments Chabàs's preference of one edition or another over the manuscript in many cases of discrepancy.

Francesc Almela i Vives follows Chabàs's edition in his *Jaume Roig: Llibre de les Dones o Spill* (edition G, 1928), although he occasionally favors the manuscript variants.[63] Perhaps the most unusual feature of this edition is the disposition of lines, not in the traditional form of poetry, but as if they were prose, something that makes reading the text even more laborious.

Ramon Miquel i Planas's *Spill o Libre de consells de Jaume Roig: Poema satírich del segle XV* (1929–1950, edition H) is the most ambitious edition of *The Mirror* as well as its most comprehensive study. In the same volume as *The Mirror* Miquel i Planas includes a long *Noticia preliminar* or introduction in Catalan, and in a sec-

---

[60] Miquel i Planas, *Spill o Libre de consells*, 1:lxi.

[61] Miquel i Planas, *Spill o Libre de consells*, 1:lxii.

[62] Chabàs established the nomenclature of editions A through E, to which Miquel i Planas added F and G, and Rosanna Cantavella, H, I, J, and K. I have considered it convenient to use Chabàs's nomenclature for the five editions prior to the twentieth century, whereas, for clarity's sake, I prefer to allude to all the twentieth-century editions by the names of their editors.

[63] Miquel i Planas, *Spill o Libre de consells*, 1:lxiii.

ond volume are the variants of all previous editions, notes, and a list of the terms and topics studied in the notes. His edition is the basis of practically all the critical work on *The Mirror* produced thereafter.

Marina Gustà's 1978 *Espill o Llibre de les dones* (edition I) includes a brief prologue in Catalan by Joaquim Bergés and a glossary. Gustà claims to follow Miquel i Planas's edition to which are added the modernized spellings of Almela i Vives. Additionally, the lines are arranged as if they were octosyllabic with a central caesura. This edition is meant for the general public interested in reading "the best works of Catalan literature," but the reader who has no previous knowledge of *The Mirror* will find it difficult to understand because of the absence of explanatory notes, while the researcher will find it impossible to locate any given passages, since no line numbers are included.

A similar objective is pursued by Vicent Escrivà in his *Espill* (1981, edition J), which presents the same shortcomings as Gustà's. His edition is based on those by Chabàs, Miquel i Planas, Almela i Vives, and Gustà, and it includes a short introduction and a glossary of difficult terms.

Josep Almiñana Vallés's *Spill* (1990, edition K) in three volumes is similar in scope, objectives, and comprehensiveness to those of Chabàs and Miquel i Planas. It includes an extensive introduction to and a facsimile of the manuscript (volume 1), eulogies, a biography and studies of the life of Roig, documents, and a glossary (volume 2), and an introductory study and transcription of the manuscript with explanatory notes (volume 3). Almiñana's transcription is exclusively based on the manuscript, although he modernizes the spelling, modifies the paragraph distribution, and adds punctuation. Unfortunately, the transcription is riddled with errors and does not seem to respond to clear philological criteria. Another shortcoming of this edition is the editor's insistence upon the Valencian character of both Jaume Roig and *The Mirror* in a seemingly nationalistic attempt to separate them from the world of Catalan letters.

Antònia Carré i Pons, the most notable Roig scholar, is responsible for a 1995 microfiche edition, *L'Espill de Jaume Roig (Ciutat del Vaticà, Biblioteca Apostòlica, ms. llatí 4806)*, with concordances, and an online edition (*Espill*, at http://www.rialc.unina.it/), based on the manuscript and edition A.[64] In 2006 Carré also published a side-by-side edition of the manuscript text (with modernized spelling and punctuation) and a prosification in contemporary Catalan, which she describes as the culmination of more than twenty years of research on *The Mirror*. This hefty volume also includes an introduction (an overview of the historic context of fifteenth-century Valencia, Roig's biography, and aspects of medicine, misogyny and misogamy, and humor in *The Mirror*), a long section of explanatory comments that focus heavily (but not exclusively) on the three aspects

---

[64] Antònia Carré is also responsible for *Espill* (Barcelona: Teide, 1994), a partial edition of fragments from books 1, 3, and 4 based on the manuscript and Miquel i Planas's edition, with prose versions in modern Catalan, notes, and illustrations.

of the text discussed in the introduction, a glossary of difficult words, a biblical index, and an index of proper names.

C. Title

As the preceding summary shows, Jaume Roig's poem has had almost as many titles as editions. The first person ever to give written notice of the manuscript, Antoni Bastero i Lledó, in 1724, referred to it as a "Poema contra le Donne, intitolato 'Espill' (speglio, specchio)" ("A poem against women, entitled *Mirror*"), adding that the information came from the text itself.[65] Indeed, in line 239 Roig states that "it will have the name of *Mirror*," following a long-standing Latin and vernacular tradition in the designation of treatises of different nature (encyclopedic, religious, legal, of conduct, etc.).

The different editors, however, chose titles that emphasized one aspect or another of Roig's work, presumably in order to make it more attractive to their potential readerships and, consequently, influencing the frame of mind with which they would approach it. Editions A through E do not include the word *spill* (mirror) in their titles. A and B stress the advisory and devotional aspects of the book, whereas C adds the idea that it is a book about women, which is maintained by D and E. Not surprisingly, twentieth-century editions do away with the devotional references and prefer the title that Roig seems to have intended for his poem (either in the fifteenth-century spelling, *Spill*, or the modern *Espill*), with or without the reference to women.

D. Modernizations and Prosifications

In 1988 Jordi Tiñena published his *Llibre de les dones: prosificació i modernització a cura de Jordi Tiñena*, based on Miquel i Planas's edition of the original poem. Tiñena's main goal was not producing a "literary" version of *The Mirror*, but rather a faithful rendition of its content in a manner that would be comprehensible to the modern reader. It includes an introduction, notes, two fragments of the original poem, and a section of "proposals for further study" that seems to be geared towards high school students of literature.

Maria Aurèlia Capmany's *L'espill, o Llibre de les dones* (1992) is a prose version in Catalan without notes, with a brief introduction by Jaume Vidal i Alcover.

In 1998 Joan Costa i Català published a transcription of the text (in the form of octosyllabic lines) and a modern prose version according to the linguistic criteria established by the Real Academia de Cultura Valenciana. The volume includes an introduction, notes, and a glossary.

---

[65] Chabàs i Llorente, *Spill o Libre de les Dones*, 363.

E. Translations

Milà i Fontanals mentions a Latin translation written in the sixteenth century (1557–1600) that has never been found. In 1665 Lorenç Matheu i Sanz (1618–1680) wrote a Castilian translation, which he entitled *Libro de los consejos del Maestro Jaime Roig, poeta valenciano*. Matheu i Sanz's attempt to maintain the metrical form of the original rather than the content produced a version that is at times quite different from the original or even inaccurate. Alfred Morel-Fatio published some fragments in 1885 and Miquel i Planas published the complete translation in 1942, accompanied by his own Spanish version in prose and by a translation of his original Catalan introduction.[66] In 1987, Jaume Vidal published Miquel i Planas's translation by itself, adding a few notes and a brief introduction.

F. Structure

The manuscript of *The Mirror* begins with a forty-six-line *Consulta* (Advice) addressed to Joan Fabra, a knight. In a gesture reminiscent of Boccaccio's *Decameron*, the narrator declares to have written his book in the village of Callosa, where he had sought refuge from the plague, and asks Fabra to read and correct it. Its purpose, the narrator states, is to teach the true nature of women in order to discourage men from their company and to urge them to embrace the Virgin. At the end of the *Consulta*, the *Tema* (Theme) of *The Mirror* is introduced: *Sicut lilium inter spinas, sic amica mea inter filias* ("Such as the lily among the thorns, thus my friend among her daughters"), which comes from the Song of Solomon (2:2). The *Consulta* is followed by a *Perfaçi* (Preface) divided into four sections. Here the narrator, who claims to be one hundred years old, offers his autobiography to his nephew, Baltasar Bou, and asks him to communicate its doctrine to other men. The *Perfaçi* also includes a summary of the evil ways of women and a synopsis of the main body of *The Mirror*.

The main body is divided into four books, which are in turn subdivided into four parts, some of which have titles.[67] The first book, *De sa iouentut* (Of His Youth), covers the narrator's adventures from the moment when his mother threw him out of her house until his return to Valencia at the age of thirty. Each section of the second book, *De quant fon casat* (Of When He Was Married), is devoted to one of the narrator's unsuccessful marriages. The third book, which does not have a title, is the longest one by far: 8,927 lines, more than half of the total length of *The Mirror*. In this book, King Solomon appears to the narrator

---

[66] *El espejo de Jaime Roig: poema valenciano del siglo XV* (Barcelona: Elzeviriana y Casa Miquel-Rius, 1936–1942).

[67] All the titles seem to be later additions to the original text of the poem, since they use the third person to refer to the protagonist.

in a dream and tries to discourage him from marrying again by offering him examples from history, the Bible, and other sources, to illustrate the true nature of women. The fourth book, *De enuiudat* (About His Widowerhood), is the shortest one of all (952 lines). Here the narrator expresses his decision to abandon the world in order to lead a pious, celibate life. In part three of this last book, however, as a tribute to Jaume Roig's wife, whose name is given in a cryptic manner,[68] the narrator retracts all the negative things he has just written about women and agrees to be at peace with them. Although the distribution of lines among the four books and the four subsections of each book is not even, the symmetry of the division is apparent and common to other medieval literary works, such as the *Divina Commedia* or the *Llibre de Contemplació* by Llull.

G. Prosody

In lines 681–682, Jaume Roig identifies the meter he uses in *The Mirror* as "noues rimades / comediades" ("rhymed *noves* cut in half").[69] The term *noves rimades* (literally, rhymed news) describes a sequence of octosyllabic rhyming couplets used in narrative poetry by thirteenth- to fifteenth-century Catalan writers, who adapted it from the long narratives on romance themes composed by northern French poets. Except for the initial forty lines of the *Consulta*, which are octosyllabic couplets, *The Mirror* is written in tetrasyllabic couplets according to Catalan scansion[70] (pentasyllabic couplets according to Castilian scansion), a form that thence became very popular and that was often called "vers de Jaume Roig."[71]

---

[68] See section "I. C) Jaume Roig: Author of *The Mirror*?" above.

[69] Although most Roig scholars understand *comediades* to mean "cut in half," Antònia Carré believes that the term ascribes *The Mirror* to the genre of the comedy as it was understood in the Middle Ages, that is, involving low characters, popular language, and a plot that goes from a complicated initial situation to a happy ending (Antònia Carré, *Espill* [Barcelona: Quaderns Crema, 2006], 52, 614). There is no reason why the term should not mean both things at the same time.

[70] In her online edition of the manuscript, Carré lists all the lines that have an irregular number of syllables.

[71] Chabàs i Llorente, *Spill o Libre de les Dones*, xi. The *nova rimada* is very similar to another popular meter in Valencian narrative poetry, the *codolada* or *cudolada* (literally, the throwing of a stone; figuratively, a snide remark). The *codolada* is also a series of rhyming couplets that alternate 4- or 5-syllable lines with 8- or 9-syllable lines, used primarily in satirical and humorous compositions. The similarity of both meters and the satirical nature of *The Mirror* have led to frequent confusions as to which pattern Roig employed, evidenced in the inaccurate title *La Cudolada de Mosen Jaume Roig*, used by the eighteenth-century editor of *The Mirror*.

Many scholars have lamented Roig's choice of strophic pattern. Alfred Morel-Fatio found it puerile and tiresome.[72] Miquel i Planas praised Roig's extraordinary narrative skills "in spite of the artifice of its versification."[73] In his *Història de la literatura catalana*, Martí de Riquer described *The Mirror*'s prosody as its "great error": an attempt at following a literary tradition that produced "a distant and archaic thing" ("una cosa allunyada i arcaica"), scarcely read and consequently deprived of a significant place in the history of the Catalan novel.[74] Although Hauf i Valls acknowledges that the rhymed tetrasyllabic couplets may have had a practical purpose (readers may have been able to learn and recite them), he still considers it "limiting" because it forces the author to elide or repeat words and to use all kinds of *concetti* that obscure the meaning of the text.[75] All these observations, however, derive from anachronistic expectations of what a narrative should be and overlook the inextricable connection that exists between content and form in a work of literature. It must be assumed, conversely, that the use of these innovative *noves rimades* responds to a specific intention on the part of the author, as will be argued in the following section.

H. Language and Style

In the fourth part of the preface, Roig describes the language and style of his poem: "Its forge, style, and rhythm will be in the Romance vernacular: rhymed *noves* cut in half, aphoristic, facetious, not perfectly scanned, and plainly woven, gathering construction material from the plain language and speech of the people from Paterna, Torrent, and Soterna" (lines 678–691). These lines have given rise to much discussion among scholars. Chabàs saw them as a means to set *The Mirror* apart from the other more humanistic and erudite trend in Valencian poetry the main representative of which was Roís de Corella.[76] Josep Lluís Sirera went further to claim that Roig's language is not simply far from Corella's rhetorical style, but it even reaches the level of spoken speech.[77] Fina Querol Faus, putting aside the equanimity that befits a scholar, is probably the most extreme

---

[72] Alfred Morel-Fatio, "Rapport sur une mission philologique à Valence suivi d'une étude sur le *Livre des femmes*, poème du XVè siècle, de Maître Jaume Roig," *Bibliothèque de l'École des Chartes* 45 (1885): 1–72, here 26.

[73] "Malgrat l'artifici de la versificació" (Miquel i Planas, *Spill o Libre de consells*, 1:xxxix).

[74] Martí de Riquer and A. Comas, *Història de la literatura catalana* (Barcelona: Ariel, 1980), 3:242.

[75] Albert Hauf i Valls, "De l'*Speculum Humanae Salvationis* a l'*Spill* de Jaume Roig: Itinerari especular i figural," *Estudis romanics* 23 (2001): 176–219, here 193.

[76] Chabàs i Llorente, *Spill o Libre de les Dones*, viii.

[77] Josep Lluís Sirera, *Història de la literatura valenciana* (València: Edicions Alfons el Magnànim, 1995), 140.

supporter of this view: "In many passages, the nakedness of its language becomes repellent; its crudity has not been surpassed by nineteenth-century Naturalism. It is lamentable that the poem, which is read with a certain degree of curiosity, is continually soiled by expressions of appalling taste, they are so obscene."[78]

Another, more numerous group of scholars tends to interpret Roig's description of his own language and style as part of the *topos* of *humilitas* that precedes it: "I will have to spin this rag of a speech of mine, short, feeble, and faulty, one thread per needle" (lines 672–677). Jaume Vidal Alcover, for example, does not believe the sincerity of Roig's assertion that his work is "not perfectly scanned" (since it is, for the most part) or that it reflects the local language, adding that *The Mirror* is written in a "very noble, pure, knowledgeable and very rich Catalan, entertaining, juicy, and with an expressive abundance that few Romance languages had achieved at that time in their respective manifestations."[79]

The fact is that all these opinions are not mutually exclusive, and they all contain some truth. Roig's use of popular expressions and everyday vocabulary has always caught the attention of scholars, and many historians have used fragments of *The Mirror* to describe different aspects of fifteenth-century life in Valencia.[80] As Morel-Fatio put it, "nowhere, in a text, literary or otherwise, appear so many words of the common language, so many names of objects, of arms, of clothing, of furniture and utensils, etc."[81] The language of *The Mirror* seems to be closest to what may have been the spoken Catalan of the time in certain passages, especially in the dialogues, such as the one in which the narrator is insulted by his first wife: "If I ever dared to ask her where she came from, 'What?' she would answer with great fury. 'Don't you see it in my color? You don't deserve such softness or such aroma, you lout. The crossbeam is for such people! They should sleep with bolsters and not bother and wrong the likes of me'" (lines 2,704–2,722). Sometimes the language becomes decidedly scatological, as when the narrator describes his first wife's menstruation habits:

---

[78] "En muchos pasajes la desnudez del lenguaje se hace repelente, su crudeza no ha sido superada por el naturalismo del XIX. Es lamentable que el poema, que se lee con cierta curiosidad, esté continuamente manchado de expresiones de malísimo gusto por lo soeces": Fina Querol Faus, *La vida valenciana en el siglo XV (un eco de Jaume Roig)* (València: Institució Alfons el Magnànim, 1963), 96.

[79] "Molt noble, pur, entenent i riquíssim català, amé, sucós i d'una abundor expressiva com poques llengües romàniques havien assolit en aquell temps en les seves respectives manifestacions": Jaume Vidal Alcover in Maria Aurelia Capmany, *L'espill, o Llibre de les dones* (València: Climent, 1992), 12.

[80] In this aspect, *The Mirror* is frequently compared to the Archbishop of Talavera's *Corbacho*.

[81] "Nulle part, dans aucun texte littéraire ou autre, ne figurent tant de mots du parler commun, tant de noms d'objets, d'armes, de vêtements, de meubles et d'ustensiles, etc." (Morel-Fatio, "Rapport sur une mission philologique," 18–19).

If she fell asleep, she began snoring immediately and annoyed me greatly every night. Frequently she wet the bed and tossed and turned. Otherwise, she stank when she had her period. Without thinking any more about it, she would get it all over her legs, thighs, and loose-fitting stockings. If she used towels, she would toss them, with such a smell and such a color that only God knows, in corners, under chests, in the straw. She did not give a damn if anyone found them: she left them wherever they fell. (2,372–2,397)

But on many more occasions, the language of *The Mirror* reveals its author's vast knowledge of fields as varied as medicine, law, agriculture, botany, fishing, literature, history, theology, and so on. Certainly, there are many Valencianisms in *The Mirror*: the noun *spill* (mirror) itself, *cuquales* (line 192), *empastres* (1,360), *se gitaua* (2,355), *foyes* (3,274), etc. But there are also Castilianisms: *ruhido* (4,869), *apellido* (4,870), *aldeana* (2,729), *mariposa* (7,740), *escorpions* (8,461), etc. And many Latinisms: *atiutori* (79), *amiçiçia* (338), *praues* (12,115), *obliuio* (12,623), etc. On several occasions Roig also uses words directly in Latin and in Castilian or in Aragonese.[82] The language of *The Mirror*, therefore, encompasses a wide variety of registers depending on the nature of the content and the characters.[83]

The style of *The Mirror* is in great part determined by its metrical structure. The short lines force the writer to omit articles, prepositions, and conjunctions and to use difficult hyperbatons and elliptical constructions, as is exemplified in the following fragments:

he saben be
a[ ]tres ueguades
que han mudades
fforges al or
minues e for
de obradures
he soldadures
l'an consumit

---

[82] For example, lines 6,569–6,573: *Mostins e perros / qui per los çerros / los lobos caçan / lobos los matan / a[ ]la final*, "Mastiffs and dogs that hunt wolves on the hills end up killed by dogs." See note to these lines in the translation.

[83] For studies of specific language-related issues concerning *The Mirror*, see Rosanna Cantavella, "Els verbs incoatius a l'*Espill* de Jaume Roig," in *Miscel·lània Sanchis Guarner* (València: Universitat de València, 1992), 1:321–35, and eadem, *La morfología verbal a l'Espill de Jaume Roig: una aplicació informàtica* (València: Universitat de València, 1983); Rosanna Cantavella and Vicent Miralles, "Aproximaciò als pronoms adverbials i personals febles de l'*Espill*," *Quaderns de Treball* 1 (1984): 11–20; and Antònia Carré, "El lèxic de l'*Espill* de Jaume Roig present en les *Regles d'esquivar vocables o mots grossers o pagesívols*," *Estudis de Llengua i Literatura Catalanes* 27 (1993): 5–10.

[And they know well that, after three times of having forged a piece of gold, the losses and the cost of the labor and the welding have consumed it. (605–613)]

cert qui'm tragues
si yo[ ]y iagues
de mig d'infern
en l'ull hun pern
si m'i ballaua
qui'm delliuraua
mes alegria
no'n mostraria

[I would not have shown more happiness to the person who got me out of hell, had I been lying there, or who got a bolt out of my eye, had I had one dancing in it. (3,119–3,126)]

The vocabulary is also affected by the need to conform to the rhyme or the number of syllables. Sometimes Roig coins new words (like *malqueria* [2,104], *missant* [9,895], *giramantells* [14,511], *picamartells* [14,512]), employs many hapaxes of unclear meaning (such as *conduyts* [2,067] or *bruxellat* [4,463]), or alters existing words (as when he uses *Marina* instead of *Maria* in line 15,532). Other particularities of Roig's writing, which do not necessarily derive from the strophic pattern, are the assignment of idiosyncratic meanings to certain words (such as *scasament*, meaning "in detail") and the use of extremely long sentences, sometimes with very complex parataxis or hypotaxis,[84] or extremely long lists of items.[85]

All these procedures, together with the use of obscure metaphors (e.g.: "I took out my waxless flageolet," lines 858–859) and complicated historical and cultural allusions (especially in book 3), make the comprehension of *The Mirror* very difficult. As Rosanna Cantavella remarked, "*The Mirror* is the antipodes of Corella's prose, but precisely because it represents a literary extreme—Corella's opposite extreme—, it approaches unintelligibility for the modern reader, just like the other one."[86]

---

[84] The following sentences are excellent examples of such complexity: "I live as if absent from the world, consoled by having left it, separated from it, having kicked it. Old and retired, I am dead to the law, already unknown to people, considered by all as a wild man. Living in my bed, quite aged and many days old, I am much afflicted by illnesses. Old and ugly, I am already consumed by very grave ailments, fits of ire and the like. With little joy, I am uneasy. However, I am anxious about these fine young men, and about some old ones, who, like birds, go around yelling and whistling like cicadas, ravens, and crows. They go around howling, imitating the call of wolves and singing their songs. They embroider their clothes and gild their horses' bits. They plow the streets and cause the corners to move by whirling around in circles, and the entire day they spin around the wick like butterflies, until they burn themselves. They fear no dangers. Sniffing with their noses, like dogs, they get together wherever it is possible to walk. They fight among themselves. They spend all they have. They die and suffer, and going out at night they stalk a prey of such kind that whoever seizes it catches a bad hare, a viper, a snake, and a high fever not sufficiently known by anyone. It is because such ignorance causes so much harm to those who, with eagerness and vain efforts, dangers and harms, chase a prey that they do not know, and intend to catch as much of it as they see, and they themselves become the prey. . . It is for those who know little, in order that they look at themselves here and see where they are going with their lives, that I want to write this doctrinal and memorial book, which will have the name of *Mirror*" (lines 160–239).

[85] "Therefore I say that all women, of whatever state, color, age, religion, nation, or condition, big and bigger, small and smaller, young and old, ugly and beautiful, sick and healthy, Christian, Jewish, and Muslim, black and dark, blonde and white, right-handed and one-armed, hump-backed, talkative and mute, free and enslaved . . ." (lines 412–429). "Wishing to stay and not break up completely, I was the one who bought the following: a cravat, a plait, a striped piece, a beautiful neck scarf, laces, a small veil for the hair that covers the neck, collars, bracelets, a mirror, earrings, a headband, a braid, a necklace, a chain, coral, ambergris, aloes, amber, enough jet, a key chain, a belt, a purse, a pincushion, a comb, a back comb, a case, knives, gloves, fans, stockings, clogs with blue velvet slippers, a half chest, and a key, . . ." (2,150–2,172).

[86] "*L'Espill* és als antípodes de la prosa corellana, però precisament per representar un extremo literari—l'extrem oposat a Corella—, s'apropa per al lector modern, com aquella, a la inintel·ligibilitat" (*Els cards i el Llir,* 160).

I. Genre, Narrative Techniques, and Purpose of *The Mirror*

In the eighteenth century, Father Joseph Rodríguez (1747) and Martín Sarmiento (1775) interpreted *The Mirror* as an autobiography of Jaume Roig, an idea that was later rejected by practically all scholars. In the nineteenth century, the French Hispanist Morel-Fatio, author of the first significant essay on *The Mirror*, indicated that the text had similarities with various literary genres but was an altogether different thing:

> Apart from the fact that it occupies a considerable place within a certain genre of *satirical* literature, that it cuts a nice figure next to Boccaccio's *Corbaccio*, Jean Lefèvre's *Mathéolus*, the Archpriest of Talavera's *Corbacho*, the *Quinze joies de mariage* and other writings against women, its first part contains a *romance of adventures*, of a *genre* then *new*, without any of the marvelous and the fantastic that characterize our French romances or the chivalries of Amadís, but, contrarily, [it is] realist, bourgeois, a bit in the manner and the tone of what will later become the *picaresque novel*, with which some have wanted to link it directly, not without some semblance of reason.[87] (Emphasis added.)

In the course of the twentieth century, different scholars have nuanced these ideas, analyzing the relationships between *The Mirror* and other literary and non-literary traditions such as the sermon, medicine and other "how-to" treatises, the dream, the popular tale, and so on. Closely related to the issue of genre is that of authorial purpose: if *The Mirror* is a misogynistic satire then its goal must be the denigration of women; if it is a sermon, it must have a devout purpose; if it is a "self-help" manual, it must pursue the physical protection of men against women; and so on. In spite of all the studies concerning these two issues, no consensus has been reached as to what *The Mirror* is and what it means.

The analysis of medieval texts in terms of genre is always problematic. In the case of *The Mirror* we encounter the added difficulty that only a few decades after its publication Catalan literature entered a period of decline that prevented the production of other texts against which to read it. Additionally, no contempo-

---

[87] "Outre qu'il occupe dans un certain genre de littérature satirique une place considérable, qu'il fait bonne figure à côté du *Corbaccio* de Boccace, du *Mathéolus* de Jean Lefèvre, du *Corbacho* de l'archiprêtre de Talavera, des *Quinze joies de mariage* et autres écrits dirigés contre les femmes, sa première partie renferme un roman d'aventures, d'un genre alors nouveau, sans rien du merveilleux et de la fantaisie qui caractérisent nos romans français ou les chevaleries des Amadis, mais au contraire réaliste, bourgeois, un peu dans la manière et le ton de ce qui sera plus tard le roman picaresque, auquel, non sans quelque apparence de raison, on a voulu le rattacher directement" (Morel-Fatio, "Rapport sur une mission philologique," 18).

rary (or at least relatively close in time) reactions to *The Mirror* have been documented, which might have helped us understand, if not authorial intent, at least the perception of its readers against their horizons of expectations. For all these reasons, attempting to classify *The Mirror* within one single taxonomic category to the exclusion of others would inevitably produce an inaccurate or simplistic representation of its complexity. A much more productive approach would be describing and analyzing the similarities and differences between *The Mirror* and other literary genres or traditions. The following pages, consequently, seek to offer a summary and an analysis of the main ideas that have been considered regarding the issues of genre and purpose in *The Mirror*. A discussion of narrative techniques is included in this summary/analysis, since they are inextricably related to aspects of genre.

1. Autobiographical Fiction; Dream; *Speculum*

It has been sufficiently established that, in spite of the first-person narration and certain similarities between Jaume Roig's life and that of the narrator/protagonist, *The Mirror* is not an autobiography. As a matter of convention, Roig's contemporary readers would not have expected the "I" of the narrator/protagonist to coincide with the authorial "I," which is, rather, an expectation of the modern reader.[88] In the terminology developed by Laurence de Looze, *The Mirror* could be best described as an autobiographical fiction, that is, one in which the reader "feels an obligation to suspend disbelief and to read the narration as created fiction."[89] The first-person narration was a strategy favored by many medieval writers of didactic or instructive literature to make the teaching more immediate and more persuasive, as the narrator of *The Mirror* proves to be keenly aware of when he declares: "In a closed process, I want to narrate my wretched life, which has been furnished with ills, as an example and document, because

---

[88] For a general study on the subject, see Leo Spitzer, "Note on the Poetic and the Empirical 'I' in Medieval Authors," *Traditio* 4 (1946): 414–22. For a detailed analysis of the relationship between biography and fiction in *The Mirror*, see Arseni Pacheco-Ransanz, "La narració en primera persona en els segles XIV i XV: Notes per a una reevaluació crítica," in *Actes del Cinquè Col·loqui d'Estudis Catalans a Nord-Amèrica (Tampa-St. Augustine, 1987)*, ed. P. D. Rasico and C. Wittlin (Barcelona: NACS-PAM, 1988), 99–110, and Agustín Rubio Vela, "Autobiografia i ficció en l'*Espill* de Jaume Roig: A propòsit de l'episodi en l'hospital," *L'Espill* 17–18 (1983): 127–48. For the use of biography in *Libro de buen amor* (a text with which *The Mirror* shares many characteristics) and other medieval texts, see Francisco Rico, "Sobre el origen de la autobiografía en el *Libro de buen amor*," *Anuario de Estudios Medievales* 4 (1967): 301–25, and Laurence de Looze, *Pseudo-Autobiography in the Fourteenth Century* (Gainesville: University Press of Florida, 1997).

[89] De Looze, *Pseudo-Autobiography in the Fourteenth Century*, 29.

many people, seeing someone else suffer and go through bad times and torments, learn from him and take advice" (lines 716–727). Throughout the text, the narrator seeks to underscore his authority by presenting himself as an expert in the subject matter: "My present teachings will concern those things in which I am an expert, having received and obtained a clear experience of them from God" (lines 110–115). Or by insisting repeatedly that he is an old man who has learned from his mistakes (see for example lines 160–182, 382–395, 626, and 779–791). At the very end of the poem, however, there seems to be a subtle change in the responsibility claims of the narrator when he uses the term "rewrite" twice, first in lines 16,125–16,132:

> In the present, my good son Baltasar Bou, there is nothing new: everything is old. I, dear nephew, have only *rewritten* for you what seemed to me profitable.

And then in lines 16,206–16,219:

> Of what I have learned I have made a summary, but all of it submitted to the polishing touch of the One who is the summit of all correctors. If in anything I have made any mistakes against the faith, if I have said anything wrong or have not *rewritten* anything correctly, I consider it not said and revoked. I want it to be considered annulled. (Emphasis added.)

These claims vaguely point in the same direction as the ones made by the narrator/protagonist of *Libro de buen amor*, who explicitly undermines the veracity of his autobiography.[90] Nevertheless, they do not undermine the authority of the narrator. Rather, they place him in a tradition that has been sufficiently sanctioned by men and, ultimately, by God, "the summit of all correctors."

In the course of his account, the narrator makes use of different narrative techniques to illuminate his message: personal anecdotes, popular tales (such as the one about the baker who made pastries with human flesh, lines 1,647–1,741), historical anecdotes (for example, the story about Sibila de Fortià, lines 1,333–1,381), and so on. He also uses direct speech or dialogues, especially in the most humorous moments of the narration. Women (undoubtedly in consonance with their reputation) are the characters whose voice we read/hear most. These speeches can be considered the closest approximation to spoken language at the time, not only in *The Mirror*, but also in all of the Catalan literature produced until then. Two particularly extensive passages are presented by the narrator as authored by two different characters, both of them experts on their subjects: the protagonist's last wife and King Solomon. After the death of their only child, the protagonist's last wife breaks down and tells her husband the truth about the education she received in the convent. Hers is a long speech (lines 5,346–6,306)

---

[90] Cf. de Looze, *Pseudo-Autobiography in the Fourteenth Century*, 43–65.

that is interrupted only once by the narrator/protagonist (in line 5,977, with the verb *dix*, "she said"). Her story further supports the protagonist's ideas by revealing the first-hand experiences to which he, as a man, could never have had access. Her speech is similar in tone to the protagonist's and resorts to the same type of narrative strategies: personal anecdotes, popular tales, dialogues, etc.

Solomon's speech, which occupies 8,826 lines (6,469–15,295), more than half the total length of the poem, comes to the protagonist in the form of a dream. As a narrative framework (if not a distinct literary genre) the roots of which can be traced back to the classical and the Judeo-Christian traditions,[91] the dream enjoyed great popularity among medieval poets and was used conventionally as a means of revelation.[92] Solomon can thus speak both from experience (as a man, as a husband of many wives, and as a wise king) and from a perspective that transcends time and space, which allows him access to a knowledge that is unattainable by mere human beings. The tone of his narration differs somewhat from those of the other two narrators. There are some passages in which Solomon uses a language similar to that of the protagonist's wives, especially when he is, like them, upbraiding him:

> Oh, tired man! Old, tamed, and stupefied man! Old and aged! I believe you are already living your bad days, without strength and in the power of Eve's daughters. Wake up and get up. Don't be afraid. Open your heart and your ears. These are nice pieces of trash you are thinking up! You deserve to sweat since you talk nonsense and are so weak. You were now crying as you remembered the insults and outrages, the shame and spite that you have felt in the past. Old hunted man! You brought it upon yourself because you didn't believe our Saul, now your great apostle Paul. . . . (Lines 6,469–6,499.)

---

[91] The *Somnium Scipionis*, contained in Cicero's *De re publica*, was well known to medieval writers, especially through Macrobius's commentary from the fifth century. Examples of dreams abound in both the Old and the New Testaments.

[92] For a succinct analysis of the scriptural, Latin, and vernacular traditions of the dream-poem, see A. C. Spearing, *Medieval Dream-Poetry* (Cambridge: Cambridge University Press, 1976), 1–47. For a discussion of the dream vision as a genre and an analysis of its characteristics and purpose, see Kathryn Lynch, *The High Medieval Dream Vision: Poetry, Philosophy, and Literary Form* (Stanford: Stanford University Press, 1988). For a more general treatment of medieval dream theory and dreambooks and their relationship with fiction and autobiography, see Steven F. Kruger, *Dreaming in the Middle Ages* (Cambridge: Cambridge University Press, 1992). Within the Catalan tradition, it is worth mentioning that Lluís d'Averçó classified the dream (*somni*) as a minor genre of troubadour poetry in his *Torcimany*, a fourteenth-century treatise on poetry, and that one of the most significant Catalan literary works of the preceding century, Bernat Metge's *Lo somni*, used this narrative strategy.

For the most part, however, his tone tends to be more serious. Like the previous narrators, Solomon recounts personal and historical anecdotes, popular tales, and so on, but he mainly cites examples taken from the Bible (especially the Old Testament) or from Jacobus de Voragine's *Golden Legend*. As the protagonist and his wife did in their speeches, Solomon puts some words in the mouths of some biblical or historical characters, but he does not have them engage in dialogue. The voice of the protagonist does not ever interrupt Solomon's speech, and only reappears in line 15,296 to resume the narration of his life.

The issue of the narratee is not simple either. In the first two lines of the poem, the narrator appeals to Joan Fabra, the son of the lord of a small Valencian town, to read and polish his work. In the *Preface*, the narrator[93] addresses his "doctrinal and memorial book" to his nephew, Baltasar Bou, with the request that he "publicize and communicate" it among those who are in danger from women (lines 222–322). The narrator explicitly addresses his nephew several other times throughout the poem, but his intended readership or audience is wider, as many statements reveal. In lines 144–159, for example, the narrator pleads with his potential readers/listeners:

> I beseech and exhort that what I report and have undertaken be remitted on bail, that it not be decapitated, cut, or broken by *those who see and look at it*, nor torn, nor ripped. Rather, may it only be plucked and corrected, polished, *read*, or *well listened to*. May it be accepted with benignity. (Emphasis added.)

Later on he addresses his nephew again, but immediately refers to other readers:

> If you practice with it and pay close attention, you will be able to find, quite easily, something to eat. At your pleasure, take the food that you most want: flowers, fruit, leaves, roots, or wood. According to his pleasure and his taste, each reader will promptly find whatever he wants. May he take the trouble to see the whole thing before he grumbles. (Lines 742–758.)

As many of the lines quoted above suggest, the narrator of *The Mirror* is extremely conscious of his role, of his craft, and of the possible misinterpretations of his message were it to be read out of context or partially. In line 239, he mentions the title of his book: it "will have the name of *Mirror*." He had already mentioned the term "mirror" in line 41 and will do so again in line 795, at the beginning of the first book. In the twelfth and thirteenth centuries, the Latin noun *speculum* and its various vernacular translations became very popular as titles for books that offered their readerships guidance on sundry fields of knowledge: natural

---

[93] Is it the same one? Or are we at a different level of fiction?

history, moral behavior, music, law, politics, theology, marriage, and so on.[94] The narrator's insistence is, therefore, a clear maneuver to influence his readers' expectations of the work by placing it within an established literary tradition clearly recognizable. We have already seen how in the *Preface* the narrator gives a concise but accurate explanation of his language and style (lines 678–691) and a summary of the structure and content of the four books (lines 759–792). He states the purpose of his writing on several occasions (lines 9–24, 110–120, 222–238, etc.) and also makes frequent remarks on the acts of writing and reading throughout the poem. In lines 793–799, for example, he alludes to a writing convention: "With the help of God, intoning my Mirror and norm, observing the form of *abbreviation*, I want to skip over my childhood." In the last section of the last book, he explains the strategies that he has employed to convey his message in a didactic manner:

> Honey and butter, if they are chewed well, can be valuable to know well, to recognize clearly, to speculate correctly, to inquire and discern what must be loved, what must be hated, what to choose, what to loathe. Those two opposites are shown by various examples, clear similes and concordances, which take a better aim at them than flying high. (Lines 16,133–16,151.)

---

[94] The metaphor of art and literature as mirrors that reflect the world and enlighten the mind can be traced back to the Greco-Roman classics and the Bible. For an overview of the origin, use, and meaning of *Speculum* as a metaphor, see Ernst R. Curtius, *European Literature and the Latin Middle Ages*, trans. Willard R. Trask (New York: Harper and Row, 1953), 336, and Ritamary Bradley, "Backgrounds of the Title *Speculum* in Mediaeval Literature," *Speculum* 29 (1954): 100–15. For a more detailed study of the mirror as a title and as a convention in medieval literature (with a particular focus on texts written in England, whether in Latin or in the vernacular), see Herbert Grabes, *The Mutable Glass: Mirror-Imagery and Texts of the Middle Ages and English Renaissance*, trans. Gordon Collier (Cambridge: Cambridge University Press, 1982). Edward Peter Nolan offers a series of essays on the image of the mirror as a metaphor and as an instrument in *Now Through a Glass Darkly: Specular Images of Being and Knowing from Virgil to Chaucer* (Ann Arbor: University of Michigan Press, 1990). Hauf i Valls analyzes the possible influence on *The Mirror* of the *Speculum humanae salvationis*, the early fourteenth-century anonymous text that became the most consulted and most influential interpretation of the Bible in Europe for almost four hundred years ("De l'*Speculum Humanae Salvationis*"). The biblical allusion in 16, 133 is to Isaiah 7:15.

2. Sermon

These lines are immediately followed by a statement in which the narrator explicitly situates the doctrinal section of the poem, Solomon's lengthy speech, in the same category as (although clearly above in terms of efficacy) the sermons that could be heard in church at the time:

> Disputing great issues in sermons, imperceptible and not apprehensible subtleties, substantial distinctions about the Trinity, whether Mary was conceived in sin, whether she was redeemed, predestining, proving the faith, the sayings of Pertusa, the muse of Llull, the different opinions of Occam and Scotus, very fine things in subtle rhymes... All that pleases people but no profit usually derives from it.
>
> In my opinion, the pleasure taken from listening to such preaching is like counting someone else's florins. Do not expect those who hear such harmonies and melodies and enjoy them to be able to tell or recount what they have heard or who it was, once the sound is gone. You will only hear, "They sounded good," "He has preached well, to my liking."
>
> Thus, certainly, it happened to me. The lofty things I heard pleased me much, but did not fit in my container—my brain grasped very little of it. What I retained I have written above with as little confusion as I have been able to manage. (Lines 16,152–16,205.)

In the fifteenth century the sermon reached an unprecedented preeminence all over Europe: Franciscan and Dominican friars traveled to the most remote corners preaching in the different vernaculars; a great number of manuals for preachers saw the light during the century; the pulpit as we know it today was developed then.[95] In this atmosphere, and especially if we remember that the most important preacher of the time, Vicent Ferrer, was a native of Valencia, it is not surprising that the homiletic tradition, which had influenced many writers of literature in previous centuries, should leave its mark on *The Mirror*, which has a self-declared doctrinal purpose.

Francisco Rico was the first scholar to indicate such influence in *The Mirror*. Others have later analyzed this influence in terms of structure, theme, and narrative techniques. Rosanna Cantavella, for example, pointed out certain similarities between *The Mirror* and the structure of the thematic sermon as defined in the medieval *artes praedicandi*.[96] First of all, *The Mirror*, like the thematic ser-

---

[95] Denys Hay, *Europe in the Fourteenth and Fifteenth Centuries* (Hong Kong: Longman, 1976), 320–21.

[96] Cantavella, *Els cards i el Llir*, 160. For a bibliography of the most relevant twentieth-century studies of the medieval *artes praedicandi*, see James J. Murphy, *Rhetoric in the Middle Ages: A History of Rhetorical Theory from Saint Augustine to the Renaissance*

mon, begins with the statement of its *thema* in Latin, introduced by the narrator after line 46 at the end of the *Advice*: "ço diu lo tema / sicut lilium inter spinas / sic amica mea inter fillias" ("This the theme says: Such as the lily among the thorns, thus my friend among her daughters"). As was customary in sermons, this theme is taken from the Bible (Song of Solomon, 2:2) and contains the essence of the message that the body of the sermon will elaborate (the virtue of the Virgin against the backdrop of all other women). Additionally, the lines that follow the theme ("Deu creador / hunich Senyor / omnipotent," 47–49) introduce what seems to be "a sort of prayer, between a Paternoster and a Credo, parallel to the Ave Marias that had to be pronounced before the body of the sermon."[97] Finally, in lines 394–411 the narrator announces the beginning of his *exordi (exordium*, the rhetorical term for the introduction to a sermon), in which he will briefly summarize the main idea of his homily, that is, the evil nature of women (this is done in the third part of the *Preface*):

> Well informed, I want to warn, publicly and in complete detail, whoever wants to feed from it. I want to admonish him well and make him discern, succinctly making an exordium and summarily narrating the ways of women. It will be like the introduction or the salute of a swordsman, or like the player of an instrument as he is ready to play, or like a protocol with long annotations.

Antònia Carré sees *The Mirror* as having the "macro-structure" of a sermon, and indicates two more features that are typical of the genre. The first one is a sort of *divisio*, or the announcement of the different parts into which the speech will be divided and the summary of their content, usually a parsing of the elements of the *thema*, in lines 759–792:

> First of all I will narrate what I suffered in my youth, when I was free.
>
> Afterwards, in second place I will tell quite meticulously about my wretched and miserable marriages, so full of sorrows, which lasted fifty years.
>
> The third section, sent to me with great aim from afar, voices a courteous instruction and a spiritual and divine lesson.

(Berkeley: University of California Press, 1974). In Spanish, see Félix Herrero Salgado, *La oratoria sagrada española de los siglos XVI y XVII* (Madrid: Fundación Universitaria Española, 1996). For studies on the relationships between sermons and literature in the Iberian Peninsula, see Francisco Rico, *Predicación y literatura en la España medieval* (Cádiz: UNED, 1997), and Alan Deyermond, "The Sermon and Its Uses in Medieval Castilian Literature," *La Corónica* 8 (1979–1980): 127–45.

[97] "Una mena d'oració, entre parenostre i credo, paral·lels als avemaries que s'avien de resar abans de seguir el desenvolupament del sermó" (Cantavella, *Els cards i el Llir*, 160).

The fourth and last section closes with the manner in which, already liberated, either separated from women or widowed, I turned hatred into love and sorrow into sweetness, and with how, wisely advised, I have put in order the last twenty or more years of my life, serving God during all of them, as you will see.

Secondly, the four books that comprise the main body of *The Mirror* could be considered as the *dilatatio* (or *amplificatio*) of the sermon, in which the message is expounded.[98] This *dilatatio* is achieved by means of several narrative techniques: citing authorities, *originalia sanctorum*, experiences or comparisons based on everyday life, fables and anecdotes, and "true stories." These techniques, which are also present in many other literary works of the time in all Romance languages, were listed by Françesc Eiximenis in his *Ars praedicandi populo* as resources upon which the preacher can rely to write his sermons.[99] The conclusion of *The Mirror* also resembles the final words of a sermon, with the narrator addressing his audience: "Finally, men and women, good men and good women, let us all live on this side. Saved on the other side, we shall say, 'Amen'" (16,242–16,247). This leads Cantavella to propose that *The Mirror* could be regarded as a sermon that contains another sermon.[100]

The complexity of the structure and the preoccupation with form, patent in the choice of versification as well as in the style and the vocabulary, suggest that Roig's target audience was probably a small minority of lay or religious people, the cultural élite who could appreciate much more than just the work's moral or doctrinal content. In this sense, *The Mirror* would be closer to the learned or university sermon than to the popular sermon, which was to be preached to uneducated audiences. This does not mean, as we have seen, that Roig excludes all types of popular elements in his text. To the twenty-first-century reader, the mixture of popular and erudite elements may be shocking, but it was not so to Roig's contemporary readers/listeners. Such variety would allow everyone to derive his or her own benefit, which is an explicit goal of the narrator.

In spite of all this, *The Mirror* is not a sermon, or at least it is not simply a sermon. Although some *artes praedicandi* recommended the use of some stylistic

---

[98] Antònia Carré i Pons, "L'estil de Jaume Roig: les propostes ètica i estètica de l'*Espill*," in *Intel·lectuals i escriptors a la baixa Edat Mitjana* (Barcelona: Publicacions de l'Abadia de Montserrat, 1994), 185–218, here 189–90. In addition to this structure, which was very common in many sermons of the time, Carré proposes that Roig also follows the rhetorical precepts of Saint Isidore of Seville in the division of *The Mirror* into four different parts: the *exordium* (which comprises the *Advice* and the *Preface*), the *narratio* (the first two books), the *confirmatio* (the third book), and the *conclusio* (the fourth book) (186). The term "macro-structure" seems to be intended to avoid confusion between these two different divisions, which Carré claims are not incompatible (190).

[99] Rico, *Predicación y literatura*, 13.

[100] Cantavella, *Els cards i el Llir*, 160.

embellishments in sermons to attract the attention of the listeners and to facilitate memorization, there is no doubt that such artistic elaborations were subordinate to the more important goal of disseminating a specific doctrinal content. In *The Mirror*, and in spite of the narrator's frequent assertions to the contrary, this is not so: *The Mirror* is clearly a literary artifact, the form of which is as important as its content. Like many other literary works of the time, it is influenced by the homiletic tradition in terms of theme, structure, and narrative techniques. In a way, it could even be considered a sort of meta-sermon, since its narrator expresses his own homiletic theories in the paragraph quoted above, advocating a pragmatic approach to sermons and the use of understandable examples, and rejecting the use of unnecessary formal embellishments and obscure lucubrations.

3. Picaresque

Many of the characteristics of *The Mirror* mentioned above (the autobiographical narration, the moralizing and religious purpose, the description of loose customs, the episodic nature of the events narrated, the satire of society, and a special pleasure in portraying the unseemly) were identified by Milà i Fontanals in the nineteenth century as typical of Castilian picaresque novels. Since the picaresque did not mature as a literary genre until the sixteenth century, Milà i Fontanals suggested that *The Mirror* may have had an influence in its genesis.[101] Miquel i Planas rejected such a possibility, arguing that *The Mirror* was not sufficiently known among Castilian (or even Catalan) writers. In Miquel i Planas's opinion, the Castilian picaresque novel appeared as a consequence of specific historical factors, such as the collapse of the feudal system and the end of the Reconquest, which left many people unable, or unwilling, to work. These people and the urban world they inhabited were the inspiration for picaresque writers of the sixteenth century. He thus seems to imply that these changes had already taken place in fifteenth-century Valencia and could account for the appearance of Roig's early *pícaro*.[102]

Disputing the idea that historical factors alone could have given rise to a literary genre, Victorio Agüera studied *The Mirror* exclusively in terms of literary history.[103] Agüera analyzed in more detail the similarities outlined by Milà i Fontanals and concluded that Roig's poem should be considered a bridge be-

---

[101] Miquel i Planas, *El espejo de Jaime Roig: poema valenciano del siglo XV* (Barcelona: Elzeviriana y Casa Miquel-Rius, 1936–1942), cxii.

[102] Miquel i Planas, *El espejo de Jaime Roig*, cxiv. On the difficulties of defining the picaresque as a continuum and as a genre, see Peter Dunn, *Spanish Picaresque Fiction: A New Literary History* (Ithaca: Cornell University Press, 1993).

[103] V. Agüera, *Un pícaro catalán del siglo XV: El* Spill *de Jaume Roig y la tradición picaresca* (Barcelona: Hispam, 1975).

tween medieval collections of *exempla*, such as *Calila e Dimna*, *Sendebar*, or *Libro de buen amor*, and the picaresque. He thus credited Roig with the mastery of a technique that only Juan Ruiz, the Archpriest of Hita, had used before him, although less skillfully, in a Peninsular Romance language, and that would later be essential in the picaresque: the fictional frame of the single first-person narrator and protagonist of the different stories.[104] Nineteenth-century Arabist Francisco Fernández y González had suggested an affiliation between the autobiographical form of *Libro de buen amor* and the Arabic and Hispano-Hebraic *maqamat*, an idea that was later upheld by Américo Castro and María Rosa Lida de Malkiel. The *maqama* (assembly) was created in Persia by Badi' az-Zaman Abu al-Fadl Ahmad ibn al-Husayn al-Hamadhani (969–1008) and perfected by Abu Muhammad al-Qasim ibn 'Ali al-Hariri (1054–1122). According to Lida de Malkiel, in these *maqamat*,

> a non-hypocritical *pícaro* who preaches a virtue and devotion that he is far from practicing, a master of grammar, rhetoric, poetry, and tricks that allow him to have a good time at the expense of others, recites verses in assemblies (*maqamat*), where another narrator runs into him repeatedly, recounting his misdeeds in the first person (whose victim he is at times) and transmitting his recitations. These two characters give unity to the different adventures, told in a popular tone and in an atmosphere that lacks exquisiteness, in rhyming prose, ripe with tropes, puns, proverbs, quotes, allusions, and parodies of sacred and secular texts, full of all sorts of verbal virtuosity, debates, discussion of erudite topics, and interpolation of lyric poems.[105]

The similarities between *Libro de buen amor* and the *maqamat* are evident, although there are some significant differences, such as the virtual absence of the topic of love and the fact that there is more than one narrator in the *maqamat*.

---

[104] Most Catalan scholars, however, tend to defend the idea that the first-person narration was used profusely by Catalan narrative texts in verse, which would later influence Castilian literature.

[105] "Un pícaro—no hipócrita—que predica la virtud y devoción que está lejos de practicar, maestro en gramática, retórica, poesía y en tretas para pasarlo bien a costa del prójimo, declama en reuniones (*maqamat*), donde repetidamente topa con él un narrador, que cuenta en primera persona sus fechorías (de las que a veces es víctima) y transmite sus declamaciones. Estos dos personajes dan unidad a las diversas aventuras, de tono popular y ambiente nada exquisito, expuestas en prosa rimada, cuajada de tropos, retruécanos, proverbios, citas, alusiones y parodias de textos sagrados y profanos, de toda clase de virtuosismo verbal, debates, discusión de temas eruditos e intercalación de poesías líricas": María Rosa Lida de Malkiel, *Estudios de literatura española y comparada* (Buenos Aires: Eudeba, 1969), 22–23. On the *maqama* in Muslim Iberia, see Rina Drory, "The Maqama," in *The Literature of Al-Andalus*, ed. María Rosa Menocal, Raymond P. Scheindlin, and Michael Sells (Cambridge: Cambridge University Press, 2000), 190–210.

The genre was also cultivated and developed in the twelfth to fourteenth centuries by Jewish writers from Catalonia, the Languedoc, and Provence, the most accomplished of whom was Judah ben Solomon al-Harizi (ca. 1170 – ca. 1225). Yosef ben Meir ibn Sabarra (born ca. 1140), a doctor from Barcelona, wrote a *maqama* entitled *Libro de delicias* that is even closer to *Libro de buen amor* in that he "fuses the protagonist and the narrator together in one character, identified with the author, and has him take part not in many disconnected adventures, but in a single and rather vague action which serves as the frame for debates, dissertations, aphorisms, proverbs, portraits, parodies, tales, and fables."[106] Lida de Malkiel concluded that, although a direct reading or imitation of these authors on the part of Juan Ruiz would make no sense, he could have been acquainted with their work.

Following Lida de Malkiel's analysis, Agüera posits a similar influence for Roig, either directly from the Arabic and Hebrew *maqamat* or through *Libro de buen amor*.[107] The narrator of *The Mirror* is for Agüera a clear precedent of the Castilian *pícaros*, a "husband of many wives" who would develop as a "mozo de muchos amos" (boy of many masters) in the picaresque. His life, Agüera maintains, presents the same evolution as those of Lázaro, Guzmán, or Pablos: from an innocent childhood, the protagonist is "educated" through his experiences in a world of iniquities that will lead him to moral depravity and, eventually, to religious conversion. The protagonist, like the future *pícaros*, narrates the story of his life after the conversion has taken place, from what Martin Romberg termed the "epic situation," in order to admonish others.[108]

Agüera's work has met great resistance among scholars of *The Mirror*, especially among native speakers of Catalan.[109] Although some have accepted that

---

[106] "Funde al protagonista y al narrador en un solo personaje, identificado con el autor, y le hace intervenir, no en muchas aventuras inconexas, sino en una sola y bastante vaga acción que sirve para encuadrar debates, disertaciones, aforismos, proverbios, retratos, parodias, cuentos y fábulas" (Lida de Malkiel, *Estudios de literatura española y comparada*, 23).

[107] David Wacks proposes that Roig is likely to have been influenced exclusively by direct contact with readers of Hebrew *maqamat*, probably Jewish or *converso* physicians educated in the Hebrew culture whom he met through his career as a doctor. Wacks's main argument is that, given the clear decline of learned Arabic and Islamic culture in fifteenth-century Valencia, Roig was unlikely to have been in contact with readers of Arabic *maqamat*, and much more unlikely even to have known Arabic himself. Hebrew literary culture, in contrast, was still thriving in Iberia, and *maqamat* were popular in Jewish communities. For a detailed analysis and specific textual connections between *The Mirror* and Hebrew *maqamat* written by Judah ibn Shabbetai, al-Harizi, and Ibn Sabarra, see Wacks, "Reading Jaume Roig's *Spill*," 597–616.

[108] Agüera, *Un pícaro catalán*, 19.

[109] Antònia Carré, for example, describes Agüera's book as "absolutely dispensable" in "*L'Espill* de Jaume Roig: bibliografia comentada," *Boletín bibliográfico de la Asociación*

there are picaresque elements in *The Mirror*, very few go as far as calling it a picaresque novel (Maria Aurèlia Capmany is an exception). And most of them reject the idea of a direct influence of *The Mirror* on the picaresque. Josep Lluís Sirera, for example, argues that the differences between *The Mirror* and the picaresque are too numerous (although he does not elaborate on this), and that the majority of the similarities between them can also be found in almost any literary manifestation of Western Europe before the fifteenth century.[110] In his introduction to the Castilian version of *The Mirror*, Jaume Vidal Alcover contends that, although there are many picaresque types in *The Mirror*, its narrator is not a *pícaro* himself. Vicent Escrivà, who dismisses Agüera's theories as *malabarisme* (juggling), proposes that, rather than a picaresque novel, *The Mirror* is a "groundbreaking bourgeois novel" ("novel·la burguesa de trencament"). For Escrivà, Roig is a "modern novelist *malgré lui*," who introduces five groundbreaking elements in the narrative of the late Middle Ages: the conscious use of the narrative "I," a bourgeois theme, a break with the ideology of chivalry romances, the mixture of an innovative narrative form with a conservative ideology, and the intermediate step between the *fabliaux* and future narrative forms.[111]

4. Misogyny

Misogyny or antifeminism is the literary *topos*, discourse, or genre[112] with which *The Mirror* has been most frequently associated. In the terminology formulated by Katharina M. Wilson and Elizabeth M. Makowski, *The Mirror* could also be

---

Hispánica de Literatura Medieval 15 (2001): 383–414, here 393.

[110] *Història de la literatura valenciana*, 141.

[111] Vicent Escrivà, "Jaume Roig: cinq-cents anys de l'*Espill*," *Serra d'Or* 231 (1978): 83–84, here 84.

[112] All three terms are used by R. Howard Bloch to characterize misogyny in *Medieval Misogyny and the Invention of Western Romantic Love* (Chicago: University of Chicago Press, 1991).

classified within the category of general misogamy.[113] The following texts are usually considered as the most likely influences on *The Mirror*:[114]

In Latin, the most significant are the Bible and Saint Jerome's *Adversus Jovinianum* (393 CE), a diatribe against the monk Jovinian (who defended the equal worth of marriage and virginity) largely based on the ideas of Tertullian (ca. 160–ca. 220).

The most influential text in French was probably Jehan Le Fèvre's fourteenth-century translation of Mathéolus's Latin *Lamentations*, written at the end of the thirteenth century. Morel-Fatio points out that *The Mirror* and Mathéolus's translation share other similarities apart from the misogynistic content: they are written in verse, they have the same type of rhyme, and they are both divided into four books. Additionally, there are "certaines analogies frappantes qui ne sauraient être accidentelles" (certain striking analogies that could not be accidental), such as the appearance of God to Mathéolus in the third book and the similar appearance of Solomon to the narrator of *The Mirror*, also in the third book.[115] Another significant French text is the *Quinze joies de mariage*, a late fourteenth- or early fifteenth-century treatise against marriage, the title of which is a parody of the *Quinze joies de Nostre Dame*, a devotional thirteenth-century text dedicated to the Virgin. In the epilogue of the *Quinze joies de mariage*, the anonymous author suggests that his work was only a ludic exercise and that he could just as well write another treatise on the miseries through which men put women. This reversal of attitude is similar to the one we find in the fourth book of *The Mirror* where the narrator seeks reconciliation with women (lines 16,014–16,023).

In a 1905 study Arturo Farinelli briefly outlined the most striking analogies between *The Mirror* and Giovanni Boccaccio's *Corbaccio* (1354–1355), which enjoyed great success in the Iberian Peninsula, especially in Aragon, after the merchant Narcís Franch translated it from Italian into Catalan sometime before 1397. According to Farinelli, the following tendencies of women in *The Mirror* hark back to *Corbaccio*:

---

[113] Works of general misogamy were intended for the general public (lay and cleric), were written in the vernacular, advocated the absolute rejection of the married status on the idea that no woman could be worth marrying, tended to make such claims based on personal experience rather than pagan or biblical *auctoritas*, and were primarily works of entertainment, in which irony and satire played an essential role. The authors include in this category Mathéolus's *Lamentations* and *Quinze joies de mariage*, two texts that are normally mentioned as likely direct influences on *The Mirror*. For a detailed analysis and classification of European misogamous works, see Katharina M. Wilson and Elizabeth M. Makowski, *Wykked Wyves and the Woes of Marriage: Misogamous Literature from Juvenal to Chaucer* (Albany: State University of New York Press, 1990).

[114] Many of the similarities between *The Mirror* and other works discussed below are not exclusive to them, but rather seem to be part of the undercurrent of motifs and attitudes common to all or many antifeminist texts.

[115] Morel-Fatio, "Rapport sur une mission," 29.

the hints to mobility and extreme instability, to gluttony, to the invincible craving for chatting, for chattering about everything and for knowing about everything—since they are informed about everything—to bottles, to ointments which they accumulate at home, to the old and prudent rescuers, to the female doctors and fortune-tellers.[116]

The stance adopted by both narrators is also similar: old, tired men, disappointed in marriage and women in general, who tell their stories as a sort of confession to admonish others. Both narrators are forewarned against women by a dead person: Solomon in the case of *The Mirror* and the spirit of the woman in the case of *Corbaccio*. And finally, in both texts the praise of the Virgin is set in contrast with the depravity of the rest of women.[117]

Castilian literature, especially if compared to French and Catalan, generated very few antifeminist texts, and the two works that are usually mentioned as having influenced *The Mirror* are somehow related to the world of Catalan letters. In his 1942 Spanish edition of *The Mirror*, Miquel i Planas studies the analogies between Roig's poem and *Corbacho* (1438), written by Alfonso Martínez de Toledo, Archpriest of Talavera, who had spent many years in Valencia. Miquel i Planas offers a detailed comparison in terms of themes, motifs, structure (*Corbacho* is also divided into four sections), certain idioms, etc.[118] The other misogynist text in Castilian is the *Maldezir de mugeres*, a short verse composition written by the Catalan Pere Torroella sometime before 1458, which provoked a heated polemic among Castilian writers.[119]

The list of misogynistic texts in Catalan that might have influenced Jaume Roig is much longer. Cerverí de Girona (thirteenth century) earned a reputation as a misogynist among later Catalan writers for his satires against women with his *Proverbis* and *Maldit bendit*, although he claimed to write only against bad women.[120] Some passages from the third book of *Lo crestià* (1384) by Francesc

---

[116] "Gli accenni alla mobilità e instabilità estrema, alla ghiottoneria, all'invincibil smania di discorrere, di cinguettare di tutto e di saper di tutto, poichè di tutto sono informate, alle ampolle, agli unguenti che in casa ammassano, alle vecchie e provvide soccorritrici, alle medichesse ed indovine": Arturo Farinelli, *Note sulla fortuna del Corbaccio nella Spagna medioevale* (Halle: n.p., 1905), 35.

[117] Farinelli, *Note sulla fortuna*, 36.

[118] Miquel i Planas, *El espejo de Jaime Roig*, xlvi-lxviii.

[119] Antón de Montoro, Suero de Ribera, and Gómez Manrique were some of the poets who wrote disapproving poems against Torroella. In his *Grisel y Mirabella*, a sentimental romance that debates the pros and cons of women and love, Juan de Flores has Torroella defend the position of men against women and is punished for his effrontery with a slow and exquisite death. For a more detailed description of the pro- and antifeminist debate in the Castilian letters, see Jacob Ornstein, "La misoginia y el profeminismo en la literatura castellana," *Revista de filología Hispánica* 4 (1942): 219–32.

[120] De Riquer, *Història de la literatura catalana*, 1:142.

Eiximenis, where he quotes fragments of Cerverí's *Maldit bendit*, could also have influenced Roig. Eiximenis's *Libre de les dones* (ca. 1386), from which the publisher of edition C of *The Mirror* must have borrowed the title, is a moralizing treatise in which some female vices are illustrated by means of anecdotes and funny stories in order to make them odious. As is the case in Cerverí's poems, the criticism of the *Libre de les dones* is not directed against all women, but only against the bad ones.[121] Although it cannot be proved, many scholars believe that Roig could not have escaped the influence of antifeminist sermons written and delivered by the Valencian Vicent Ferrer, one of the most famous preachers in all of Europe at the time. In the third book of Bernat Metge's *Lo somni* (1399), the visionary Tiresias pronounces a misogynistic diatribe translated directly from *Corbaccio*. In the following and last book, however, Metge refutes him with a praise of women based on Petrarch's *Familiares* and Boccaccio's *De claris mulieribus*. Finally, Almiñana Vallés mentions the possible influence of Françesc Ferrer's *Lo conhort* (written between 1425 and 1458). *Lo conhort* is a 750-line poem in which thirteen poets appear to the protagonist with papers in their hands where they have written verses against women.

In lines 15,904–16,023, the narrator briefly asks forgiveness from women, if he has "spoken falsely," and seeks a truce with them on account of one woman, Isabel Pellicer. However, unlike most of the works listed above, *The Mirror* does not include a pro-feminist palinode to counteract its antifeminism, nor does it limit its criticism to bad women.[122] This and the extreme violence and cruelty of its antifeminist satire have led many scholars to conclude that *The Mirror* must be an expression of the author's own feelings. Kenneth Scholberg, for example, wonders about the death of his wife as the possible cause for Roig's "inexorable hatred."[123] Martí de Riquer admits that most of its misogynistic content derives from tradition, but he adds that Roig, "with the examples that he adduces of his own and his sharp and malicious personal observations, very frequently renews the topic, among other reasons because he seems to write as if he truly feels a terrible hatred towards the female sex."[124] Similarly, Joan Fuster attributed the

---

[121] De Riquer, *Història de la literatura catalana*, 1:148.

[122] For a list of anti- and pro-feminist motifs in *The Mirror*, in order of appearance, see Cantavella, *Els cards i el Llir*, 177–79. The pro-feminist motifs are mentioned by Roig only to dispute them. Since Cantavella follows Miquel i Planas's edition, the line numbers to which she refers do not coincide with the numbers of the present edition.

[123] K. Scholberg, *Sátira e invectiva en la España Medieval* (Madrid: Gredos, 1971), 211.

[124] "Amb els exemples que addueix pel seu compte i les seves agudes i malicioses observacions personals, renovella molt sovint el tòpic, entre altres raons perquè sembla que escriu sentint de debò un terrible odi al sexe femení": De Riquer, *Història de la literatura catalana*, 3:242.

excessive invectives to "some personal resentment we do not know about."[125] Albert G. Hauf calls Roig "ill-humored."[126] The examples are countless.

Currently, the debate over *The Mirror*'s antifeminism circumvents the irresolvable issue of whether Roig's hatred of women was inferior, superior, or equal to that of his contemporaries. Instead, scholars now concentrate on the extent to which the misogyny of *The Mirror* may be either the product of a transhistorical discursive tradition or the result of social, political, and economic changes that operated in the Iberian Peninsula in the transition from the Middle Ages to early modernity. If most nineteenth- and twentieth-century scholars took Roig's misogyny for granted, in the 1990s there was a shift in scholarship, spearheaded by Rosanna Cantavella, towards interpreting *The Mirror* as an example of a discursive tradition that had little to do with the expression of personal feelings and opinions. The medieval pro- and antifeminist debate originated in the scholastic world in which, at least since the twelfth century, students were made to write *disputationes* in answer to certain *quaestiones*, as exercises in rhetoric and composition. Compared to other more transcendental and conflictive religious issues such as the Immaculate Conception, the nature of woman was an innocuous *quaestio* for these students, who had to argue in favor or against to exercise their rhetorical skills, rather than to express their real feelings or opinions on the subject. The arguments against women generally revolved around two axes, rejection of marriage and disappointment in love. The benefits derived from the positive influence of the loved woman, the idea that God would not have created a totally imperfect being, the examples of great women in history, and the defense of Mary were the most common arguments in favor. The *topos*, developed and cultivated by and for members of religious communities, who were required to remain celibate, soon reached the secular segments of society through the sermons of preachers. Eventually it found a fertile ground in the troubadour poetry of the thirteenth and fourteenth centuries first and in all manifestations of literature later.[127]

---

[125] "Algun ressentiment personal que desconeixem": J. Fuster, "Jaume Roig i sor Isabel de Villena," in *Misògins i enamorats* (Alcira: Bromera, 1995), 73–108, here 74.

[126] A.G. Hauf, *D'Eiximenis a Sor Isabel de Villena: Aportació a l'estudi de la nostra cultura medieval* (Barcelona: Institut de Filologia Valenciana, 1990), 47.

[127] Recent scholarship has begun to reevaluate the alleged pro-feminism of courtly love poetry and the literature that explicitly defends women. See, for example, Antony Van Beysterveldt, "Revisión de los debates feministas del siglo XV y las novelas de Juan de Flores," *Hispania* 64 (1981): 1–13; María Jesús Lacarra, "Algunos datos para la historia de la misoginia en la Edad Media," in *Studia in honorem profesor Martín de Riquer*, ed. Alvar, 1:339–61; Julian Weiss, "Álvaro de Luna, Juan de Mena and the Power of Courtly Love," *Modern Language Notes* 106 (1991): 241–56; and María Cruz Muriel Tapia, *Antifeminismo y subestimación de la mujer en la literatura medieval castellana* (Cáceres: Editorial Guadiloba, 1991).

As writers produced pro- and antifeminist works, they looked back to their precedents in search of ideas, motifs, and expressions. It is in this citational and highly repetitive tradition, "whose rhetorical thrust is to displace its own source away from anything that might be construed as personal or confessional and toward the sacred authorities,"[128] that Cantavella interprets *The Mirror*. In this context, it is difficult to attribute any real personal misogynistic sentiments to Jaume Roig. Nor can it be assumed that his was an attempt at provoking a social reaction among his readers, since the debate was not concerned with Woman as a social being and did not seem to have affected the real status of women.[129] Cantavella goes further to question the seriousness of Roig's antifeminist satire. A serious critic of the female sex, Cantavella writes, would have been satisfied with the arguments included in the third part of the *Preface*: they pretend to be ill when they are healthy, but when they are really ill they do not take care of themselves; they cry very easily; they cannot bear to be corrected; they deny the obvious; they seek a noble husband, even if he has no money, but would never consider marrying a man who is affable; they mistreat those who love them and love those who mistreat them; they spend money on useless things; they do the opposite of what is expected of them; and they are voluble and inconstant. The exaggerated accumulation of examples and anecdotes and the extreme virulence of the attacks, on the contrary, only serve to undermine the validity of the explicit message.[130] In a similar vein, Antònia Carré argues that the inferiority of women at the time was evident everywhere: "in whichever sphere of medieval culture and society, in the everyday reality women lived in, in the legislation, in the moral or doctrinal works, in the sermons, in the theology, in the natural philosophy or medicine."[131] With *The Mirror*, Roig was not trying to express anything new or to convince anyone, because his readership already saw women as inferior beings. Rather, the virulence of the satire, together with the use of humor, should be interpreted as the means through which Roig attempts to set his work apart from its precedents in a tradition that allows for little variation and originality.[132] The main

---

[128] Bloch, *Medieval Misogyny*, 6.

[129] Cantavella, *Els cards i el Llir*, 18. Nevertheless, the disenfranchisement of women in medieval Europe is undeniable (Bloch, *Medieval Misogyny*, 8). For a study of the historical condition of women in the Iberian Peninsula, see *Las mujeres medievales y su ámbito jurídico: Actas de las segundas jornadas de investigación interdisciplinaria* (Madrid: Universidad Autónoma de Madrid, 1983) and *La condición de la mujer en la Edad Media: Actas del coloquio celebrado en la casa de Velázquez, del 5 al 7 de noviembre de 1984* (Madrid: Casa de Velázquez, Universidad Complutense, 1986).

[130] Cantavella, *Els cards i el Llir*, 161.

[131] "En qualsevol àmbit de la cultura i la societat medievals, en la realitat quotidiana que vivien les dones, en la legislació, en les obres morals o doctrinàries, en el sermons, en la teologia, la filosofia natural o la medicina": A. Carré, "Lletra de batalla per *l'Espill* de Jaume Roig," *Antípodas* 5 (1993): 143–54, here 145.

[132] Carré, "La medicina com a rerefons," 10.

message of *The Mirror*, Cantavella argues, is the praise of the Virgin, not the denigration of women. Everything else (anecdotes, invectives, comments, etc.) is there to entertain its readers and to predispose them favorably towards that message. The combination of the antifeminist discourse and the praise of the Virgin may be shocking to us now, but it was not to Roig's contemporaries.[133] Similarly, for Carré the antifeminist discourse is simply what she calls the *proposta estètica* (aesthetic proposal), the form in which Roig chose to convey his more important *proposta ideològica* (ideological proposal): i.e., male asceticism.[134]

In direct contrast with this line of interpretation, a recent theoretical approach attempts to explain misogyny (indeed, any issues of gender and sexuality) as the expression of the anxiety provoked by shifting political, social, and economic factors.[135] Michael Solomon[136] and Jean Dangler[137] analyze *The Mirror* in the context of fifteenth-century medical theory. For Solomon, the proliferation of a misogynist discourse in the fifteenth century is more than a simple matter of literary traditions with no ties to the sociopolitical and economic realities of Europe. In Solomon's opinion, men like the Archpriest of Talavera or Roig saw the many afflictions of those times (war, political and religious corruption, disease, and so on) as punishment for an inordinate sexual desire for which women were sometimes blamed. Starting from the idea that disease is as much a cultural construct as a physical condition, Solomon contends that *amor hereos* or lovesickness was at that time considered as real a disease as AIDS is in our days. And like AIDS now, lovesickness was then perceived by some as a threat not only to the integrity of an individual's body and soul, but also to the very core of society. Works like *Corbacho* and *The Mirror* are thus considered by Solomon as treatises aimed to disseminate preventative or curative therapies among the general public, much in the vein of other, very popular, treatises or guidebooks on hygiene, herbs, the plague, and the like, many of them also bearing the title *Mirror*.[138] The denigration of women as objects of sexual desire was part of the therapy and, Solomon insists, it had real, negative consequences for women.

---

[133] Cantavella, *Els cards i el Llir*, 161–62.

[134] Carré, "Lletra de batalla," 147.

[135] For new interpretations of different late medieval Iberian texts from this perspective, see *Queer Iberia: Sexualities, Cultures, and Crossings from the Middle Ages to the Renaissance*, ed. Josiah Blackmore and Gregory S. Hutcheson (Durham and London: Duke University Press, 1999).

[136] M. Solomon, *The Literature of Misogyny in Medieval Spain:* The Arcipreste de Talavera *and* The Mirror (Cambridge: Cambridge University Press, 1997).

[137] J. Dangler, *Mediating Fictions: Literature, Women Healers, and the Go-Between in Medieval and Early Modern Iberia* (Lewisburg: Bucknell University Press, 2001).

[138] In this sense, *The Mirror* can also be related to the Catalan tradition of the *letovaris*, texts written in tetrasyllabic lines that dealt with lovesickness and its remedies: Llúcia Martín Pascual, *La tradició animalística en la literatura catalana medieval* (València: Generalitat Valenciana, 1996), 237.

Similarly, Jean Dangler proposes that *The Mirror* is part of a conscious project (which includes Fernando de Rojas's *La Celestina* and Francisco Delicado's *La Lozana andaluza*) to marginalize women healers, who had until then enjoyed a privileged social and economic position. This project, Dangler indicates, takes place at a time in history when medicine is emerging as a profession and when male physicians (such as Roig) need to establish their authority at the expense of their female counterparts. By appropriating traditional misogynistic rhetorical conventions, Dangler proposes that these three authors seek to achieve a new and real change in the socioeconomic status of this specific group of women. In the case of *The Mirror*, the strategy hinges around the opposition Ave/Eva, Mary/all women: the Virgin is presented as the only authoritative female healer, and man is persuaded to avoid contact with all other women in order to preserve his well-being.

Perhaps a more accurate description of the intentions of the writer and the effects of the text on its readership can be found in the middle ground between the theses defended by Cantavella and Carré and those defended by Solomon and Dangler. On the one hand, it is impossible to conceive that an explicit misogynistic discourse such as the one contained in *The Mirror* did not at all affect the condition of women, as Cantavella proposes. In the very least, it must have contributed at some level to the perpetuation of a perception of women and Woman that has survived even to our days and that has had real consequences for real women. As Alcuin Blamires points out, if this where not so, how can we interpret the indignation of writers such as Christine de Pizan, who protested vehemently against misogynistic literature?[139] On the other hand, the approaches taken by Solomon and Dangler seem too narrow in scope and hinge around a false assumption: the idea that *The Mirror* was an "accessible, popular means of dissemination" of antifeminist ideologies.[140] In the course of this introduction we have seen that *The Mirror* was anything but accessible or popular.

After so much debate, the fact that readers have considered *The Mirror* both anti- and pro-feminist proves that its message is at best ambiguous.[141] Interestingly, *The Mirror* is the last great text written in Catalan in the medieval tradition of misogyny.[142]

---

[139] A. Blamires, *Woman Defamed and Woman Defended: An Anthology of Medieval Texts* (Oxford: Clarendon Press, 1992), 13.

[140] Dangler, *Mediating Fictions*, 12.

[141] Anna Isabel Peirats analyzes the implications of *The Mirror*'s intrinsic ambiguity on its interpretation as a humorous or moralistic work in her article "Jaume Roig: ¿La comicitat de la moral o la moral de la comicitat?" *Institut d'Estudis Catalans* 25 (2003): 251–78, which she later expanded in *Una aproximació a l'*Espill *de Jaume Roig* (Alzira: Bromera, 2004).

[142] *Els cards i el Llir*, 161.

Bibliography

Editions of *The Mirror* (In Chronological Order)

Diaz Romano, Francesch. *Libre de consells: fet per lo magnifich mestre Jaume Roig, los quals son molt profitosos y saludables axi per al regiment y orde de ben viure com pera augmentar la deuocio a la puritat y concepcio de la sacratissima verge Maria.* Valencia, 1531. (Edition A)

Cortey, Jaume. *Libre de consells fet per lo magnifich mestre Iaume Roig, los quals son molt profitosos y saludables axi pera regiment y orde de ben viure, com pera augmentar la deuocio a la puritat y concepcio de la sacratissima verge Maria.* Barcelona, 1561. (Edition B)

Arcos, Joan de. *Libre de les dones, mes verament dit de consells profitosos y saludables, axi per al regiment y orde de la vida humana, com pera aumentar la deuocio de la inmaculada Concepcio de la Sacratissima verge Maria.* Valencia, 1561. (Edition C)

Ros, Carles. *Lo libre de les dones, e de concells donats per Mosen Jaume Roig, a son nebot En Balthasar Bou, senyor de Callosa.* Valencia, 1735. (Edition D)

Pelay Briz, Francesch. *Lo libre de les dones é de conçells mòlt profitosos y saludables així pera regiment y ordre de ben viurer, com pera augmentar la devoció á la puritat de la Concepció de la Sacratíssima Verge María, fet per lo magnifich mestre Jaume Roig.* Barcelona, 1865. (Edition E)

Chabàs i Llorente, Roc. *Spill o Libre de les Dones per Mestre Jacme Roig.* Barcelona and Madrid: L'Avenc, 1905. (Edition F)

Almela i Vives, Francesc. *Jaume Roig. Llibre de les Dones o Spill.* Barcelona: Barcino, 1928. (Edition G)

Miquel i Planas, Ramon. *Spill o Libre de consells de Jaume Roig: Poema satírich del segle XV.* 2 vols. Barcelona: Biblioteca Catalana, 1929–1950.

Gustà, Marina. *Espill o Llibre de les dones.* Barcelona: Edicions 62, 1978.

Escrivà, Vicent. *Espill.* València: Diputació Provincial de València, Institució Alfons el Magnànim, 1981.

Almiñana Vallés, Josep. *Spill.* 3 vols. València: Del Cenia al Segura, 1990.

Carré i Pons, Antònia. *Espill.* Barcelona: Teide, 1994.

———. *L'Espill de Jaume Roig (Ciutat del Vaticà, Biblioteca Apostòlica, ms. llatí 4806).* Vol. 5. Bellaterra: Seminari de Filologia i Informàtica—UAB i Fundació "La Caixa," 1995. (Part of the collection *Els Cançoners Catalans*

Medievals. Concordances. Materials de l'Arxiu Informatitzat de Textos Catalans Medievals.)
———. *Espill. Repertorio informatizzato dell'antica letteratura catalana* (RIALC). Naples: Università di Napoli Federico II. (http://www.rialc.unina.it)
———. *Espill*. Barcelona: Quaderns Crema, 2006.

Modernizations and Prosifications

Capmany, Maria Aurèlia. *L'espill, o Llibre de les dones*. València: Climent, 1992.
Costa i Català, Joan. *L'Espill*. València: L'Oronella, 1998.
Tiñena, Jordi. *Llibre de les dones: prosificació i modernització a cura de Jordi Tiñena*. Barcelona: Laertes, 1988.

Translations

Matheu y Sanz, Lorenzo. *Libro de los consejos del Maestro Jaime Roig, poeta valenciano* (Madrid, 1665), included in Miquel i Planas, *El espejo de Jaime Roig: poema valenciano del siglo XV*.
Miquel i Planas, Ramón. *El espejo de Jaime Roig: poema valenciano del siglo XV*. Barcelona: Elzeviriana y Casa Miquel-Rius, 1936–1942.
Vidal Alcover, Jaume. *Espejo*. Barcelona: Alianza Editorial, Enciclopèdia Catalana, 1987.

Secondary Sources on Jaume Roig and *The Mirror*

Agüera, Victorio G. "La *Atalaya* y el *Espejo*: un paralelismo de estructuras." *La torre: revista general de la Universidad de Puerto Rico* 73–74 (1971): 161–83.
———. *Un pícaro catalán del siglo XV: El* Spill *de Jaume Roig y la tradición picaresca*. Barcelona: Hispam, 1975.
Ainaud Escudero, Jordi. "De Jaume Roig a Stephen Sondheim: canibalisme i misogínia." In *Actes del VII Congrés de l'Associació Hispànica de literatura medieval (Castelló de la Plana, 22–26 de setembre de 1997)*, 1: 243–53. Castelló de la Plana: Universitat Jaume I, 1999.
Alemany, Rafael. "Ausiàs March y las letras valencianas del s. XV: vasos comunicantes." In *Ausiàs March y las literaturas de su época*, ed. L. Sánchez Rodrigo and E. J. Nogueras Valdivieso, 111–31. Granada: Universidad de Granada, 2000.
Archer, Robert. "The Thistles and the Lily: A Reading of the *Espill* by Jaume Roig." (Review of Cantavella, *Els cards i el Llir.*) *Bulletin of Hispanic Studies* 72 (1995): 353–54.

Badía, Lola. "El saber i les lletres fins a 1500." In *Història de la cultura catalana: L'esplendor medieval (segles XI–XV)*, 1:71–124. Barcelona: Edicions 62, 1999.
Bastero, Antonio. *La crusca provenzale: tavola dei Poeti provenzali della età d'Oro*. Rome: n.p., 1724.
Bataillon, M. "Bibliographie." *Bulletin Hispanique* 45 (1943): 205–14.
Bellveser, R. "Jaume Roig: los orígenes de la picaresca." *El País: Arte y Pensamiento* (21 May 1978): 2.
Cabanes Català, Maria Luisa. "El *Spill* de Jaume Roig com a font per a la diplomàtica." *Revista de Filología Valenciana* 3 (1996): 7–23.
———. "El *Spill* de Jaume Roig y las monjas valencianas de su época." *Ligarzas* 4 (1972): 273–85.
———. "Monasterio de la Zaidía y su abaciologio." In *Mélanges à la memoire du père Anselme Dimier, II: Histoire cistercienne*, 463–70. Arbois: Pupillin, 1984.
Cantavella, Rosanna. "Dos preguntas sobre *La Celestina*: Concordancias con obras catalanas medievales." In *Cinco siglos de* Celestina*: Aportaciones interpretativas*, ed. Rafael Beltrán and José Luis Canet, 61–76. València: Universitat de València, 1997.
———. *Els cards i el Llir: Una lectura de l'Espill de Jaume Roig*. Barcelona: Quaderns Crema, 1992.
———. "Els verbs amb afix velar i palatal a l'*Espill*." *Estudis de Llengua i Literatura Catalanes* 12 (1986): 13–26.
———. "Els verbs incoatius a l'*Espill* de Jaume Roig." In *Miscel·lània Sanchis Guarner*, ed. Antoni Ferrando, 1:321–35. València: Universitat de València, 1992.
———. *La morfología verbal a l'Espill de Jaume Roig: una aplicació informàtica*. València: Universitat de València, 1983.
———. "Terapèutiques de l'*amor hereos* a la literatura catalana medieval." In *Actes del IX Col·loqui Internacional de llengua i literatura catalanes (Alacant 1991)*, 2:191–207. Barcelona: Publicacions de l'Abadia de Montserrat, 1993.
———, and Vicent Miralles. "Aproximaciò als pronoms adverbials i personals febles de l'*Espill*." *Quaderns de Treball* 1 (1984): 11–20.
Capmany, Maria Aurèlia. "Una novel·la picaresca o l'*Espill* de Jaume Roig." *L'Espill* 1–2 (1979): 87–93.
Carré i Pons, Antònia. "Aportacions a la lectura literal de l'*Espill* de Jaume Roig." *Llengua & Literatura* 18 (2007): 371–402.
———. "De l'*Espill* de Jaume Roig a *Sweeney Todd* o la maldat comestible." *Serra d'Or* 438 (1996): 45.
———. "El cuerpo de las mujeres: medicina y literatura en la Baja Edad Media." *Arenal: Revista de Historia de las Mujeres* 3 (1996): 75–90.
———. "El lèxic de l'*Espill* de Jaume Roig present en les Regles d'esquivar vocables o mots grossers o pagesívols." *Estudis de Llengua i Literatura Catalanes* 27 (1993): 5–10.
———. "El manuscrit únic de l'*Espill* de Jaume Roig." *Boletín de la Real Academia de Buenas Letras de Barcelona* 44 (1993–1994): 231–73.

———. "El *rescrit* de Jaume Roig i les *noves rimades comediades*." In *Literatura i cultura a la Corona d'Aragó (s. XIII-XV): Actes del III Col·loqui "Problemes i Mètodes de Literatura Catalana Antiga", Universitat de Girona, 5–8 de juliol de 2000*, ed. Lola Badia, Miriam Cabré, and Sadurní Martí, 355–72. Barcelona: Curial Edicions Catalanes-Publicacions de l'Abadia de Montserrat, 2002.

———. "El *Spill* de Jaume Roig: El *Decameron* com a punt de partida." *L'Estruç: Revista literària* 12 (1985): 16–17.

———. "Fou la poma, el préssec o un gotim de raïm?" In *Estudis de Llengua i Literatura Catalanes, XXXV (Homenatge a Arthur Terry)*, 65–70. Barcelona: Publicacions de l'Abadia de Montserrat, 1997.

———. "La biblioteca del metge Jaume Roig." *Anuari de Filologia* 16 (1993): 23–36.

———. "La ginecofòbia del *Spill* de Jaume Roig." *Faig* 27 (1986): 69–71.

———. "La medicina com a rerefons cultural a l'*Espill* de Jaume Roig." In *Jaume Roig i Cristòfor Despuig: Dos assaigs sobre cultura i literatura dels segles XV i XVI*, ed. eadem and Josep Solervicens, 7–71. Barcelona: Eumo, 1996.

———. "L'*Espill* de Jaume Roig: bibliografia comentada." *Boletín bibliográfico de la Asociación Hispánica de Literatura Medieval* 15 (2001): 383–414.

———. "L'*Espill* de Jaume Roig i el *Triunfo de les dones* de Joan Roís de Corella." *A sol post: Estudis de llengua y literatura* 3 (1995): 91–94.

———. "L'estil de Jaume Roig: la virulència i la comicitat." *Estudis de Llengua i Literatura Catalanes* 9 (1984): 109–18.

———. "L'estil de Jaume Roig: les propostes ètica i estètica de l'*Espill*." In *Intel·lectuals i escriptors a la baixa Edat Mitjana*, ed. Lola Badia and Albert Soler, 185–219. Barcelona: Publicacions de l'Abadia de Montserrat, 1994.

———. "Lletra de batalla per l'*Espill* de Jaume Roig." *Antípodas* 5 (1993): 143–54.

———. "*Espejo*, de Jaume Roig." *Ínsula* 497 (1987): 6.

———. Review of Josep Almiñana Vallés's edition of *The Mirror. Llengua & Literatura* 5 (1992–1993): 703–10.

Chiner Gimeno, Jaime J. "Del testamento e inventario de bienes de Jaume Roig al autor del manuscrito del *Spill*: Documentos y nuevas hipótesis." *Boletín de la Real Academia de Buenas Letras de Barcelona* 44 (1993–1994): 173–230.

Carrillo, Helena. "La función de la enfermedad cortés de amor." *Bulletin of Hispanic Studies* 77 (2000): 201–23.

Colon, Germà. "*Vellós* en un passatge de l'*Espill* de Jaume Roig." In *Estudis de Llengua i Literatura Catalanes, XXXV (Homenatge a Arthur Terry)*, 51–64. Barcelona: Publicacions de l'Abadia de Montserrat, 1997.

Costa Brochado, Claudia. "Los extranjerismos—Las desconocidas." In *De los símbolos al orden simbólico femenino (siglos IV-XVII)*, ed. A.I. Cerrada and J. Lorenzo, 87–93. Madrid: Asociación Cultural Al-Mudaina, 1998.

Costa-Reus, Marie-Noëlle. "À propos d'un ichtyonyme fantôme dans le *Spill*, poème valencien de Jaume Roig (1460)." *Revue des Langues Romanes* 101 (1997): 155–66.

———. "La traduction castillane inédite du *Spill* (1460) de Jaume Roig, par Joaquín Serrano Cañete (Valence 1832–1892)." In *Ausiàs March (1400–1459): Premier poète en langue catalane*, ed. G. Marin and M.C. Zimmermann, 53–78. Paris: Séminaire d'études médiévales hispaniques de l'Université Paris 13, Klincksieck, 2000.

Dangler, Jean. *Mediating Fictions: Literature, Women Healers, and the Go-Between in Medieval and Early Modern Iberia*. Lewisburg: Bucknell University Press, 2001.

———. "Motherhood and Pain in Villena's *Vita Christi* and Roig's *Spill*." *La Corónica* 27 (1998): 99–113.

Durán i Tort, Carola. "Aspectes jurídics en un fragment de l'*Espill* de Jaume Roig." *Llengua & Literatura* 4 (1990–1991): 423–32.

Escala, María. "L'univers satíric de Jaume Roig." *Quaderni di letterature iberiche e iberoamericane* 2 (1984): 62–73.

Escrivà, Vicent. "Jaume Roig: cinq-cents anys de l'*Espill*." *Serra d'Or* 231 (1978): 83–84.

Español Beltrán, Francesca. "Ecos del sentimiento antimusulmán en el *Spill* de Jaume Roig." *Homenaje / Homenatge a María Jesús Rubiera Mata = Sharq al-Andalus: Estudios árabes* 10–11 (1993–1994): 384–401.

Eusebi, Mario. "La tradizione dello *Spill* di Jaume Roig." *Cultura neolatina* 3 (1973): 357–59.

Farinelli, Arturo. *Note sulla fortuna del Corbaccio nella Spagna medioevale*. Halle: n.p., 1905.

———. "Note sul Boccaccio in Spagna nell'Età Media." *Archiv für das Studium der neueren Sprachen und Literaturen* 115–116 (1906): 67–94.

Ferrer y Bigné, Rafael. *Estudio histórico-crítico de los poetas valencianos de los siglos XIII, XIV y XV*. Valencia: n.p., 1873.

Fuster, Joan. "Jaume Roig i sor Isabel de Villena." In *Misògins i enamorats*, 73–108. Alcira: Bromera, 1995.

———. "Lectors i escriptors en la València del segle XV." In idem, *Obras completas*, 317–90. Barcelona: Edicions 62, 1968.

Fuster, Just Pastor. *Biblioteca Valenciana*. Vol. 1. Valencia: Imprenta de José Ximeno, 1827.

Grilli, Giuseppe. "Racconto, discorso e sogno nello *Spill* de J. Roig." In *Sogno e scrittura nelle culture iberiche: Associazioni Ispanisti Italiani, Atti del XVII Convegno, Milano 24–25–26 ottobre 1996*, 1:305–17. Rome: Bulzoni Editore, 1998.

Guia i Marín, "De *Lo Caroixà* a l'*Espill*. Concordances textuals i dades contextuals." *Afer* 4 (2002): 151–89.

———. Josep. *Fraseologia i estil: Enigmes literaris a la València del segle XV*. València: Eliseu Climent, 1999.

———. "Sobre les fonts catalanes de l'*Espill*." *Revista de Catalunya* 125 (1998): 135–66.

Hauf i Valls, Albert G. *D'Eiximenis a Sor Isabel de Villena: Aportació a l'estudi de la nostra cultura medieval*. Barcelona: Institut de Filologia Valenciana, 1990.

———. "De l'*Speculum Humanae Salvationis* a l'*Spill* de Jaume Roig: Itinerari especular i figural." *Estudis romanics* 23 (2001): 173–219.

Iborra Gastaldo, Josep. "La vida literària valenciana a finals del XV." *Saó* 115 (1989): 13–18.

Martí Grajales, Francesc. *Ensayo de un diccionario biográfico y bibliográfico de los poetas que florecieron en el reino de Valencia hasta el año 1700*. Madrid: Tipografía de la Revista de Archivos, Bibliotecas y Museos, 1927.

Martín Pascual, Llúcia. *La tradició animalística en la literatura catalana medieval*. València: Generalitat Valenciana, 1996.

———. "Les comparacions de tema animal relacionades amb el desengany amorós en les poesies de Joan Roís de Corella i en l'*Espill* de Jaume Roig." In *Estudis sobre Joan Roís de Corella*, ed. Vicent Martines, 193–209. Alcoi: Marfil, 1999.

———. "Una aproximació a l'anàlisi de les comparacions extretes dels *Bestiaris* en els poetes del XIV i XV catalans." In *Actes del Novè Col·loqui Internacional de Llengua i Literatura Catalanes*, ed. Rafael Alemany, Antoni Ferrando, and Luis B. Meseguer, 2:145–257. Barcelona: Publicacions de l'Abadia de Montserrat, 1993.

Mérida Jiménez, R. M. "Elogio y vituperio de la mujer medieval: hada, hechicera y puta." In *Actas del IX Simposio de la Sociedad Española de Literatura General y Comparada (Zaragoza, 1992), I: la mujer, elogio y vituperio*, 260–76. Zaragoza: Universidad de Zaragoza, Banco Zaragozano, Sociedad Española de Literatura General y Comparada, 1994.

Milà i Fontanals, Manuel. "Estudios sobre los poetas catalanes de fines del siglo XV y principios del XVI." In idem, *Obras completas*, 6:383–91. Barcelona: n.p., 1895.

———. "Les noves rimades. La codolada." In idem, *Obras completas*, 3:361–440. Barcelona: n.p., 1890.

———. "Resenya històrica i crítica dels antichs poetas catalans." In idem, *Obras completas*, 3:143–239. Barcelona: n.p., 1890.

Morel-Fatio, Alfred. "Rapport sur une mission philologique à Valence suivi d'une étude sur le *Livre des femmes*, poème du XVè siècle, de Maître Jaume Roig." *Bibliothèque de l'École des Chartes* 45 (1885): 1–72.

Olwer, Nicolau de. "Literatura Catalana (notes i comentaris), III: Aclaració al *Spill* (9494–9505)." *Estudis Universitaris Catalans* 7 (1913): 179–81.

Pacheco-Ransanz, Arseni. "La narració en primera persona en els segles XIV i XV: Notes per a una reevaluació crítica." In *Actes del Cinquè Col·loqui d'Estudis Catalans a Nord-Amèrica (Tampa-St. Augustine, 1987)*, ed. P. D. Rasico and C. Wittlin, 99–110. Barcelona: NACS-PAM, 1988.

Peirats Navarro, Anna Isabel. "De confraries i gerretes: dues realitats històriques a l'*Spill* de Jaume Roig." *Revista de Lenguas y Literaturas Catalana, Gallega y Vasca* 7 (2000–2001): 113-19.

———. "*De no concepta*: debat *versus* veritat a l'*Spill* de Jaume Roig." *Llengua & Literatura* 12 (2001): 7–45.

———. "Jaume Roig: ¿La comicitat de la moral o la moral de la comicitat?" *Institut d'Estudis Catalans* 25 (2003): 251–78.

———. "L'Espill de Jaume Roig: notes per a una edició crítica." *Boletín de la Sociedad Castellonense de Cultura* 74 (1998): 13–22.

———. *Una aproximació a* l'Espill *de Jaume Roig*. Alzira: Bromera, 2004.

Peydró i Sanz, E., and A. Rodrigo i Mancho. "Algunes notes sobre l'*Espill* de Jaume Roig." *La Rella* 5 (1985): 31–42.

Pons, Joseph S. "Le *Spill* de Jaume Roig." *Bulletin Hispanique* 54 (1952): 5–14.

Puig Rodríguez-Escalona, Mercè. "Un episodi d'Apuleu a Jacme Roig." In *Tradició clàssica: Actes de l'XI simposi de la secció catalana de la SEEC (St. Julià de Lòria–la Seu d'Urgell, octubre de 1993)*, 559–62. Andorra: Govern d'Andorra, Ministeri d'Educació, Joventut i Esports, 1996.

Querol Faus, Fina. *La vida valenciana en el siglo XV (un eco de Jaume Roig)*. València: Institució Alfons el Magnànim, 1963.

Ribera Llopis, J. M. "Per a una genealogia de les literatures peninsulars: encara al voltant de *Spill* i la picaresca." In *Actes del Novè Col·loqui de Llengua i literatura Catalanes (Alacant-Elx, 1991)*, ed. R. Alemany, A. Ferrando, and Ll. B. Meseguer, 289–99. Barcelona-Alacant-València-Castelló: PAM-Universitat d'Alacant, Universitat de València, Universitat Jaume I de Castelló, 1993.

Rodríguez, Joseph. *Biblioteca valentina*. N.p.: n.p., 1747.

Rubio Vela, Agustín. "Autobiografia i ficció en l'*Espill* de Jaume Roig: A propòsit de l'episodi en l'hospital." *L'Espill* 17–18 (1983): 127–48.

Salvà Ballester, Adolfo. "Mestre Jacme Roig y Baltasar Bou." *Boletín de la Sociedad Castellonense de Cultura* 15 (1934): 294–301.

Sanchis Guarner, Manuel, ed. *Les trobes en lahors de la Verge Maria*. València: Artes Gráficas Soler, 1974.

Sanchis Sivera, Josep. "Arquitectura urbana en Valencia durante la época foral." *Archivo de Arte Valenciano* 18 (1932): 3–32.

———. ed. *Dietari del Capellà d'Anfons el Magnànim*. València: Acción Bibliográfica Valenciana, 1932.

Sarmiento, Martín. *Memorias para la historia de la poesía y poetas españoles*. Madrid: n.p., 1775.

Scholberg, Kenneth R. *Sátira e invectiva en la España Medieval*. Madrid: Gredos, 1971.

Serrano Cañete, Joaquín. "Recuerdo apologético del maestro Jaime Roig y Pellicer." *Revista de Valencia* 3 (1883): 529–45.

Sirera, Josep Lluís. *Història de la literatura valenciana*. València: Edicions Alfons el Magnànim, 1995.
Solomon, Michael. *The Literature of Misogyny in Medieval Spain: The Arcipreste de Talavera and The Mirror*. Cambridge: Cambridge University Press, 1997.
Soons, Alan. Review of Cantavella, *Els cards i el Llir*. *Romanische Forschungen* 106 (1994): 438–40.
Ticknor, George. *Historia de la literatura española*. Vol. 1. Madrid: Imprenta de la Publicidad, 1851.
Vela i Aulesa, Carles. "La col·lació, un àpat medieval poc conegut." In *La Mediterrània, àrea de convergència de sistemes alimentaris (segles V–XVIII): XIV Jornades d'estudis històrics locals (Palma, del 29 de novembre al 2 de desembre de 1995)*, 669–86. Palma: Institut d'Estudis Baleàrics, 1996.
Vellón Lahoz, Xavier. "El narrador com a eix de la ficcionalització: l'*Espill o Llibre de les dones*." *Anuari de l'Agrupació Borrianenca de Cultura* 9 (1998): 121–26.
———. "Literatura misògina i moral burguesa: la corporalitat com a espai de la sàtira a l'*Espill*." *Zeitschrift für Katalanistik* 9 (1996): 20–32.
Veny, Joan. "El valencià antic 'saura' ('gralla') no és un mot fantasma." In *Miscel·lània Joan Fuster: Estudis de Llengua i Literatura*, 6:307–17. Barcelona: Publicacions de l'Abadia de Montserrat, 1993.
Vila, Marc-Aureli. *Llengua, economia i societat a la València del segle XV (segons l'Espill de Jaume Roig)*. Sant Cugat del Vallès: Rourich, 1994.
Ximeno, Vicent. *Escritores del reyno de Valencia*. [Valencia]: n.p., 1747.
Ysern Lagarda, Josep-Antoni. "Retòrica, sermonària, *exempla* i construcció textual de l'*Espill* de Jaume Roig." *Revista de Lenguas y Literaturas Catalana, Gallega y Vasca* 5 (1998): 151–80.
Wacks, David A. "Reading Jaume Roig's *Spill* and the *Libro de buen amor* in the Iberian *maqama* Tradition." *Bulletin of Spanish Studies* 83 (2006): 597–616.
Zaragoza Gras, Joana. "El lambe de les dones i l'*Espill* de Jaume Roig." In *Treballs en honor de Virgilio Bejarano: Actes del IXè Simposi de la secció catalana de la SEEC, Sant Feliu de Guíxols, 13–16 d'abril de 1988*, 1:483–87. Barcelona: Universitat de Barcelona, 1991.

Other Works Cited

Averçó, Luis de. Ed. José María Casas Homs. *Torcimany de Lluís d'Averçó: Tratado retórico gramatical y diccionario de rimas*. 2 vols. Barcelona: CSIC, 1956.
Bayerri, Enric. *Refraner català de la comarca de Tortosa*. 4 vols. Tortosa: Porter Libros, 1979.
Belenguer Cebrià, Ernest. *València en la crisi del segle XV*. Barcelona: Edicions 62, 1976.
Berger, Philippe. *Libro y lectura en la Valencia del Renacimiento*. Valencia: Edicions Alfons el Magnànim, 1987.

Behringer, Wolfgang. *Witches and Witch-Hunts: A Global History*. Cambridge: Polity Press, 2004.
Bisson, Thomas N. *The Medieval Crown of Aragon: A Short History*. Oxford: Clarendon Press, 1986.
Blackmore, Josiah, and Gregory S. Hutcheson, eds. *Queer Iberia: Sexualities, Cultures, and Crossings from the Middle Ages to the Renaissance*. Durham and London: Duke University Press, 1999.
Blamires, Alcuin, ed. *Woman Defamed and Woman Defended: An Anthology of Medieval Texts*. Oxford: Clarendon Press, 1992.
Bloch, R. Howard. *Medieval Misogyny and the Invention of Western Romantic Love*. Chicago: University of Chicago Press, 1991.
Boix, Vicente. *Historia de la ciudad y reino de Valencia*. Vol. 1. Valencia: Benito Monfort, 1845.
Bonaventure. *The Mirror of the Blessed Virgin Mary*, trans. Sr. Mary Emmanuel. St. Louis: B. Herder Book Co., 1932.
Boswell, John. *Christianity, Social Tolerance, and Homosexuality: Gay People in Europe from the Beginning of the Christian Era to the Fourteenth Century*. Chicago: University of Chicago Press, 1980.
———. *The Royal Treasure: Muslim Communities under the Crown of Aragon in the Fourteenth Century*. New Haven: Yale University Press, 1977.
Bourland, Caroline Brown. *Boccaccio and the Decameron in Castilian and Catalan Literature*. Extrait de la *Revue hispanique* 12. New York and Paris: [Macon, Protat Frères], 1905.
Bradley, Ritamary. "Backgrounds of the Title *Speculum* in Mediaeval Literature." *Speculum* 29 (1954): 100–15.
Brown, Catherine. *Contrary Things: Exegesis, Dialectic, and the Poetics of Didacticism*. Stanford: Stanford University Press, 1998.
Burns, Robert Ignatius. *The Crusader Kingdom of Valencia: Reconstruction on a Thirteenth-Century Frontier*. 2 vols. Cambridge, MA: Harvard University Press, 1967.
Butler, Alban. *The Lives of the Fathers, Martyrs, and Other Principal Saints*, ed. F. C. Husenbeth. Vol. 3. London, Dublin, and Belfast: Virtue and Co. Ltd., n.d.
Cabanes Percourt, Mª Desamparados. *Los monasterios valencianos y su economía en el siglo XV*. Valencia: Universidad de Valencia, 1974.
Canellas, Ángel, and José Trenchs. *Cancillería y cultura: la cultura de los escribanos y notarios de la corona de Aragón (1344–1479)*. Zaragoza: Institución Fernando el Católico, 1988.
Chalmeta, Pedro. "An Approximate Picture of the Economy of al-Andalus." In *The Legacy of Muslim Spain*, ed. Salma Khadra Jayyusi, 2:742–58. Leiden: Brill, 1994.
Cohen, Mark R. *Under Crescent and Cross: The Jews in the Middle Ages*. Princeton: Princeton University Press, 1999.

Comparetti, Domenico. *Vergil in the Middle Ages*, trans. E. F. M. Benecke. London: Swan Sonnenschein and Co., 1908.

Coromines, Joan. *Diccionari etimològic i complementari de la llengua catalana*. 10 vols. Barcelona: Curial Edicions Catalanes, 1980.

Covarrubias Orozco, Sebastián de. *Tesoro de la lengua castellana o española*, ed. Felipe C. R. Maldonado. Madrid: Castalia, 1994.

Cross, F. L., and E. A. Livingston, eds. *The Oxford Dictionary of the Christian Church*. 3rd ed. Oxford: Oxford University Press, 1997.

Cruselles, Enrique. *El Maestre Racional de Valencia: Función Política y Desarrollo Administrativo del Oficio Público en el siglo XV*. Valencia: Edicions Alfons el Magnànim, Institució Valenciana d'Estudis i Investigacions, and Sindicatura de Comptes, 1989.

Curtius, Ernst R. *European Literature and the Latin Middle Ages*, trans. Willard R. Trask. New York: Harper and Row, 1953.

De Garganta, José M., and Vicente Forcada, eds. *Biografía y escritos de San Vicente Ferrer*. Madrid: Editorial Católica, 1956.

De Looze, Laurence. *Pseudo-Autobiography in the Fourteenth Century*. Gainesville: University Press of Florida, 1997.

Del Treppo, Mario. *Els mercaders catalans i l'expansió de la Corona catalano-aragonesa al segle XV*. Barcelona: Curial Edicions, 1976.

De Riquer, Martí. *Aproximació al Tirant*. Barcelona: Quaderns Crema, 1990.

——, and A. Comas. *Història de la literatura catalana*. Vols. 1–3. Barcelona: Ariel, 1980.

De Voragine, Jacobus. *The Golden Legend: Readings on the Saints*, trans. and ed. William Granger Ryan. 2 vols. Princeton: Princeton University Press, 1993.

Deyermond, Alan D. "The Sermon and Its Uses in Medieval Castilian Literature." *La Corónica* 8 (1979–1980): 127–45.

Díaz Borrás, Andrés. *Los orígenes de la piratería islámica en Valencia: la ofensiva musulmana trecentista y la reacción cristiana*. Barcelona: Consejo Superior de Investigaciones Científicas and Institución Milá y Fontanals, 1993.

Drory, Rina. "The *Maqama*." In *The Literature of Al-Andalus*, ed. María Rosa Menocal, Raymond P. Scheindlin, and Michael Sells, 190–210. Cambridge: Cambridge University Press, 2000.

Dunn, Peter. *Spanish Picaresque Fiction: A New Literary History*. Ithaca: Cornell University Press, 1993.

Espadaler, Anton María. *Literatura catalana*. Madrid: Alfaguara, 1989.

Fletcher, Richard. *Moorish Spain*. Berkeley: University of California Press, 1992.

Frugoni, Chiara. *A Day in a Medieval City*, trans. William McCuaig. Chicago: University of Chicago Press, 2005.

Grabes, Herbert. *The Mutable Glass: Mirror-Imagery and Texts of the Middle Ages and English Renaissance*, trans. Gordon Collier. Cambridge: Cambridge University Press, 1982.

Guiral-Hadziiossif, Jacqueline. *Valence, port méditerranéen au XVe siècle (1410–1525)*. Paris: Publications de la Sorbonne, 1986.
Haliczer, Stephen. *Inquisition and Society in the Kingdom of Valencia, 1478–1834*. Berkeley: University of California Press, 1990.
Hamilton, Earl. *Money, Prices, and Wages in Valencia, Aragon, and Navarre, 1351–1500*. Cambridge, MA: Harvard University Press, 1936.
Harvey, L. P. *Islamic Spain, 1250 to 1500*. Chicago: University of Chicago Press, 1990.
Hase, Charles Benoît, ed., *Valerius Maximus* De dictis factisque memorabilibus *et Julius Obsequens* De prodigiis: *Cum supplementis Conradi Lycosthenis*. Paris: Collection Lemaire, 1823.
Hauf i Valls, Albert G. "La *Vita Christi* de sor Isabel de Villena y la tradición de las *Vitae Christi* medievales." In *Studia in honorem profesor Martín de Riquer*, ed. Carlos Alvar, 2:105–64. Barcelona: Quaderns Crema, 1986–1987.
Hay, Denys. *Europe in the Fourteenth and Fifteenth Centuries*. Hong Kong: Longman, 1976.
Herrero Salgado, Félix. *La oratoria sagrada española de los siglos XVI y XVII*. Madrid: Fundación Universitaria Española, 1996.
Highfield, Roger. *Spain in the Fifteenth Century, 1369–1516*. New York: Harper and Row, 1972.
Hillgarth, J. N. *The Spanish Kingdoms, 1250–1516*. 2 vols. Oxford: Clarendon Press, 1976–1978.
Hinojosa Montalvo, José. *The Jews of the Kingdom of Valencia, from Persecution to Expulsion, 1391–1492*. Jerusalem: Magnes Press, 1993.
Il Novellino, ed. Alberto Conte. Rome: Salerno Editrice, 2001.
Kruger, Steven F. *Dreaming in the Middle Ages*. Cambridge: Cambridge University Press, 1992.
Lacarra, María Jesús. "Algunos datos para la historia de la misoginia en la Edad Media." In *Studia in honorem profesor Martín de Riquer*, ed. Carlos Alvar, 1:339–61. Barcelona: Quaderns Crema, 1986–1987.
La condición de la mujer en la Edad Media: Actas del coloquio celebrado en la casa de Velázquez, del 5 al 7 de noviembre de 1984. Madrid: Casa de Velázquez, Universidad Complutense, 1986.
Lalinde Abadia, Jesús. *La corona de Aragón en el Mediterráneo medieval (1229–1479)*. Zaragoza: Institución "Fernando el Católico," 1979.
Las mujeres medievales y su ámbito jurídico: Actas de las segundas jornadas de investigación interdisciplinaria. Madrid: Universidad Autónoma de Madrid, 1983.
Lida de Malkiel, María Rosa. *Estudios de literatura española y comparada*. Buenos Aires: Eudeba, 1969.
Lynch, Kathryn L. *The High Medieval Dream Vision: Poetry, Philosophy, and Literary Form*. Stanford: Stanford University Press, 1988.

McDonnell, Ernest W. *The Beguines and Beghards in Medieval Culture: With Special Emphasis on the Belgian Scene.* New Brunswick, NJ: Rutgers University Press, 1954.
McGrady, Donald. "More on the Image of the "rose among thorns" in Medieval Spanish Literature." *La Corónica* 17 (1988–1989): 33–37.
Montoliu, Manuel de. *Un escorç en la poesia i la novel·lística dels segles XIV i XV.* Barcelona: Alpha, 1961.
Muriel Tapia, María Cruz. *Antifeminismo y subestimación de la mujer en la literatura medieval castellana.* Cáceres: Editorial Guadiloba, 1991.
Murphy, James J. *Rhetoric in the Middle Ages: A History of Rhetorical Theory from Saint Augustine to the Renaissance.* Berkeley: University of California Press, 1974.
Niremberg, David. *Communities of Violence: Persecution of Minorities in the Middle Ages.* Princeton: Princeton University Press, 1996.
Nolan, Edward Peter. *Now Through a Glass Darkly: Specular Images of Being and Knowing from Virgil to Chaucer.* Ann Arbor: University of Michigan Press, 1990.
O'Callaghan, Joseph F. *A History of Medieval Spain.* Ithaca: Cornell University Press, 1994.
Ornstein, Jacob. "La misoginia y el profeminismo en la literatura castellana." *Revista de filología Hispánica* 4 (1942): 219–32.
Pérez Casado, R., et al. *País Valencià: Geografia i història.* València: Eliseu Climent, 1980.
Perry, Theodore A., ed. *The Moral Proverbs of Santob de Carrión.* Princeton: Princeton University Press, 1987.
Piles Ros, Leopoldo. *Apuntes para la historia económico-social de Valencia durante el siglo XV.* Valencia: Ayuntamiento de Valencia, 1969.
Reglà i Campistol, Joan. *Aproximació a la Història del País Valencià.* València: Col·lecció tres i quatre, 1973.
———, et al. *Història del país Valencià.* Vol. 3. Barcelona: Edicions 62, 1975.
Rico, Francisco. *Predicación y literatura en la España medieval.* Cádiz: UNED, 1997.
———. "Sobre el origen de la autobiografía en el *Libro de buen amor.*" *Anuario de Estudios Medievales* 4 (1967): 301–25.
Rubio Vela, Agustín. *Epistolari de la València medieval.* València: Institut de Filologia Valenciana, 1985.
Rubió i Balaguer, Jordi. *De l'Edat Mitjana al Renaixement.* Barcelona: Teide, 1948.
———. *Història de la literatura catalana.* Vol. 1. Montserrat: Departament de Cultura de la Generalitat de Catalunya and Publicacions de l'Abadia de Montserrat, 1984.
———. *Vida española en la época gótica: Ensayo de interpretación de textos y documentos literarios.* Barcelona: Editorial Alberto Martín, 1943.

Sanchis Guarner, Manuel. *La ciutat de València: Síntesi d'història i de geografia urbana*. 2nd ed. València: Albatros Edicions, 1976.

Santamaría Arández, Álvaro. *Aportación al estudio de la economía de Valencia durante el siglo XV.* Valencia: Instituto Valenciano de Estudios Históricos, Institución Alfonso el Magnánimo, Diputación Provincial de Valencia, and Caja de Ahorros y Monte de Piedad de Valencia, 1966.

Simons, Walter. *Cities of Ladies: Beguine Communities in the Medieval Low Countries, 1200–1565*. Philadelphia: University of Pennsylvania Press, 2001.

Spearing, A. C. *Medieval Dream-Poetry*. Cambridge: Cambridge University Press, 1976.

Spitzer, Leo. "Note on the Poetic and the Empirical 'I' in Medieval Authors." *Traditio* 4 (1946): 414–22.

Stanford, Peter. *The She-Pope: A Quest for the Truth Behind the Mystery of Pope Joan*. London: Heinemann, 1998.

Tavani, Giuseppe. *Per una història de la cultura catalana medieval*. Barcelona: Curial, 1996.

Torre, Esteban. *Averroes y la ciencia médica: La doctrina anatomofuncional del "Colliget"*. Madrid: Ediciones del Centro, 1974.

Van Beysterveldt, Antony. "Revisión de los debates feministas del siglo XV y las novelas de Juan de Flores." *Hispania* 64 (1981): 1–13.

Vicens Vives, J. *Juan II de Aragón (1398–1479): Monarquía y revolución en la España del siglo XV.* Barcelona: Teide, 1953.

Weiss, Julian. "Álvaro de Luna, Juan de Mena and the Power of Courtly Love." *Modern Language Notes* 106 (1991): 241–56.

Wilson, Katharina M., and Elizabeth M. Makowski, eds. *Wykked Wyves and the Woes of Marriage: Misogamous Literature from Juvenal to Chaucer*. Albany: State University of New York Press, 1990.

Transcription of MS. Vat. lat. 4806

Transcription Criteria

All available transcriptions of the manuscript of *The Mirror* are also interpretations of the text, as they incorporate punctuation, changes in orthography, changes in paragraph division, and so on. Their editors' primary goal was to make the work as understandable and appealing as possible to both the scholar and/or the layperson, given the fact that *The Mirror* was never widely known. The goal of the present transcription, in contrast, is to represent MS. Vat. lat. 4806 as accurately as possible, making the minimum number of alterations needed to facilitate its reading, alterations that attempt to avoid interpreting the text and that are explained below.

Folio and Line Numeration

Folio numeration is given in brackets usually on the left margin of the first line of each folio side, as follows: [an Arabic numeral to indicate the folio number, and either *r* (recto) or *v* (verso) to indicate the folio side]. E.g.: [6v]. Line numbers are given in increments of 10 on the left margin of the transcription. Whenever folio and line numeration coincide on one line, folio information is given to the right of the last line of the preceding folio (see for example folio 76v, which begins on line 10,430). Columns are not indicated.

Orthography

The orthography of the manuscript is respected, and no attempt has been made at standardization or modernization.

Word Separation

Word separation in the manuscript is probably the most significant obstacle to the comprehension of the text: phoneme elisions are not marked, separate words are written as if they were one, single words are occasionally divided into two, and scribal writing conventions are not consistent and, naturally, differ from those of contemporary Catalan. For the sake of comprehensibility, an attempt has been made at a systematic separation or connection of words or parts of words that may appear transcribed together or separated in the manuscript. Brackets, parentheses, and apostrophes are used to mark editorial changes.

Brackets indicate the insertion of a space between two words that appear together in the manuscript. E.g.: *quey* in the manuscript is rendered *que[ ]y* (line 8) in the transcription. The insertion of the missing initial letters of certain subsections of *The Mirror* is also marked by brackets (see note to line 47). In very few cases, graphemes that are not legible in the manuscript as a result of stains or manuscript damage are inserted in brackets.

Parentheses indicate the elision of a space between two parts of one single word that appear separated in the manuscript. E.g.: *de uarions* is rendered *de( ) uarions* (line 2,858).

Apostrophes indicate the elision of vowels between two or more words that are written together. E.g.: *quentre* is rendered *qu'entre* (line 4). In some cases, the use of apostrophes may coincide with the conventions of contemporary Catalan (e.g., *l'enteniment*, line 252). In all other cases, the criteria followed seek to reflect the original text as closely as possible while facilitating the comprehension of individual words:

When a lexeme (noun, verb, adjective, adverb) shares a vowel with an atonic or grammatical word (article, pronoun, preposition, conjunction, relative, etc.), the apostrophe generally marks the elision of the initial or final vowel of the atonic or grammatical word. The elided vowel may or may not be the same as the vowel that is kept. E.g.: *aran* is rendered *ara'n* (line 366), *cabusen* is rendered *c'abusen* (line 670), *vixchab* is rendered *vixcha'b* (line 1,235).

If two consecutive lexemes are written as one, and if the elided vowel is not the same as the vowel that is kept, the apostrophe marks the elided vowel. E.g.: *febraguda* is rendered *febr'aguda* (line 219).

If two consecutive lexemes, rendered as one in the manuscript, share the same vowel, and one of them has a lesser semantic or phonetic weight, or is syntactically dependent on the other, the apostrophe usually marks the elision of the letter that belongs to former: *aygua'bundosa* (line 14,246), *d'Egipt'exits* (13,618), *vull si'agut* (16,219). The only few exceptions are those lexemes that are rendered as two separate words in the manuscript, in which case the transcription reflects the scribal choice: *nouia 'bomina* (12,688).

If two consecutive lexemes, rendered as one in the manuscript, share the same vowel, and they have the same syntactic, semantic, or phonetic weight, the apostrophe usually marks the elision of the final letter of the first one: *Alte'Albir* (7,451), *llis'alta* (9,108).

There is only one case in which an apostrophe indicates the elision of a consonant (*s*): *entre'l'stremps* (line 10,938).

Abbreviations

Scribal abbreviations are not frequent in the manuscript of *The Mirror*. In this edition, all abbreviated words are written in full, with the abbreviated letters underlined. The most common abbreviation is that of the *–us* ending in *pus, deus, iueus, iuheus, peus, seus, teus, ueus, juheus, claus, fariseus, seduçeus*, and *dijous*, which is sometimes rendered with a sign similar to a "g." *Ihesus* is twice abbreviated *his* (in the heading of folio 1r and on line 36); *part* is once abbreviated *pt*, with a line crossing the stem of the "p" (in the heading for the third part of the first book, fol. 12v); and *mossen* is once rendered as *moss* (line 4,206).

Corrections

The manuscript contains relatively few errors, some of which have been corrected by the scribe himself. Whenever scribal corrections can be easily rendered, as in the case of characters inserted above the line of the text or struck out, they are included in the transcription. When the scribe's intentions are clear in his corrections and rendering them would be complicated or imply the use of footnotes, the intended corrections alone are transcribed. Uncorrected scribal errors that do not obscure their correct interpretations are left uncorrected, and no clarification is added. Thus, for example, *ll'ull* (line 1,405) is preferred to *l'ull* and *juaguaua* (line 3,024), to *juguaua*. Uncorrected scribal errors that may be less easily decipherable are left in the text and corrected in footnotes. E.g., *tancadarura* (line 1,400) is corrected to *tancadura* in a footnote; *nalell* (2,851), to *l'anell*; *cuna* (line 7,680), to *çuna*.

Superscripted and Inserted Characters

Characters written above the line of the text, whether as a convention or as a correction, are transcribed in boldface. E.g.: *çequioles* (line 14,669).

Strikethrough

The transcription reflects the few cases in which the scribe struck out a word or letter that was incorrect. E.g.: *Palamos* (line 10,781), *pratriarchals* (line 10,957). Full lines that have been crossed out by the scribe are indicated in the footnotes.

Capitalization

Very few words are capitalized in the manuscript and, when they are, they do not follow a consistent pattern. Additionally, in some cases it is difficult to distinguish a majuscule from a minuscule letter. To avoid confusion, only proper names are capitalized in this edition.

Punctuation

The only marks of punctuation that the manuscript contains are calderons (to indicate paragraph separation) and dots or points (to separate certain words, especially when they form a list). Paragraph separation in this edition follows the calderons in the manuscript (except in the case of the initial 46 lines of the text, which are separated into paragraphs by spaces in the manuscript). The dots have been omitted, since their use is not consistent.

Transcription of MS. Vat. lat. 4806

[1r] Ihesus

consulta

magnifich mossen Iohan
Ffabra caualler ualent
pel gentil atreuiment
qu'entre dones uos roman
aquest rescrit uos coman
per uos sia tot llegit
ben llimat e corregit
afegint hi lo que[ ]y fall

trobant[ ]me'n aquesta uall
10 Callosa per les morts fuyt
oçios trist sens fer fruyt
empres he no sens treball
de dones scriure llur tall
natural he uoluntari
per una qui te'l contrari
descriuir pus façilment

he mostrar no subtilment
sols rimat portant l'estil
les dones tenir en uil
20 comportant les uirilment
sol'aquella gentilment
tembre[ ]y amar be[ ]schollir
entre[ ]spines flor de llir
qual per tot lo mon odora

fflor de tan alta senyora
he collit yo com a[ ]llech
no se texir lo que'n crech
trama poch [m]a llançadora
passau[ ]ne uos [la] tisora
30 per ma tela [si no] us plau
de mi com de [fill ma]nau[1]
de graçia[ ]us ho deman

endreça

los homens si dexeran
mulles Iohan ymitant
en lo mon franchs militant
ab Ihesus trihunfaran

tornada

si lo contrari faran
del que d'elles ordit he
ab la flor de llir tambe
40 les dones habitaran

entrada

spill llum e regla
homens aregla

---

[1] Lines 28-31 have been rendered somewhat illegible by manuscript damage. The reconstructed letters are given in brackets.

dones blasona
lo llir corona
spines carts crema
ço diu lo tema

[2R]²

sicut lilium inter spinas
sic amica mea inter fillias³

perfaçi
primera part del perfaçi

Deu⁴ creador
hunich senyor
omnipotent
50 *llatriament*
qual sol adore
quant puch honore
he reuerixch
tem obeixch
sos manaments
dos exçellents
singualarment
sols ell colent
de cor sançer
60 ffaç lo primer
amant proysme
sens frau sofisme
com mi mateix
no sens perpleix
ffaç lo seguon

en aquest mon
amar mon Deu
sols per sguart seu
he mon proysme
70 per Deu altisme
tal caritat
he uoluntat
desig auer
per a[ ]Deu fer
seruey algu
he en comu
axi amichs
com enemichs
bon atiutori
80 tot meritori
caritatiu
en Deu confiu
m'endreçara
he mostrara
les sues uies

entre les pies
sperituals
he corporals
l'obra millor
90 de mes amor
he ben uoler
a mon parer
es doctrinar
dar exemplar
he bon consell

---

² Fol. 1v is blank.
³ Sic in original.
⁴ The Preface and each of the four books of *The Mirror* are subdivided into four sections. The first three or four lines of each one of these twenty subsections are indented to the right, leaving space on the left for the future illumination of the first letter of the first line, which is missing from the regular line. Sometimes there is a small letter in the space to the left, as a guide to the illuminator. Such cases have been rendered here as if they were normal text. On fewer occasions the letters are missing entirely, for which reason they are given within brackets in this edition. The indented lines are rendered in italics.

        al qui nouell
        en lo mon ue
        qui se'n abste
        de be preycar
100   he declarar
        al ignorant
        es soterrant
        maluat seruent
        lo seu talent
        no res guanyant
        et l'aiustant
        or el amagua
        en lo mon uagua
        hi lo temps pert

110   del que so spert
        de Deu rebut
        he clar agut
        l'esperiment
        sera'l present
[2v]   mon ensenyar
        sols remeyar
        error publica
        en que's implica
        comunament
120   tot lo iouent
        no sens pecat
        ha infestat
        he comogut
        mon mig perdut
        enteniment
        ffet ignoçent
        ja oblidant
        no prou bastant
        a[ ]tal empresa
130   ja's ma despesa
        al sol del sach
        lo sirguant flach
        del meu çeruell
        ffa son capell

        minue sotil
        romp li's lo fil
        he pert lo sest
        ordix no llest
        tix ab treball
140   trama li fall
        hon fallira
        hi soplira
        sols de manleuta

        que a capleuta
        soplich exorte
        lo que reporte
        he tinch empres
        sia remes
        no pas scapçat
150   partit trencat
        per uehedos
        e mirados
        rot ni[ ]squinçat
        mas sols pinçat
        e corregit
        limat llegit
        o be[ ]scoltat
        si'acçeptat
        benignament

        seguona part
        del perfaçi

160   *yo com absent*
        del mon uiuint
        aquell iaquint
        aconortat
        d'ell apartat
        dant hi del peu
        vell ihubileu
        mort çiuilment
        ja per la gent
        desconegut

170 per tots tengut
com hom saluatie
tenint hostatie
en lo meu llit
prou enuellit
antich de dies
per malalties
molt afligit
vell enllegit
per molt greus mals
180 yres y tals
ja consumit
[3R] ab poch delit
desfiçios
mas ansios
d'aquests pobils
jouens ientils
he d'alguns uells
qui com oçells
passen chillant
190 he sibillant
com les çiguales
corps e cuquales
van haucant
dels llops fent cant
sonant ses trobes
broden les robes
he los frens dauren
los carres llauren
mouen cantons
200 girant redons
e tot lo iorn
roden entorn
lo cremallo
com papallo
ffins que s'i cremen
perills no temen
sentins de nas
hon se te pas
com cans s'apleguen
210 entr'ells s'enbreguen
quant han despenen
moren e penen

he tresnochant
van aguaytant
vna tal caça
qual qui l'acaça
pren mala llebra
vibra culebra
he febr'aguda
220 no coneguda
per tot hom prou

per que tant nou
tal ignorançia
als qui ab ansia
he treballs uans
perills e dans
caça seguexen
qual no conexen
pendre s'arrehen
230 quanta ne uehen
son ells los presos
als poch entesos
per que s'i miren
vegen hon tiren
en lo llur uiure
los uull escriure
est doctrinal
memorial
haura nom Spill
240 a tu com fill
Baltasar Bou
per lo que'm mou
ta molt'amor
he gran calor
de nebot car
lo uull dreçar
car çertament
lo teu iouent
tens ben conpost
250 he prou dispost
lo sentiment
[3V] l'enteniment
te ueig molt clar
he Baltasar

nom de çiençia
de sapiençia
he profeçia
de senyoria
he prinçipat
260 ffon imposat
a Daniel
quant Ysrael
ffon transmigrat
per ser honrat
nom e plahent
antiguament
es real nom
Bou sobrenom
mansuetut
270 diu e uirtut
bou conegue
Crist quant naxque
bou Lluch scriui
llarch qui'l pari
bou mengant fe
aparegue
l'angel Miquel
alt en lo çel
bou seguon signe
280 se diu benigne
ab bou Siluestre
se mostra mestre
disputador
confonedor
dels raus rabins
crech puys tant tins
nom e cognom
he lo renom
que pots cobrar
290 del ben obrar
seran conformes

per que informes
los iouens uerts
he inesperts
del toch del foch
polls del bech groch

del niu cuytats
poch aguats
exir çerter
300 del esparuer
cercant les mans
als uells gualants
qui no s'estan
pel temps que han
de porregar
he pledegar
ab la uerdor
al honrat cor
dels curiosos
310 religiosos
he capellans
dich dels profans
dels qui son dan
cerquen e uan
de pich en sola
he de sa scola
del uot expres
ni del entes
no'ls plau menbrar
320 te uull pregrar
tu so'ls publiques
he comoniques

si[ ]y llegireu
[4R] conexereu
ab prou claror
la gran error
tan manifesta
la desonesta
he uiciosa
330 tant perillosa
amor inica
que huy's pratica
mes pecoral
que humanal
sols per delit
la per profit
mes auariçia
que amiçiçia

no cur tractar
340 de mon parlar
tots si'm creureu
elegireu
no may amar
ans desamar
may inquirir
ni perseguir
james caçar
menys abraçar
ffoch inmortal
350 d'infern portal
dones dampnades
enuirinades
d'aquell ueri
ab que feri
ab llur antich
primer amich
Eua de mort
dins aquell ort
hon fon formada
360 per llur errada
lexa llauor
de frau error
e gran malea
a[ ]sa ginea
hi quantes son
ara'n lo mon
son diablesses
dimoniesses
car les primeres
370 amors son ueres
he tostemps duren
per ço[ ]y aturen
tant los diables
d'ells son amables
may se'n partixen
ni se'n desixen
no[ ]y ual babtisme
mes exorçisme
llum sal capida
380 que de llur uida

diuis se'n faça
be sab de maça
qui'n es ferit
lo meu sperit
n'a portat pena
sobre la[ ]squena
mals huytant'anys
treballs afanys
he greu turment
390 vellant durment
no çessant may
de cridar ay
he sospirat
[4v] ben informat
publicament
tot scasament
qui se'n uol pexer
vull fer conexer
ben auisar
400 he diuisar
exordi fent
succintament
la llur costuma
narrant en suma
sera la'ntrada
o la lleuada
d'esgrimidor
o sonador
com sonar uol
410 o protacol
a[ ]llargues notes

terçera part
del perfaçi

donchs dich que totes
de qualque stat
color edat
lley naçio
condiçio
grans e maiors
chiques menors
jouens e uelles

420	lleges e belles		he los pecats
	malaltes sanes		d'altri[ ]speculen
	les cristianes		he se'n tribulen
	jhuyes mores		com se confessen
	negres e llores		d'aquells expressen
	roges e blanques		les çircunstançies
	dretes y manques		d'aquells han ansies
	les geperudes		dels seus no's dolen
	parleres mudes	470	mostren que uolen
	ffranques catiues		lo que no'ls plau
430	quantes son uiues		miren lo blau
	qualsseuol sien		conpren de grana
	tot quant somien		volen magrana
	esser uer crehen		raym demanen
	del que no uehen		mas no's enguanen
	proçes de pensa		may en lo pendre
	ffan sens deffensa		prodich despendre
	ni part hoyr		hufaneiar
	per presumir	480	pus alt puiar
	sols pronunçien		es llur plaer
440	ver sentençien		
	que çert no saben		tot lo pensser
			qual elles tenen
	mentint se guaben		quant marit prenen
	sempre uarien		es sia noble
	jamay se rien		de[ ]bens ni[ ]moble
	sens ficçio		si's uol no tingua
	per traçio		solament uingua
	rien e ploren		de gran linatie
	criden que's moren	490	almenys paratie
	quant son pus sanes		o gentilea
450	si han terçanes		si te pobrea
	llur mal no colen		si es orat
	e fingir solen		porte daurat
	tenir dolor		hun ihesarant
	per dar color		vaia cantant
	a[ ]ses empreses		no se'n esglayen
	si son represes		ni gens s'esmayen
	jjnstrucçions		si sap iuguar
	reprensions	500	hun exouar
	tot ho refusen		tot en hun dia
[5R] 460	mas molt be[ ]scusen		solament sia
	viçis amats		d'antigua raça

senyor en plaça
es llur delit

pres lo marit
saber treballen
prim l'escandallen
ffan li proçes
510 per a[ ]quant es
si en lo blanch
del hull te sanch
y'l uehen hom
algun queucom
es reuerit
hun poch seruit
si'l pols te flach
han lo per h
no l'an per res
520 e[ ]mes que mes
si les conplau
com fan l'esclau
lo tracten manen
axi'l debanen
com hun capdell
com en fluxell
[5v] desus li sehen
he menys lo prehen
que hun fesol
530 sens llum cresol
li fan tenir
per reuerdir
en sech lo planten
rient se'n canten
axi'n fan d'ell
com d'un moxell
d'estopa grossa
ffan de sa bossa
ample criuell
540 arer guarbell
fforca e pala

per art e guala
lo fan anar
venir tornar

ginyant deports
per negres orts
dinas sopades
tostemps ab bades
he secrets paties
550 o llarchs uiaties
no sens espies
o fiscalies
a[ ]rebre actes
elles sos tractes
entre tant clohen
venir com l'ohen
tot ho desfreçen
casa redreçen
ffan oscha al fus
560 no hi pensen pus
qui mes be'ls fa
pigos les ha
mes se'n enugen
seruir lo fugen
mes mal ne dien
he calumnien
e mes se'n clamen
temen e amen
lo brau ardit
570 qui per despit
ffort les malmena
qui'ls fa dur bena
han per ualent
he per dolent
lo bon caser
lo solaçer
plahent benigne
han per indigne
en son parlar
580 d'ençiuillar
la llur çabata

oli de mata
no'ls fa pudor
lo pelador
mudes pinçar
hi l'ençofrar

       al raig del sol
       en iuliol
       los es plaent

590   lo llit calent
       volen d'estiu
       no'ls plau caliu
       en lo giner
       per hun diner
[6R]   molt reguateien
       fflorins barreien
       pel que uolrien
       quant han darien
       pel que no tenen
600   per no res uenen
       lo neçessari
       pel uoluntari
       poder comprar
       he renouar
       lo que be'ls ue
       he saben be
       a[ ]tres ueguades
       que han mudades
       fforges al or
610   minues e for
       de obradures
       he soldadures
       l'an consumit
       he llur uestit
       de fina llana
       seda pisana
       sera tot nou
       vendre'l les mou
       per hun tall nouell

620   mes que el penell
       les muda'l[ ]uent
       may llur iahent
       nunca sa stiba

       ne hon fort tiba
       son flux uoler
       mon uell saber
       ha sdeuengut
       may ha pogut
       trobar lo lloch
630   ne hun temps poch
       en que's reposen
       de si deposen
       tot assossech
       llur uoler çeh[5]
       qual uol no mira
       ans lo hayra
       he mes morreia
       qual parenceia
       es l'auorit

640   llur cap humit
       sech fret o calt
       de salt en salt
       corrent fabrica
       troba[ ]y[6] inplica
       contradictoris
       llurs reportoris
       jnuençions
       condiçions
       son de diables
650   ffallen uocables
       he dicçions
       relaçions
       per fer enuides
       de ses fallides
       Dauid profetes
       Tuli pohetes
       grechs orados
       setantaydos
       lengues del mon
660   Catolicon
       Guçi Papies

---

[5] Çech.
[6] Not completely legible in the manuscript.

Timologies
en quant han scrit
parlat he dit
entre'ls uius tots
[6v] no[ ]y ha prou mots
qui a[ ]dir basten
verins que pasten
tants mals com husen
670 los bens c'abusen
ni referir

quarta part
del perfaçi

[h]aure ordir
puix me'n enpaig
aquest meu scaig
de parlament
curt flach fallent
a fil per pua
la forga sua
stil e balanç
680 sera'n romanç
noues rimades
comediades
amphorismals
ffaçessials
no prim scandides
al pla texides
de[ ]l'algemia
he parleria
dels de Paterna
690 Torrent Soterna
prenent manobra

si temps me sobra
he me'n recort
sols per confort
he per retraure
no lexar caure
los qui treballen
juguen he fallen
huns[ ]mates baten

700 los altres maten
tots enguanats
de seny torbats
a[ ]ses requestes
çerquen les festes
troben la mort
ffare'ls report
sera consell
de home uell
ja scarmentat
710 puix atentat
si'l uolen pendre

si uols apendre
nebot ualent
lig hi souent
mas ab repos
en proçes clos
ma negra uida
de mals fornida
vull reçitar
720 per exemplar
he document
car molta gent
vehent penar
altri passar
mal e turment
ne pren scarment
he se'n castigua
qui no s'i trigua
seny uol auer
[7R] 730 del meu penser
aquest trellat
mig cordellat
he fluix texit
sera partit
en quatre tals
parts prinçipals
com la present
lo prolech fent
cascuna part
740 te'n altre quart

         de parts pus chiques
         si tu[ ]y pratiques
         he tens be[ ]sment
         prou façilment
         poras trobar
         de que meniar
         a[ ]ta comanda
         pren la uianda
         quala mes uulles
750   fflors fruyt o fulles
         rahels o fust
         seguons son gust
         he sa sabor
         cascun lector
         prest trobara
         lo que uolra
         veure'l tot cure
         ans que murmure

         primerament
760   en mon iouent
         essent libert
         que he sofert
         reçitare

         puys contare
         seguonament
         be scasament
         mos casaments
         negres dolents
         ab pena tanta
770   per anys çinquanta

         la part terçera
         a[ ]mi çertera
         de lluny tramesa
         vna cortesa
         jnstrucçio
         diu e lliço
         speritual
         he diuinal

         quarta[ ]y darrera

780   clou la manera
         ja enfranquit
         d'elles partit
         ho enuiudat
         com he mudat
         hoy en amor
         pena'n dolçor
         he consellat
         he areglat
         los meus darres
790   anys uint o mes
         tots seruint Deu
         seguons ueureu

         primer libre de sa iouentut
         primera part de la fadrinea
         ab sa mare

         deu aiudant
         yo entonant
         mon spill e norma
         seruant la forma
[7v]   del abreuiar
         me uull lexar
         la infantea
800   ma fadrinea
         he iouentut
         en seruitut
         deseretat
         fforagitat
         he camps seguint
         los ~~mes~~ mes de uint
         anys meus millors
         ab prou suos
         perills treballs
810   nafres e talls
         ab mal passi
         he comenci
         mort mon bon pare

         ell ab ma mare
         vixque poch temps
         he may emsemps

      los uiu meniar
      ni festeiar
      may los uiu riure
820 per llur mal uiure
      o mala sort
      cert a[ ]gran tort
      per alguns mals
      no uull dir quals
      he no'ls declare
      per ser ma mare
      joue fon etich
      en fi frenetich
      axi mori

830 lo seu flori
      cert no'm resta
      car ell testa
      al plaer d'ella
      per sa querella
      com li plague
      ella[ ]y uolgue
      hun seu notari
      he lo uicari
      son confessor
840 ffon marmessor
      he lleguatari
      sens inuentari
      de son cabal
      vniuersal
      ereua feu
      de mi fill seu
      lexa tudriu
      no curadriu
      car no calia
850 cinch sous ualia
      lo meu lleguat
      he poblicat
      lo testament
      de[ ]continent
      me renegua
      no'm abrigua
      de res de dol
      lo flauiol

      tragui sens çera
860 roba sançera
      cert no'm dexa

      com m'abexa
      tantost de casa
      que'm donas brasa
      ben adreçat
[8R] hun peu calçat
      altre descalç
      gipo al falç
      tot esquinçat
870 ben desayrat
      hi sens camisa
      dix a[ ]ta guisa
      ves hon te uulles
      cerca hon mulles
      d'uy[ ]mes ta sopa
      esta[ ]nit sopa
      dema camina
      a[ ]la brogina
      he si no't plau
880 berguant al Grau
      te poras fer
      ho llanterner
      de cap de guaytes
      ho si t'afaytes
      ser bon barber
      a[ ]ton plaer
      cantant cançons
      ballant als sons
      de les tisores
890 tots iorns dos ores
      prou guanyaras
      ho si uolras
      esser obrer
      de tintorer
      dos sous he nou
      auras per sou
      o si troter
      puys escuder
      esser uolies
900 tant be uiuries

pensa sta[ ]nit
ton bon partit
no't puch tenir
ves a[ ]sseguir
taula ni llit
ti[ ]t'o per[ ]dit
comte no'n fasses
que'n mi trobsses[7]
peus e mans tens
910 guanya't prou bens
cerca uentura

la gran fretura
prest m'atengue
e'm reprengue
gran malaltia
mare ne tia
no'm acolliren
ni may bolliren
ordi per mi
920 tiri cami
ffora'l portal
ves l'espital
d'en[ ]Clapes dit
aquella nit
la[ ]spitalera
ffalsa ronçera
ella[ ]y sa mossa
per çint e bossa
ffins al coto
930 del meu gipo
me[ ]scorcollaren
puys no[ ]y trobaren
vn diner sols
dix sens llançols
[8v] huy dormireu
dema[ ]us n'ireu
vos a[ ]captar

no pot bastar
aquest spital
940 ni te cabal
per mantenir
ni llits fornir
per[ ]a tans pobres
per fer les obres
he tantes dides
no[ ]y basta'nuides
no portau taça
ni carabaça
barça cerro
950 en hun porro
aygua beureu
ffoch sal aureu
he sols l'estatie
pa conpanatie
vi si'n uoleu
que[ ]us ne çerqueu

a[ ]Deu plague
que no'm tingue
molt la terçana
960 vna semmana
hi mengi blets
cols e brots frets
prou ansalada
may carn cuynada
sorti del llit
he mig guarit
yo me'n parti
a[ ]peu ani
en Catalunya
970 hon fiu ma[ ]punya
que hun caualler
molt gran bandoler
b   me pres per patie
a   d'antich linatie[8]

---

[7] Trobasses.

[8] The letters b and a that precede these two lines in the manuscript indicate that their order should be reversed.

  ab ell uixqui
  ffins que'n ixqui
  ja home fet
  ab l'om discret
  temps no[ ]y perdi
980 d'ell aprengui
  de ben seruir
  armes seguir
  ffuy caçador
  caualcador
  dels bons dels regnes
  bona ma'n[ ]regnes
  peu y[ ]sperons
  de tots falcons
  hi d'esparuer
990 ginet coser
  de çetreria
  menescalia
  sonar ballar
  ffins a[ ]tallar
  ell me'n mostra

  costar cuyda
  mon tant saber
  per sa muller
  a[ ]la final
1,000 voler me mal
  sens culpa mia
[9R] ella tenia
  hun sols fill car
  de caualcar
  he homenia
  gens no'n tenia
  tant lo guardaua
  hi'l apartaua
  de tot perill
1,010 que feu son fill
  hom femeni
  ffet d'alfani
  he d'orelletes
  çucre casquetes
  e uiçiat
  tot mal criat

  ffet a[ ]son lloure
  quant lo ueu moure
  jnhutilment
1,020 he gentilment
  yo auançar[ ]me
  pensa matar[ ]me
  la chaquiosa
  ffenbra'nueiosa
  mescla paraules
  rondalles faules
  ab ficçio
  a tracio
  yo ia dormint
1,030 son fill uenint
  per son consell
  ab lo coltell
  per que'm matas
  com s'a( )costas
  ague terror
  he fent remor
  mogui'm hun poch
  dresfreça'l ioch
  dix que's burlaua
1,040 ell tremolaua
  he no'm toca
  puiys no'm mata
  ni[ ]u sabe fer
  l'om de paper
  ffort malmescla'm
  he posa clam
  de gran error
  ab mon senyor
  molt brauament
1,050 ab sagrament
  ell'atueraua
  lo que'm posaua
  mas l'om prudent
  veu clarament
  qu'era falsia
  com la mouia
  la sola'nueia
  ab sa correia
  ffort la[ ]feri

1,060	he la serui		so que tiras
	be de punyades	1,100	no m'i trobas
	la[ ]squena'usades		lo seu senyor
	be li casca		ab entrenyor
	he la tanca		yo deman qui
	en son castell		dix me mesqui
	dona'm consell		a[ ]ton despit
	partis de[ ]fet		ja tinch marit
			cert pus honrat
	ab son decret		que no l'orat
	ffuy prest uengut		de pare teu
1,070	hen hun llaut	1,110	de maior preu
[9v]	de uiscayns		he pus ualent
	tots los ueyns		ves[ ]te'n dolent[9]
	me conegueren		
	he tots prengueren		prest me'n parti
	los del carrer		yo'm aparti
	grat e plaer		per ma honor
	de ma uenguda		no pas per por
	desconeguda		de mon padastre
	agui la casa		ja per malastre
1,080	tant la uiu rasa		s'era casada
	he desrobada	1,120	veu se posada
	e regirada		en libertat
	ma mare uiu		gran eretat
	ni's mou ni's riu		he senyoria
	cuyti d'entrar[ ]i		tostemps seria
	de hun canari		veu lo[ ]ballant
	o catiu strany		joue gualant
	de hun tacany		pleguat be[ ]stret
	no'n fera menys		tantost fon fet
1,090	ab sos desdenys		per ella tench
	poch s'i gira	1,130	hun gentil rench
	ans me mira		los armaments
	ffort de mal hull		he paraments
	dix me boc[ ]çull		tot manlleuat
	tirar auant		hach ben iustat
	mans amaguant		ffon[ ]ne[ ]bcn tret
	no'm lexa seure		a[ ]hun bon tret
	ni'm feu dar beure		qui[ ]y pot tenir

---

[9] The letter e is not completely legible.

  ffeu lo's uenir
  ella'l conuida [10R]
1,140 cabe[ ]y la dida[10]
  sens testimoni
  ffeu matrimoni
  o esposalles
  sens encartalles
  ni capella
  no[ ]y apella
  algun parent
  ni hom sabent
  per conseller
1,150 ffon sa muller
  sens encartar
  ni ben contar
  dona[ ]li'ls bens
  lo mort parens
  lo fill absent
  per lo present
  tot oblida

  ella's cuyda
  tostemps duras
1,160 lo guay solas
  he pa de noçes
  tantost les coçes
  fforen ab ella
  la muller uella
  lo marit ioue
  que be la soue
  ffa lo que deu
  mantingua Deu
  qui tal praticha
1,170 la qu'es pus richa
  mes ne mereix
  menys se coneix
  lo fum la'nguana
  la carn la mana
  la uella fembra

  del temps no's menbra
  tendra la pancha
  ab plechs com mancha
  ab semblant pell
1,180 com terçanell
  o chamellot
  parra bossot
  buyt la mamella
  put li l'axella
  cap alquenat
  ffront estirat
  no tendra dens
  conta los bens
  no los seus anys
1,190 dels pus estranys
  boliçiosos
  he ocçiosos
  menys uerguonyos
  he pus ronyos
  pren com la lloba
  ab raho troba
  per les edats
  he uolentats
  tan uariades
1,200 colps boçinades
  la uella'ntercha
  puys que mal çercha
  dines primes
  ha uolgut mes
  captiuitat
  que libertat
  llançat riquea
  cercat pobrea
[10v] lunya's dels seus
1,210 hira la Deus

  he si quant mor
  del seu tresor
  queucom ne sobra

---

[10] This line is crossed out at the end of fol. 9v and written again at the beginning of fol. 10r.

        may algu'n[ ]cobra
        dels seus tanpoch
        d'ells se trau ioch
        a qui la uexa
        aquell o llexa
        en testament

1,220 puys sçientment
        se encatiua
        com a[ ]catiua
        se deu tenir
        no pot parir
        ni dar plaer
        mes es muller
        l'exouar gros
        que no llur cos
        gran dot la mou
1,230 ell pel dot clou
        casament negre
        los bens alegre
        donchs posehixcha
        ella seruixcha
        vixcha'b afany
        pene tot l'any
        tot mal deu pendre
        veia despendre
        sos bens e rendes
1,240 deu fermar uendes
        he fer caplleutes
        paguar los deutes
        que'l marit deu
        en mala ueu
        sos bens posats
        he subastats
        publicament
        la cort uenent
        ans de sa mort
1,250 sa uera sort
        veia uenuda
        he fort batuda
        ben calçiguada
        he desliguada
        en blanchs cabells

        dels peccats uells
        pas penitençia
        ab tal sentençia
        marit darrer
1,260 venge'l primer
        tot axi's feu

        en temps fort breu
        se descobriren
        he li's obriren
        moltes banbolles
        cambis fadolles
        he uiolaris
        preus e salaris
        dels artesans
1,270 menaren mans
        dins trenta meses
        fferen despeses
        jnopinades
        hac se iuguades
        les ioyes sues
        catiues dues
        poch a[ ]poch l'als
[11R] tots los sensals
        fforen uenuts
1,280 puys abatuts
        ells se'n fogiren
        per temps moriren
        ell caçador
        he comprador
        d'un caualler
        de sa muller
        ella cambrera
        he llauanera

        seguona part com fon
        afillat he trames

        puys yo fuy çert
1,290 *esser desert*
        de benuolents
        cert als dolents

no'm atançi
en mi pensi
no'm absentas
que'm presentas
a[ ]hun bon rich
qui fel amich
ffon de mon pare
1,300 he gran compare
he mon padri
joue fadri
desenpenat
ffuy me'n anat
al hom de Deu
com ell me ueu
he m'ach hoyt
hi[ ]ague sentit
de qui fill era
1,310 he ma manera
ell me senya
hi m'en( )senya
cert gran uoler
ab molt plaer
ell m'achçepta
mas protesta
que may no'm ues
ni que'n sabes
res sa muller
1,320 lo mercader
molt poderos
he uirtuos
ell m'a( )filla
hi'm abilla
com fa mester
en hun troter
ab prou dines
ell me trames
ben arreat
1,330 cami ferrat
per Tarraguona
a[ ]Barçelona
quant arribi
de Sent Marti
castell fort pres

en Penedes
hon ab gran cuyta
se'n era fuyta
ne uiu cobrar
1,340 presa tornar
no menys ferrada
que d'ull mirada
na Fortiana
qui catalana
ffon natural
[11v] ab prou de mal
he malaltia
llexat hauia
abandonat
1,350 palau robat
sense remey
son senyor rey
propi marit
mig[ ]mort al llit
enmetzinat
he fetillat
seguons se deya
atre tal feya
a[ ]sos fillastres
1,360 he mals empastres
contra sa nora
hun punt ne ora
nunca sessant
lo rey ginyant
ab frau enguan
maior Iohan
apres rey fon
Marti seguon
sos fills abdos
1,370 com ha traydos
deseretas
sols prosperas
ella[ ]y els seus
ffent los ereus
de sos regnats
per tals peccats
ffon ben rodada
he turmentada

moltes cremades	ella fon presa
1,380 de ses criades	he nuha mesa
a[ ]llur mal grat	dins huna bota
	1,420 he closa tota
a Monserrat	ab conpanyia
yo me'n uingui	de serp bogia
aqui prengui	hi d'un uell guall
cami frances	lo riu auall
ffuy a[ ]Beses	la cabuçaren
hoy la fama	he la llançaren
de Nostra Dama	ffeu me mal ioch
qui's diu del Puy	vltra l'or poch
1,390 tantbe m'i fuy	lletra[ ]y tenia
a[ ]Sent Dinis	1,430 la qual uenia
puys a[ ]Paris	ha hun marchant
	ffon empachant
junt al ostal	tots mos afes
prop lo portal	
trobi la hosta	mas poch apres
prou ben conposta	prengui mos guatges
que lli filaua	he fiu uiatges
he yo fiaua	ab molt ualent
que fos segura	ardida gent
1,400 jus tancadarura[11]	de[ ]la francesa
dich hostalera	1,440 contra l'anglesa
esta'ngeuera	ffent caualcades
vos la'm tancau	molt estimades
he la'm guardau	ffort guerreiant
axi com ll'ull	he salteiant
car molt la uull	cobrant castells
aquella nit	molt iouençels
pres bell partit	apresonauem
mata son pare	hi'ls rescatauem
1,410 ella[ ]y hun frare	per molt argent
tot ho robaren	1,450 cruel urgent
he se'n anaren	ffeyem la guerra
mas no molt lluny	he la desferra
a tres de iuny	molt be's partia
[12R] ells se'n fogiren	tot hom n'auia
a[ ]set moriren	aquell estiu

---

[11] Tancadura.

gran rich m'i fiu
he bon armat
era[ ]stimat
entre'ls guerres
1,460 no dels darres
en[ ]l'iuernada
per la gelada
lo campeiar
he asetiar
prenia fi

he lo Dalfi
ab los senyors
capdals maiors
molt ben guarnits
1,470 he infinits
gentil iouent
ffeya souent
ffer belles iuntes
he correr puntes
hi torneiar
durant temps clar
en lo pluios
temps enuios
ab moltes guales
1,480 ffeya fer sales
he bells conuits
dies he nits
ab los grans fochs
[12v] molt plasents iochs
bastir castells
per bauastells
moms e gran festes
les dames prestes
al bel dançar
1,490 baxadançar
may hi fallien
totes uenien
ben abillades
he diuisades
ab tal guouern
lo temps d'iuern
axi'l passaua

hi l'espletaua
conplidament
1,500 mas molt forment
lo temps gentil
del mes d'abril
ffins al setembre
se feya tembre
puys ch'iuernauem
ens ne tornauem
a[ ]gualeiar
e festeiar
enamorades
1,510 a[ ]les posades
ab gran plaer

terçera part continua
los actes fets en Paris

[e]n lo[ ]giner
vna polida
gualant ardida
gentil burgesa
fflor de bellesa
de tot Paris
vn iorn de pris
hon yo iunyi
1,520 *he lo guanyi*
a sa requesta
me mostra festa
e'm feu saber
son bon uoler
lo grat e alt
ab prou desalt
del seu burges
car l'entrames
be'l conegue
1,530 *la que[ ]u tixque*
e ordidora
ffon la traydora
de sa cambrera
ffalsa terçera
ella[ ]u tracta
hi'ns afronta

        ans que[ ]y entras
        ni m'i trobas
        cert no[ ]y cabi
1,540 ni res sabi
        ffeta la'mpresa
        ordena presa
        aquella nit
        a son marit
        per que dormis
        com ho sentis
        en la sabor
        beueu senyor
        dix l'ipocras
1,550 com se'n calas
        vna gran tassa
        ell begue'n massa
[13R] lo fort dormir
        ffon tost morir
        he les uayletes
        tan indiscretes
        mogueren crits
        fforen sentits
        per los ueyns
1,560 he tots uenins
        ohint los plos
        veren lo cos
        stes e iahent
        vn tant calent
        mas ia finat
        per bon ueynat
        volent sentir
        he inquirir
        sa malaltia
1,570 pero mentia
        molt sospirant
        dix alt plorant
        d'un gras porçell
        e ui nouell
        a molt traguat
        es s'ofeguat
        de poplexia
        molt s'escroxia

        tots la'n[ ]cregueren
1,580 e la'n plangueren
        de sa dolor
        nostra baudor
        ffon desuiada
        he destorbada
        tal soberch mal
        molts del ostal
        lo conegueren
        d'ells ho cregueren
        altres neguauen
1,590 los huns plorauen
        altres bonien
        los que[ ]y sentien
        no's poch cobrir
        tant prest morir
        he fort desastre
        no llexas rastre
        de gran sospita
        per mala dita
        ella fon presa
1,600 he fon defesa
        he fauorida
        per ser nodrida
        entre'ls de cort

        mas hun fill bort
        que'l mort tenia
        la perseguia
        ffort brauament
        diligentment
        ne feu la'nquesta
1,610 a[ ]sa requesta
        instant forment
        pel parlament
        ffon condempnada
        ser soterrada
        viua deius
        lo mort desus
        he uiua treta
        duta'n carreta
        ffora'l raual
1,620 al cap d'un pal

    no guayre baix
    obrat com haix
[13v] mesa la roda
    per ll'ull hon roda
    ella lliguada
    aparellada
    dauall foguera
    com metzinera
    hi fos rodada
1,630 he socarrada
    ffins tot fos çendra

    la ioue tendra
    de pena fort
    he dura mort
    ab paçiençia
    pres la sentençia
    he la rebe

    a mi tambe
    qualque beuratge
1,640 o mal potatge
    ffitilliries
    o porreries
    m'aguera fet
    per ço de fet
    m'a( )conorti
    hi'm deporti

    mes aquell any
    hun cas strany
    en lo mon nou
1,650 jorn de ninou
    s'i esdeuench
    yo tingui'l rench
    ffiu conuidar
    tots a[ ]sopar
    qui iunt hauiem
    alli teniem
    de tots potatges
    de carns saluatges
    volateria
1,660 pastiçeria

    molt preçiosa
    la pus famosa
    de tot Paris
    en hun pastis
    capolat trit
    d'om cap de dit
    hi fon trobat
    ffon molt torbat
    qui'l conegue
1,670 reguonegue
    que[ ]y trobaria
    mes hi auia
    vn cap d'orella
    carn de uedella
    creyem meniassem
    ans que[ ]y trobassem
    l'ungla y[ ]el dit
    tros mig partit
    tots lo miram
1,680 he arbitram
    carn d'om çert era
    la pastiçera
    ab dos aydans
    ffilles ia grans
    era fornera
    he tauernera
    dels que[ ]y uenien
    alli beuien
    alguns matauen
1,690 carn capolauen
    ffeyen pastells
    he dels budells
    ffeyen salsiçes
[14R] o llonguaniçes
    del mon pus fines

    mare[ ]y fadrines
    quants ne tenien
    tants ne uenien
    he no[ ]y bastauen
1,700 elles matauen
    alguns uedells
    ab la carn d'ells

tot ho cobrien	
asaborien	molt agui grat
ab fines salses	d'aquell pays
les dones falses	may uiu diuis
en hun clot tou	bandoleiar
ffondo com pou	ni bregueiar
descarnats ossos	homens prou richs
1,710 cames e toços	e paçifichs[12]
alli'ls metien	suaus benignes
he ia'l omplien	1,750 dones malignes
les fembres braues	moltes ueguades
cruels e praues	viu condempnades
jnfels maluades	mil bandeiauen
e çelerades	mes ne peniauen
abominables	que de rayms
cert los diables	per uaris crims
com los matauen	
1,720 crech los aydauen	huna'n peniaren
he lo dimoni	viua[ ]scorcharen
ffas testimoni	gran fitillera
que'n mengi prou	1,760 he metzinera
may carn ni brou	de[ ]nit uenia
perdius guallines	sens conpanyia
ni francolines	sola puiaua
de tal sabor	he arrancaua
tendror dolçor	dents e quexals
may no senti	[14v] dels qui en pals
	ben alt muntats
1,730 per lo mati	eren peniats
de totes tres	la falsa ffolla
fferen quartes	1,770 dintre hun olla
he llur posada	ben enginyada
ffon derrocada	llum amaguada
hi la planaren	ella tenia
sal y sembraren	he si sentia
he tots los cossos	algu passas
tallats a[ ]trossos	he s'acostas
cent n'i contaren	la descobria
1,740 hi'ls soterraren	de[ ]lluny paria
en lloch sagrat	spauentable

---

[12] This line is written in a smaller size and inserted between lines 1,747 and 1,749.

1,780 cap de diable
per çinch forats
ben conpassats
los raigs exien
hulls nas parien
gran boca'b foch
ab semblant ioch
tots s'espantauen
ffogir cuytauen
gens no's torbaua
1,790 ans acabaua
sos malifiçis
porch ple de uiçis
hun mal mati
son Sent Marti
ella troba
la pell lexa
per fer[ ]ne bots

quarta part clou
son uiatge tornant
ha Ualençia

[p]uys ixquem tots
molt bella flota
1,800 ffent fort derrota
ab lo calt sol
de iuliol
en les companyes
he gens estranyes
qu'eren uengudes
ffem corregudes
no'ns hi triguam
que calsiguam
tota llur terra

1,810 ben ara guerra
ffa rey cortes
lo rey frances
me feu largessa
vna duxessa
folla guerrera
ma presonera

de gran finança
per ma quitança
he del boti
1,820 quant lo parti
per part dona
ella's fina
entreguament
dos mil e çent
nobles de nau
ella pagua[ ]u
complidament
delliurament
tira sa uia
1,830 yo quant auia
puys rich potent
me uiu d'argent
armes uexella
roba molt bella
[15R] lli llana seda
molta moneda
tot exagui
he cambihi
segurament
1,840 cortesament
prengi comiat
ben encaualcat
ab çinch canehes
ab mes lliurehes
a[ ]la françesa
tots gent cortesa
per mes iornades
ffent matinades
he curt dinar
1,850 per caminar
cuytadament

molt cautament
entre Guascunya
he Catalunya
passi'ls mollons
pels guotirlons
de carn sens osos

　　　　　al coll tan grossos
　　　　　paren mamelles
　1,860　les falses uelles
　　　　　d'aquells uilatges
　　　　　certs mals beuratges
　　　　　ffan homens beguen
　　　　　axi los peguen
　　　　　al uiandant

　　　　　en Lleyda'ntrant
　　　　　viu roçeguar
　　　　　puys squarterar
　　　　　vna fornera
　1,870　sols per terçera
　　　　　he conduyr
　　　　　son fill dormir
　　　　　ab ses loçanes
　　　　　parroquianes
　　　　　en l'alquauor
　　　　　ab gran riguor
　　　　　la'xecutaren
　　　　　lo fill soltaren
　　　　　per en iouent
　1,880　ser tan ualent

　　　　　de fet parti
　　　　　tirant cami
　　　　　ffuy al castell
　　　　　antich molt vell
　　　　　Moruedre dit
　　　　　aquella nit
　　　　　vn bon paies
　　　　　vent l'entrames
　　　　　de sa muller
　1,890　en lo çeller
　　　　　adulteraua
　　　　　que trescolaua
　　　　　li daua'ntendre
　　　　　lleua's ençendre
　　　　　la matinada
　　　　　gran carbonada
　　　　　mete[ ]y sa rella
　　　　　quant fon uermella

　　　　　gran solch li feu
　1,900　en lo camp seu
　　　　　dins la fenella
　　　　　laxa[ ]y la rella
　　　　　ell se'n parti
　　　　　ella's dormi
　　　　　ab tal cauteri
　　　　　son adulteri
[15v]　　curaçio
　　　　　puniçio
　　　　　hague condigna
　1,910　y de çert digna
　　　　　de gran memoria
　　　　　alt en sa gloria
　　　　　Deu lo colloque

　　　　　de fet yo[ ]broque
　　　　　ves ma çiutat
　　　　　ffuy acçeptat
　　　　　per mon parent
　　　　　molt carament
　　　　　ab gran plaer
　1,920　per sa muller
　　　　　renyant gronyint
　　　　　he presomint
　　　　　ffos fill bastart
　　　　　anaua'n part
　　　　　les dents croxint
　　　　　he dix bonint
　　　　　quin Deu uos sal
　　　　　tenim hostal
　　　　　de llits fornit
　1,930　diguau marit
　　　　　cinch caualcans
　　　　　orats gualans
　　　　　espluguabous
　　　　　per quins çinch sous
　　　　　los acolliu
　　　　　he yo sabi[ ]u
　　　　　hun bell robi
　　　　　yo li doni
　　　　　he la falague
　1,940　he de fet pague

      quant despenia
      lo prom tenia
      com pare meu
      per son conreu
      yo fuy persona
      com a[ ]lleona
      ella'm miraua
      no'm oblidaua
      lo benefiçi
1,950 ffeya seruiçi
      he gran honor
      al prom maior

      libre seguon de quant fon
      casat part primera com
      pres donzella

      en aquell punt
      que yo fuy iunt
      en la çiutat
      agui contat
      quants anys hauia
      trobi conplia
      los trentaydos
1,960 ab corredos
      yo'm auengui
      compri pagui
      l'alberch aquest
      arrey'l prest
      d'abillaments
      hi forniments
      com couenia
      souint uenia
      la ranyinosa
1,970 vella'nueiosa
      a[ ]uisitar
      per aguaytar
      si res portaua
      o si'm donaua
      lo marit seu

      com ella ueu
      yo com uiuia
[16R] he quant auia
      della'nuiat
1,980 o campuiat
      m'o[ ]ueu cobrar
      he be[ ]smercar[13]
      be li plague
      com conegue
      que rich uenia

      ella tenia
      vna cosina
      tantost barrina
      ffos muller mia
1,990 ella'm enuia
      la corredora
      gran ralladora
      entrametent
      puntacorrent
      hi ben reuessa
      ella'm endressa
      son parlament
      d'un casament
      molt singular
2,000 vos uull parlar
      d'una donzella
      bona e bella
      ben endreçada
      molt heretada
      richa pobila
      d'aquesta uila
      dels bons parenta
      en dot ha trenta
      milia sous
2,010 en tinbres nous
      tots en moneda
      vn'arboreda
      gran alqueria
      dix possehia

---

[13] Smerçar.

prop la deuesa
sense despesa
dix se faria
seguons uolria
que[ ]u ordenas
2,020 que'n demanas
aquella tia
qui'l trametia
yo de consell
vos fillol d'ell
hi ella d'ella
bona parella
si uos me creu
ab( )dos sereu

ffalsa parlera
2,030 vella uelera
m'en( )babuxa
hi'm tabuxa
de tot mentia
de sa falsia
yo la'n cregui
lo prom pregui
e sa muller
en tal penser
me consellassen
2,040 e'm areglassen
yo la prengui
si[ ]u auingui
ara[ ]u sabreu
yo[ ]u dire breu

ella'm sopta
he fort repta
per que tardaua
he que[ ]speraua
altre l'auria [16v]
2,050 qui[ ]u grayria
tant o cuytaren
que'ns esposaren
ella's dota
del que porta
sense fermança

ab confiança
cert sanament
he planament
axi[ ]u passi
2,060 de[ ]fet pensi
que li daria
he que faria
yo prouehi
he l'arehi
perles robins
velluts çetins
conduyts marts uays
veruins duays
per cots guonelles
2,070 angles bruxelles
e bell domas
arunça'l nas
caboteiant
he morreiant
ab gran menyspreu
dona[ ]y del peu
vestir no[ ]u uol
diu que du dol
no[ ]y ueu brocat
2,080 de uellutat
hi fall faldetes
tot par robetes
de criatura
ffalsa costura
he mal tallat
pijor forrat
diu mal del sastre
sofir l'enpastre
no li dich res
2,090 en mi repres
yo stich mirant
la fi sperant
volgui prouar
son exouar
si'l me darien
ho'm paguarien

sens demanar
cert l'esperar
ffon ioch de[ ]falles
2,100 trenta[ ]mil malles
ffon la moneda
cert l'arboreda
he l'alqueria
ffon malqueria
bens confiscats
ypotecats
en plets pendens
encartamens
de cantitats
2,110 sensals quitats
ffictes cuberts
a cort oferts
mal carreguats
deutes paguats
sens cansellar

va'm consellar
qui be'm uolia
he molt sabia
en aquets fets
2,120 que lexas plets
[17R] may per[ ]iames
rebi'l promes
paguat axi
ja no'm dexi
ffer lo degut
hagui'm begut
ja les adiues
a mi noçiues
al cos e bossa

2,130 era molt rossa
blancha polida
he ben sabida
yo no present
ab tots rihent
he solaçera
ab tots parlera
la lengua'sida

ab mi cosida
com si fos muda
2,140 tostemps premuda
sols murmuraua

vn iorn ploraua
dix li per que
hoy per ma fe
no plor per res
dich queucom es
dix be'm fartau
per que'm matau
lexau[ ]me star
2,150 volent restar
sens del tot rompre
yo so qui compre
alfarda treça
llistada peça
bell drap de coll
corda trescoll
bonys e polseres
spill orelleres
crespina trena
2,160 collar cadena
coral e llambre
aloes ambre
prou atzebeia
clauer correia
bossa guller
pinta crencher
stoig guauinets
guants uentallets
calçes tapins
2,170 ab escarpins
de uellut blau
mig cofre[ ]y clau
quant trobar puch
he tot lo[ ]y duch
res no'm ualgue
ni'm respongue
tostemps callant

yo deuallant

The Mirror

        hun iorn la[ ]scala
2,180 dix huna[ ]y mala
        dolent catiu
        yo mala't[ ]uiu
        mas mala'm[ ]uist
        mala'm prenguist
        per[ ]a tos obs
        tirar los strops
        sabries mes
        son entrames
        be'l entengui
2,190 no[ ]y respongui
        en mi pensant
[17v] que per auant
        lo seu desdeny
        qui per poch seny
        ve e iouent
        plena de uent
        he mal nodrida
        no may ferida
        per sor ne frare
2,200 ffilla sens mare
        ffeta sa guisa
        que als diuisa
        sino gran fum
        llur mal costum
        yo'l me guarria

        puix ab llur tia
        ffiu escomesa
        ffogint despesa
        de bodes fer
2,210 en lo giner
        de[ ]matinada
        pocha maynada
        sols huyt o nou
        ella que[ ]u ou
        he ses parentes
        molt mal contentes
        totes rabien
        he cridant dien
        hix de la[ ]rocha
2,220 que ab tan pocha

        honor se façen
        elles que traçen
        com se faran
        demanaran
        tots los honrats
        nobles iurats
        caualleria
        al bell de dia
        hira honrada
2,230 alt caualcada
        en cosser blanch
        duran lo banch
        del fre parents
        dels seus potents
        puys prou ne te
        he uol tanbe
        robes nouelles
        joyes pus belles
        molts sonados
2,240 hi meniados
        tots uint casats
        murta molts asts
        complidament
        mesquinament
        he amaguada
        esta ueguada
        no[ ]us ho penssasseu
        ni[ ]u comenssasseu
        car acabat
2,250 menys adobat
        may o ueurieu
        pensar deurieu
        ella d'on ue
        com li coue
        solempne festa
        ella qui resta
        superbiosa
        tota briosa
        los hulls regira
2,260 tota's remira
        gronyint flastoma
        com qui's pren ploma
        del cap e pits

[18r] vngles dels dits
se remordia
en aquell dia
per tals afrontes
yo fiu mos contes
al temps de roses
2,270 tenir mes coses
aparellades
he areglades
al terç diumenge
si's uol y menge
tot lo ueynat
rostit cuynat
si's uol o bullen
ffaçen que's uullen
en aquel iorn
2,280 de çert entorn
treçentes liures
despes en uiures
tots y meniaren
he ben ballaren
a llur plaer
lo desplaer
ffon meu a[ ]soles
trobi uioles
en lo meu ort
2,290 he morritort
donzell ab malua
entri[ ]y ab salua
mon primer past
mengi ab tast
he fort mostalla
al cap sens falla
be la'm senti
he no[ ]u mostri
dissimulant
2,300 he no mostrant
en res conexer
com m'an fet pexer
de çert pensau
per auer pau
ffuy paçient
dilluns seguent

com fom dinats
los conuidats
tots se'n partien
2,310 he sols me dien
graçies grans
he molts infants
vos done Deu
si res uoleu
yo so tot uostre
si be no[ ]u mostre
del que se fer
al menester
manau de mi
2,320 ffan son cami
lexen mal sa
lo nouença
la nouençana
romas hufana
com paguo uell
mirant se bell
roda ben alta
dels peus sa falta
nunca mirant
2,330 mas yo[ ]tirant
al paçifich
vos çertifich
que mon poder
art giny saber
quant treballaua
tot s'espletaua
[18v] de[ ]nit e dia
en çercar uia
per que'ns amassem
2,340 he concordassem
com se pertany
ab quant afany
hi temps perdent

primer uolent
la solaçar
he abraçar
a[ ]totes parts

        ariçons carts
        porca crespina
2,350 no tenen spina
        pus fort punyent
        porçell grunyent
        tota la nit
        era'n lo[ ]llit
        com se gitaua
        primer çercaua
        lo coxinal
        de son senyal
        nuu del lançol
2,360 si[ ]sta hon sol
        apres rallaua
        si yo callaua
        no responent
        deya dolent
        so'ndiablada
        o so orada
        no'm responeu
        mal esclateu
        tenint li corda
2,370 may me recorda
        restas la mia

        si's adormia
        tantost roncaua
        molt m'enuiaua
        cascuna nit
        souint al llit
        se orinaua
        he freçeiaua
        d'alre podia
2,380 quant li uenia
        son ordinari
        sens pus penssar[ ]i
        cames e cuxes
        les calçes fluxes
        tot se'n omplia
        draps si's metia
        ab tal olor
        he tal color
        com Deu se sap

2,390 llançaua'l drap
        per los racons
        dauall caxons
        entre la palla
        no[ ]y daua malla
        hom si'l trobaua
        lla'l se lexaua
        hon li cahia

        mig any uestia
        vna camisa
2,400 de sa diuisa
        gentil brodada
        tota clapada
        de roges flos
        nunca del cos
        sino podrida
        troços partida
        la's despullaua
[19R] tal la llançaua
        baix en la coua
2,410 mudaua's noua
        quada uestida
        mas no cosida
        punt per ses mans

        en les nits grans
        hi menys de dia
        yo may dormia
        sens purguatori
        en l'escriptori
        tant m'espayaua
2,420 si caualcaua
        ffent qualque uolta
        a[ ]missa solta
        yo me'n tornaua
        e'm acostaua
        al mal dinar
        ffeya cuynar
        yo finament
        he netament
        als meus esclaus
2,430 ella les claus

ne tancadura
menys la mesura
ni regiment
del forniment
de ma tocaua
ni se'n curaua
res no[ ]y sabia
ni's comedia
res ordenar
2,440 menys lo manar
sols de paraula

seya's a[ ]taula
auent meniat
he almorzat
ja demati
tostemps ab[ ]mi
enfastijada
he desmeniada
d'altres uiandes
2,450 ffeya demandes
cert inposibles
menias playbles
dels que's cohien
no li plahien
tant fastijosa
com desdenyosa
he delicada

com enfitada
sola sopas
2,460 e's meneias
lo candeler
ffon l'escuder
dins lo rebost
no uingue tost
caych la canella
feu be la uela
per les toualles
llexa[ ]y fer falles
he flameiar
2,470 per no tocar
lo seu de ma

cert se'n crema
be la mitat

senyalat plat
certa scudella
tenia ella
taça'partada
sal no tocada
son drap de boca
2,480 tallar sens broca
no consentia

[19v] ni meniaria
carn del mercat
si hom peniat
algu[ ]y hauia
ni permetia
ffruyta'n[ ]portassen
be que[ ]y conprassen
conils perdius
2,490 ffrancolins uius
de[ ]nit a[ ]foscha
en ells la moscha
nunca s'i met
plomats secret
vn gran coxi
se que'n ompli
en la cambreta
ffoguer olleta
ast hi tenia
2,500 alli's cohia
sense cuynes

los iorns faynes
entre semmana
may era sana
al llit s'estaua
ella's leuaua
tocades deu
com a[ ]la Seu
Deu s'i alçaua
2,510 nunca filaua
ni dels guans

        treya les mans
        james cosia
        sols clau tenia
        al seu mig cofre
        ple de girofre
        he drogueries
        les aueries
        de sa persona
2,520 alguna[ ]stona
        ella[ ]spiaua
        mas mes pastaua
        pasta de muda
        d'oli de ruda
        he de ginebre
        pols de gingebre
        molla de muga
        ab hunt de sutga
        o de rouell
2,530 ab çert uermell
        tret d'escudelles
        morros e çelles
        s'enpeguntaua
        quant se'n huntaua
        ffastig me feya
        ab por se reya
        de rompre'l[ ]pint
        mestre de tint
        de full hurxella
2,540 no aparella
        ni fa mes tines

        ans de matines
        ella's leuaua
        hi's perfumaua
        ffent se ben olre
        los iorns de colre
        la matinada
        era faynada
        per ben lluyr

2,550 al bell febrir
        dos o tres ores
[20R] com uan les mores
        que son sabies
        en semblants dies
        tal se pintaua
        en missa'ntraua
        com ia preycauen
        si no's lleuauen
        per ella totes
2,560 s'i feya botes
        les que's lleuauen
        ffort [se] besauen[14]
        ab dos premudes
        he reuengudes
        tostemps torbaua
        e's aturaua
        lo preycador
        per la remor
        del conuidar
2,570 he saludar
        si tart uenia
        pus tart n'exia
        ab anellada
        n'era llançada

        yo la[ ]speraua
        tot se cremaua
        quant mal dinar
        pijor sopar
        n'agui callant
2,580 he soportant
        hi quant mal dia
        res no'm ualia
        ans pijoraua
        mes exoraua

        ma de paper
        ploma[ ]y tinter

---

[14] Se is illegible.

ella tenia
que'n escriuia
may o sabi
2,590 per cas trobi
tot en la plegua
que fos seu negua
porfidiega
cridant brauega
puga la quinta
mas yo de tinta
ses mans sullades
viu prou uegades

durant l'auent
2,600 los fanchs ni uent
no lo[ ]y uedaua
ella'm tocaua
pus de çent sous
cascun dijous
ab noues banyes
ab ses conpanyes
he manlleuades
hi repleguades
per la carrera
2,610 no sens faldera
passant per Llonga
ab huna monga
no menys febrida
ni ab mes brida
al seu costat
per lo mercat
ffeya la uolta
a[ ]regna solta
mirant les tendes
2,620 he per les sendes
ffeyen li lloch
com si fes ioch
[20v] mestre Cora
qui dir pora
dels çiutadans
gentils gualans
com los donaua
o'ls demanaua

a[ ]tots de fira
2,630 may se'n partira
no fos despes
donat malmes
tot en estrenes

en Magdalenes
apres entraua
crech s'escansaua
oraçio
collaçio
no se que[ ]y feya
2,640 venir la'n ueia
dites completes
per Menoretes
o Boseria
ffeya sa uia
quant se'n tornaua

souint anaua
de[ ]nit al nou
bany d'en Çanou
o d'en Suau
2,650 en lo palau
de despullar
vereu ballar
en bels tapits
ahuchs salts crits
ab ses ueynes
perdius gualines
pollets petits
juleps solsits
ous ab gingebre
2,660 los dus ab pebre
grech e clarea
sense perea
la maluesia
per cortesia
en guobellets
los artalets
no'ls y preauen
e si[ ]y amprauen
peguats de llambre

2,670	benguhy ambre		ni tal olor
	aygues almesch		vos en groser
	ffeya fer fresch		lo trauesser
	molt çitronat		es per[ ]a tals
	carabaçat		ab los capçals
	prou gingebrons		deuen dormir
	he canyellons		he no tenir
	ffin tartuguat		tant empachades
	hi caponat	2,720	ni agreuiades
	en lletouari		tals com yo so
2,680	l'apotecari		
	pus ancia		semblant canço
	en Maçia		deya[ ]y pijos
	Marti sabent		d'uy[ ]mes a[ ]uos
	en son iouent		no[ ]us ual corona
	qui la seruia		de Guillamona
	mil sous n'auia		content serieu
	de tres ueguades		tant amarieu
	yo dich ausades		vn'aldeana
	del que[ ]y restaua	2,730	dona serrana
2,690	que be's paguaua		qui uisten capes
	de cad'andana		del temps de chapes
	cert na Farfana		sou e d'entany
	sa banyadora		no sou d'enguany
	si be l'un'ora		ja no[ ]us husau
[21R]	era complida		vos ia[ ]us pixau
	ans que finida		en la çabata
	ffos llur banyada		la nostra guata
	aconpanyada		vos ne portau
	de fabres pardos	2,740	molt caualcau
2,700	ab balls alardos		tort en la sella
	cans e cançons		ffa[ ]u la[ ]scarsella
	ab molts brandons		o curt cambal
	ella tornaua		sonau tabal
			o cornamusa
	si may guosaua		tambe s'i husa
	dir d'on uenia		sonar llahut
	com responia		he lo uellut
	ab gran furor		de tripa groch
	en la color	2,750	e calçar çoch
	no[ ]u conexeu		pus alt lo dret
2,710	no merexeu		mostrau[ ]os fret
	semblant tendror		he tant suau

per que plorau
ffa[ ]u la mostalla
cau la muralla
desenbancau
sech flach tornau
podeu meniar
2,760 ja blanqueiar
l'orta comença
per mes ofensa
o per mes toch
llexant l'estoch
vos çenyiu fulla
no pot l'agulla
cosir qu'es roma

[21v] la cort de Roma
aura sentir
2,770 he de( )partir
tan gran error
reuenedor
ffeu tal parell
hun cos tan bell
alt com plançó
ab hun beçó
cich[15] caguaniu
sech renadiu
fflach setmesi
2,780 auar mesqui
menia bonico
cagua poquico
sart mirmido
pus uer capo
so'nparellada
mils consellada
com yo pore
se que fare
de tals liçons
2,790 ab agres sons
souent n'ohia
he soferia

dijous llarder
digui muller
lo temps s'acosta
de pendre posta
en penitençia
per continençia
partixcam llit
2,800 dix aueu dit
molt be preycau
ara[ ]scoltau
dire tanbe
l'om qui's abste
d'axo'n Quaresma
a[ ]Çinquaiesma
cornut se troba
spolse sa roba
qui apartar[ ]ne
2,810 vol que no's arne
prou es simolsa
qui no la[ ]spolsa
vn'ora'l[ ]dia

en casa mia
si[ ]no iunyien
o no corrien
toros per festa
cascuna sesta
ffins llums ençeses
2,820 moltes enteses
o so cuydauen
les que filauen
com diu la gent
ab fus d'argent
s'i aiustauen
tanbe[ ]y cridauen
jouens sabits
ben escaltrits
llançats entr'elles
2,830 a coçeguelles

---

[15] Chich.

	ells començauen	2,870	mes hi mentia
	puys psalmeiauen		he tots parlauen
	de ses endreçes		no's escoltauen
	teles e peçes		yo be[ ]u sentia
	que fan ordir		mas no'm playa
	al bell mentir		llur negre strado
	puys una's clama		
	l'altra difama		cercant li uado
	altra despita		que l'amansas
2,840	l'altra sospita		abonanças
[22R]	altra flastoma		de[ ]l'arispea
	conten prou broma	2,880	per sa uiuea
	tot de mal dien		duptant no surta
	e[ ]y afigien		com[ ]a[ ]la murta
	ab molts enuits		yo la menege
	de llus marits		he llaguotege
	he se'n burlauen		ella menys ol
			temte si uol
	apres iugauen		res no[ ]li çele
	voleu palleta		yo li reuele
2,850	dau[ ]me man[ ]dreta		tot quant sabia
	qui te nalell[16]	2,890	he quant auia
	do[ ]us est ramell		tots mos secrets
	capsa'b comandes		ague'ls retrets
	ab ses demandes		tost en poblich
	hun arbre[ ]y cant		de çert uos dich
	oçell donant		que feya rims
	mes dir rahons		reçitant crims
	de( )uarions		que'm afigia
	he marauelles		en eretgia
2,860	de Çent Nouelles		rebellio
	he Fassesies	2,900	o traçio
	philosofies		ella sabes
	del gran Plato		que y cabes
	Tuli Cato		cert no[ ]u çelara
	Dant pohesies		ans m'acusara
	he tragedies		
	tots altercauen		vent la mudable
	he disputauen		he uariable
	qui menys sabia		mudi lo treu

[16] L'anell.

          pensi per preu
          que la compras
2,910 hi la'm tiras
          ffent li parençes
[22v] he prometençes
          que tot lo meu
          seria seu
          ella pressent
          ffiu testament
          ffent la ereua
          de[ ]fet capbreua
          tots mos sensals
2,920 perpetuals
          he los mouents
          ab sos parents
          ella feu ligua
          menys c'una figua
          tot ho preha
          mas be's pensa
          ella que fora
          mort yo senyora
          he partiria
2,930 ab qui uolria
          com esperaua
          he desijaua
          que yo moris

          pensi cobris
          la desamor
          llexas remor
          hi tempestat
          sa maluestat
          llauos dobla
2,940 desamobla
          la casa mia
          del que[ ]y auia
          ffurta roba
          en quant troba
          auinentea
          no hac perea
          d'enpenyorar
          he trafeguar
          vna tendera

2,950 he sa faldera
          eren de lligua
          ffeyen botigua
          tres hi cabien
          he reuenien
          robes de llits
          bancals tapits
          teles toualles
          he uituales
          argent or coure
2,960 quant se pot moure
          tot ho furtauen
          he trafeguauen
          ab arteria
          barateria
          los aiudaua
          preu que tocaua
          del que uenia
          se despenia
          no se en que
2,970 crech per ma fe
          tot ho llançaua
          may no paguaua
          res que prengues
          si res degues
          a[ ]mi[ ]u dreçaua
          ab mi contaua
          l'espeçier
          sastre draper
          he costurera
2,980 tapins uelera
          lo brunater
          he confiter
          la bunyolera
          e casquetera
          tenien talles
[23R] seguons les ralles
          yo paguador
          del ordidor
          he texidora
2,990 caneiadora
          ni uanouer
          ni perpunter

de lli comprat
cuyt ni filat
may ne uiu contes

vehent tals ontes
perdiçio
destrucçio
tant manifesta
3,000 altre no'm resta
experiment
darrerament
per ensaiar
de bandeiar
los seus guarips
joch de nayps
de[ ]nit iuguauem
ab( )dos rumflauem
ella partia
3,010 souint prenia
les copes totes
trinca de sotes
si ans iuguaua
copes llançaua
puys no'm ualia
bastons seruia
com al badoch
mudaua ioch
lo del noguer
3,020 dant li lloguer
per que do'l fruyt
juguaua'n[ ]buyt
per reduyr[ ]la
juaguaua birla
souent ab ella
joch de[ ]scampella
ni de[ ]la chocha
com si fos rocha
menys se'n mouia
3,030 si responia
sols digues buf
auia xuf
si deya baf
tantost lo çaf

al cap sentia

sa malaltia
vent incurable
desesperable
de millorar
3,040 de pijorar
essent yo çert
lo cap hubert
enfastigat
molt enugat
mudi d'estil
ffiu codiçil
del tot cassant
he reuocant
lo testament
3,050 sauiament
yo posi prest
en cort protest
dins temps degut
com may rebut
lo dot agues
que[ ]y respongues
li fon manat
ben intimat
ab escriptura [23v]
3,060 sa oradura
no's metigua
ni's castigua
gens per[ ]axo

lo seu caxo
ple d'ampolletes
hi scudelletes
he barralets
ab mil potets
tot ho trenqui
3,070 he li prengui
sos ornaments
abillaments
anells manilles
vels beatilles
l'argenteria

e pelleria
me'n alleuiaren
he m'o paguaren
tantost o tart
3,080 mas no lo quart
del que costa
may s'acosta
a[ ]la raho

com faraho
cor endurit
dur enpedrit
he pus maluada
aconsellada
no se per qui
3,090 molt lo[ ]y grahi
ab llarch cartell
posa'm libell
ffort de repudi
ab prou gran studi
articula
he prest proua
qu'era casada
d'altri sposada
primer de mi
3,100 he que dormi
ans ab aquell
cert hun cornell
ella cornella
ffeu[ ]ne parella
lo magnifich
en Guauderich
lo de Soler
canonge uer
doctor llegiste
3,110 gran canoniste
ofiçial
trague lo mal
de casa mia
fferen sa uia

yo deliurat
e desferrat
tret de gran fanch
romangui franch
cert qui'm tragues
3,120 si yo[ ]y iagues
de mig d'infern
en l'ull hun pern
si m'i ballaua
qui'm delliuraua
mes alegria
no'n mostraria
gran guoig agui
com romangui
d'aquell diable [24R]
3,130 jnconportable
desobliguat
lliçençiat
poder entendre
si uolgues pendre
altra muller
com carçeller
pres me tenia
ma homenia
puys fon quitada
3,140 he rescatada
yo reposi

*seguona part com
uolgue pendre beguina*

puys proposi
hun uot complir
ans del partir
huna beguina
mia uehina
per mi preguada
he ben paguada
ffiu guardadora
3,150 reçeptadora
he tot lo meu
al consell seu
acomanant
yo confiant
del beguinatge

	ffiu mon uiatge	[24v]	espauentable
	deues Sent Iaume		torçent la cara
	dix li stoiau[ ]me	3,200	pres una uara
	ab molta cura		mou tots de bregua
3,160	sots tancadura		la gent s'aplegua
	lo que[ ]us coman		marauellats
	al Sent Iohan		los peus lliguats
	o iuliol		les mans tambe
	si Deu o uol		la gent ne ue
	sere tornat		deues la[ ]sgleya
			alli si'n feya
	he ben ornat		de ficçions
	del neçessari	3,210	he uarions
	pensi d'anar[ ]i		ab l'esposat
	cami tirant		lo bon curat
3,170	poch sospirant		vol la senyar
	per lo passat		desus posar
	asolassat		aygua beneyta
	per lo present		surt la maleyta
	era'm plasent		ffingint pintures
	penssant me forro		de diablures
	he tret del corro		diu que no[ ]y creu
	hon me[ ]scorchaua	3,220	ffent li la creu
	hi'm guarochaua		ell la coniura
	la carniçera		ella periura
3,180	al mig iorn era		de Deu renegua
	passat Bunyol		ell s'i carregua
	he post lo sol		ab tot son seny
	ffuy en Requena		pus fort la[ ]streny
	per bona[ ]strena		diu hixca tost
	trobi gran festa		per lloch dispost
	prou desonesta		no fent gens mal
	no coneguda	3,230	a[ ]la final
	mas auenguda		la ressabida
	huna[ ]sposada		mudant ueu crida
3,190	ja desflorada		no'n uull exir
	ans de casar		sens ben obrir
	lo iorn d'arrar		o esquinçar
	aparellada		ben examplar
	ben emperlada		aquell forat
	sabe fingir		qual te guardat
	mostrant tenir		mes en son cos
	al cos diable	3,240	crida l'espos

        ab alta ueu
        al plaer seu
        per hon se uulla
        puys tost s'aculla
        rompa[ ]y squexe
        pus no la uexe
        mes no'l forçeu
        ni'l coniureu
        preguau lo ixcha
3,250 sols ella uixcha
        no cur de pus
        dient Ihesus
        ffingint se[ ]storta
        mostra's mig morta
        com esmortida
        esbalayda
        clama's del lloch
        baix dix gran foch
        cert m'a lexat
3,260 tot escorchat
        par foch saluatge
        such de plantatge
        crech la'n[ ]guari
        axi cobri
        son falliment
        tothom content
        lo nouio mes

[25R][17] dimecres apres
        com me'n exia
3,270 ffel conpanyia
        he fent per mi
        de[ ]çert trobi
        seguint monioyes
        plans monts e foyes
        he rius passant
        ffuy al cos sant
        de[ ]la Calçada
        ciutat murada

        huna uil osta
3,280 royn disposta
        a[ ]puteria
        llauos tenia
        en sa posada
        vna berguada
        de pelegrins
        vells e fadrins
        hu li'n alta
        he requesta
        li fes plaer
3,290 no[ ]u uolgue fer
        la uil baguassa
        mes li la tassa
        dins son fardell
        partint se'n ell
        menys la trobaren
        ffeu que'l peniaren
        los altres tiren
        llur uot conpliren
        com se'n tornaren
3,300 de[ ]fet anaren
        veure'l peniat
        poch apartat
        del gran cami
        viu lo fadri
        dix despeniau[ ]me
        beneyt Sent Iaume
        m'a sostentat
        lo greu peccat
        ffon descubert
3,310 he fon pus çert
        car com cuytassen
        e'l demanassen
        al president
        ell responent
        a[ ]llur querella
        per marauella
        dos cuyts oçells

---

[17] The scribe copied lines 3,233-3,238 at the beginning of fol. 25r and then crossed them out.

	presents tots ells		
	ressuçitaren		ffuy en Olit
3,320	he alt cantaren		vila molt bella
	guallina[ ]y guall		dona ia uella
	sens entreuall		hi uiu portar
	l'osta dampnada		a[ ]soterrar
	prest fon peniada		sobre lo cos
			moltes grans plors
	yo caminant		ffeyen e plant
	ades penssant	3,360	huna cantant
	ades rihent		alt endexaua
	fuy en ponent		he cobleiaua
	aqui uetli		maldient fort
3,330	del tot compli		la falsa mort
	ma romeria		per massa tost
			auer desbost
	yo me'n uenia		dona semblant
[25v]	viu fort peleha		darrer lexant
	dins hun'aldea		lo marit uiure
	en hun carrer	3,370	prengui'm a[ ]riure
	marit muller		com les hoy
	viu emplazar		era fadri
	ffort acusar		joue lo mort[19]
	qu'adulteraua		he per sa sort
3,340	ella neguaua		vint e çinque
	fferro callent		marit dels que
	vermell ardent		aguts auia
	li feren pendre		mentres uiuia
	vereu ençendre		elles encara
	de[ ]fet la ma	3,380	lo cap e cara
	tota's crema		se'n arrapauen
	no la[ ]scoltaren		cabells pelauen
	de[ ]fet uoltaren[18]		com no moria
	sentençiada		ans romania
3,350	ffon deguollada		lo ioue uiu
	per son marit		

---

[18] Most scholars agree that 'uotaren' would make more sense in this passage than 'uoltaren', and attribute the addition of the *l* to a scribal distraction (Almiñana, *Spill*, 627).

[19] This line makes no sense, since the young husband is not dead. Miquel i Planas proposes the correction ioue'l no mort ("the not-dead young man") (*Spill o Libre de consells*, 1:54).

           passi lo riu
           gros d'Araguo
           en Alaguo
           desfiu ma trossa
3,390 en Saraguossa
           gualant entri
           he dret tiri
           descaualcar
           al Sant Pilar
           qual quant uiuia
           Santa Maria
           angels obraren
           ells lo portaren
           per saluetat
3,400 a[ ]la çiutat
           a[ ]hon preycant
           l'apostol sant
           mes gent l'ohy
[26R]   e's conuerti
           puys a[ ]La Nau
           ostal pensau
           millor posi
           dones trobi
           molt diuisades
3,410 ençafranades
           ab mil tocados
           ani per strados
           de[ ]les senyores
           punts ni tisores
           no s'i tocauen
           ni's pratichauen
           ffusos filoses
           les generoses
           he grans noblesses
3,420 tambe conuesses
           axi's deporten
           alli's conforten
           los estranges
           no en uerges
           car no n'i ha

           viu l'endema
           comouiment

           de molta gent
           per una presa
3,430 en carçre mesa
           hon era stada
           tres anys tancada
           adulterant
           marit instant
           denunçiada
           sentençiada
           per a[ ]peniar
           ffent s'enprenyar
           ha hun berguant
3,440 articulant
           de son prenyat
           ffon porroguat
           l'executar
           per escapar
           pres per partit
           auent parit
           ffort treballas
           prest s'enprenyas
           quatre ueguades
3,450 continuades
           hun mateix dia
           ella paria
           he s'enprenyaua
           axi guanyaua
           lo porroguar
           ffeu ho durar
           mes de tres anys
           ab los tacanys
           qui li aydauen
3,460 los que posauen
           en la cadena
           a[ ]la çinquena
           yo fuy present
           per manament
           dels salmedines
           quatre madrines
           la remiraren
           he deposaren
           ab sagrament
3,470 concordantment

        no ser prenyada
        ffon enforcada
        al mercadal
        hon lo dogual
        li fon tallat
        car fon duptat
[26v] conçebiment
        gran mouiment
        al uentre ueren
3,480 prest la meteren
        dins l'almodi
        be se per qui
        lo uentre hubert
        pus clar e ben çert
        a[ ]hull mirada
        ffon prenys trobada
        auent mentit
        ffals referit
        les pastoraçes
3,490 de madrinaçes
        lo llur fals dir
        la feu morir
        molt mes parira
        si[ ]no morira
        tanbe's mori
        dins lo fadri
        sens bateiar
        he feu errar
        los alguasis

3,500 ans que'm partis
        vna torbada
        dona darbada
        tant rabiosa
        com ansiosa
        de ser amada
        entenebrada
        per lo diable
        ffeu cas mirable
        gran eroguançia
3,510 ffet d'importançia
        he de gran spant
        contaminant

        la sua fe
        no se per que
        sols ielosia
        crech la[ ]y mouia
        ella's clamaua
        molt la tractaua
        son marit mal
3,520 pensa'l raual
        o moreria
        consell auria
        d'un serrahy
        llur alfaqui
        per son diner
        lo fetiller
        dix si'l paguaua
        he li portaua
        ben amaguat
3,530 lo cors sagrat
        cert ell faria
        que la uolria
        be son marit
        prest fet e dit
        en la capella
        que es molt bella
        de Sent Miquel
        calat lo uel
        ella's confessa
3,540 ab mala fressa
        pres falsament
        lo sagrament
        sant del altar
        com qui torcar
        se uol la boca
        la santa quoca
[27R] se'n trach sançera
        en candelera
        o cofrenet
3,550 com pus secret
        pogue tanca
        de[ ]fet torna
        dix ia'l tenia
        hon ho uolia

dix que[ ]u portas
he com cuytas
ab molta raxa
obrint la caxa
que[ ]y hac lexat
3,560 ffon transformat
hun bel infant
tot rutilant
he lluminos
molt graçios
tot nuu iahent
lo qual uehent
com qui sol mira
al moro tira
tota[ ]sglayada
3,570 alienada
ffora de si
lo taguari
perro maluat
tot atronat
dix se'n tornas
tot ho cremas
prouehiria
per altra uia

la reneguada
3,580 endiablada
ffolla dement
Deu no tement
no res duptant
ni gens penssant
en lo que feya
crech que no[ ]y ueya
ffeu gran foguera
la candelera
mes sus en[ ]mig
3,590 apres afig
llenya[ ]y carbo
tost lo caxo
ffon ben cremat
tot abrasat
lo sant cosset

del infantet
romas illes
del foch sospes
sense cremar
3,600 resta'n la[ ]llar
mirablement
pus resplandent
he semblant uiu
entre'l caliu
no socarrat

tant lleig peccat
no'l puch narrar
sens fort plorar
lo paper mulle
3,610 lo ia scrit sulle
llacrimeiant
continuant
sos pensaments
porta sarments
lenya molt mes
pi sech y mes
mes foch ençen
molt fort enten
[27v] ffer de tot çendres
3,620 era diuendres
entorn mig dia
ella sabia
lo perro cha
ffer la çala
en semblant ora
arrapa's plora
no sap que fer
veya'l sançer
no gens fumat
3,630 ni alterat
brases he foch
tot li fa lloch
çegua per yra
lo cami gira
ves la mesquita
plorant reçita

son mal nouell
per mal consell
seu quant ha fet
3,640 lo uell moret
hix del alquible
pres lo terrible
por d'aualot
penssa quant pot
en si discorre
sols li occorre
dir a[ ]la fembra
qui spines sembra
descals no uaia
3,650 qui molt s'ensaia
a[ ]l'aygu'anar
ell ha lexar
lo coll o l'ansa
tota speransa
tinch ia perduda
si no'ns aiuda
Deu poderos
morts som abdos
si nostre cas
3,660 pels populas
sera sentit
prenguam partit
tal que'ns deliure
que puguam uiure
abdos morrem
si no correm
dret a[ ]la Seu
he uos al peu
del confessor
3,670 la gran error
que fet haueu
confessareu
he yo mon mal
al general
maior uicari
sens iens mudar[ ]i
reçitare

acusare
mon falliment
3,680 discretament
prouehiran
si'ns guiaran
he som estorts
abdos de morts
lley mudare
reneguare
de Mafomet
axi[ ]u promet
tot axi's feu
3,690 bisbe sabe[ ]u
[28R] mana'l uicari
ab son notari
se desfreçassen
he que[ ]y anassen
a[ ]la uesprada
apres tocada
la[ ]uraçio
relaçio
carta li feren
3,700 del que pogueren
vn tant mirar
puys feu manar
al gran prior
son confessor
ab çerts deuots
bons saçerdots
la[ ]nit uetlassen
tot ho guardassen
dant bon recapte
3,710 dema disapte
hach aiustats
los quatre stats
homens de titols
los dos capitols
religions
nobles barons
he caualles
los conselles

o consolat
3,720 de[ ]la la[20] çiutat
gran part del poble
al lloch pus noble
Sent Saluador
ab gran feruor
volgue preycar
manifestar
lo dit atras
tan orreu cas
exorbitant
3,730 mas confermant
la nostra fe
deuot he be
ffeu lo sermo
gran professo
molt singular
ffeu areglar
primer les creus
ab altes ueus
los coronats
3,740 he ordonats
Pange cantant
los llechs portant
llum en les mans
los senys sonans
he les campanes
sens mans humanes
pels campanas
he com tornas
ab gran honor
3,750 en hun plat d'or
lo cos posat
ffon deposat
sense tancar
sobre l'altar
de[ ]Sent Ualero
he tot lo clero
llegint uellant
he contemplant

tota la nit
3,760 lo Sant Sperit
hach reuelat
al sant prelat
la'ucarestia
[28v] que la faria

de[ ]fet ordena
res no s'i uena
dema diumenge
he no s'i menge
carn per algu
3,770 tot hom deiu
vingua[ ]scoltar
lo sant orar
volgue's uestir
a missa dir
del sagrament
solempnament
ades cantant
ades plorant
per la oferta
3,780 ell no conçerta
ni ui ni pa
sols en la ma
lo sant cos pres
dient lo ues
com l'oferi
se conuerti
cobrant la forma
seguons la norma
que'n l'ostier
3,790 per lo ferrer
era[ ]scolpida
arredonida
com fon primera
ostia uera
la qual sumi

axi fini

---

[20] Uncorrected scribal error.

   la furiosa
   he perillosa
   d'aualot gesta
3,800 solemne festa
   miraculosa
   he profitosa
   als bons e fels
   als mals infels
   he folls increduls
   heretges hemuls
   contrariosa
   he uerguonyosa
   a[ ]dones tant
3,810 per temps auant
   sabi la fi
   com çert feri
   la dona'l llamp
   anant al camp
   en Saraguossa
   buydi la bossa
   tant aturant
   strados çercant
   gran temps perdi

3,820 tiri cami
   ffuy a[ ]Terol
   de hun fillol
   secret honrat
   hi fuy amprat
   a[ ]ser compare
   ffon la comarc
   vna noblessa
   gran confraressa
   de Santa Monica
3,830 vna ueronica
   d'or niellada
   molt be[ ]smaltada
   li uiu als pits
   gests e uestits
[29R] tots de beguina
   de la reyna
   dona Uiulant
   llauos regnant

   era nodrida
3,840 ffrescha[ ]y[ ]polida
   ab( )dos anant
   he passeijant
   cercant la[ ]sgleya
   per lo que[ ]y ueya
   mete'm en noues
   contres e proues
   be cortesana
   mostrant se sana
   cateminant
3,850 he bateiant
   de peus s'estech
   cert may se sech
   aquella nit
   lo fill parit
   matex auia
   quant s'atriuia
   per fer son fet
   del fillolet
   propia mare
3,860 tambe comare
   fon e padrina
   ella madrina
   ffon e partera
   pare çert era
   lo capella
   qui'l bateia
   may uiu tal acte
   creyen llur tracte
   ser ben cubert
3,870 ffon descubert

   puys caminant
   he rominant
   que fer deuria
   he com uiuria
   sense destorp
   dins en Soguorp
   yo'm recordi
   he acordi
   que la beata
3,880 si'm era grata

   he fos honesta
   humil e presta
   al que uolgues
   que la prengues
   per conpanyona
   he muller bona
   molt a[ ]mi cara
   sera'm auara
   no guastara
3,890 ni rastrara
   tan llongues faldes
   hi tendra baldes
   a[ ]la finestra
   es dona destra
   pobra criada
   no gens dotada
   molt de be sap
   he del seu cap
   ffer[ ]n'e ma[ ]guisa

3,900 l'ome diuisa
   en si prepon
   he Deu dispon
   he prouehix
   a[ ]que'l seruix
   al profit seu
[29v] ell sols preueu
   lo uenidor
   ffa lo millor
   per be no's mostre
3,910 al hutil nostre
   sa magestat
   per pietat
   me inspira
   he consella
   miras lo pas
   ans que cuytas
   saltar auant

   he fuy menbrant
   de hun retoch
3,920 qual dix hun coch
   a[ ]sa senyora

   gran traguadora
   qui massa's cuyta
   crua mal cuyta
   o massa calda
   ab que s'escalda
   pren la uianda
   si la comanda
   no fos diuina
3,930 la uil beguina
   del primer alt
   de calt en calt
   cuyta o crua
   vestida[ ]u nua
   aguera pres
   ffon lo reues

   quant arribi
   del que trobi
   dire sumari
3,940 tot lo contrari
   del que pensaua
   yo ia'm cuydaua
   ser adressat
   he ben casat
   sols encartar
   li l'exouar
   me couenia
   cert ia'm tenia
   per[ ]esposat
3,950 he be[ ]smersat
   de bon cabal

   mas l'animal
   ffet a[ ]reuessa
   veig que confessa
   larch e souent
   yo tinch be sment
   com se comporta
   veig que quant porta
   es tot pintat
3,960 humilitat
   no n'i uiu molta
   a[ ]part escolta

        molts parlaments
        perdons couents
        molts ne uisita
        prengui sospita
        de sa manera

        resta darrera
        ella'n la[ ]sgleya
3,970 ab molts se reya
        com lo preych feyen
        hi totes seyen
        s'agenollaua
[30R] o de peus staua
        si la tocauen
        qui prop li stauen
        de[ ]fet bonia
        may se mouia
        si's uol uingues
3,980 qui mes ualgues
        he fos qui's uulla
        ab vn'agulla
        totes punchaua
        he barallaua
        per qu'en( )penyeu
        que m'estrenyeu
        com no callau
        molt me torbau
        no destorbeu
3,990 qui seruex Deu

        a[ ]totes hores
        ses belles Hores
        ystoriades
        he ben pintades
        d'or tancados
        molts girados
        souint obria
        çert no sabia
        conexer lletres
4,000 arreu los metres
        ffingint legia
        los hulls uogia
        deça[ ]y della

        hun capella
        la conbreguaua
        ostia daua
        sens consagrar
        a[ ]may fallar
        cada semmana
4,010 com a[ ]terçana
        ffent paroxismes
        ab çerts sufismes
        ells s'entenien
        ab( )dos uenien
        al conbreguar
        dauant l'altar
        de[ ]la capella
        portaua's ella
        sa touallolla
4,020 ell ab sa[ ]stola
        ydolatrauen
        puys alt parlauen
        per que's hois
        en[ ]parays
        que desijam
        prest nos ueiam
        ay pare meu
        ffossem hi breu
        ja filla mia
4,030 huy fos lo dia
        yo ia so presta
        aquesta sesta
        ja lla fruys
        lo parays
        que nomenauen
        he desijauen
        era hun llit
        pintat fornit
        ab ses cortines
4,040 altres beguines
        ses conpanyones
        he tacanyones
        en aquell lloch
        per fer son ioch
[30V] s'i conçertauen

  he repleguauen

  hun menor frare
  li deya mare
  dauant la gent
4,050 he molt souent
  la uisitaua
  he li mostraua
  per son deport
  de monacort
  he contenplar
  he de parlar
  del diuinal
  del mundanal
  he uida'ctiua
4,060 molt era[ ]squiua
  baxet parlaua
  he començaua
  aue Maria
  o lloat sia
  Deu Ihesucrist

  que desus uist
  cot e mantell
  de gros burell
  roba iusana
4,070 de fina llana/grana[21]
  prima llistada
  vert blau pintada
  duy'almexia

  ella texia
  de son ofiçi
  algun seliçi
  tots los uenia
  may se'n uestia
  algu'n[ ]la[ ]squena

4,080 Dijous de Çena

d'abit uestida
he prim çenyida
la creu portaua
may se tocaua
de diçiplina

al coll iustina
duya e mostres
de patenostres
he agnus d'or
4,090 en[ ]dret del cor
lo llit uolia
lla hon dormia
fflux moll e bla
egual e pla
ab flos e rama
ab timiama
lo perfumaua

acostumaua
taula bastida
4,100 he ben fassida
no quaresmal
mas de carnal
may deiunaua
ni pex meniaua
gran mal li feya
o axi[ ]u deya
quant se leuaua
aconsolaua
lo seu uentrell
4,110 ab hun guobell
de maluesia

d'ipocresia
he de parença
[31R] agui crehença
tot son conport
ffos de coll tort

---

[21] This word is debatable. The scribe wrote 'grana' and then corrected it to 'llana', or vice versa. They both make sense.

       rosegualtas

       si no faltas
       en pofembria
4,120 queucom seria
       mas auertint
       he inquirint
       de honestat
       gran maluestat
       la beateta
       sabi hac feta
       prou suptilment
       ella uilment
       se troba prenys
4,130 poch mes o menys
       de huns tres meses
       ab çertes preses
       de diablures
       dos criatures
       se feu sortir
       he abortir
       secretament

       yo'n fuy felment
       certificat
4,140 de son peccat

       sense blasmar
       ni difamar
       li fon prest dit
       cercas partit
       yo li presti
       he la uesti
       tota de nou
       vltra son sou
       mes de paguada
4,150 ffon se'n anada
       casa lloguar
       al boualar
       dels Aguostins
       entre'ls Beguins
       he Sent Françesch
       al carrer fresch

       hon fan rollons
       per los perdons
       poder guanyar
4,160 sense banyar
       los seus tapins

       alguns uehins
       lo[ ]y demanaren
       he la'n reptaren
       per quina uia
       de casa mia
       se'n[ ]era'xida
       so'm desexida
       d'ocasio
4,170 de traçio
       ell m'infestaua
       e'm requestaua
       ab sa uellura
       rompes costura
       ab uot sarsida
       he recusida
       ab fermetat
       de uolentat
       diu so'm guardada
4,180 he apartada
       d'auinentea

       deya malea
       ffals inculpant
       he increpant
[31v] qui mal no[ ]y mir
       he hoy dir
       com altres dia
       que no podia
       Deu prou seruir
4,190 volgui'n exir

       son beguinatge
       he beatatge
       en mal finaren
       he s'espletaren
       car quant fon uella
       deya's donzella

        tota deuota
        ffon alcauota
        d'una uehina
4,200 bona fadrina
        ffon acusada
        sentençiada
        be l'açotaren
        he bandeiaren

        terçera part com
        pres uiuda

        [e]n aquell any
        mossen Conpany
        valent confrare
        ell e lo pare
        d'en Remolins
4,210 eren uehins
        antich preuere
        la de Sent Pere
        missa hoyda
        hun **iorn** me crida
        dix me mossenyer
        yo[ ]us uull be strenyer
        mas perdonau
        no ignorau
        que'l casament
4,220 es sagrament
        per Deu manat
        he ordenat
        dins parays
        per ço[ ]u auis
        per caritat
        ja la mitat
        teniu del temps
        a[ ]ueles rems
        vos ue uellea
4,230 dot ni riquea
        no[ ]us deu torbar
        yo[ ]us uull trobar
        muller barbuda
        huna tenguda

        en gran estima
        huy es la çima
        entr'enuiudades
        lo mon ausades
        cercar porieu
4,240 no trobarieu
        mes fes per uos
        ha trentaydos
        anys temps conplit
        d'altre marit
        es ia husada
        dona trencada
        de mi's confessa
        yo se sa'ndreça
        es guanyadora
4,250 gran manadora
        sap ho ben dir
        no uol cosir
        car prest exorba
[32R] per que'l cap torba
        ni debanar
        per no sullar
        mans de saliua
        ffilosa[ ]squiua
        mas tix be uetes
4,260 de seda stretes
        he te[ ]y gran pressa
        cert una peça
        tix cascun mes
        poha dines
        may s'enuerniça
        hou souent missa
        es en la Seu
        sabeu hon seu
        dauall la trona
4,270 es cosa bona
        voleu la ueure
        no'n podeu beure
        en carabaça
        aquest'abraça
        huy los maios
        dels regidos
        sereu parent

        en regiment
        de[ ]fet caureu
4,280 per ell'aureu
        tots los ofiçis
        he benefiçis
        molt prestament
        de çert no[ ]us ment
        jur uos per Deu
        qui uist aueu
        huy en mes mans
        com bons iermans
        ab( )dos uiureu
4,290 anem ueureu
        creu[ ]me ueniu

        de fet la uiu
        prou rebedora
        he passadora
        ffuy ne calent
        semblant ualent
        he fer per mi
        tantost fermi
        lo maridatie
4,300 aquest potatie
        lo capella
        lo tornella
        ffon socarrat
        ell enguanat
        me enguana

        prest demana
        alguns dels seus
        he yo dels meus
        mas l'esposar
4,310 ab reposar
        may s'encontraren
        des que'ns arraren
        sens bencyr
        lo malayr
        qui'ns acosta
        e'ns aiusta
        molt s'i husaua
        ella 'busaua

        de fets e dits
4,320 ffent me despits
        reboteguaua
        deya rallaua
        parays haia
        en bon pos uaia
        mon mort marit
[32v] d'ell he parit
        yo tres uegudes
        en tres anyades
        que fom abdos
4,330 yo ueig que uos
        no'n curau guayre
        ab gran repayre
        yo y[ ]ell uiuiem
        tots nuus dormiem
        ensemps les sestes
        dijous e festes
        volateria
        a[ ]l'alqueria
        souint sopauem
4,340 mas no'ns popauem
        com feu uos ara
        no'ns era cara
        cosa uolguda
        millor uenguda
        he mes amada
        d'ell[ ]acçeptada
        ffuy per ma fe
        de uos no'm se
        gens no'l seguiu
4,350 ja fos ell uiu
        costas me'l dit

        deya'n lo llit
        seguons que ueig
        cert mal e leig
        vos me tractau
        car retractau
        tot quant yo man
        si res deman
        may se'n fa res
4,360 vostres dines

he quant teniu
de mi[ ]u cobriu
res no'm fiau
ni confiau
sabes guardar
veig uos tardar
que res no'm feu
del que sabeu
may me'n parlau
4,370 ni'm reuelau
vostres secrets
cent mil retrets
semblants me deya

pijor me feya
en obres gests
en tots sos fets
era maluada
mula folguada
muyna parda
4,380 treta d'albarda
mula de moro
braua com toro
ffalsa traydora
repetnadora
desafrenada
desaueada
de fre cabestre
molt fort en destre
pijor en sella
4,390 que[ ]us dire d'ella
quanta malea
tota l'asprea
qu'al mon se llig
mes n'i afig
[33R] tota maldat
poca bondat
al mal promtea
al be perea
de molt parlar
4,400 he poch obrar
molt enueiosa
superbiosa

lo capella
quant me'n parla
be dix barbuda
lluny la saluda
diu la referta

fficta cuberta
ffort coratiuda
4,410 nunca batuda
ne ultratiada
senyoreiada
nunca per hom
may per mon nom
me nomenaua
axi'm menaua
com si fos guoç
o portas boç
vell auançat
4,420 yo ia cansat
de tempestats
he maluestats
per que'm fartaua
me'n apartaua
de sentir crits
remos brogits
he bregues braues
ab les esclaues
que foren meues
4,430 les que[ ]y dux seues
molt fauoria
he auorria
tots mos parens
he ben uolens
amichs antichs
criats de chichs
mal los uolia

may se dolia
ne duya dol
4,440 si qual se uol
dels meus moria
he si guaria
no'ls uisitaua

　　　　　a[ ]tots uedaua
　　　　　no's acostassen
　　　　　ni may entrassen
　　　　　en ma posada
　　　　　mal reposada
　　　　　maliçiosa
4,450　de mi gelosa
　　　　　estretament
　　　　　paçientment
　　　　　may o prenia
　　　　　si tart uenia
　　　　　he quant hi era
　　　　　tots temps guerrera
　　　　　daua'm turment

　　　　　rahonament
　　　　　may escoltaua
4,460　si hom contaua
　　　　　quants anys auia
　　　　　lo cap tenia
　　　　　ja bruxellat
[33v]　lo front ruat
　　　　　he no paria
　　　　　no[ ]li playa
　　　　　dels anys parlassen
　　　　　ni'ls hi contassen
　　　　　may conçebe

4,470　he yo se be
　　　　　en que[ ]u perdia
　　　　　ell'anys hauia
　　　　　quan m'enguani
　　　　　he la prengui
　　　　　quaranta[ ]y mes
　　　　　la que tal es
　　　　　ja poch conçep
　　　　　com qui uell çep
　　　　　en( )peltar uol
4,480　tart n'a mallol
　　　　　mas puys purguaua
　　　　　d'ella[ ]speraua
　　　　　que fill n'auria
　　　　　no romania

　　　　　per ser molt grassa
　　　　　ni magra massa
　　　　　ni malaltia
　　　　　no la retia
　　　　　parir in( )abil
4,490　mas era llabil
　　　　　punta corrible
　　　　　ab mi terrible
　　　　　he desamable
　　　　　jn( )acordable
　　　　　per al conçebre
　　　　　per lo pesebre
　　　　　temptant entrar
　　　　　may inpetrar
　　　　　pogui son grat
4,500　he sens desgrat
　　　　　ffos l'acostar

　　　　　he l'empeltar
　　　　　no ha ops força
　　　　　l'escut d'escorça
　　　　　exerç agula
　　　　　coue se culla
　　　　　quant es de tempre
　　　　　ab delit sempre
　　　　　obrant sens cuyta
4,510　lo que's fa'b[ ]lluyta
　　　　　may ha saho
　　　　　per tal raho
　　　　　no s'enprenyaua
　　　　　ella renyaua
　　　　　jnçessantment
　　　　　hi constantment
　　　　　y treballaua
　　　　　pero fallaua
　　　　　no component
4,520　he disponent
　　　　　a[ ]si matexa
　　　　　ella no dexa
　　　　　cercar metgesses
　　　　　velles urquesses
　　　　　emprenyadores
　　　　　les banyadores

mores madrines
les adiuines
he potecaris
4,530 los erbolaris
e triagues
[34R] hon que pogues
remey trobar

volgu'ensaiar
huna tacanya
metgessa[ ]stranya
ffon de Biguorra
qui uella[ ]y[ ]porra
tot Araguo
4,540 de Rossello
ffins a[ ]Ualençia
ab sa çiençia
guorrat auia
quant li uenia
qualque raxossa
he desigosa
de fills conçebre
clauells gingebre
los feya pendre
4,550 dant los a'ntendre
per la fredor
que la llauor
poquet impur
del marit llur
res no[ ]y ualia
ella tenia
en sos retrets
jouens ben trets
bons conpanyons
4,560 qui los renyons
tenien calts
ans de tres salts
li prometia
que prenys seria
molt y guanyaua

com praticaua
de medeçina

dita madrina
per mala uia
4,570 la muller mia
be[ ]u conegue
mas no uolgue
semblant metgia
sols aquell dia
ffon hun poch bona
a[ ]poca[ ]stona
m'o conta tot

del primer bot
dret me'n ani
4,580 he referi
l'acte tan uil
al bon Boyl
guouernador
son assessor
miçer Rabaça
dix tal baguassa
mon consell es
sens fer proçes
si's contra fur
4,590 gens no me'n cur
per euitar
scandelizar
tan trist marit
a[ ]miga nit
dins sa posada
ser ofeguada
secretament
discretament
he be fon[ ]fet
4,600 quant bort secret
resta ledesme

a mon bon esme
[34V] cert dos milles
de sous despes
metges paguant
cerquant mudant
ffins als estrolechs
ab falsos prolechs

        jutgant falsia
4,610 per geumençia
        he ses figures
        ffan oradures
        mes la qui'ls creu
        a[ ]tots arreu
        recorregue
        tots los cregue
        huns calda deyen
        altres la feyen
        ffreda[ ]y humida
4,620 o adormida
        tots uariauen
        hi la'nguanauen
        d'ells ser liguada
        enfitillada
        li feyen creure
        fferen li beure
        mil beuratiades
        prou mal foriades
        en banys huntures
4,630 he faxadures
        perfums e cales
        vlçeres males
        li concriaren
        he li causaren
        salt de uentrell
        en lo çeruell
        malencolia
        he mirarchia
        molt la guastaren
4,640 he la cremaren
        tota secada
        prop heticada
        per lo parir
        cuyda perir

        l'anima'b lo cos
        cert yo dir te[ ]guos
        ho abiurada
        ho crech dampnada
        que fora morta
4,650 sino que'n l'Orta

        a[ ]l'alqueria
        que yo[ ]y tenia
        la fiu portar
        fiu la[ ]y restar
        per mes d'un any
        auia[ ]y bany
        he molts deports
        ab bons conforts
        he ualent metge
4,660 son mal de fetge
        he batiments
        esmortiments
        he la flaquea
        sino brauea
        tot l'als cura

        poch apura
        sa conçiençia
        per aparençia
[35R] se confessaua
4,670 he no sessaua
        que no bornas
        he prest tornas
        al natural
        qu'es inmortal
        car la[ ]sperança
        d'auer criança
        hun'ora'l dia
        li recudia
        ffeu prometençes
4,680 ffer abstinençes
        llexar arreus
        nomines breus
        tot ho crema
        en l'endema
        talla's la coha

        volta la proha
        als santuaris
        dona'ls suaris
        bells uestiments
4,690 molts ornaments
        calzes toualles

grans presentalles
terraçes lliris
ymatges çiris
d'argent e cera
per que sa[ ]spera
no fos frustrada
era temprada
cercar les uetles
4,700 ermites çetles
cada disapte
mas lo recapte
qu'ella çercaua
may lo trobaua
Deu no[ ]u uolia
car no'l colia
de tot son cor
del oy rancor
no's desexia
4,710 no merexia
may obtengues
que retengues
ni que fill entre
dins lo seu uentre
may n'i rebe
ni conçebe

tots temps entesa
en tal empresa
gira'l penell
4,720 a mal nouell
ffent malifiçi
he lladroniçi
he de fals crim
machinat prim
maluat diforme
molt lleig enorme
ffingi's prenyada
he mig'anyada
ella[ ]ginya
4,730 he tracmanya
ab tots sos senys
mostrar se prenys
dix sent me llassa

hun mes me passa
ja ma camisa
de bona guisa
he prou purgui
[35v] deu draps n'agui
com so dolenta
4,740 trop me calenta
si[ ]no uomite
tantost m'enfite
mostr'apetits
ja uol confits
demana'l moll
la carn del coll
he los coprons
meniar carbons
ffingis mastegua
4,750 algeps rosegua
he beu llexiu
he sobre uiu
dix que's çenyia
axi'npenyia
lo temps auant
apart dauant
les mans pleguades
tenint alçades
gros infingint
4,760 he afigint
als pits cotons
los muguorons
duy'alquenats
morats tenats
mostrant senyal

a la final
ffidelitat
he ueritat
posant apart
4,770 suposa[ ]part
ab sos mals tractes
he pigos pactes
ab la madrina
he la padrina
cert no pofembres

        les males fembres
        elles ordiren
        ffals part cobriren
        en çerta hora
4,780 que fuy defora
        prest fon partera
        la fals'artera
        mes se en lo llit
        molt embellit
        de huyt palms alt
        ffeu ne bell salt
        la que's dey'ama
        trenca's la cama
        lo cap e braç
4,790 ab lo cabaç
        de les cotetes
        he uanouetes
        del fill tan car
        fferen tancar
        ffinestres portes
        ab tancaportes
        de raç cortines
        perdius gualines
        infinits ous
4,800 noscades nous
        he totes salses
        les dones falses
        prou n'i spletaren

        he conçertaren
        que fos la dida
        qui hac parida
        la criatura

        per oradura
        pus fort erraren [36R]
4,810 car hiteraren
        Deu no tement
        lo sagrament
        del sant babtisme
        mas Deu altisme
        qui bens e mals
        he cominals

        tots inuestigua
        he los castigua
        lo pus cubert
4,820 ffa pus hubert
        res no li's çela
        tot ho reuela
        les males mares
        ab grans conpares
        rebateiaren
        he gualeiaren
        fferen gran festa
        Deu los tench presta
        dolor e plor
4,830 la sua flor
        entr'elles geya
        la huna's reya
        l'altra cantaua
        lo chic mamaua
        tots s'a( )dormiren
        dormint se giren
        qual se uol d'elles
        braç o mamelles
        sus li posaren
4,840 mort lo's trobaren
        ben acostat
        jus llur costat
        la mort los cou
        la bregua's[ ]mou
        he fort baralla
        grans crits sens falla
        fferen abduy

        yo sempre[ ]y fuy
        he ben cuytant
4,850 pero cuydant
        que fos fill meu
        giri'm a[ ]Deu
        ab continençia
        de paçiençia
        he be[ ]u prengui
        mas reprengui
        ffort les fembraçes
        dormidoraçes

de necligença
4,860 he gran ofensa
per l'omiçidi
o filliçidi
a[ ]Deu han fet

per llur fort plet
tots los uehins
vells e fadrins
se despertaren
tots hi passaren
tot llur ruhido
4,870 crits apellido
los fon poblich
yo lo melich
viu arrancat
caygut secat
ja de molts dies
per moltes uies
ffon diuulgada
he poblicada
[36v] llur traçio
4,880 he ficçio

enuerguonyida
he perseguida
Benaguazir
hac ha fogir
l'inquiridor
guouernador
he lo llur fisch
passa gran risch
no l'a( )tenguessen
4,890 he la prenguessen
jamay menia
ans se penia
desesperada
puys despeniada
jorn de cap[ ]d'any
ffon en malguany
ffora sagrat
tost soterrat
aquell seu cos

4,900 aga[ ]y mal pos
per tant abus
resti confus
ab prou uerguonya
per la llur ronya
he enbaraç
pel fort agraç
qu'elles meniaren
a[ ]mi restaren
les dents muçades
4,910 he descalçades
jniustament

quarta part
de monges

honestament
prengui conort
he reconfort
com mils pogui
he dispongui
mos mals refent
he contrafent
mon dol plaer
4,920 trias muller

ffon m'acusada
vna criada
de monestir
volgui sentir
de qui partia
huna sa tia
me'n feu parlar
ffeu[ ]me contar
qu'era chiqueta
4,930 quant fon mongeta
ella uistida
segui llur uida
com a[ ]nouiçia
ab amiçiçia
dintre uiuint

	anys prop de uint		lo que'n lo clos
	he la badessa		apres hauia
	que's fes professa	4,980	als no sabia
	la requestaua		so perfumar
4,940	he no guosaua		he despensar
	dir son proposit		confits de monges
	ni fer oposit		poncis taronges
	al seu combat		pomes limons
	del llur debat		codonys torrons
	ffuy ençertit		he llepolies
	sembla'm partit		les praderies
	prou acçeptable		aygues ramets
[37R]	ben agradable	4,990	perfums peuets
	per molts respectes		cordons frasquetes
4,950	de totes sectes		trenes bossetes
	era sullat		fflochs agulles
	emburullat		
	ffallia'm esta		del que mulles
	jorn de la festa		deuen auer
	de Sent Antoni		sentir saber
	ffiu matrimoni		bondats uirtuts
	volgui la rebre		soliçituts
	costa'm pel pebre		estaluiar
	erri mos comtes	5,000	he mesurar
4,960	hagui'n mes ontes		guardar fornir
	que dels primes		tallar cosir
	Deu ho permes		de mans abtea
	a[ ]mon iuhi		en[ ]tot soltea
	pel preiuhi		honrar cobrir
	hun tant desorde		amar seruir
	ffet contra l'orde		en[ ]tot complaure
	volgue'm ponir		may desconplaure
			prest hobeyr
	ja no[ ]us uull dir	5,010	secret tenir
	tot per menut		gens no'n tenia
4,970	com fuy uenut		sols entenia
	he rebugat		metre's entorn
	quant enugat		passar lo iorn
	he deçebut		sense fer be
	vull per rebut		may pus sabe
	ara[ ]u agau		del reçitat
	be'm plau ogau		
	de tot les flos		diuersitat

                    hac qualque pocha [37v]
5,020   a[ ]poques tocha
                    no mal parlaua
                    ans aretglaua
                    sa barbellera
                    no dismendera
                    ni tanpoch folla
                    mas era molla
                    tal la'm passaua
                    he comportaua
                    puys d'enbreguar
5,030   reboteguar
                    se diuertia
                    yo la seguia
                    deya li dama
                    per cobrar fama
                    de bon caser
                    he solaçer
                    sab Deu si'm cou
                    he quant me nou
                    tanta fluxea
5,040   he tal mollea

                    tot ho guanya
                    quant s'enprenya
                    he pari fill
                    hun gra de mill
                    no dessenblant
                    ans tot semblant
                    ha[ ]mi'n la cara
                    molt me fon cara
                    puys fon partera

5,050   viu[ ]la lletera
                    digui preguant
                    d'aquest infant
                    que'ns ha Deu dat
                    per ta bondat
                    sies tu dida
                    puys est fornida
                    de llet tan bona
                    volta's redona
                    com lo peix feu

5,060 qui lo fill seu
             en l'aygua llança
             may s'i atança
             ne pus se'n cura
             sa criatura
             no la torcha
             com fa lo cha
             ni'l mira'b[ ]hurça
             com fa la[ ]sturça
             ni'l alenda
5,070 com lleo fa
             lo car fill meu
             cert menys lo ueu
             que si fos orba
             cuquella corba
             que fills renegua

             no pensseu begua
             dix ab grans crits
             llet dels meus pits
             yo nouençana
5,080 no pellicana
             plaer uull pendre
             no'm plau despendre
             los pits nafrar
             per al fill dar
             la sanch del cos
             mes ham repos
             no so serrana
             ni ortolana
             ni de treball
5,090 huy ab bon rall
[38R]   sou exit abte
             agau recapte
             de llet estranya

             hun'alamanya
             yo se tendrera
             gran filanera
             com les **de** Çilla
             a[ ]parit filla
             es dona pobra
5,100 no te que's cobra

per que auançe
ffare la llançe
al espital
aquest'aytal
per uos lloguada
he ben paguada
lo[ ]us criara
com mamara
vos ho ueureu
5,110 si uos uolreu
yo'l alletas
he que'm guastas
aquest meu cos
he senta plos
tota la nit
he chague'l llit
pix'als costats
si tal pensats
e[ ]u acordau
5,120 a mi no'm plau
puys sou potent
siau content
que yo[ ]us parixcha
mas que[ ]us seruixcha
los fills allete
he que'm esplete
no[ ]u fara Deu
no[ ]us ho cuydeu
car may sera
5,130 nunca's fara
clar uos ho dich
si sou menich
auar dolent
deya[ ]u la gent
ara'n so çerta
ffeu si's desperta
pugua mamar
no'l uull amar
tant qu'a[ ]mi nogua
5,140 cuydau me mogua
que'l h'engendrat

ffo'm regirat

l'enteniment
pel mouiment
extrordinari
en poch temps uari
torni groch roig
muda's lo guoig
tot en enuig
5,150 lo seny me fuig
sobreue'm yra
amor me tira
la yra'm cobra
voler me sobra
disputa'l seny
natura'l streny
raho m'a( )fronta
fflixi tal honta
puys conexia
5,160 be com exia
lo seu guosar
he tant rallar
he parleria
de groseria
[38v] de sentiment
atreuiment
pel parteratge
de nou llenguatge
ffeya parlar
5,170 volgui callar
he no respondre
pero dispondre
la criatura
agues pastura
al nessessari
paguant salari
a[ ]qui la crihe
ella que trihe
ffaça çercar
5,180 mercat o car
al carrech seu

en[ ]temps fort breu
ffon regirada
he capgirada

ffeu se senyora
per la penyora
que'n mi auia
tant s'atriuia
puys fon parida
5,190 lleua's la brida
la regna's[ ]cala
torna's ququala
he cadernera
gualina era
que tostemps calla
mas en la[ ]palla
com ha post l'ou
tothom la hou
ella'l festega[22]
5,200 tant lo menega
trencat lo's beu

cert tal fi feu
mon fill per ella
primer ouella
en[ ]apres guata
que sos fills mata
tant los remuda
ans era muda
apres sabida
5,210 souint reuida
mudar de dides
quantes parides
de poch trobaren
s'i remudaren
vna dorm massa
l'altra llet grassa
blaua çerosa
he l'altr'ay( )guosa
altra cabruna

5,220 alta[ ]li'n una
qu'er'aueada

sols d'ansalada
alls e formatge
molt tart potatge
carn algun dia
sana uiuia
criaua sans
sos fills d'abans
ab almorzas
5,230 he berenas
turmes resoles
[39R] he lleteroles
fformatges freschs
moschats e grechs
he forts fins uins
que tots matins
ffeya tastar
li feu guastar
la bona llet
5,240 lo pobrellet
pres lo l'espasme
barretes asme
alfereçia
epilençia
he molt alforro
torçe lo morro
ague bocatge
he foch saluatge
nunca dormi
5,250 de preguami
li feu mamella

ella[ ]y apella
moltes madrines
mil mediçines
meneschalies
he burleries
vnten he faxen
souint desfaxen
refreden guasten

---

[22] Lines 5,998-5,999 are written twice on fol. 38v: at the end of the first column and at the beginning of the second. The first set has been crossed out.

5,260 suor li tasten
ara salada
ades gelada
troben que bull
ffan li per[ ]ull
res no profita
prenen sospita
si[ ]u han fet bruxes
en pits e cuxes
blauos trobauen
5,270 no's recordauen
d'auer mudades
he remudades
quaranta dides
llets infinides
tant diferents
pels mudaments
he consells uaris
tant uoluntaris
ella'l mata
5,280 e'l aplata
deius la terra

ella's aferra
ab tots los sants
plegua les mans
torna's a[ ]Deu
com ella's ueu
del fill partida
he auorrida
de mi tan fort
5,290 a[ ]son gran tort
ella's coneix
que be[ ]u mereix
per culpa sua
ella tant sua
suor de mort
no pren conort
diu mon fillet
si de ma llet
yo natural
5,300 he maternal
l'agues nodrit

certes podrit
[39v] ell ia no fora
ffort s'entrenyora
de si matexa

del fill se dexa
ves mi se gira
callant sospira
res dir no'm guosa
5,310 tot li fa nosa
pren la gran bascha
grata's e rascha
hon no li pru
tot li ue en cru

apres ploraua
alt endexaua
ves les cremades
velles dampnades
monges çerreres
5,320 mal conselleres
tant mal desuien
les qui s'i fien
ell fora uiu
mala les uiu
ja conegudes
yo ni cregudes
may les agues
axi plagues
a[ ]Ihesucrist
5,330 yo pare trist
desconsolat
he tribulat
hoynt son plant
he contenplant
sa passio
compassio
agui gran d'ella
de qui's querella
volgui sentir
5,340 he sens mentir
de mot a[ ]mot

　　　　m'o conta tot
　　　　llarch rahonant
　　　　he blesonant
　　　　la sua[ ]scola

　　　　com bestiola
　　　　dix enfrenada
　　　　han enguanada
　　　　a mi na trista
5,350　qui he ben uista
　　　　experiençia
　　　　de llur prudençia
　　　　dret e enues
　　　　per a[ ]quant es
　　　　puys m'an trayda
　　　　llur negra uida
　　　　quant hi sabre
　　　　diriuare
　　　　sens dir falsia

5,360　clar es de dia
　　　　quan[ ]se desperten
　　　　l'espill conçerten
　　　　per oratori
　　　　l'inuitatori
　　　　que saben dir
　　　　es malehir
　　　　primerament
　　　　en lo couent
　　　　qui les mete
5,370　qui les rebe
　　　　he qui bo[ ]y fo
　　　　per la lliço
[40R]　del martilogi
　　　　qui conta'l[ ]uogi
　　　　que fa la luna
　　　　canta la una
　　　　cant pus plazent
　　　　diu altament
　　　　puys som restades
5,380　encarçerades
　　　　per força meses
　　　　nostres empreses

　　　　deuem seguir
　　　　no'ns cal tenir
　　　　vots fets per força
　　　　cascuna torça
　　　　al orde'l nas
　　　　semblants cantas
　　　　totes los hoen
5,390　ab amen clohen
　　　　llur bon acort
　　　　van[ ]se'n al ort
　　　　dexen lo cor

　　　　al refetor
　　　　a[ ]tart s'i meten
　　　　en cambra[ ]spleten
　　　　la llur sabor
　　　　del dormidor
　　　　escuses prenen
5,400　ffingint mal tenen
　　　　dormir hi fugen
　　　　temprades pugen
　　　　al mirador
　　　　del parlador
　　　　tart se'n partixen
　　　　parlen ordixen
　　　　sos casaments
　　　　dons e presents
　　　　tots ab husura
5,410　he fan segura
　　　　mercaderia
　　　　si d'alegria
　　　　donen torrons
　　　　speren capons
　　　　si granyons faua
　　　　demanen sclaua
　　　　per una flor
　　　　prenen march d'or
　　　　he per entrada
5,420　volen mudada
　　　　tapiçeria
　　　　he cascun dia
　　　　muden tudor
　　　　he comprador

          a[ ]quants hi uenen
          a[ ]tants se uenen

          si no's paguada
          be la mesada
          dels escabells
5,430   he cofrens[ ]uells
          muden senyal
          lo diornal
          he breuiari
          stan[ ]se'n l'armari
          per que no'ls fumen

          lo temps consumen
          tot en fer lletres
          rebre'n e retre's
          a[ ]qui les uol
5,440   per qu'entre'l sol
[40v]   en auer mestres
          de ponts finestres
          trapes entrades
          per les taulades
          passos atalls
          amaguatalls
          caus e retrets
          sostres secrets
          he caues baxes
5,450   tancar en caxes
          portar en males
          ffermar escales
          tirar esportes
          rexes e portes
          ffer lleuadiçes
          he mouidiçes
          eximenehes

          vestir llurehes
          anar armades
5,460   he desfreçades
          com hom exir
          de[ ]nit texir
          per la çiutat
          a[ ]pas cuytat

          ffent caualcades
          he les uesprades
          d'aguost anar
          cami de mar
          a[ ]la banyada
5,470   en la tornada
          minyonegant
          venir iuguant
          joch de mantades
          al iorn tornades
          canten a[ ]prima
          ab sa ueu prima
          no gens mudades

          si son prenyades
          he ue a[ ]llum
5,480   es llur costum
          a[ ]tres o quatre
          fer los debatre
          ab daus rifant
          o sorts gitant
          pare qual es
          mas les demes
          may no parixen
          ans se'n desixen
          polidament
5,490   sabidament
          la llet s'exuguen

          be lo ioch iuguen
          de passa passa
          de carabaça
          ne fan sistella
          del çel paella
          he del hom moça
          o dien guoça
          es qui's menega
5,500   com l'om pasega
          si[ ]u sent algu

          del uert fan bru
          a[ ]la badessa
          par los reuessa

    he uella mala
    si no'ls es tala
    qual la uolrien
    sempre li dien
[41R] vella merdosa
5,510 si n'es çelosa
    o gens les guarda
    molt mes si's tarda
    dar[ ]los llicençies
    de fer absençies
    del dormidor
    ab gran furor
    enrabiades
    aguabellades
    ffort la encorren
5,520 totes la corren
    fferm acanyiçen
    axi la fiçen
    com bou en plaça
    donen li caça
    com cans a[ ]llebre
    o li fan rebre
    en brou o ui
    qualque ueri
    o la infamen
5,530 he d'ella's[ ]clamen
    al llur maior
    visitador
    de necligençia
    o d'inpotençia
    a[ ]ben regir
    ffan la morir
    ab ses follies
    ans de sos dies
    per sobres d'ira
5,540 de sa cadira
    pur la derroquen

    quant les conuoquen
    per elegir
    al monestir
    noua pastora
    no'ls plau priora

    dona sabent
    ni Deu tement
    ni que uots serue
5,550 ni que conserue
    en pau amor
    honor fauor
    lo monestir
    plau los tenir
    be babarota
    qualque babota
    ni's ou ni's ueu
    ha la llur ueu
    concordantment
5,560 he sçientment
    tal elegixen
    he reuerixen
    dauant la gent
    dins lo couent
    li fan les figues
    seruen ses lligues
    ffan lo que solen
    mes que no uolen
    ab tal badessa
5,570 be uiu en pressa
    nunca li fall
    afany treball
    pena dolors
    lo puagros
    fflach corredor
[41V] vell fet pastor
    de tals cabrons
    bous e moltons
    no gens ouelles
5,580 car les mes uelles
    se fan parats
    ben enseuats
    per fer uarar
    dins la llur mar
    a[ ]ses criades
    les auançades
    no ia nouiçies
    son les pus niçies

mes saltadores

5,590 ha[ ]y de senyores
en la llur cloca
qui saben poca
oraçio
de ficçio
ypocresia
parenseria
ne saben prou
a[ ]qui les hou
paren sibilles
5,600 he son çentilles
a[ ]fer gran foch
ffiren de broch
ben lluçiades
he simulades
santes profetes
paren trauetes
he fan çentbells
a[ ]gouençells
he homens sants
5,610 cahen n'i tants
mes c'om no creu
ffill es de Deu
mes es que papa
lo qui'n eschapa
angeliqual
es l'om carnal
de carn exint
en carn uiuint
he no tonbat
5,620 cohinquinat
en tal ruyna

huna merlina
hun iorn parlant
ab hun gualant
ioue pobil
prest sedui'l
llur amistat
no ser peccat
hoc amor pura

5,630 qui tostemps dura
no perillosa
ans esser cosa
molt meritoria
tengue's a[ ]gloria
que'l deçebe
ell hi uengue
aquella nit
ab gran conuit
ella'l rebe
5,640 dix dexare
lo maridet
negre uelet
ans de res fer
[42R] ffeu m'est plaer
no[ ]us enugeu
de[ ]fet m'aureu
tost sera fet
lo iouenet
dix tot alegre
5,650 per que uel negre
de iorn portau
ara'l[ ]dexau
ella respon
molt presupon
lo que dieu
vos no cureu
d'aquell perque
car yo'l me se
tambe primer
5,660 dix uull saber
hunes tals coses
dix ella sposes
som les profeses
monges frareses
totes de Deu
lo uel que'ns ueu
al cap portar
nos fa menbrar
per çert iudiçi
5,670 l'esposaliçi
per ço'l portam
he lo lexam

en tals afes

    quant lo proçes
    hac ell hoit
    donchs per marit
    dix Deu teniu
    he yo catiu
    ha mon senyor
5,680 sere traydor
    ffent lo cornut
    si Deu m'aiut
    que no[ ]u fare
    ans me'n hire
    de[ ]fet parti
    en lo mati
    primer seguent
    de[ ]continent
    al monestir
5,690 vench per oyr
    lo sant ofiçi
    hun cruçifiçi
    de fust forgat
    asitiat
    en la paret
    quant fon endret
    visiblement
    lo cap mouent
    lo saluda
5,700 he quant torna
    missa'cabada
    altra ueguada
    Deu ho permes
    que la gent ues
    la cortesia
    que li retia
    mostrant li'n[ ]grat
    lo bon prelat
    d'aquella[ ]sgleya
5,710 li dix que feya
    o com uiuia
    que uist hauia
[42v] li referi
    lo bon fadri

dix no sabia
d'on li podia
allo uenir
molt poch seruir
a[ ]fet a[ ]Deu
5,720 si no'l que feu
aquella nit
seguons es dit

altra uelada
enamorada
del confessor
mostrant terror
de malaltia
dix que's uolia
d'el confessar
5,730 ffeta buydar
la gent defora
ffingint que plora
dix li tancas
he que miras
dauall lo llit
no fos hoyt
lo que diran
ni'l que faran
dix ell diguau
5,740 he començau
cruant senyant
ab plors preguant
Deu que[ ]us aiut
lo prom segut
lo cap se cobre
ella's descobre
dient molt sua
mostrant se nua
diu que's descobra
5,750 he faran obra
la per que[ ]y son
no uull del mon
sino sols uos
puys som abdos
agam plaer
ab bon uoler

	he fin'amor
	lo confessor
	no mal parler
5,760	dix mon poder
	no bast'absolre
	ni[ ]us puch yo tolre
	tan gran calor
	tanta dolor
	dels peccats uostres
	mil paternostres
	ni uint psaltiris
	trenta cristiris
	no[ ]us bastaran
5,770	Deu uos coman
	he tira uia
	en aquell dia
	endiablada
	ffon coniurada
	per bona uia
	he responia
	dins l'esperit
	ja per ton dit
	no'n exire
5,780	sols me'n hire
[43R]	per la clamor
	d'un confessor
	al foch pleguat
	he no cremat
	ha tocat pegua
	neta[ ]y entregua
	ha tocat pex
	neta sens grex
	restant la ma
5,790	en[ ]l'endema
	Vissent Ferrer
	lo sant darrer
	canonizat
	ffon lo temptat
	ell hi uengue
	he lo'n trague
	no sabent res
	del que dit es

	altra tambe
5,800	escomete
	hun metge prom
	de bon renom
	joue polit
	dix en lo llit
	yo gran mal tinch
	dret a[ ]uos uinch
	se que'm guarreu
	prest si[ ]us uoleu
	hon dix lo metge
5,810	es en lo fetge
	no[ ]us ho uull dir
	ja presomir
	ho deueu uos
	dix coleros
	si'l mal no se
	com lo guarre
	adiuinau
	tant hi penssau
	be sou mal pratich
5,820	mes que fleumatich
	als dir no[ ]us puch
	may aureu such
	si[ ]no feneu
	he no premeu
	ffort la taronga
	tal es la monga
	que[ ]us dich dormiu
	ja no[ ]us hoyu
	ell gens no's mou
5,830	vos Iosef sou
	l'egipçia
	valençia
	ffosseu cuydaua
	altra's[ ]clamaua
	ab ell souent
	dix tinch gran uent
	en lo uentrell
	ab lo donzell
	no m'i trop be
5,840	mostrar uos he

hun iorn l'orina
ja la madrina
m'a dat uentoses
son enuioses
pus no m'i fiu
de uos confiu
vengue[ ]y hun dia
ella'l metia
[43v] en grans rahons
5,850 de muguorons
he de mamelles
que's faran elles
que no's emprenyen
com fort s'estrenyen
per no ser grosses
ffer altres brosses
de mes parença
ella comença
ell conexia
5,860 be que uolia
dix espachem
qu'a fer auem
a[ ]y orinal
no tinch lo mal
dix hon cuydau
per que cuytau
ell per fogir
volgue sortir
la monga'l cuyta
5,870 metent lo'n lluyta
com l'abraças
embaraça's
lo seu spero
ab lo sacso
de[ ]la guonella
çert la parella
mal se tingueren
ab( )dos caygueren
la[ ]scala'uall
5,880 ffeu se bon tall
ella'n la gualta
vera malalta
romas e torta

entre la porta
he los grahons
axi redons
ffets com capdell
resta'l parell
cridant aiuda
5,890 la llur cayguda
donant raho
de mal graho
ell la's cobri

donchs llur ueri
mes que coniur
basalis pur
qui gens l'escolta
aiuda molta
obs ha de Deu
5,900 per que llur ueu
prest la rebuig
de mil hun fuig
mas infinits
son qui sos dits
volenter hohen
tals prest se clohen
en llur exauegua
qui en llur tauegua
mal punt es pres
5,910 may per iames
ne pot exir
ni's pot partir
llur mal'amor
si'l crehador
no[ ]u fa per graçia

[44R] altra fallaçia
tenen prou presta
a[ ]llur requesta
sos amados
5,920 he seruidos
mes que catius
vanant motius
de falsedat
sens ueritat

        per que's deporten
        he mils conforten   massa'm costa
        llur apetit   llur consellar
        he l'esperit   5,970 he fals brellar
        bulles propiçies   per ma simplea
5,930 mas surrepticies   he bestieha
        de cort obtenen   creure[ ]les tant
        ab ells s'entenen   car infestant
        los deleguats   me la priora
        he çelerats   que'm fes senyora
        jutges profans   dix me manaua
        los escriuans   he'm consellaua
        he aduocats   si fill paris
        mals amaguats   5,980 m'ensenyoris
        molts articulen   may no'm prostras
5,940 metges tribulen   mas que'm mostras
        ffals testifiquen   hun tant altiua
        he que'ls apliquen   [44v] no'm fes catiua
        tenir grans coliques   de marit uell
        he malencoliques   contente's ell
        congestions   del toch e uista
        ab ficcions   puys que conquista
        he fals proçes   muller tan bella
        dad'a[ ]traues   5,990 he so be sella
        plahent sentençia   per al cauall
5,950 sens conçiençia   del cap auall
        hixen defora   anau polida
        van en[ ]mal'ora   he ben guarnida
        de port en port   a[ ]tots manau
        hi d'ort en ort   vos no siruau
        de cambra'n cambra   siau seruida
        ffins a[ ]l'Alfambra
        tan profanada   altra reuida
        qu'es en Granada   la sacristana
        ades guarint   6,000 si res uos mana
5,960 ades parint   lo uell exorch
        apostatant   grunya com porch
        scandalizant   no'n façau res
        tots los hohents   he mes que mes
        he tal uehents   si uol crieu
        desonestat   lo que parreu
        llur santedat   per res no[ ]u fesseu
        en aço sta   no[ ]us hi perdesseu

car lo criar
6,010 fills alletar
prest fa'n( )uellir
hi enllegir
lo cos afluxa
los pits engruxa
la faç desfreça

mas la[ ]badessa
me doctrina
consell dona
que'm fes malalta
6,020 he qualque falta
en ma persona
alguna[ ]stona
o pus souent
seguons lo uent
ffingis tenir
no prou hoyr
al cap dolor
he baticor
esmortiments
6,030 afollaments
mal de neulella
en la mamella
no hulçerat
mas començat
cançer tenir
molt pots fingir
ab gentil art
secret apart
met en l'orina
6,040 cendra farina
oli calç llet
algun ququet
chich del forment
ffes cautament
metge sabut
pratich astut
vell no la uega
si la menega
conexeria
6,050 diuulguaria

ton artifiçi
[45R] metge nouiçi
llaguotegat
he ben paguat
te planyera
he complaura
per son iouent
no prou sabent
s'enguanara
6,060 publicara
que tens grans mals
mil cordials
confits aloses
he quantes coses
desigaras
atenyeras

si tot te fall
ffaxa't hun all
o porçelletes
6,070 ffan banbolletes
tanbe mostalla
lo cuyro talla
color altera
pebre ulçera
poluorizat
sobreposat
a[ ]hon se uulla
ab un'agulla
te pots punchar
6,080 lo paladar
secretament
poras souent
ab sech tosir
sanch escopir
de tisiguea
o d'etiguea
por mostraras
sempre seras
ben costehida
6,090 tantost guarida
com ho uolras
esser poras

ffebres tenir
no's pot cobrir
conexer s'ia
be tal falsia

d'enmalaltir
o del guarir
quant son mester
6,100 la qui[ ]u sab fer
molt se'n aiuda
lo que's uol muda
hun no[ ]u hoy
lo mal agui
ja so guarida
ja so ferida
la[ ]scusara
del que uolra
tos fets faras
6,110 si be'm creuras

huna pus uella
quant fuy donzella
me feu apendre
saber d'ull[ ]pendre
de fitillar
he de lliguar
ffer auortir
saber fingir
virginitats
6,120 no ser peccats
[45v] me feya creure
ni donar beure
per dormir fort

la qui te l'ort
qui dintre[ ]sta
apostata
en lo passat
ha prou cassat
lo mon çerquant
6,130 he trespassant
per Çequa[ ]y Mequa
la Uila Çequa

he Uall d'Andorra
Volta d'en[ ]Torra
he Senta Creu
per tot arreu
ffins Pont Tranquat
al lloch sagrat
puys reçeptada
6,140 ben castiguada
me feu menbrant
ffos recordant
del manament
de creximent
multiplicar
he aumentar
lo mon onplir
degues complir

mes fent cami
6,150 com malahi
Deu la figuera
per no fruytera
ni tenir figua
la lley antigua
qui no paria
no consentia
entrar al temple
be saps l'exemple
dix de Sent'Ana
6,160 com canya[ ]uana
popul xop alber
olm uern e salzer
qui fruyt no fan
he al foch uan
com la cugula
he com la mula
qui fills no sembra
la xorqua fembra
es reputada
6,170 si be[ ]stimada
ffer uols que uixques
ffes que parixques
a[ ]quinque for
ab gran error

per sos dines
aquest as pres
marit ia uell
ffes aparell
si ueus te ffall
6,180 d'un altre guall
millor granat
ffet a[ ]ton grat
muda n'i tants
ffins tant infants
te ueges uius
si't fallen nius
la cambra mia
vull tua sia
hon fer poras
6,190 lo que uolras
[46R] entrant per l'ort
per ton deport
yo t'i conuide

he no't oblide
que'l metge mana
per uiure sana
la ioue plena
de llur colmena
al temps la brescha
6,200 ans massa crescha
coue li[ ]tallen
si[ ]no no[ ]y fallen
de mares mals
paroxismals
preçipitant
he prefocant
mil passions
de cor torçons
esmortiments
6,210 retorçiments
espauentables
de gets[23] mirables

llur massa mel
se torna fel
maluat ueri
aiuda't[ ]i
mena les cols
si uiure uols
hiras carrera
6,220 la çellerera
maior m'a[ ]dit
a[ ]ton marit
si tu no'l uenç
en lo començ
essent nouiçi
tost pendra uiçi
dar[ ]t'a faena
viuras ab pena
donchs no'l maluehes
6,230 mostra que'l prehes
mas de parença
he ta crehença
sens ell la[ ]spleta
no's entrameta
saber que fas
d'on uens hon uas
qui ua qui ue
com ni per que
he s'y comença
6,240 guarda no't uença
per que no't fart
ginya'l ab art
al començar
ho enfornar
sens bon acort
lo pa's[ ]fa tort
clotos morrut
he geperut

dix la ronçera

---

[23] Gests.

6,250	de[ ]la tornera		d'ell uos guardau
	volenter picha		car ab fals dau
	en casa richa		lo marit iugua
	a[ ]y que partir		ffique'l quant pugua
	al monestir		de sis feu quatre
	dau nos souent		llus daus rebatre
	aroç forment		be sapiau
	salses perfums		si li parau
	ffruyta llegums		cambiau sort
	oli mel ui [46v]	6,300	si sou d'acort
6,260	llenç seda lli		vos paguareu
	de bona casa		he plorareu
	pren bona brasa		
	lo que'ns dareu		plore mesquina
	axo[ ]us n'aureu		per llur doctrina
			he[ ]grans errades
	si'l uell se mor		que m'an mostrades
	yo he gran por		axi plorosa
	tant es dolent		he sospirosa
	en testament		hauent hoit
	ni codiçil	6,310	tot quant m'a dit
6,270	tant es de uil		he ben notat
	que pus n'aiau		aualotat
	les mans amprau		lexi la'n banda
	mentres poreu		a[ ]la comanda
	he si uolreu		de Lluçifer
	guardat uos sia		
	la cambra mia		may pogui fer
	ja la sabeu		se corregis
	alli[ ]u tendreu		ni que's regis
	si or portau		ab sauieha
6,280	tancat ab clau	6,320	car d'ifanteha
	ben estogat		des que fon nada
	he ben guardat		ffon doctrinada
	trobar ho eu		dins lo couent
	seruir uos n'eu		qual fon iouent
	com sia mort		tal auançada
	lo uell roig tort		tostemps cansada
			molt oçiosa
	altra m'escriu		mes pereosa
	marit seruiu		
	com ha senyor		altra ueguada
6,290	com d'un traydor	6,330	que fon prenyada

	la uoluptat		*per reposar*
[47R]	o lo prenyat	6,370	*volgui'm posar*
	qual la[ ]y mogue		*al llit eniorn*
	may se sabe		ans de retorn
	del ui nouell		yo fuy despert
	del monestrell		quant he sofert
	beure pres tema		lo penssament
	ple de uerema		escasament
	era lo trull		m'o presenta
6,340	al maior bull		primer conta
	he fortaleha		tots mos anys mals
	sense perea	6,380	recogita'ls
	ella[ ]y munta		ab amarguor
	be'n aparta		dolor agror
	ffondo la brisa		d'anima mia
	sens paguar sisa		presents tenia
	pens ne begue		aflicçions
	he romangue		he passions
	lo cap ficat		mig oblidades
6,350	d'on apartat		he ia passades
	la bris'auia		per tant plorant
	lo cos tenia	6,390	he sanglotant
	sobre la uora		yo'm rebolcaua
	mori'n mal'ora		he fort baschaua
	de mort honrada		prou turmentat
	massa soptada		descontentat
	no spera'l part		de[ ]ma uentura
	yo resti fart		com per natura
	enfastigat	[47V]	o per mal fat
6,360	ben enugat		o per peccat
	ja mortallada		o grosseria
	en la uesprada	6,400	tant soferia
	ffiu la portassen		tostemps penant
	he soterrassen		may oblidant
	al monestir		que no's fa res
	de dol uestir		si no's permes
	no me'n uolgui		per Deu manant
	poch me'n dolgui		he rominant
			ma calitat
			yo fuy temptat
	terçer libre primera part		com no tenia
	de la lliço de Salamo	6,410	ni'm romania
			algun ereu

        lo temps tant breu
        de pocha uida
        a[ ]mi conuida
        prengues muller
        sols per hauer
        o fill o filla
        he fos clauilla
        del fust mateix
6,420 de hun **gran** feix
        de mes parentes
        he ben uolentes
        huna'n trias
        qual me semblas
        voler menys guala
        he pensant quala
        yo'm alegraua
        car yo'm cuydaua
        lo parentat
6,430 nostr'amistat
        redoblaria
        fforçar la'n[ ]hia
        deute[ ]y natura
        llur oradura
        apres penssaua
        delliberaua
        tot lo contrari
        trobant me uari
        d'opinions
6,440 ffeya'm rahons
        del diuinal

        a la final
        yo'm delibere
        que pus no spere
        prengua parenta
        sols hi consenta
        lo sant decret
        si fent pertret
        en cort romana
6,450 de molta llana
        ffer se poria
        axi's faria

        aconortat
        he confortat
        ffantasiant
        o dormitant
        yo stant axi
        sobre'l coxi
        agui terror
6,460 per la orror
        gran que senti
        yo'm desperti
        endormiscat
        mas ariscat
        los hulls girant
[48R] he remirant
        yo res no uiu
        hoy qui'm diu

        o hom cansat
6,470 vell amansat
        enpagesit
        vell enuellit
        en tos mals dies
        yo crech ia sies
        despoderat
        apoderat
        per filles d'Eua
        desperta't lleua
        no haies por
6,480 obre'l teu cor
        he les orelles
        grans caramelles
        son estes tues
        coue que sues
        puys uarieges
        he tant uaneges
        ara ploraues
        com te menbraues
        dels improperis
6,490 he uituperis
        hontes despits
        quals has sentits
        en lo passat
        vell acaçat

         tu t'o uolguist
         car no creguist
         lo Sau ans nostre
         ara gran uostre
         apostol Pau
6,500 en molta pau
         fforest uixcut
         si'l seu tengut
         consell aguesses
         penes e presses
         t'auries tolt
         puys fuyst absolt
         de[ ]la primera
         tala com s'era
         per que'n çerquist
6,510 altra'n prenguist
         molt uoluntari
         sens ben guardar[ ]i
         tu't ingeries
         he conexies
         que't enguanaues
         per que tornaues
         entrar al llaç
         com perdiguaç
         soltat plomat
6,520 mes reclamat
         torna'l reclam
         de coha'n l'am
         may hi donist
         he coneguist
         que la llur escha
         no't era brescha
         ni canyamel
         ans era fel
         amarch donzell
6,530 en l'am e brell
         tu t'i meties
         tals les uolies
         donchs per que plores
[48v] he dins dos ores
         lo teu çeruell
         gira'l penell
         ab tant poch uent

         vell ignoçent
         ta mala uida
6,540 tan prest t'oblida
         de tantes plagues
         ja't afalagues
         de tant forts greuges
         tan prest t'alleuges
         ffet t'an mil faltes
         he ia te'n altes
         ara te'n dols
         ara les uols
         tu minyoneges
6,550 ja les bandeges
         tantost les guies
         hi donchs ia tries
         axi[ ]u uols fer

         lo carniçer
         qu'es necligent
         qui ua souent
         al bestiar
         per bous triar
         triant triant
6,560 he confiant
         de son saber
         veu se llauger
         pert ne la por
         a[ ]la fi'n mor
         toro[ ]u rancall
         lo's met dauall
         araguones
         ne diu bon ues
         mostins e perros
6,570 qui per los çerros
         los lobos caçan
         lobos los matan
         a[ ]la final

         hom feminal
         triant morras
         no't guardaras
         ni saps fogir
         donchs uols morir

sabs que lo guat
6,580 poch escaldat
tem aygua tebea
queda e rebea
tem guat mullat
en lo filat
llaços e brell
en lo costell
llexades plomes
pardals colomes
no[ ]y tornen mes
6,590 pardal may pres
ffon ni trobat
ja descohat
dauall la llosa
l'infant no guosa
tocar lo foch
si qualque poch
l'a ia[ ]scalfat

tu socarrat
pelat e sech
6,600 vngles e bech
t'an escatit
[49R] cuytat ardit
ja[ ]y tornaras
ja dius pendras
muller parenta
pus tost enpenta
de mort n'auras
prest la[ ]ueuras
de tu senyora
6,610 mes manadora
esser uolra
menys te tembra
per que't ençegues
par massa begues
tant perts lo sest

no has tu llest
hom de parens
pot hauer bens
bona muller

6,620 no's pot hauer
sino de Deu
do es tot seu
dauall lo sol
Josep tot sol
obtench tal do
hom del mon no
jamay obtes

al mon no es
bona conplida
6,630 he prouehida
de sauiea
virtuts bonea
he de seny clar
no'n cal çercar
car no n'i ha
be's trobara
en qualque part
mas lluny e tart
muller tal qual
6,640 he cominal
tolleradora
ordenadora
queucom curosa
en abundosa
casa fornida
pero regida
per lo marit

tant mal profit
tal pertinaçia
6,650 tan gran audaçia
pels e repels
tants de reçels
les dones tenen
que may obtenen
ni obtendran
quantes seran
nom apurat
net e tarat
de si sino
6,660 mas o pero

       de muller bona
       la que menys trona
       que menys llanpegua
       que menys mou bregua
       que menys fa tala
       qual es menys mala
       com l'agre ui
       es dit bon ui
       es dita bona

6,670 tal es qual dona
       Deu hon li plau
       no[ ]y fa res grau
[49v] d'afinitat
       ni parentat
       cort consultar
       ni dispensar
       en grau uedat
       a[ ]la bondat
       no[ ]y afig res
6,680 tart o iames
       casats parens
       son opulens
       ffills pau ni pa
       a[ ]tart n'i ha
       hoc prou remor

       pocha temor
       he feres manyes
       has uist d'estranyes
       mulles mal manses
6,690 he no[ ]te'n canses
       ni't descontentes
       mulles parentes
       encara çerques
       de[ ]menys enterques
       ffas inuentari
       molt uoluntari
       vens a[ ]llus bregues
       no par conegues
       la llur fereha
6,700 ni ta fluxea

       l'om diligent
       ardit sabent
       que be's meneia
       sabs senyoreia
       ab sa prudençia
       la influençia
       celestial
       jmperial
       te monarchia
6,710 he senyoria
       en molts regnats
       millas armats
       capitaneia
       he patroneia
       castells e naus
       turchs tartres sclaus
       ffa obeyr

       per son seruir
       doma[ ]y amansa
6,720 carregua cansa
       de castells grans
       los orifans
       onsos llehons
       ceruos mufrons
       ffa mansuets
       toros masets
       lo mul e mula
       trets de la dula
       ab mos e traua
6,730 los asuaua
       he fa costar
       al caualcar
       he fa parlera
       la cadernera
       brufols llaurar
       ab lo llourar
       los aguilons
       tots los falcons
       mudats e sos
6,740 sparues açtos
       al puny d'om cuyten
       onsos fa lluyten

	grues ballar		jouens ardits
[50R]	lo ca callar		llaçiuiosos
	mostrant ab braç		llibidinosos
	cobrar matraç		gualants orats
	he dir al cau		enamorats
	lliguat fa'l brau		d'una donzella
	mes ab collar	6,790	ffilla molt bella
6,750	agenollar		de Raguel
	ffa lo camell		dels d'Israel
	lo cauall bell		com del primer
	enfrena ferra		ffins al darrer
	no's en la terra		fforen trobats
	brutal tan fer		morts ofeguats
	l'om si[ ]u sap fer		al costat d'ella
	no'l domestique		esta querella
	he paçifique		tots la saberen
		6,800	no's obstingueren
	mas la maluada		ffer casament
6,760	muller elada		tots follament
	ffer corregible		per ço periren
	es inposible		he tots moriren
	no's pot domar		
	menys auehar		quantes ueguades
	al llur poch seny		n'as esposades
	no[ ]y ual congreny		morir deuies
	derrocador		car sols seguies
	traua tortor		la uolentat
	art ni destrea		
6,770	molt menys uellea	6,810	desatentat
	aço uell trist		si't tens per[ ]dit
	tu be[ ]u as uist		ton foll delit
	mil n'as[ ]tocades		ab ioue frescha
	he praticades	[50V]	muller te crescha
	tostemps fellones		he llonch temps dure
	com a[ ]lleones		yo't asegure
	a[ ]tu senyores		d'estrangulada
	ja les enyores		he d'ulçerada
	he creus e penses		molt prest sens trigua
6,780	que tu les uençes	6,820	certa uexigua
	tals feres fembres		de gran ardor
			dolor cuyçor
	be crech te menbres		en[ ]l'orinar
	dels set marits		de tremolar

cap peus e braços
ab cuytats passos
de poplexia
o litargia
ben tost morir
6,830 si per parir
puys fills no tens
dius que la prens
qui't asegura
que criatura
d'ella ueuras
he si'n auras
ffilles o fills
orfens pobils
te naxerien
6,840 he may haurien
hedat conplida
durant ta uida
los llurs tudos
he curados
los pobils tendres
pendran per gendres
ffer[ ]s'an hereus
de tos arreus

he ta muller
6,850 marit çerter
ton enemich
si't sap antich
aquell pendra
e's paguara
de dot e crex
traura bon fex
ab lo furtat
he apartat
del millor munt
6,860 casat defunt
may fon trobat
amonedat
la uiud'amagua
vltr'axo's[ ]pagua
del crex e dot

com millor pot

lo crex aument
jniustament
moltes lo prenen
6,870 qui saben uenen
ja ençetades
he uiolades
al encartar
dot exouar
lo pert per dret
la qui comet
ffer adulteri
a uituperi
del marit seu
6,880 he morir deu
sentençiada
apedreguada
per la lley uella
[51R] dins en Castella
mor deguollada
alt enforcada
en Araguo
per lo fur no
mor en Ualençia
6,890 sols penitençia
pecuniaria
rep fornicaria
puta baguassa
ab simple passa
puniçio
sabent que no
ha ben paguat
dot encartat
sens conçiençia
6,900 obte sentençia
de paguament
la cort uenent
sens encantar
ffan estimar
qualque conues
d'aquells pelles
ben sobornat

        es li liurat
        tot a[ ]menys for
6,910 no li fa por
        venda's[ ]retracte
        per lo fals acte
        ab dol que fan
        ni per enguan
        de miges dit

        quant lo marit
        es ia finat
        no'ls par peccat
        ni esser uiçi
6,920 ffurt lladroniçi
        robar del mort
        ni'ls par fer tort
        al ereu gens
        robant sos bens
        quant ue'l notari
        ffer inuentari
        los cofrens scriuen
        buyts e diriuen
        llarch la pintura
6,930 he tancadura
        joyes ni roba
        no se'n hi troba
        per mortallar
        han a[ ]conprar
        capell de cap
        camisa drap
        de la botigua

        ha[ ]y enemigua
        al mon maior
6,940 Cahim pigor
        pus aduersari
        troba's cosari
        pus çelerat
        a[ ]y cullerat
        maior traydor
        ni robador
        en Balaguer
        que la muller

        totes guosades
6,950 totes husades
        son de furtar

        si baratar
        alre no poden
        sos fills enlloden
        he desereten
[51v] los bens se meten
        dels fills lleuar
        per aumentar
        dot a[ ]les filles
6,960 joyes ostilles
        cambr'axouar
        los fan paguar
        triant a[ ]hull
        lo corumull
        dels millos bens

        tu bells ulls tens
        he no[ ]y uols ueure
        tornes a[ ]beure
        lo uomitat
6,970 enormitat
        vols fer com guoç
        vell toçeguoç
        etich e sech
        per Deu te prech
        que renunçies
        ses conpanyies
        no temptes Deu
        pren consell meu
        si mil mudaues
6,980 he les triaues
        be d'una'n huna
        per llur fortuna
        he calitat
        per llur peccat
        serien tals
        car tots sos mals
        son per natura
        de rarra cura
        o incurables

6,990	ab los diables		haia uist quart
	qui fa llaurada		ni quinta part
	gran agullada		del que yo'n se
	ha menester		
	he ton mester		yo so mose
	no basta tant		Salamo rey
	ni[ ]y fuy bastant		d'antigua ley
	yo quant uiuia		gran sabidor
			rey e senyor
	llur uana uia		molt rich potent
	no's pot trobar	7,040	en mon iouent
7,000	ans en la mar		mulles prengui
	hon es passada		yo'n replegui
	nau auiada		ffins en setçentes
	se trobaria		he ben treçentes
	e's mostraria		drudes amigues
	alt senderola		mil enemigues
	per lla hon uola		en que'm meteren
	l'oçell en[ ]l'ayre		que fer me feren
	entreguart squayre		no[ ]u cal dir ara
	lliuell conpas	7,050	quant me fon cara
7,010	llur fons ni pas		llur messio
	barranchs ni ualls		la raçio
	deu escandalls		de museria
	no[ ]y pleguarien		carniseria
	ni trobarien		cert infinida
	llurs folls atalls		he sense mida
			botelleria
	trenta batalls		paniçeria
	han en llur seny		jnenarable
	per bell desdeny	7,060	cosa mirable
	sonen ensemps		tantes hostilles
7,020	aço's al temps		torques manilles
	doblen repiquen		collas uestits
	so que pratiquen		tants llits fornits
	no's pot entendre		or( )febreries
	ni menys conpendre		tapiçeries
	sa'ntençio		no's pot asmar
	l'afecçio		menys estimar
	nunca l'an ferma		los artifiçis
	que les desferma	7,070	ni'ls edifiçis
	no's hom al mon [52r]		dels meus palaus
7,030	ni may hi fon		ab quantes claus

	eren tancades		art no catolicha
	he ben guardades		ells engendrauen
	per caponats		he s'enprenyauen
	altres armats		de fills maluats
	defora'l clos		
	entorn del fos		quantes çiutats
	de[ ]iorn guardauen		son deruydes
7,080	altres uetlauen	7,120	he subuertides
	he tot ualia		per ses hufanes
	lo que podia		pomposes uanes
	altres seruien		Terç d'Isayes
	or despenien		llegint ueuries
	jnnumerable		Deu que promet
	jnestimable		hon se permet
	ffon la despesa		elles collegen
	per mi malmesa		he senyoregen
	mal esmerçada		ses chaperies
7,090	del tot llançada	7,130	quinquilliries
			qui les consent
	sols m'a ualgut		sa part ne sent
	qu'e ben sabut		
	llur calitat		gran Niniue
	son uanitat		per[ ]ço caygue
	de uanitats		Colach Sidonia
	d'iniquitats		Tir Babilonia
	jniquitat		Troya Sodoma
	he prauitat		Cartayna Roma
	de prauitats		la gran Seguont
		7,140	huy'n resta'l mont
7,100	per llurs peccats		antich Montuert
[52v]	lo general		aquell de[ ]çert
	diluui qual		qui's feu tal mal
	preyca Nohe		per Anibal
	de çert uengue		huy dit Moruedre
	car se lliurauen		no speres medre
	dones hi's dauen		pus en[ ]crexença
	als seus diables		Calis Çiguença
	cossos palpables		quals en Castella
	ffalsos prenien	7,150	perderen bella
7,110	he subconbien		he gran potença
	ffurtant prenent		vella Ualença
	d'altri sement		ffon derrocada
	ab diabolicha		per inculpada

d'incontinençia

l'altra Ualençia
dita uellarda
gran e guallarda
tant pus antigua
7,160 quant gran amigua
dels uells romans
llurs capitans
M Aquillino
Q Ualentino
Quinto Çertori
grans del pretori
quant hi uingueren
ffrancha la feren
may sens paguaua
7,170 quant dominaua
[53R] lo llur senat
girat llur stat
regnant los guots
may muda uots
ni senyoria

may com dormia
segur de[ ]nit
Taulfus dit
llur rey mata
7,180 ni's rebella
com Barçelona
dins en Girona
Banba regnant
rey coronant
altre dit Pol
no fon hu sol
car altre[ ]u feu
ciutada seu
en Berenguer
7,190 cognom Oller
rey Pere'l pres
ffeu[ ]ne quartes
lo Pol fon grech

tostemps se[ ]stech

esta Ualençia
ab gran prudençia
molt fidellissima

per gent nequissima
morischa[ ]stranya
7,200 puys tota[ ]Spanya
ffon calçiguada
he dissipada
ffeu[ ]ho na[ ]Caua
la qual criaua
lo rey Rodrich
llauos te[ ]dich
mal temps passa

puys l'a( )quista
Rodriguo Sçit
7,210 Diegueç dit
Campeador
segur senyor
mentres uixque

molt mes crexque
per Iaume'l Bo
rey d'Araguo
quant l'ach guanyada
he l'ach poblada
de clereçia
7,220 caualleria
artizat poble
constant inmoble
gent ualentissima
terra 'minissima
tota de rech

en ua se[ ]stech
com l'a( )setga
he campega
tant temps sobr'ella
7,230 rey de Castella
ab son poder
ffon li mester
per que's saluas

        que se'n puias
        per repicar
        al campanar
        de Sent Uiçent
        la gent ualent
        si s'o pensas
7,240 qu'ell repicas
        poguera'l pendre

        sabe's defendre
        del rey maluat
        esta çiutat
[53v] molt ualentment
        he llealment
        absent llur rey
        per tal seruey
        he ualentia
7,250 per cortesia
        de tot peatge
        he cabeçatge
        morabati
        la enfranqui
        lo rey seu Pere
        qual alt prospere
        en lo çel Deu
        com tanta[ ]y ueu
        ffidelitat
7,260 ffeu[ ]la çiutat
        noble real
        com pus lleal
        la corona
        he li dona
        com molt l'amas
        sola portas
        en sa bandera
        peno senyera
        altres senyals
7,270 armes reals
        soles pintades
        no gens mesclades
        ab lo passat
        lo camp daurat
        vermels bastons

        sobre'ls cantons
        d'or coronat
        hon tu est nat
        he te son statge
7,280 lo teu linatge
        d'antich solar

        Huetauiar
        lo seu riu blanch
        com si fos fanch
        ho munt de fems
        en antich temps
        la'n[ ]disipa
        he derriba
        puys alt obrada
7,290 ffon fort murada
        contra lo riu
        apres Deu uiu
        pels abitans
        ser cristians
        l'a ben[ ]guardada
        amplificada
        ffeta maior

        mas del millor
        de[ ]la çiutat
7,300 del nou poblat
        he uell ricos
        per les erros
        primerament
        d'aquell couent
        qui'n temps passat
        ffon començat
        quant era orta
        ffora la porta
        del mur antich
7,310 per fer castich
        d'un orreu cas
        en lo camp ras
        deya's Rouella
        ara's apella
        hi se nomena
        la Magdalena

[54R] hac mal iniçi
del crim he uiçi
habominable
7,320 ffet per diable
dona uilment
hac fonament

la peccadora
qui gran senyora
ffon e comtessa
per ser reuessa
a[ ]son marit
seguint partit
per sa fortuna
7,330 se feu comuna
en lo poblich
ffon son amich
hun caualler
hun mariner
puys la[ ]y tolgue
he la's[ ]tengue
peix li uenia

molt la seguia
lo gran senyor
7,340 ple de furor
he la çercaua
tot sol anaua
he desfreçat
desesperat
cercant lo mon
quant açi fon
lo marit seu
de[ ]fet la[ ]ueu
vil enuellida
7,350 he mal uestida
venent lo pex
alli matex
la uolch matar
he deguollar
carniçeria
peixcateria
s'aualota

tot hom cuyta
he la[ ]y lleuaren
7,360 presa portaren
a[ ]la cadena
per fer esmena
de semblant uida
repenedida
dins la caseta
de parets feta
hi fon tancada
enparedada
sola reclusa
7,370 ja huy no's husa
l'enparedar
ni sola[ ]star

lo marit comte
dona per comte
son exouar
he feu obrar
lo monestir
per sostenir
alli tancades
7,380 dones errades
d'incontinençia
ffent penitençia

per temps auant
molts aiudant
ffon ampliat
he fon fundat
de obseruança
[54V] a[ ]la husança
de preycados
7,390 los tancados
he los guafets
huy son desfets
los forrellats
romputs trencats
res no s'i tanca
a[ ]scala franca
hixen de fusta
dintre s'i iusta

        he corren puntes
7,400 de gualants iuntes
        s'i para rench

        apres al Trench
        hon Deu no'l uolen
        dones ni'l colen
        manades festes
        algunes prestes
        ffer en ses tendes
        publiques uendes
        may a[ ]Deu llohen
7,410 ni misses hohen
        de fals pes husen

        altres hi cusen
        robes girades
        portes tancades
        diumenge tallen
        disapte ballen
        cuynen diuendres
        ab faues tendres
        cebes e alls
7,420 carn a[ ]rassalls[24]
        gualls he hammins
        als florentins
        veneçians
        los naueguans
        en les gualeres
        son grans parleres
        ab lo cardo
        he llarch sermo
        tant saben dir
7,430 que'ls fan uestir
        lo uell per nou
        he de hun sou
        ne fan ducat
        lo mal cuynat
        qui ue apres
        tal mateix es

        les peixcadores
        grans robadores
        son d'entrados
7,440 de calados
        he brugines
        al uendre mes
        pex de fer esch
        venen per fresch
        lo d'Albufera
        riu de Cullera
        per pex de mar
        l'encamarar
        saben be fer
7,450 d'El Guarrofer
        Alte'Albir
        cert uos se dir
        per Calp lo uenen
        he totes tenen
        sa talponera
        seruix primera
        la bossa'pres
        sols los darres
        mostren no pus [55R]
7,460 ab tal abus
        als parçones
        he tragines
        als de[ ]la quinta
        a[ ]sobre pinta
        los fan **les** barbes
        ffalses alarbes
        set preus demanen
        he gens no's manen
        per llurs iurats
7,470 no's son girats
        ja'ls fan bef baf
        lo mustasaf
        sos balançes
        hi uan de[ ]mes

---

[24] Most likely an error for 'tassals'.

              ans d'aforar
              solen mostrar
              triat millor
              ab aquell for
              ne ua'l sotil

       7,480 ab tal estil
              en lo mercat
              en ua fitat
              per tot s'i roba
              lloch no s'i troba
              per pollaçeres
              he uidrieres
              taules e guabies
              tendes e rabies
              les estrangeres
       7,490 he forasteres
              descaminades
              son menasades
              ffan los despits
              sercant partits
              lo mercat roden
              trobar no[ ]y poden
              lloch ni repos
              venen en gros
              sou per tres malles
       7,500 ses uitualles
              les consertades
              agubellades
              tenen terçeres
              ab ses maneres
              tant exquisites
              rompen les fites
              conpren arreu
              ans lleuen Deu
              cada mati
       7,510 del sou flori
              ffan reuenent
              robant la gent
              abtes ronçeres
              he reguateres
              reuenedores
              enguanadores

              de uenedos
              he comprados
              en pes e preu
       7,520 may lo llur peu
              entra'n[ ]la[ ]sgleya

              no menys hi feya
              ffestes trencar
              lo fer obrar
              debanadores
              llates d'estores
              peses graneres
              que les fusteres
              als catius fien [55v]
       7,530 tanbe[ ]u uenien
              tot en les festes

              per totes estes
              ffer tals peccats
              d'aquells ueynats
              la Pelleria
              Trench Fusteria
              ffins mig mercat
              n'as uist cremat
              any sis quaranta
       7,540 pus de setanta
              cases alberchs

              sino per prechs
              dels Uiçents dos
              jnterçessos
              per llur çiutat
              martiriat
              he confessor
              lo preycador
              qui Deu preguaren
       7,550 he[ ]u inpetraren
              tota's cremaua
              tanbe preguaua
              la llegua gent
              deuotament
              ab crits e plors
              dauant lo cos

	sant consagrat		ni'l llur consell
	al foch portat		car es inmoble
	per santes mans	7,600	com quant lo poble
7,560	dels capellans		lo uedell feu
	Deu soplicat	[56R]	parlant ab Deu
	per tants preguat		Moyses sant
	com li plague		he soplicant
	de Niniue		pel poble tal
	ab en Ionas		no feu lo mal
	per ço romas		que fer uolia
	tot no's crema		
			be[ ]u merexia
	molt hi ayda		esta çiutat
	car Deu yrat	7,610	per uanitat
7,570	ffon molt placat		ells consentir
	per la iustiçia		dones regir
	d'aquella niçia		massa manar
	enrabiada		ffent reuocar
	qui deguollada		establiments
	ffon lo iorn ans		d'abillaments
	ab tres aydans		d'elles profans
	esquarterats		jnposats bans
	he roçeguats		ffent perdonar
	hu sols peniat	7,620	lexant doblar
7,580	per crueldat		en llur uestir
	qu'ella tracta		lo destruyr
			que totes fan
	axi's placa		car totes uan
	com quant cessar		ab grans entulls
	ffeu lo matar		pompes ergulls
	dels d'Israel		vanes despeses
	per lo bon zel		ffaldes be[ ]steses
	de Finehes		ab forradures
	he com sospes	7,630	he trepadures
	la mort molts dies		draps de gran preu
7,590	a[ ]n'Ezechies		ab gran menyspreu
	per penitençia		tot ho roçeguen
	per tal sentençia		de fanch enpeguen
	he prest proçes		ffan ne granera
	Deu ho remes		per la carrera
	per bons respectes		qui lo fem torcha
	mudant efectes		
	no mudant[ ]s'ell		tambe Mallorca

       la llur riera
7,640 tota ribera
       los derrocha
       molts ne mata
       per altres tals
       dir tots llurs mals
       molt llarch seria
       no[ ]y bastaria
       tota la nit
       e'n repetit
       alguns per moure
7,650 que son uull cloure
       superbes uanes
       vils inhumanes
       en homens mil
       no[ ]y ha hun uil
       he si[ ]n'i[ ]ha
       algun uila
       en lo miller
       ffa[ ]u la muller
       he qual se uulla
7,660 dona lo sulla
       mare tanbe
       bell nom n'opte
       honrat en cort
       cornut e bort
       bastart malnat
       afeminat
       guayol fembrer
       he baguasser
       concubinari
7,670 he fornicari
       macip cachat
       no's hom tachat
       per algun uiçi
[56v] reputat niçi
       vila dolent
       sino'l uolent
       en res amant
       partiçipant
       gens ab alguna
7,680 tota llur cuna[25]
       ley art e manya
       pratica[ ]stranya
       ypocresia
       he ronçeria
       te uull mostrar
       he declarar
       curt en semblançes
       per llurs husançes
       axi diuerses
7,690 he tan peruerses
       obres e manyes
       son alimanyes
       serp tortuosa
       son e rabosa
       mona gineta
       talp oroneta
       muçol putput
       guall cutibut
       aranya'b tela
7,700 taua mustela
       vespa alacra
       he rabios cha
       la sanguonera
       he uermenera
       mosca e grill
       llebre conil
       drach calcatriç
       tir basalis
       vibra parida
7,710 he cantarida
       la onsa parda
       he leoparda
       lloba lleona
       la escurçona
       son llop de mar
       lo pex mular

---

[25] Çuna.

       drach e balena
       polp e serena
       de mila coha

7,720 a[ ]qui la lloha
       de llur bellea
       mes de noblea
       son bellmari
       de llur ueri
       hoyr no's plau
       si n'escoltau
       qualseuol d'elles
       dir marauelles
       he grans llahors
7,730 del llur bell cors
       no's farta may
       com papaguay
       de llengua iugua
       diu[ ]se tartugua
       jamay ofen
       res no despen
       ni beu ni tasta
       com tortra casta
       en uert no's posa
7,740 com mariposa
       del ayre uiu
       vetlant se diu
       grua guall ocha
       curosa llocha
[57R] cadella'migua
       sirguant formigua
       simpla coloma
       llisa de ploma
       he sense fel
7,750 no's para pel
       com de si ralla
       he si's baralla
       ffals alleuar
       he malmesclar
       nunca se'n cansa

       mes son balansa
       de carniçer
       he de barquer
       retorçut rem
7,760 son munts de fem
       si gens se muden
       olen e puden
       cabata[26][ ]streta
       qui par ben[ ]feta
       al mirador
       he fa dolor
       he ulls de poll
       al peu del foll
       correns atzebres
7,770 lludries uebres
       hon bo ni bell
       sino la pell
       als no s'i troba
       de pelles roba
       a[ ]grans chics cossos
       als flachs e grossos
       a[ ]tots seruexen
       mas prest s'esquexen
       son roçi sart
7,780 car sols apart
       giren la[ ]squerre
       pus prest que'l ferre
       si hom no'l malla
       ho[ ]no'l treballa
       prenen rouell
       son oripell
       he brut estany
       portes de bany
       he de riu nores
7,790 son cantiplores
       grunyents poliges
       hubertes çiges
       pintat carner
       sens çentener

---

[26] Çabata.

son la madexa
he ioch de flexa
per çeguo fet
ffir cascun tret
ffora'l terrer
7,800 sens cap carrer
o atzucach
he sens fons lach
he brollados
de uolados
vidres ampolles
grosses banbolles
de moll çabo
ffum de carbo
d'aguila ploma
7,810 cascada poma
ram de tauernes
buydes sisternes
res no retenen
pedra'l cor tenen
com les esponges
torbats rellonges
[57v] per rodes cordes
sonen discordes
son contrapes
7,820 ffalsant lo pes
de la romana

donchs qui'ls comana
qualseuol fet
tenir secret
pert com Sampso
sa questio
trenta mantells
als iouençells
sos conpanyons
7,830 ans de set iorns
hac ha paguar
s'aygua stogar
vol en çistella
en bossa uella
sens tancados
ab boques dos

met son cabal
en lo foch sal
ffoch en bombarda
7,840 mig iorn no's tarda
parra n'an feta
Artus trompeta
he companyons
per los cantons
crida real
he general
publica ueu
del secret seu

lo redemptor
7,850 al que'n Tabor
volch fer secret
no feu pertret
dones uinguessen
ni res ne uessen
mas lo mati
quant ell sorti
reçuçitat
del uas tancat
he moniment
7,860 com prestament
a[ ]ell plagues
tost ho sabes
tota la gent
primerament
a[ ]dones clar
se uolch mostrar
enans del dia
car be sabia
tost correrien
7,870 hi[ ]u preycarien
res no tement
publicament
com la serrana
samaritana
cuyta preycar
dins en Çiquar
de sa uenguda
esdeuenguda

        de ple l'auia
7,880 a'm dit tenia
        marits morts çinch
        l'ome que tinch
        ara yo uiu
        veritat diu
        no's mon marit
        per lo seu crit
        tots prest ixqueren
        he lo reberen

[58R] be's de[ ]notar
7,890 lo simular
        he ficçio
        del fill minyo
        roma discret
        mudant secret
        a[ ]sa senyora
        ans de hun'ora
        les çiutadanes
        dones romanes
        d'ella[ ]u[ ]saberen
7,900 de[ ]fet uingueren
        les ançianes
        he nouençanes
        al Capitoli
        ab malenpoli
        he aualot
        a[ ]dir llur uot
        ab brams e crits
        si los marits
        dos ne uolien
7,910 elles pendrien
        cascuna tres
        encara mes

        lo qui s'i fia
        troba[ ]y falsia
        com l'oricorn
        qui'n pert lo corn
        al si's met foch
        de serp uol toch
        met las al coll

7,920 en ma del foll
        met son coltell
        nau e castell
        beu en flascho

        lo fort Samso
        ne fon liguat
        orp ençeguat
        ab lo cap ras
        rey Ypocras
        ffilosof uell
7,930 poeta'quell
        en alt puiat
        restant peniat
        duch Sisara
        quant s'i fia
        aygua uolgue
        mas llet begue
        ffeu se cobrir
        mes se dormir
        contra la pau
7,940 hun ben llarch clau
        ab gros martell
        per lo çeruell
        li fon ficat
        he trauessat
        de pols a[ ]pols
        sobre la pols
        que'n[ ]terra[ ]sta
        ell mort resta
        cert infinits
7,950 ne se[ ]scarnits

        qui les doctrina
        pert diçiplina
        en ua te[ ]scola
        llaua ragola
        repasta tests
        ab[ ]l'om de fets
        qui dorm rahona
        al sort sermona
        he missa canta
7,960 la serp encanta

[58v] castigua saura
he l'estany daura
vol fondre ferre
que no's aferre
pregua la edra
en alt la pedra
per si puiar
vol auear
dels fills tol pans
7,970 per dar als cans
en[ ]l'aygua[ ]scriu
l'or llança'l riu
met ui nouell
en odre uell
ab rot anbut
llum ius l'almut
ell uol posar
perles sembrar
als porchs dauant

7,980 Socrates quant
volch esmenar
he ordenar
muller e filla
de fort iahilla
abdos d'un fex
aygua hon pex
llauat auien
per quant bonien
guaronegauen
7,990 he brauegauen
com s'a( )partas
per bon solas
sus li llançaren
tot lo sullaren
de semblants sons
crits llamps e trons
yo ia sabia
pluia n'auria
dix tollerant

8,000 Johan parlant
de negres bodes

quals ab Erodes
ffeu sa cunyada
ffort desdenyada
per sa doctrina
ffeu qu'Erodina
lo fes matar
lo cap tallar
als seus donzells
8,010 qui'n pren consells
no mor de fam
so feu Adam
he uol çercar
he creu trobar
en l'erm espigues
en lo çep figues
rayms e peres
en les figueres
en l'arbre sech
8,020 de lloch sens rech
ffruyta rosada
de mar salada
vol aygua dolça

han pocha molsa
such e sabor
de uer'amor
llurs pensaments
he parlaments
consells reports
8,030 tots uenen torts
ab ficçio
he passio
[59R] propia llur
l'estil be[ ]scur
he males arts
tots son brocarts
he ab retochs
dits equiuochs
he amphibolichs
8,040 may son catolichs
la llur retoricha
es metaforicha

    he uarions
    caçefatons
    gentils e uils
    d'estils subtils
    saben ben dir
    ffa'ls bon hoyr
    com elles ploren
8,050 marits com moren
    alt endexant
    ffan eleguant
    parlar plahent
    no altrament

    bella parlera
    ffo y consellera
    Rebecha sola
    com feu caçola
    a[ ]Iacob fill
8,060 de hun conill
    o cabridet
    ffeu ne broet
    ab qu'en( )guana
    pare[ ]y germa

    per l'escoltar
    llur consellar
    Sahul gran rey
    çercant remey
    troba la mort

8,070 per mala sort
    en tot mal guany
    yo'n fiu deu strany
    per llur consell
    ffiu deu nouell
    e'l adori
    apostati
    contra mon hus
    no'n uull dir pus

    qui auer uol
8,080 d'elles costol
    quant es malalt

    ffara bon salt
    del llit al uas
    mostrant solas
    he gran amor
    he sots color
    de molta cura
    sense mesura
    de brous premsats
8,090 he destillats
    en ampolletes
    solsits d'olletes
    celiandrats
    he molts picats
    l'enbotiran
    he fassiran
    com al porçell
    may lo consell
    del metge tenen
8,100 elles s'entenen
    la malaltia
    no'l mataria
    ffer l'a morir
    sols l'enbotir
    he ffassiment

[59v] honestament
    cert infinits
    han mort marits
    he may a[ ]mort
8,110 criminal cort
    per tal falsia
    les sentençia
    ni executa
    ni les reputa
    hom per pigos
    ans per millos

    si[ ]no matar
    o si saluar
    lo marit uolen
8,120 tanbe'l se colen
    necligentment
    lo pus dolent
    moble que tenen

　　　　al llit l'estenen
　　　　quant marit iau
　　　　dien lleuau
　　　　sus que aueu
　　　　no[ ]us iahilleu
　　　　car lo llit tira
8,130　ab gran esquira
　　　　si molt se plany
　　　　sus en malguany
　　　　si[ ]us sou cansat
　　　　desnaturat
　　　　no'm se ab qui
　　　　pur no ab mi
　　　　be[ ]us ne guardau
　　　　lleuau tornau
　　　　al altre niu
8,140　de hon ueniu
　　　　l'egua prenyada
　　　　pach la çiuada
　　　　puys resta prenys
　　　　ab crits desdenys
　　　　del llit l'arullen
　　　　guarrons li bullen
　　　　dels de cabro
　　　　cor de molto
　　　　li fan solsir
8,150　lo ui iaquir
　　　　hun ou en[ ]truyta
　　　　o qualque fruyta
　　　　dien meniau
　　　　no febreiau
　　　　ni sera res
　　　　de fredor es
　　　　sobreposada
　　　　cuyta'n[ ]çendrada
　　　　madexa crua
8,160　lo uent desnua
　　　　ragola teula
　　　　calda meteu[ ]la
　　　　sobre lo mal
　　　　cert hun cantal
　　　　ben escalfat
　　　　de ui ruxat

　　　　es fina cosa
　　　　saquet uentosa
　　　　he tabalet
8,170　albaranet
　　　　al coll lliguat
　　　　vime tallat
　　　　no[ ]y ha res tal
　　　　metge no[ ]y cal
　　　　maten de fam
　　　　he dien da'm
[60R]　no[ ]y cal despendre
　　　　si uoleu pendre
　　　　sols d'ayguasal
8,180　peucrist orual
　　　　ab hun diner
　　　　yo'l pore fer
　　　　hun bon cristiri
　　　　vostre martiri
　　　　no durara
　　　　prest passara
　　　　pus no'l seruexen
　　　　axi'l se dexen
　　　　a[ ]la uentura
8,190　Deu e natura
　　　　si no'ls guarien
　　　　los mes morrien

　　　　algunes çertes
　　　　per ser cubertes
　　　　he dar crehença
　　　　sols per parença
　　　　he ombrallum
　　　　d'elles perfum
　　　　com seran etichs
8,200　los dies cretichs
　　　　vint e hun iorn
　　　　metent s'entorn
　　　　seran passats
　　　　molts aiustats
　　　　metges demanen
　　　　mas del que manen
　　　　may ne fan res
　　　　lo que'ls plau es

        collaçions
8,210 perficçions
        he que gens uegen
        que s'i menegen
        diligentment
        al paguament
        lo[ ]llur marit
        enmalaltit
        fflorins uells tria
        ella'ls camuia
        baratara
8,220 he comprara
        timbres trencats
        estisorats
        nachçis e mals
        ffalsos reals
        sabudament
        generalment
        han falsa pagua
        si dona'ls pagua
        he poch profit

8,230 si iau al llit
        marit malalt
        quant a[ ]son alt
        he plen plaer
        de[ ]la muller
        ha ia testat
        puys d'eretat
        se ueu segura
        pus no se'n[ ]cura
        de[ ]fet fingix
8,240 que s'esmortix
        per tant uetlar
        sens despullar
        diu[ ]que s'es[ ]fusa
        ab tal escusa
        al llit sc gita
        pus no'l uesita
        altra'ls seruix
        he costehix
        millor per ella [60v]
8,250 ffent la[ ]scudella

        ella durment
        meniant beuent
        donant repos
        al seu bell cos
        al llit s'esta
        molt pigor fa
        si'l[ ]testament
        es desplaent
        si diu pel fur
8,260 reba'l dot pur
        tant solament
        entreguament
        torne l'escrex
        lla d'on partex
        mas sobre tot
        si[ ]y es lo mot
        de[ ]casta[ ]scrit
        he sens marit
        com rabiosa
8,270 perniçiosa
        crech si podia
        se meniaria
        lo marit uiu
        he qui tal scriu

        qui uol tenir
        he costeyr
        elles mal sanes
        de[ ]ses quartanes
        o altre mal
8,280 pert son cabal
        roba dines
        no[ ]y basta res
        may se contenten
        per poch que's senten
        venen parentes
        dides seruentes
        he les ucynes
        maten guallines
        quatre se'n menien
8,290 he huna'n penien
        qual menys los plau
        en qualque clau

mostrant qu'es polla
puys en ampolla
partida troços
chafats los ossos
ffan ne solsit
menia'l marit
los peus en sols
8,300 he beu la pols
del que remenen
talen despenen
compren deguollen

quant se afollen
o han parit
volen lo llit
encortinat
he ben parat
cambra'reada
8,310 empaliada
tot lo millor

si de dolor
algun poch penen
tantost hi uenen
metges madrina
la francolina
tantost a[ ]coure
morter de coure
de[ ]fet resona
8,320 per llur persona
ne ua la casa
a[ ]tall de[ ]spasa
[61R] a[ ]sac[ ]o[ ]strall
may res los fall
cost que costas
hun mart al nas
dels gebelins
per uint florins
quant fa lo fret
8,330 he uentallet
de tres colos
per les calos
aygues mosquets

perfums peuets
ab que be olen
marachde uolen
per testimoni
de matrimoni
per alegrar[ ]se
8,340 he deportar[ ]se
volen les mans
ab diamans
balaxos robins
he granats iacçins
porten safir
per l'ull guarir
per baticor
perles fin or
de vint hi tres
8,350 quirats poc mes
per lo uentrell
coral uermell
la llet si'ls fall
porten cristall
he per la colicha
porten cresolicha
portant turqueses
cahen be steses
sanes se lleuen
8,360 les pedres beuen
poluorizades
he llimonades
he restaurant
alquermes tant
que no'ls profiten
ans se'n infiten
no[ ]stan pel cost
sols uinga tost
los marits paguen
8,370 ans que s'o traguen
cert no[ ]u aforen
he may se moren
ffins destruit
han lo marit

qui les defen

        sa uida uen
        la fe[ ]y honor
        he sa ualor
        si'n enpren lliça
8,380 se enbardiça
        per llur maliçia
        contra iustiçia
        he ueritat
        sa maluestat
        volent cobrir
        solen mentir
        en lo camp clos
        perdra lo cos
        per que les creu
8,390 he tempta Deu
        ell hi morra
        ho's desdira
        com a[ ]uençut
        he abatut
        mentres uiura
[61v] e'n restara
        apres sa mort
        tostemps recort
        lo caualler
8,400 Jordi guerrer
        cuyd'auançar
        per defensar
        del rey la filla
        dintre la ylla
        hon era'l drach
        tal premi n'ach
        molt poch apres
        ell ne fon pres
        he fort batut
8,410 dins en Barut
        ffon escorxat
        per mig serrat

        qui les comet
        e's arremet
        cera uermella
        molla sagella
        lo uidre trenca

        de llenç romp llenca
        chic afalagua
8,420 lo llum apagua
        he roses cull
        hun mirar d'ull
        o donatiu
        algun motiu
        ffals de grandea
        o de bellea
        de personatge
        de gran llinatge
        fficte llaguot
8,430 obte llur uot
        de foll'amor

        mas prest ne mor
        qui molt s'i fexa
        la força[ ]y dexa
        cap s'enblanquix
        prest s'enuelix
        com lo pardal
        he lo fruytal
        ffent molta fruyta
8,440 morir se'n cuyta

        mor com llebrer
        en lo femer
        qui les seruex
        he obehex
        ffent mil plaes
        per hun no res
        s'amor fenix

        qui les seguix
        ffins a[ ]la mort
8,450 menys n'an recort
        ni la uirtut
        de gratitut
        que'l chich infant

        es orifant
        qui s'i acosta
        he pren per posta

        tal serrat arbre
        llit mes que marbre
        dur fret banyat
8,460 aconpanyat
        d'escorpions
        serps escurçons
        no de fluxell
        tot l'aparell
        es gingoler
        guarauller
[62R] he guauarera
        de romaguera
        he d'argilagua

8,470 viu ab prou plagua
        ab semblant osta
        tant indisposta
        qui[ ]y partiçipa
        mort s'antiçipa
        com l'urcheller
        he triaguer

        qui uol guardar
        tal bestiar
        de no fer tales
8,480 de feres males
        rampellament
        crebantament
        he altres dans
        no[ ]y basten cans
        murat castell
        loba pastell
        rexa grillo
        de hull preso
        no[ ]y cal res dir
8,490 ell uol morir
        com lleoner
        tal carçeller
        en ua trahulla
        per cos d'agulla
        o portal uell
        vol pas camell
        he pendre uol

        lo raig del sol
        ell a[ ]grapades
8,500 a[ ]cullerades
        tota la mar
        vol mesurar
        en clot la buyda

        ffolguar qui[ ]y cuyda
        suor de mort
        sens may deport
        en si remira
        brugina tira
        e caua mena
8,510 lo moli mena
        qui's diu de sanch
        catiu may franch
        la tirant serra
        dauall la serra
        la serradura
        als hulls s'atura
        talla pedrera

        qui **be** n'espera
        espera'l punt
8,520 que puig amunt
        l'aygua del riu
        que torne uiu
        spera'l mort
        he bufant fort
        en sa fornal
        ffilosofal
        pedra curable
        or fet potable
        argent de coure
8,530 gran os a[ ]roure
        ab guarbell poha
        vol per la coha
        o per la[ ]squena
        tenir morena
[62V] anguila uiua

        donchs qui no[ ]squiua
        fferir les roques

        ab semblants çoques[27]
        naus caraueles
8,540 sens rems e ueles
        carta guouern
        en foch d'infern
        qui's uol calfar
        dins en lo far
        prop Mongibell
        l'Estranguol uell
        bolcam fumos
        en port fanguos
        platga romana
8,550 valençiana
        hon llaura'l ferre
        en que's aferre
        no's pot trobar
        qui[ ]y deu calar
        ni uol sorgir
        ffogir fogir
        a[ ]ueles plenes
        de tals serenes
        encortadores
8,560 ffalses cantores
        a[ ]tots encanten
        qui no s'espanten
        del llur moral

        per que'l coral
        llur amoros
        mal d'ereos
        si'l posehex
        souent guarex
        si'l natural
8,570 he mestrual
        li fan be ueure
        yo't uull fer creure
        quant l'an orrible
        ffort auorible
        extremament

        generalment
        los animals
        que son brutals
        ffan marauelles
8,580 d'ells llurs femelles
        may son geloses
        ni reçeloses
        elles ab elles
        vaques ouelles
        egues someres
        molt grans raberes
        ab hun marda
        toro guara
        se conpanyegen
8,590 may s'enbreguegen
        cert temps del any
        ab poch afany
        llur mascle[ ]spleten
        sols s'i iusmeten
        ffins que s'enprenyen
        tantost los renyen
        no'ls cansen pus
        ffins per llur hus
        auent parit
8,600 he fills nodrit
        les mou natura

        a[ ]dones dura
        tot l'any bon tempre
[63R] mesclant hi sempre
        llur uoluntari
        lo llur armari
        porten cubert
        souint hubert
        los sia'ls[ ]plau
8,610 si's pert la clau
        o si's aprima
        mes si s'esquima
        en altre pany
        per a[ ]tot l'any

---

[27] Coques.

son desdenyades
per ser prenyades
dien treballen
sofiren callen
axi[ ]s'escusen
8,620 mas no refusen
ni se'n enugen
nunca rebugen
colps de guerrer

per fills hauer
tot frau farien
enguanarien
lo pare llur
ab ui fort pur
donat ab art
8,630 Llot ia uellart
lo deçeberen
d'ell conçeberen
ses filles drudes

lo prom de Iudes
ja uell e sogre
sa nora'b[ ]logre
lo penyora
d'ell s'enprenya
de dos en huna

8,640 tostemps la lluna
bona'ls y par
a[ ]treballar
he menar mans
veu ab enguans
esser prenyada
huna banyada
en comu bany
tornant ab guany
dix s'en( )prenya
8,650 quant se banya
cert sens marit
he sens delit
qu'ella sentis
Aben Roys

qui[ ]u descriui
algun mati
ho somia

be se n'i[ ]ha
de closes nades
8,660 o no passades
vergens de dit
no d'esperit
vergens de fet
mas contra dret
dites donzelles
ab coçeguelles
ho no[ ]se com
mas no sens hom
ni sens plaer
8,670 ffills saben fer
ab natural
o manual
[63v] cert insturment
fforçadament
se han obrir
ans del parir
les mes ne moren
com se desfloren
les nades closes

8,680 no cal fer gloses
noues llectures
per criatures
totes y penen
he fort entenen

gran arteria
hac na Maria
de Monpeller
reyna muller
del rey en Pere
8,690 anant darrere
lo deçebes
he conçebes
qualque fill d'ell
en hun castell

             hac son obtat
             hun son priuat
             lo[ ]y feu anar
             cuyda[ ]y trobar
             qui mes amaua
8,700   ella callaua
             ell era llosch
             lo retret fosch
             no disçernia
             ab qui dormia
             altra's cuydaua
             no's talayaua
             sa muller fos
             presta[ ]li'l cos
             ben contentada
8,710   resta prenyada
             de fill senyor
             conquistador
             de tres çiutats
             ab sos regnats

             na Sarray
             no requeri
             ffer emprenyar
             sa moç'Aguar
             deius sa falda
8,720   tant era calda
             puys no paria
             he no tenia
             ffill d'ella nat
             ffill adoptat
             almenys auer

             per infants fer
             velles modorres
             exorques porres
             moltes y roden
8,730   quant als no poden
             han fill furtat
             ho manlleuat
             suposant parts
             ffill ab tals arts
             tu ia'n has uist

             mentres tenguist
             la uiuda'xorqua
             tanbe'n la forqua
             d'esta çiutat [64R]
8,740   per tal tractat
             dues mesquines
             has uist madrines
             sentençiades
             ensemps peniades
             ab hun terçer

             ab gran saber
             na Nohemi
             mostra'l cami
             temps e bon'ora
8,750   a[ ]Rrut sa nora
             com conçebria
             cert si's cobria
             jus lo mantell
             de Boç ia uell
             he prop parent
             al cap gahent
             ab tal pertret
             ague'n Obet

             generalment
8,760   si[ ]y tens be[ ]sment
             totes hi dançen
             he may se'n cansen
             per fills hauer
             he per plaer
             hauran rebut
             o conçebut
             he mes ne reben
             he reconçeben
             dos set huyt tres
8,770   en moltes mes
             grans cantitats
             multiplicats

             se tres mulles
             ffills d'un senes
             cent uint e huyt

auer parit
en molts parells

d'aquells oçells
dits e infants
8,780 nats tants germans
de Guodofre
cascu naxque
ab son collar
en lo tallar
se torna signe
sino l'insigne
dit de Bollo
si fon o no
apocrif par
8,790 l'angles en clar
te qu'es canonicha
aquella cronicha
es pohesia
fficta falsia
com Çent Nouelles
als hohents belles

lo fet d'aquells
dits nou porçells
cosa's comuna
8,800 setanta huna
ffills animats
tots figurats
cos ab melich
en hun bolich
los auorta
he los conta
jutge comu
[64v] de hu en hu

d'una saps be
8,810 ab tu tingue
afinitat
per hun horat
que la[ ]sglaya
com s'a( )folla
de set iustats

vius bategats
may pus n'ague
recorregue
a[ ]la metgessa
8,820 com ha dehessa
cert la[ ]tenien
les qui[ ]y uenien
vengue[ ]y ab dues
parentes sues
a[ ]totes tres
en bany les mes
mediçina
o metzina
may no pariren
8,830 les dos moriren
en l'endema
ella resta
set anys liguada
morint orada
sense testar

continuar
los plau la rubricha
totes han llubricha
l'a( )fecçio
8,840 per passio
he gran calor
ffan mes error
al engendrar
sense llauar
seran freçoses
he fan llebroses
ses criatures

lleges pintures
he uariades
8,850 dauant posades
quant conçebran
com de Llaban
a[ ]les ouelles
o peniant elles
d'altri figura
torben natura

virtuts maiors
manen menors
les animals
8,860 a[ ]naturals
he per llur cuyta
no sera cuyta
prou la llur sanch
de pare blanch
hauran fill negre
de sa y[ ]alegre
de seny catolich
ffill malencolich
he maniach
8,870 d'om fort fill flach
desfigurat
lleig morfeat

per falliment
[65R] de llur sement
tant indigest
hixen de sest
ffan ne sens braç
hu gran cabaç
d'ells cap dins pits
8,880 ermofrodits
altres sens ses
altres sens res
sens peus e mans
he dos germans
abdos peguats
d'ells ençeguats
nats sorts e muts
d'ells paren bruts

mes inprudens
8,890 he necligens
ben indiscretes
cinyen se[ ]stretes
ballen a[ ]salts
ffan los llits alts

he grans tapins
he per boçins
si'ls miraran
s'a( )follaran
si prest no'n mengen
8,900 he si no's uengen
de qui's discorden
he si no morden
al frare'l coll
anant en foll
estropeçant
he molt husant
amprar la clau
lo que be'ls plau
souint s'auorten

8,910 si lo que porten
les uerguonyoses
he rabioses
no'ls plau mostrar
per auortar
cubertament
mas fe[ra]ment[28]
metges demanen
he los enguanen
mostren orina
8,920 d'altra uehina
tots mals atorguen
per que les porguen
sagnies façen
que'n arrabaçen
ffan s'i empastres
he mil desastres
ballesta'n( )collen
per que's afollen

huna sagrada
8,930 monga prenyada
superbiosa
molt desigosa

---

[28] There is an ink stain over the *r* and the *a*.

que's afollas
ffeu curt lo pas
prengue beuenda
de una tenda
no prou fornida
erra la mida
enmetzinada [65v]
8,940 mori soptada
sens dir Ihesus
no'm diguam pus

com Deu no[ ]u uol
si's prenys d'un sol
o d'altres mes
al seten mes
he huyt o nou
he si no's mou
de deu fins onze
8,950 si[ ]u creus quatorze
he mes encara
per zuna[ ]y xara
dona morischa
set anys s'arischa
restar prenyada
desconpanyada
del marit seu
vengut si'l ueu
qu'es sua iura
8,960 la criatura
dins ha dormit
ffins l'a sentit
bon creure[ ]u fa

si molts n'i ha
los de pochs mesos
no son atesos
he tots perixen
sols ne parixen
los ia conplits
8,970 criden prou crits
al parturir
qui uer uol dir
no's dolen tant

com es llur plant
he continença
a[ ]la naxença
si ia no[ ]y moren
a o e ploren
pel peccat d'Eua
8,980 per la qui'ls lleua
melich tallat
ben mal lliguat
llauats bolcats
he enconats
alguns ab mel
los mes ab fel
de[ ]les qui'ls amen
la llur llet mamen
lo mes ab plos
8,990 puys per les flos
de que's nodrien
dins e's pexien
per los melichs
pobres e richs
han per egual
tots semblant mal
piguotes rosa

mas si'ls fa nosa
lo fill qu'es nat
9,000 he n'an malgrat
no'ls plau que uixcha
d'ells fan perixcha
bollit cremat
nu soterrat
altres ofeguen
en mar los neguen
en pous e rius
[66r] ne llançen uius
sens bateiar
9,010 d'ells fan meniar
tallats a[ ]troços
a[ ]porchs e guoços
malignament
necligentment
altres deuoren

              he los acoren   dides hi lloguen
              per malandreça   sos fills alloguen
              llur sanch se uessa   com la cuquella
              pel meliquet   9,060   sos ous pon ella
    9,020   restar fluxet   en nius estranys
              troben lo mort   dels fills afanys
              altres molt fort   no'ls plau sentir
              stret enbolquant   he fan mentir
              altr'enconant   la llur llauor
              ab medeçines   per llur error
              pus uer metzines   he oradures
              altres desuien
              los quals enuien   ses criatures
              secretament   mig auorrides
    9,030   he nuament   9,070   donen a[ ]dides
              als espitals   he les mesquines
              o als portals   no guarden quines
              de[ ]la Seu posen   quines o quales
                                               bones o males
              molt poch reposen   si malaltiçes
              desparterades   [66v]   entulladices
              d'un mes lleuades   si massa traguen
              ja uan al bany   si's enbriaguen
              he fan parany   si fels e castes
              per auer lisça   9,080   si de llet bastes
    9,040   hixen a[ ]missa   ffolles uerdoses
              ab fill o filla   braues yroses
              com la conilla   si amiguables
              ab uentre gros   afalaguables
              llet no n'a'n cos   he humanals
              meten dos fills   virtuts morals
              a[ ]grans perills   males costumes
              abdos de mort   dire[ ]u en sumes
                                               molt se diriuen
              mes per deport   9,090   ab de que uiuen
              he guallardia   llet de[ ]les mares
    9,050   per fidalguia   mes que dels pares
              la mes part d'elles   no sols moral
              per llus mamelles   mas natural
              seruar gentils   la llet altera
              tenen per uils   si de somera
              mares qui crien   mama la llet
              sa carn auien   lo chich potret

　　　　may pora ser
9,100　cauall llauger
　　　　ni bon ginet
　　　　lo moltonet
　　　　he fill d'ouella
　　　　si morta ella
　　　　de cabra mama
　　　　com cabro brama
　　　　corre surt salta
　　　　dreta[ ]llis'alta
　　　　li naix la banya
9,110　grosera stranya
　　　　no prima blana
　　　　li's fa la llana
　　　　pigor fan dides
　　　　mal comedides
　　　　dida'n( )briagua
　　　　lo chich ne plagua
　　　　e la baguassa
　　　　semblant atrassa
　　　　dida iuhya
9,120　pauruch lo criha
　　　　la poch sabent
　　　　ffa'l ignoçent
　　　　qui no te llet
　　　　fflach e magret
　　　　de fam lo mata

　　　　ffemta de rata
　　　　chinges mengant
　　　　cristall portant
　　　　o caramida
9,130　si d'altra dida
　　　　qui la[ ]y furta
　　　　meniant d'un pa
　　　　la llet no cobren
　　　　per que se'n cobren
　　　　los bolques sullen
　　　　d'aygua los mullen
　　　　ffingint prou hixen
　　　　he que be pixen
　　　　si tot los fall
9,140　quants ab cascall

　　　　per fer dormir
　　　　los fan morir
　　　　o'ls fan dements
　　　　no tendran dents
[67R]　ga'ls fan meniar

　　　　d'ells fan mamar
　　　　llet d'animals
　　　　he resten tals
　　　　per temps auant
9,150　chica mamant
　　　　vna donzella
　　　　llet de cadella
　　　　que uomitaua
　　　　meniar tornaua
　　　　ho llet de truga
　　　　en fanchs ab pluga
　　　　en lo femer
　　　　ffon son plaer
　　　　jau( )r'ensollat
9,160　he rebolcat
　　　　altr'ermita
　　　　cerua'l[ ]cria
　　　　hun altre egua
　　　　dins una llegua
　　　　si fanchs trobaua
　　　　en çent pixaua
　　　　puys llet no tenen
　　　　per que[ ]u enprenen
　　　　ffer semblant tala
9,170　si han llet mala
　　　　com no se'n dexen
　　　　puys la's conexen
　　　　les inhumanes
　　　　no cristianes
　　　　en la color
　　　　sabor olor
　　　　Deu les ne pagua
　　　　he dona plagua
　　　　per tal no( )cura
9,180　obrant natura
　　　　si llet uermella
　　　　de llur mamella

        hix e[ ]no blancha
        molt prest no'ls mancha
        del tot ser folles

        mes per ser molles
        de flach recort
        algu'n fan tort
        visch e guerçer
9,190 lleig esquerrer
        he geperut
        contret uentrut
        per mal socors
        trencat potros
        he cames tortes
        dormint com mortes
        alguns plorant
        altres mamant
        massa los maten
9,200 altres n'esclaten
        sus ells llançades
        endormiscades
        necligentment

        en mon iouent
        yo rey regnant
        viu cas semblant
        entre fembrasses
        ab( )dos baguasses
        huna'b tal sort
9,210 son fill hac mort
        prest despulla'l
        he cambia'l
[67v] ab altre uiu
        l'altra senti[ ]u
        vereu puniades

        fforen llunyades
        ffon tal contesa
        dauant mi mesa
        la matadora
9,220 gran ralladora
        ffort defenia
        puys consentia

        he requestaua
        he fort instaua
        yo'l mig partis
        que no moris
        l'altra'm preguaua
        he fort ploraua
        tot lo[ ]y donas
9,230 sols uiu restas
        ffiu dret iuhi
        puys conegui
        qual mare fora
        la dormidora
        ffiu castiguar

        sens comparar
        ffan cas pigor
        de gran error
        mares traydores
9,240 dissipadores
        he çelerades
        delliberades
        tant sçientment
        com follament
        propis fills manquen
        hulls los arranquen
        he allisien
        per que mils sien
        acaptados
9,250 he uiuidos
        sobre'l pays
        de bon auis
        art doctrinal
        dot e cabal
        sos fills ereten
        de çert cometen
        molta maldat
        lo fill sa nat
        volent mancar
9,260 mes uull contar
        llur crueldat
        he prauitat
        per incident

lo solch torçent
en temps antich
no feu poblich
acte maluat
he çelerat
Semiramis
9,270 qui feu moris
he de sa ma
hun fill mata
per no complir
ni obeyr
son manament
gran foch ardent
que'n si sentia
son fill uolia
lo[ ]y apaguas
9,280 he la'n fartas
ell lo[ ]y negua
per ço'l mata
[68R] la foriosa
llibidinosa
molts n'elegi
he se'n serui
ffins rebuauen
com se'n cansauen
pus no podien
9,290 no li playen
ffeya'ls matar
a[ ]cans donar
ans los forçaua
puys los mataua

be fon semblant
exorbitant
he cruel acte
dos feren pacte
sos fills matassen
9,300 e'ls se meniassen
la hu meniaren
puys pledeiaren
pel qui uiuia
morir deuia
tambe meniat

he asetiat
Jherusalem
en hun estrem
de[ ]la çiutat
9,310 no fon trobat
per los uehins
olor sentins
de carn molt fina
c'una uehina
viuda iuhia
mig fill cohia
en ast partit
com a[ ]cabrit
per que'l menias
9,320 he que[ ]stoias
l'altra mitat
del fill cuynat
begues lo brou

ara de[ ]nou
en la Bretanya
mare tacanya
d'un fill molt bell
per lo budell
l'ast li mete
9,330 pel cap ixque
al foch lo mes
com son fill ues
mort e rostit
pare[ ]y marit
bon crestia
a[ ]Deu crida
viu lo[ ]y tornas
he reclama's
al Uiçent Sant
9,340 Fferrer preguant
reçuçita'l
no's animal
son fill matas
per que'l menias

huna maluada

The Mirror

        reyna fada
        deya's Atalia
        ffarta d'algualia
        com a[ ]çabia
9,350 de malaltia
        Deu li feri
[68v] ffill qui'n mori
        prest feu çercar
        presos portar
        los fills reals
        tots ab destrals
        esquarterar
        ffeu e matar
        gran cantitat
9,360 Johas furtat
        chich qui mamaua
        per qui'l amaua
        ffon amaguat
        he ben criat
        al temple dins
        per los rabins
        ab tal remey
        ffon apres rey

        he na[ ]Tamar
9,370 no feu matar
        lo gran rey Çir
        he feu partir
        lo cap del cos
        e'n odre gros
        de sanchs d'om ple
        lo cap mete
        rey de sanchs glot
        en lo ple bot
        dix uull fartar
9,380 he confitar
        per que's uenias

        hun altre cas
        vull dir terrible

        no menys orrible
        d'ira molt lega
        de gran enuega
        jniquitat
        e crueltat
        de feres dones
9,390 les Amazones
        quant començaren
        dels que restaren
        vius llurs marits
        sans o[ ]ferits
        d'una batalla
        de colp de[ ]stralla
        les enuiudades
        aualotades
        tots los nafraren
9,400 tambe mataren
        pares germans
        ffills chichs e grans
        tots hi moriren
        apres s'uniren
        cas'infinides
        ensenyorides
        han molt uixcut
        he prou [cre]xcut[29]
        matant los fills
9,410 com a[ ]conills
        no les femelles
        mas les mamelles
        dretes lleuades
        ab archs armades
        ffent cruel guerra
        gran part de terra
        cert conquistaren
        he( )dificaren
        temple bellissim
9,420 mas nefandissim
        obra molt uana
        de na Diana
[69R] ffent hun deu strany

---

[29] Almost illegible.

d'or o d'estany
ffus contrafet

no fon mal fet
com na Iustina
mare mesquina
d'enperador
9,430 del creador
reneguadora
emparadora
dels arrians
dels crestians
pus de uint milia
a[ ]sa familia
martiriar
ffeu e matar
ans cristiana
9,440 puys arriana
apostata
puys esclata

huna uil fembra
del nom no'm menbra
la qual tenia
fill qui seguia
al Sant Andreu
com ella'l ueu
joue polit
9,450 del pare'l llit
l'insta sullas
he uiolas
ffer no[ ]u uolgue
recorregue
ella'l pretor
posant clamor
de uiolençia
sens audiençia
del innoçent
9,460 no mal mirent
ffon condempnat
ser ofeguat
llançat al riu
Deu lo feu uiu

Andreu preguant
del çel ragant
llamp la[ ]feri
he descobri
sa maluestat
9,470 no menys peccat
he desamor
ffeu na Lleunor
reyna chiprana
qui fon iermana
del uell qui's diha
duch de Guandia
a[ ]son cunyat
tot descuydat
lo feu matar
9,480 he feu entrar
dins Famoguosta
mes que llaguosta
gent genouesa
de roba fesa
he uiolada
en la entrada
prou n'i ague

cert be tingue
jniqua furia
9,490 he gran lluxuria
[69v] huna'n Castella
reyna uella
mare del rey
cerquant remey
a[ ]sa calor
per foll'amor
d'un taguari
donant ueri
al rey fill seu
9,500 altre mal greu
de no menys dan
qual[ ]als chichs fan
vull reçitar
lo mal criar

       dels fills fadrins
       que'ls fan rohins
       ben enpastats
       he uiçiats
       cobrint scusant
9,510 desenculpant
       ses oradures
       he trauesures
       ffriandaries
       he llepolies
       lladrupeiar
       tacanyeiar
       axi'ls desuien
       pares be'ls crien
       ab raho'ls baten
9,520 mares que'ls maten
       veureu cridar
       he flastomar
       pare cruel
       ab lo llur uel
       los ulls los torquen
       axi'ls enforquen
       doguals los filen
       los mes auilen

       si hu sols n'an
9,530 pus foll lo fan
       he ignoçent
       grosser dolent
       viudes pus niçis
       de pigos uiçis
       los mes peniats
       son llurs criats
       los alcauots
       he gualiots
       ffembres errades
9,540 he coronades
       en lo poblich
       viudes te dich
       les han criades

       ffolles yrades
       si carta giren

       pus fort los firen
       he sens raho
       ab bon basto
       veureu souar
9,550 cap braç trencar
       croxir los ossos
       la carn a[ ]mossos
       d'anques tallar
       stopa liguar
       grossos moxells
       ab bons cordells
       al uentre[ ]y cames
       ençendre[ ]y flames
[70R] lexant cremar
9,560 nas dits leuar
       he a[ ]les filles
       ab les clauilles
       fferir de punta
       la pell pus iunta
       he uerguonyosa
       ab fus filosa
       arrancar ll'ull
       lexar me uull
       llur crueldat
9,570 jniquitat
       jnsipiença
       e necligença
       pus reçitar

       per apartar
       l'estil de llarch
       descolle l'arch
       he pus no'l[ ]s( )tire
       l'aladre gire
       torn al cami
9,580 d'on m'aparti
       al natural
       llur general
       per que pensaren
       he començaren
       la indicible
       pudent orrible
       ffort llebrosia

　　　　　la sodomia
　　　　　peccat no poch
9,590　　digne de foch
　　　　　del mundanal
　　　　　he infernal
　　　　　a[ ]l'arma[ ]y cos
　　　　　dins lo llur clos
　　　　　no ben tancat
　　　　　per tal peccat
　　　　　o com Deu uol
　　　　　fformar se sol
　　　　　del qu'es posible
9,600　　lo menys noible
　　　　　millor uiuent
　　　　　ocultament
　　　　　obrant natura
　　　　　de podridura
　　　　　d'umos corruptes
　　　　　souint no[ ]y duptes
　　　　　serguantanetes
　　　　　serps granotetes
　　　　　rates penades
9,610　　fferes alades
　　　　　he baboynes
　　　　　per draps cortines
　　　　　volen e uan
　　　　　cranchs polps s'i[ ]fan
　　　　　dits conpanyons
　　　　　semblants royons
　　　　　moles diformes
　　　　　de leges formes
　　　　　he mostruoses

9,620　　mes son uentoses
　　　　　d'odre mig buyt
　　　　　d'aygues conduyt
　　　　　tabal tanbor
　　　　　par la remor
[70v]　　de llur costat
　　　　　ventositat

　　　　　grossa uapor
　　　　　de llur fredor
　　　　　dins engendrada
9,630　　en la yllada
　　　　　molts sons fa[ ]fer
　　　　　com fa troter
　　　　　de Llenguadoch

　　　　　no dura poch
　　　　　ser mestruoses
　　　　　molt enugoses
　　　　　lo quart del mes
　　　　　per tant iames
　　　　　les dones gregues
9,640　　monges e llegues
　　　　　ni les iuhies
　　　　　huyt o nou dies
　　　　　mentres sanch tenen
　　　　　ni uan ni uenen
　　　　　a[ ]Deu preguar
　　　　　al templ'entrar
　　　　　no'ls es permes
　　　　　en[ ]l'estiu mes
　　　　　per[ ]tant com puden
9,650　　del drap que's muden
　　　　　ffetilles fan
　　　　　del que'n roman
　　　　　may bon paper
　　　　　d'ell se pot fer
　　　　　si'n fas peno
　　　　　mes al maymo
　　　　　de[ ]les gualeres
　　　　　bon uent no speres
　　　　　ans les perdras
9,660　　si'l cremaras
　　　　　may clar[ ]flameia
　　　　　tostems blaueia
　　　　　no'n[30] ual res l'escha
　　　　　la nafra frescha

---

[30] Originally 'nol', corrected by the scribe to 'non'.

si li'n fan bena
s'estiomena
o s'i fan cuchs
qui talla buchs
si d'ell fum porta
9,670 d'abelles morta
cau la mitat
enbolicat
ab tal bafor
de[ ]la llauor
dels cuchs de seda
mes se'n refreda
no se'n auiua
o s'eschaliua
pur uiu ne pocha
9,680 si'l drap la tocha

si son presents
tocans uehens
quant han llur magna
l'ome que's sagna
pus sanch no'n ix
o s'esmortix
si tals s'aturen
quant metges curen
l'ome nafrat
9,690 es tart curat
o ben prest mort
si uan per l'ort
[71R] los arbres sequen
maten entequen
erbes si'n cullen
hi l'espill sullen
he com llops miren

mes si may firen
ab llur saliua
9,700 no speres uiua
l'escorpio
jnfecçio

he uerins obra
lo ui que'ls sobra
en la llur copa
o si[ ]y fan sopa
en l'om si[ ]y beu
rentar la deu

de furioses
9,710 he rabioses
guoçets orinen[31]
he s'enuerinen
per traçio
complexio
mudant ab art
de certa part
l'umit si't tocha
la mort te flocha
com Alexandre
9,720 quin çeliandre
per[ ]a llonch us

ab çert greix fus
com diu la gent
se fan hunguent
he bruxes tornen
en la nit bornen
moltes s'apleguen
de Deu reneguen
hun boch adoren
9,730 totes honoren
la llur cauerna
qui's diu Biterna
mengen e beuen
apres se lleuen
per l'ayre uolen
entren hon uolen
sens obrir portes
moltes n'an mortes
en foch cremades
9,740 sentençiades

---

[31] The *s* of 'guoçets' and the *o* of 'orinen' are scribal corrections.

         ab bons proçessos
         per tals exçessos
         en[ ]Catallunya
         tal fet si's lunya
         de ueritat
         ja's declarat
         en lo decret
         alla't remet
         ffet es mirable
9,750   lo gran diable
         qui les guanya
         hi te la ma
         ell les enguana
         he les profana
         ffins que son preses
         en carçre meses
         a[ ]mal llur grat
[71v]   la libertat
         com l'an perduda
9,760   pus no'ls aiuda
         ni'ls ual pus l'art
         d'elles ia fart
         quant son al foch
         ell se'n trau ioch
         he se'n fa trufa
         al foch los bufa

         mes les dampnades
         son inclinades
         naturalment
9,770   mes follament
         ser fetilleres
         he sortilleres
         coniuradores
         jnuocadores
         he adiuines
         moltes mesquines
         ab geumençia
         nigromançia
         son fitonesses
9,780   les diablesses
         totes malignes
         cert son indignes

         per los esguarts
         de males arts
         he fals compas
         et alias
         hom s'i acoste
         mas deu ser oste
         de sols mig dia
9,790   he tirant uia
         poch aturant
         he menys curant
         del llur acost
         qui passa tost
         he tant l'om cansa

         llur amistansa
         afecçio
         dilecçio
         treua[ ]y amor
9,800   sens oy rancor
         gronyir renyar
         no pot durar
         al mes hun'ora
         si[ ]no ab nora
         o ab fillastre
         sogre padastre
         sogra cunyada
         aconpanyada
         ab qui's que sia
9,810   la reuessia
         es llur camisa
         sens paguar sisa
         ab quants pratiquen
         ab tots repiquen
         neguen si deuen
         crim fals alleuen
         secrets descobren
         ab ales cobren
         ab lo bech piquen
9,820   he preuariquen
         mentint difamen

         puys res no amen
         esser amades

	vana[ ]y debades		a[ ]ses mulles
[72R]	es tal husança		he sostenir
	sols sa criança		he mantenir
	qu'es tendrelleta		elles guarnides
	mentres l'a( )lleta	9,870	cases forniìdes
	la pot amar		Deu inuocat
9,830	lo desmamar		he conuocat
	partex[ ]l'amor		tot l'apostolich
	en l'amarguor		senat catolich
	d'açeuer groch		ab gran conflicte
	qual en lo broch		ell feu edicte
	de llus mamelles		he decret llarch
	se posen elles		lleuant l'enbarch
	quant los desmamen		tot rasament
	ja par desamen	9,880	del casament
	llur criatura		als capellans
9,840	mostrant figura		sols apellans
	començament		fforen los grechs
	he tastament		qui com folls llechs
	de[ ]l'a( )marguosa		ffan matrimonis
	vida penosa		llurs patrimonis
	que passar deuen		per los fills uenen
	qui llur llet beuen		tots alienen
	he mal cuynat		he destrohexen
		9,890	Deu no seruexen
	pel mal ueynat	[72V]	deliurament
	he sobres dan		lliberament
9,850	que totes fan		viuen llatins
	a[ ]tot uehi		qui tots matins
	hi prouehi		missant conbreguen
	Calixte papa		tots a[ ]Deu preguen
	vestint la capa		dien ses ores
	d'apostalat		mullers ni nores
	vent asolat		gendres nebodes
	he ia's perdia	9,900	casaments bodes
	de[ ]dia'n[ ]dia		res no'ls embargua
	l'eclesiastich		
9,860	estat monastich		be fon amargua
	tot saçerdoçi		hun temps la[ ]sgleya
	posat en oçi		com ella's ueya
	se diuertia		ser enguanada
	e's conuertia		huna maluada
	en dar plaes		hom se fingia

per sa mongia
he ficçio
9,910 elecçio
ffon feta d'ell
papa nouell
violentment
he dignament
Deu la mata
ella[ ]sclata
mostra's ser dona
per tant en[ ]trona
publicament
9,920 ab tocament
si's hom se proua
com se renoua
lo pare sant
tots temps pensant
que'l redemptor
d'ells fundador
he fonament
claus regiment
a hom dona
9,930 he ordena
sols mascle hom

guarden e com
may no'ls enguane
dona ni'ls mane
ni ordens prengua
ni may emprengua
de fer sermons
de fe tres mons
regiraria
9,940 llur parleria
ni han permes
ogen iames
confessions
d'elles perdons
nunca s'aurien
reuelarien
peccats secrets
fforen discrets
promens e sauis

9,950 los pares auis
qui desuiaren
he apartaren
de clereçia
tal trauessia
he gran destorp

seguona part
del terçer

[73R] *e tu uell corp*
com alquimista
auent ia uista
llur art frustrada
9,960 *altra ueguada*
esperimenta
no se'n absenta
ni se'n aparta
ni may se farta
bufar al foch
he com en ioch
lo perdedor
gran iuguador
ab mala sort
9,970 *para pus fort*
he mil iochs muda
ffins que perduda
ha sa moneda
may se'n refreda
ven tot quant te
quant no[ ]y ha que
per iuguar furta
a[ ]mort s'a( )hurta
per tornar tost
9,980 *ffins que desbost*
guanye qui's uulla
alli's despulla
en lo taulell

tu pages uell
laçiuios
porfidios
axi[ ]u faras

    no't fartaras
    bufar al foch
9,990 escach pel roch
    tens per la dona
    sus mat te dona
    puyg[32] soriguer
    te saben fer
    he no'l conexes
    yo't prech te'n dexes
    may pus no iugues
    ab tals fexugues

    si may te tempta
10,000 la llur empremta
    tant afaytada
    he repintada
    per ta defensa
    dins que son pensa
    veus les lluens
    no tenen dens
    alcofollades
    d'ulls afollades
    per l'enblanquir
10,010 perden l'ohir
    he l'odorar
    per l'ensofrar
    al cap grans banyes
    dins han migranyes
    veus les brodades
    he diuisades
    coha tallada
    crencha[ ]calada
    ffins a[ ]les çelles
10,020 si't paren belles
    ab tals hufanes
    no te'n enguanes
    lleua'lls les robes
[73v] veies que[ ]y trobes
    llaua'ls la cara
    ab aygua clara

    ffora tapins
    mira que tins
    hun uell monet
10,030 o çerronet
    tot cap e cames

    donchs no't inflames
    per llurs pintures
    ni brodadures
    ni'n façes de_us_
    com los iue_us_
    nostres antichs
    dels arreus richs
    d'elles tan bells
10,040 collars anells
    d'or los foneren
    hun deu se'n feren
    hidolatraren
    bou adoraren
    tu no adores
    ses alcandores
    ni ses lliguaçes
    per ses caraçes
    ni lluent pell
10,050 menys pel çeruell
    no te'n tribules
    ni't acumules
    ydolatries
    per frasqueries
    de quantes son
    ni pel preguon
    ni pel defora

    mas tota hora
    ta carn refrena
10,060 si guerra't mena
    libidinosa
    he furiosa
    com fa'n lo brut
    si dins uirtut

---

[32] Puys.

    de contenir
    no pots tenir
    que t'i esforçes
    car no'n fa forçes
    la part carnal
10,070 seruisial
    a[ ]la raho
    de bon baro
    pren bon consell
    a[ ]cas nouell
    nou emergent
    he contingent
    no nessessari
    ni uoluntari
    ne inposible
10,080 mas deligible
    triant millor
    a[ ]ta calor
    seguons la lley
    donant remey
    may ha fallit

    de sarments llit
    he d'agnuscast
    ffornix ton trast
    he d'un cantal
10,090 te fes capçal
    llançols d'ortigues
[74R] ab que't abrigues
    muller de neu
    com Francesch feu
    vetla treballa
    puia deualla
    ffins que t'enuig
    com Iosef fuig
    husa lo bany
10,100 reb cascun any
    sagnies dues
    ffes souint sues
    e( )nans del past
    per uiure cast
    les diçiplines
    he com te dines

    pa[ ]y[ ]aygua usa
    ffin ui refusa
    he beu uinagre
10,110 lo mengar magre
    sols per la uida
    ab çerta mida
    ans poch que massa
    carn de res grassa
    llet e los ous
    potatges brous
    lo meniar blanch
    ffan molta sanch
    donchs molt sement
10,120 he mouiment
    llegums fumosos
    son e uentosos
    cuyts o torrats
    ventositats
    dintre recluses
    les cornamuses
    ffan fort inflar
    dreçar sonar
    donchs carn llegums
10,130 ni los perfums
    per que conçiten
    apetits çiten
    no'n uses guayre
    mas ab desayre
    ta carn castigua
    com enemigua
    porta'n lo llom
    plancha de plom
    çercol be[ ]stret
10,140 de ferro fret
    en los ronyons
    mulla'ls botons
    en aygua freda
    axi's refreda
    tal mouiment

    lo sentiment
    raho senyora
    la carn traydora

del hom discret
10,150 ab si retret
deu rominar
he dominar
he ben regir
he deu fogir
no sols pensar
mas somiar
auinentea
lluquet e tea
[74v] es de chich foch
10,160 he poch a[ ]poch
s'ençen molt gran
qui lo gran dan
pot estimar
qual per Thamar
se feu Amon
cert Absalon
per[ ]ço'l mata
be'l que pensa
crexque'n grans flames

10,170 si[ ]tant t'enflames
lo seny no[ ]y basta
tant te contrasta
la carn e mou
tant fort te rou
si tant te crema
torna ton tema
puys tant te plau
com dix Sent Pau
mes ual casar
10,180 que no cremar

quin casament
no semblantment
com mul cauall
als quals seny fall
mas sols casar
per uenerar
lo sagrament
Deu molt tement
per seus auer

10,190 de[ ]la muller
ffills sucçessos
o per calos
refrigerar
o per squiuar
aquell peccat
pus difamat
o si no uols
habitar sols
per ser seruit
10,200 he costeyt
per tals esguarts
ab bones arts
casar te pots
o per grans dots
per ser raxos
o per amos
ensaga[ ]t'i
qual se uol fi
que t'i moura
10,210 crech te coura
a[ ]hun plaer
auras çerter
tantes dolos
quantes suos
treballs de mort
a hun deport
ha l'ome d'armes

per que't desarmes
de tal fatigua
10,220 coue yo't digua
per que son tals
descominals
he d'on los ue
tants mals poch be
hou be no dormes

per que't informes
pus promtament
[75r] primerament
vull explicar
10,230 com llur peccar

he mal los dura
per llur natura
he uoler d'elles

les marauelles
virtuts honos
premis llahos
de sola huna
mare comuna
he primiçera
10,240 maior clauera
capitanessa
he alcaydessa
de parahis
per ton auis
hi uull mesclar
he recontar
algunes coses
ab que deposes
tos mouiments
10,250 bruts sentiments
ffolls apetits
he uils delits
llexant en terra
en l'alta serra
de meditar
volent muntar
l'enteniment
pus clarament
si uols apendre
10,260 poras entendre
lo que no ueus
solament creus
ab simpla fe
pel que dire
he meditar
he contemplar
millor poras
quant oyras
les lliçons uelles
10,270 ages orelles

Deu prepotent

lo mon present
crear pensant
ell començant
al firmament
del ornament
he d'inuisible
de tot uisible
ffon creador
10,280 hutil senyor
ffeu d'animals
de[ ]minerals
treballador
cultiuador
de ferm e moble
l'om bell bo noble
per ell creat
en lo uert prat
camp de Domas
10,290 hon no[ ]y romas
mas apartat
ffon transportat
en parays

com s'a( )dormis
Deu per sa ma
dona forma
[75v] d'una costella
jus la mamella
sens despertar
10,300 ni destorbar
lo llur sopor
sense dolor
no res trencant
ni foradant
del hom trague
he li plague
costella fos
no dret fort os
mas flach curuat
10,310 redo uoltat
per sa natura
car tal figura
per ser redona

          molt poch s'adona
          ab cos dret pla
          tal uirtut ha
          he calitat
          ab l'om pla nat
          ella'b sa punta
10,320   may se coniunta
          qual uol tal es
          ni menys ni mes
          pus no's[ ]torçria
          ni's dreçaria
          ans se trencara
          si la foriara
          d'algun fort foçil
          may fora doçil
          nunca flectible
10,330   pus fort flexible
          com l'arch turques
          fet al reues
          d'una cabreta
          pres la coheta
          llengua li'n[ ]feu

          cert be preueu
          Deu que seria
          ab maestria
          jmposa nom
10,340   Adam al hom
          Eua la dona
          Adam camp sona
          vermell o roig
          Eua mal guoig
          maldiçio
          perdiçio
          he remor d'ossos
          boca e mossos
          plor se'nter( )petra
10,350   seguons la lletra

          per Deu donada
          li fon manada
          huna primera
          lley prou llaugera

          que la seruas
          ella solda's
          ab hun dapnat
          apostatat
          a[ ]Deu rebel
10,360   llançat del çel
          superbios
[76R]   molt enuegos
          maluat sperit
          sols per son dit
          la lley trenca
          ella pecca
          de crim molt fort
          digne de mort
          maiestat llesa
10,370   per Deu represa
          ffon e çitada
          tota[ ]sglayada
          comoçio
          conpunccio
          he resistençia
          erubeçencia
          se ach sentida
          e( )nuerguonyida
          al natural
10,380   lloch maternal
          per fer infants
          de fulles grans
          de les figueres
          verdes lleteres
          ffeu cubertura
          en llur fisura
          toca[ ]y la llet
          llexa[ ]y de[ ]fet
          la ordinaria
10,390   hereditaria
          prohig'ardor

          com sa error
          no confessas
          ans l'escusas
          ab la serpent
          eternalment

        ffon condempnada
        a[ ]mort dampnada
        he malayda
10,400 tota sa uida
        ser subiuguada
        he bandeiada
        de parays
        tostemps paris
        no sens tristor
        ab gran dolor

        del obeyr
        he reuerir
        he ser subiecta
10,410 tota sa secta
        may n'a fet res
        llur credit es
        puys fo primera
        ella parlera
        primer menga
        he menega
        la llengua[ ]y[ ]morros
        restaren forros
        a[ ]ser llenguda
10,420 puys no fon muda
        de tal plomada
        vent[ ]s'agreuiada
        creu s'a( )pella

        del part calla
        qui call'atorgua
        l'a( )margua porgua
        del parturir
        dolor morir
        per[ ]ço li resta [76v]

10,430 de ser infesta
        contrariant
        he rebellant
        al hom fent bregua
        d'axo'n allegua
        prescripçio
        possessio

        de[ ]fe antigua
        primer amigua
        ffon del diable
10,440 per conestable
        ella'l prengue
        de mala fe
        posseydores
        detenidores
        de s'amistat
        ab maluestat
        e contra dret
        pus uer de fet
        han prescribit
10,450 contra'l marit
        rebellio
        contençio
        totes abrigua

        donchs per la figua
        o altra fruyta
        qual sens gran lluyta
        ffort cobega
        tasta menga
        delliberada
10,460 no pas forçada
        la lley trencant
        no gens duptant
        lo manament
        Deu no tement
        guanya'ls mals Eua
        dexan ereua
        sa genitura

        molt poch se'n cura
        de tal erençia
10,470 la deçendençia
        cert mascolina
        la femenina
        es qui's atura
        la diablura
        qu'ella'ls llegua

        ella lligua

　　　　　　a[ ]ses ereues
　　　　　　ab fermes treues
　　　　　　ab l'infernal
10,480　llur speçial
　　　　　　drach Lluçifer
　　　　　　d'ell senssaler
　　　　　　emphiteotes
　　　　　　les feu a[ ]totes
　　　　　　jus sa fadigua
　　　　　　he les obligua
　　　　　　a[ ]fer errades
　　　　　　te capbreuades
　　　　　　totes arreu
10,490　en son capbreu
　　　　　　a[ ]sens no çert
　　　　　　tal li fa uert
　　　　　　tals atzurat
　　　　　　altra morat
　　　　　　les mes uermell
　　　　　　negre burell
[77R]　groch o tenat
　　　　　　o alquenat
　　　　　　son assensides
10,500　he be[ ]stablides
　　　　　　ab drets lloysmes
　　　　　　ab sos sofismes
　　　　　　llimits e fites
　　　　　　les te descrites
　　　　　　en manual

　　　　　　aquest senssal
　　　　　　peyta resens
　　　　　　mil quatreçens
　　　　　　vint set conplits
10,510　anys son finits
　　　　　　sens trenta tres
　　　　　　anys los primes
　　　　　　des[ ]que naxque
　　　　　　mentres uixque
　　　　　　lo paguador
　　　　　　que per uiguor
　　　　　　d'un instrument
　　　　　　graçi'auent

　　　　　　ffon ia quitat
10,520　he cançellat
　　　　　　en lo notal
　　　　　　l'original
　　　　　　antich contracte
　　　　　　desfet lo pacte
　　　　　　he difinit
　　　　　　preu infinit
　　　　　　de carn e sanch
　　　　　　per fer lo franch
　　　　　　ne fon paguat
10,530　he reuocat
　　　　　　lo pleguador
　　　　　　com robador
　　　　　　apresonat
　　　　　　he castiguat

　　　　　　elles encara
　　　　　　n'obstant l'anpara
　　　　　　afranquiment
　　　　　　he quitament
　　　　　　per fer plaer
10,540　ab[ ]el peyter
　　　　　　d'ell no reneguen
　　　　　　ne li deneguen
　　　　　　la senyoria
　　　　　　ans uolen sia
　　　　　　perpetual
　　　　　　crisma ni sal
　　　　　　de padrins fe
　　　　　　no les rete
　　　　　　ni se'n amaguen
10,550　totes li paguen
　　　　　　morabati
　　　　　　en lo mati
　　　　　　de Sent Iohan
　　　　　　o dat ho han
　　　　　　jorn de ninou
　　　　　　la boca's[ ]clou
　　　　　　a[ ]carnestoltes

　　　　　　d'estes reboltes
　　　　　　aten escolta

10,560 Deu sols n'a'bsolta
de totes huna
lluent com lluna
cintillant stela
mes que çel çela
ab lo sol sola
com uoltor uola
abella bella
[77v] ouella uella
he signant signe
10,570 ffenix insigne
colent coloma
ben olent guoma
segur seguonya
del sens e ronya
he uictigual
tan general
sola n'es francha
mes que neu blancha
rosa gesmir
10,580 he flor de llir
mes que mirall
he pur cristall
jnmaculada
no may tachada
del heretatge

hach auantatge
sublimitat
gran dignitat
he priuilegi
10,590 sobre'l collegi
de les catiues
porroguatiues
obte molt altes
totes malaltes
d'elles molt flaques
com les set uaques
egipçianes
altres mal sanes
de set humos
10,600 ab set thumos
molt engrassades

grosses inflades
ab set dolos
de set colos
totes tacades
de set picades
caps de serpent
tal exçellent
casa obrada
10,610 hedificada
sus set colones
d'or e redones
llibre tanquat
he sagellat
ab set sagells
de set ramells
arbre de uida
sana guarnida
de set uirtuts
10,620 ab set escuts
he mil defesa
en set entesa
arts lliberals
zodiachals
les set planetes
ab set cometes
la inllumenen
set llums li tenen
set canalobres
10,630 set cares obres
proximals pies
en los set dies
disapte mes
car iorn seu es
singularment
[78r] car çertament
en[ ]semblant dia
la fe's[ ]perdia
sola tengue
10,640 fferma la fe
per tots fon rota
la[ ]sgleya tota
sola fon ella
per[ ]ço s'apella

   seu lo disapte

   dant bon recapte
   potent obrera
   pels seus guerrera
   defenedora
10,650 he protectora
   als caminans
   he batallans
   guanfanonera
   portant bandera
   de pur argent
   blanch e lluhent
   humilitat
   virginitat
   es llur empresa
10,660 per sa noblesa
   maternitat
   ffecunditat
   es sa llurea

   per tant'altea
   mereix aquesta
   de dita questa
   esser exhemta
   d'aquella'npremta
   original
10,670 cort diuinal
   ha preseruat
   he reseruat
   aquesta sola

   hun'altra[ ]scola
   saps que opina
   altra doctrina
   de[ ]la susdita
   sense sospita
   creu quala uulles
10,680 puys no't arrulles
   ni't desonestes
   ffent uanes festes
   detracçions
   maldiçions

   contaminant
   calumpniant
   en trones setges
   dient eretges
   mals cristians
10,690 pechs ignorans
   los qui mantenen
   la part qu'entenen
   ser ueritat

   pluralitat
   de doctos sans
   grans discordans
   d'opinio
   la questio
   ret fort duptosa
10,700 dificultosa
   de diçidir
   lo sostenir
   lo hoc o no
   conclusio
   es de fatigua
   dels sants antigua
[78v] d'abdos les parts
   de saber farts
   tots aprouats
10,710 canonizats

   alguns moderns
   son fets guouerns
   de barques uelles
   velles querelles
   han fetes propies
   he son grans copies
   desafaynades
   son[ ]se mesclades
   nom husurpans
10,720 de capitans
   en bando strany
   mortal afany
   n'an pres de[ ]mes
   no'n sabran res
   mentres uiuran

morts com seran
en parays
lo llur diuis
ocularment
10,730 he clarament
veuran finat
açi'l combat
resta duptos
mas profitos
prou a[ ]la[ ]sgleya

car seguons deya
qui papa fo
en Auinyo
Benet de Lluna
10,740 a[ ]la comuna
hutilitat
aquest debat
ha fet gran be
molts en la fe
dels poch amichs
cientifichs
grans tehologichs
sofistes llogichs
disputados
10,750 sermonados
los ha fets fer
los quals poder
paçificats
al oçi dats
tots ignorans
he rustechs sans
se restarien
derrocarien
l'edificat
10,760 magnificat
ha[ ]l'edifiçi
llur exerçiçi
tant enuegos
com curios
he questio

cert obsçio

segur pots pendre
tenir defendre
com a[ ]brocarts
10,770 ab( )dos les parts
sens por de foch
la part que't moch
de no conçepta
es molt acçepta
a[ ]la mes flota
par pus deuota
he prou segura

[79R] no la fa scura
gens aquell crit
10,780 qui fon hoyt
en Palamos be
l'aguila ue
a[ ]tots naxens
terratinents
dir tres ueguades
aue debades
l'angel no dix
aquell seguix
ffel relador
10,790 embaxador
de Deu primer
aue çerter
capgirant Eua
tots tres ue lleua
he la'n apura

la sens ue pura
plena perfeta
la tota neta
sense querella
10,800 la tota bella
ver or sens ligua
mare[ ]y amigua
del creador
potent senyor
de ue 'b[ ]rotura
res de sutzura
en cos sperit

        hauer sentit
        sols hun instant
10,810 no's uer semblant

        qui de no res
        ffeu tot quant es
        de uerge llim
        terros tarquim
        ffeu l'om manant
        dient parlant
        he del costat
        sens fer forat
        trague costella
10,820 e'n feu femella
        e dix crexeu
        sols pel dit seu
        he sa uirtut
        han conçebut
        he engendrat
        ensemps mesclat
        de dos sement
        no altrament

        he qui baxat
10,830 he humanat
        sens home pare
        de sola mare
        sa carn prengue
        no sospengue
        tal mesclament

        çert qui's potent
        ffer gran misteri
        lo uituperi
        chich anxios
10,840 contagios
        hereditari
        jnuoluntari
        acçidental
        no 'sençial
        ni positiu
        sols priuatiu
        de natural

[79v] original
        vera iustiçia
10,850 no gens maliçia
        be'l pot sostpendre

        quant uolch rependre
        ffort Eua Deu
        per lo que feu
        no condempna
        sentençia
        en lo parir
        totes sentir
        pena dolor
10,860 por e tristor
        esta pari
        mas no senti
        dolor alguna
        qui la comuna
        lley general
        he corporal
        sospes en ella
        la lley aquella
        acçidental
10,870 d'original
        be poch sospendre
        com quant ençendre
        ffeu gran fornal
        aquell rey tal
        de Babibonia
        per querimonia
        dels tres iuhe*us*
        qui llus uans de*us*
        no adoraren
10,880 hon no's cremaren
        ni molt ni poch
        cremar al foch
        es natural
        Deu eternal
        lo sospengue
        donchs be pogue
        tal ue sospendre
        sens molt contendre

	com feu la lley		en l'eternal
10,890	aquell bon rey		jn mente tal
	dit Asuer		com papa fa
	la reyna[ ]Ster	10,930	la reserua
	no la'n tolgue		he prelegi
	quant li uengue		puys confegi
	ben abillada		santificada
	aconpanyada		vergua plantada
	de ses donzelles		per dar salut
	no't marauelles		al mon perdut
	si qui pot mes		en mig del temps
10,900	la lley sospes		entre'l'stremps[33]
			del mon en mig
	no pot fer Deus	10,940	en lo config
	mes que los seus		de[ ]la promesa
	subdeleguats		terra sosmesa
	metges prelats		als de Iuda
	lo confessor		
	lo peccador		Deu saluda
	de tots peccats		en lo migiorn
	greus confessats		lo mon entorn
	puys be'ls engrune		tot d'orient
10,910	no'l ret immune		ffins al ponent
	he desinferna		ab la sabor
	de mort eterna	10,950	suau olor
	no's dit al doble		de tal canyella
	metge pus noble		sarment nouella
	lo preseruant		de balsem planta
[80R]	que lo curant		
	lo mal que ueu		ffilla tan santa
			de sants parents
	l'alt metge Deu		jutges sabents
	sçientifich		pratriarchals
10,920	ver magnifich		he profetals
	jnegrotable		he saçerdots
	o inpeccable	10,960	sants e deuots
	dignificada		he dels reals
	deificada		a[ ]Deu lleals
	ans que'l mon fos		
	ell glorios		

---

[33] This is the only case in which a consonant (s) is shared by two words.

          de fet fon nada
          ffon nomenada
          nom honoros
          bell graçios
          per Deu manat
          he comanat
          pel misatger
10,970 angel çerter
          al pare prom
          li posas nom
          molt alt Maria

          vol dir mig dia
          alba diana
          he tremuntana
          de mar la[ ]stela
          he nau ab uela
          amarinada
10,980 jlluminada
          jlluminant
          lo caminant
          he ma[ ]daria
          mes amaria
          he maridada
[80v]   la mar salada
          o mar amargua
          he mare llargua

          essent chiqueta
10,990 d'edat poqueta
          he delicada
          ffon dedicada
          seruir al temple
          hon fon exemple
          de santedat
          en tal edat
          mostra miracle
          al tabernacle
          quinze grahons
11,000 alts escalons
          ella's puia
          may s'enuia
          de[ ]la clausura

          ab molt gran cura
          Deu inspirant
          he reuelant
          ffon prest mestressa
          he doctoressa
          dels maiors mestres
11,010 ella'ls feu destres
          en fer seruiçis
          he sacrificis
          ben acçeptables
          de Deu placables

          dins hi uiuien
          qui Deu seruien
          moltes fadrines
          dona'ls doctrines
          d'oraçio
11,020 deuoçio
          speritual
          perpetual
          virginitat
          entreguitat
          les feu uotar
          volch les dotar
          de castedat
          he d'onestat

          conplits anys dotze
11,030 ans dels quatorze
          n'obstant lo uot
          sens algun dot
          d'or ne florins
          los sants rabins
          la maridaren
          tots acordaren
          ffos son marit
          pel ram florit
          Josep ihueu
11,040 vell del trip seu
          hom cast honest
          just sant modest
          la lley sabent
          he Deu tement

        abduy parents
        fforen consents
        llur uolentat
        pel parentat
        al casament
11,050 ffo prestament
        consolidada

        la maridada
        del marit uell
        prengue l'anell
[81R] en senyal d'arra
        millor que Sarra
        la riallosa

        no fon llebrosa
        huna semmana
11,060 com la germana
        de Moyses
        Deu[ ]fos permes
        set iorns mesella

        ni fon aquella
        altra Maria
        qui no sabia
        que's demanaua
        ffort infestaua
        qui no calia

11,070 ni escarnia
        son bon marit
        com ha Dauit
        na Micol feu
        per[ ]ço uolch Deu
        per que se'n ris
        may no paris

        esta curosa
        ffon y[ ]amorosa
        dolç'agradable
11,080 no irritable
        com la de Iob
        tenint aprop

        de son mester
        lo prom fuster
        en fusteria
        o ferreria
        ell s'afanyaua
        ella guanyaua
        en texidures
11,090 tallar costures
        molt temps filaua

        cert no furtaua
        cabrit corder
        com la muller
        del çech Tobies

        les nits e dies
        a may lexar
        seu ueus orar
        ab prou afany
11,100 de llur poch guany
        ells se uestien
        he despenien
        sols nessessari
        llur ordinari
        abastament

        Josef content
        may enguanat
        en lo cuynat
        ffon com Ysach
11,110 may enbriach
        ffon com Nohe
        ni comete
        de ui torbat
        he crapulat
        com Llot inçest

        Josef aquest
        ab sa muller
        en pau plaer
        molt s'auenien
11,120 tots temps uiuien
        sobriament

honestament
ells se tractaren
may se tocharen
[81v] ni's conegueren
ni may ronperen
sa uirginitat
hi en equitat
drets com palmera
11,130 cert l'alma uera
yo la preuiu
per ella fiu
Deu inspirant
yo profetant
los bells dictats
Cantichs Cantats

ffon figurada
he profetada
en profeçies
11,140 per Ysahies
he tots profetes
per ella fetes
de Nohe l'archa
del patriarcha
la[ ]scala'l çel
del temple uel
d'archa o tora
pell cubertora
d'or la tarraça
11,150 hurna o taça
vergua d'Aron
de Gedeon
conca del ros
exut uellos
era banyada
porta tancada
carro d'Elies
peix de Tobies
del rey la filla
11,160 lo chic afilla
lleuat del riu

he de Dauiu
torre corona
viula clau fona
del sol uerdesca
de Samso bresca
d'Iram argila
de rabins uila
Jetsemani
11,170 munt Sinay
Tabor Orep
guot de Iosep
sach e graner
lo guauarrer
tot emflamat
he no cremat
ffont ort tot clos
talem d'espos
pou de Sichem
11,180 Jherusalem
nau mercadera

de sa manera
yo n'escriui
he descriui
quina seria
en darreria
d'un meu report
muller prou fort
ben lluny trobada
11,190 gran preu preada
sabent faynera
he filanera
conseruadora
he prouisora
[82R] dels seruidos
ab senados
ffa'l marit siure
en son ben uiure
es gran e chica
11,200 pobra e richa
dona[ ]spectable
he reduptable

                entre çent mil
                la pus humil
                per Deu triada
                al seu criada
                molt alt misteri
                hac ministeri
                angelical
        11,210 dominical
                nunçiador
                pus alt maior
                que'l misatger
                de[ ]la muller
                de[ ]Manue
                com fill ague
                Samso forçor

                l'enbaxador
                ffon Guabriel
        11,220 trames del çel
                ves Gualilea
                ffora Iudea
                en sa frontera
                Natzaret era
                ciutat e flor
                ab gran claror
                l'angel uenint
                Josef dormint
                a[ ]miga nit
        11,230 prop lo seu llit
                entrant tot gint
                vetlant llegint
                la troba seyta

                dix[ ]li beneyta
                aue Maria
                senyora mia
                molt graçiosa
                mes fructuosa
                que tota mare
        11,240 per que's repare
                nostra ruyna
                del çel reyna
                tantost seras

                ffill conçebras
                reparador
                he saluador
                Deu es ab tu
                semblant li cru
                lo que[ ]splica
        11,250 prest replica
                hun tant torbada
                per l'ambaxada
                molt homilment
                he gentilment
                dix ser contenta
                de Deu seruenta

                he migançant
                l'Esperit Sant
                hac conçebut
        11,260 ab la uirtut
                de Deu altissim
                de fill santissim
                resta prenyada
        [82v]   aconpanyada
                de son espos
                lo uentre clos
                sempre restant

                aquell instant
                que dix fet sia
        11,270 l'umil Maria
                verge secreta
                fo prenys perfeta
                verge sançera
                he mare uera
                verge casada
                prenys no cansada
                grossa llaugera
                prenys caminera

                hun iorn mati
        11,280 ella parti
                ab lo bon prom
                temprat he com
                de Natzaret

          Elisabet
          volch uesitar
          he reçitar
          del sant prenyat
          al seu cunyat
          en Zacharies
11,290 per alguns dies
          los consola
          e[ ]y atura
          puys se'n[ ]tornaren

          apres anaren
          no per delicte
          mas per edicte
          que feu Sesar
          couench anar
          a[ ]Betlem dret
11,300 ab prou gran fret
          ffon peregrina

          dona uehina
          de[ ]la çiutat
          no'n ague grat
          ni la uolch rebre
          en hun pesebre
          de comu era
          hac ser partera
          no[ ]y hac madrina
11,310 sor ni cosina
          tristor ni por
          dolor ni plor
          ffilla e mare
          pari son pare
          pare e fill
          sens tot perill
          ffill e senyor
          sens entrenyor
          senyor capdal
11,320 aguila tal
          vehent uolant
          al çel puiant

          pari uer hom

          complit chic prom
          pari fill bou
          saçerdot nou
          pari lleo
          rey e baro
          pari fill Deu
11,330 qui lo mon feu
          pari Messies
          matant Guolies
          pari fill uerb
[83R] d'aram la serp
          pari giguant
          Satan lliguant
          pari fill Crist
          saluant l'om trist
          pari uer cos
11,340 de carn hi d'os
          pari fill fort
          destruynt mort
          pari anyell
          tol peccat uell
          pari fill sant
          l'om abraçant
          pari salut
          guarint l'om mut
          pari fill llum
11,350 del mon trent fum
          pari fill etern
          qui'ns trau de infern
          pari fill Ihesus
          Satan fon confus
          pari gran rey
          per dar[ ]nos lley
          pari redemptor
          hi guouernador
          pari lo be
11,360 c'a[ ]tots soste
          pari lo sol
          jutge sens dol
          sol de iustiçia

          ab gran periçia
          lo enbolcha

e'l adora
llatriament
ffon çertament
la uerdadera
11,370 de Deu primera
adoradora

aquella hora
qual ell naxque
trencat caygue
tot deu estrany
rebe mal guany
la sodomia
ydolatria
ab sos leuites
11,380 los sodomites
mort infernal
he corporal
ab gran escarn

mes nat dins carn
pel bou e ruch
com rey e duch
ffon conegut
seruit temut
com Deu senyor

11,390 l'emperador
Octouia
ell l'adora
com a[ ]uer Deu
en Roma'l ueu
visiblament
anar pel uent

ampla font d'oli
del Capitoli
molt prop hixque
11,400 lo Nil crexque
reguant iouades
lluny set iornades
[83v] mes que may feu

ni may se ueu

he pastos çerts
essent desperts
vetlant ouelles
cançons nouelles
angels cantans
11,410 manifestans
Deu nat hoyren
de[ ]fet partiren
e'l uisitaren
hi[ ]u reçitaren
be stesament

en lo ponent
tres sols s'i ueren
tots tres hu's feren
he fon trobada
11,420 pedra tallada
en mena noua
dins era toua
ab esculpides
lletres polides
hon se llegia
la profeçia
que conçebra
verge[ ]y parra
ffill çertament

11,430 en orient
tres reys gentils
pels nous estils
que'n lo çel ueren
lo conegueren
puys lo çercaren
e'l adoraren
tots fent[ ]li presens
mirra or y[ ]ensens
com a[ ]senyor
11,440 hom moridor
c'a[ ]Deu pertany

he cascun any

si[ ]y tens be[ ]sment
certerament
lo poliol
secat al sol
veuras florit
a[ ]miga nit

he cau un tros
11,450 del temple gros
dels antichs uans
deus dels romans
que'n Roma resta
nit de[ ]la festa
anyal maior

puys saluador
huniuersal
he general
al mon uingue
11,460 a[ ]tot uolgue
manifestat
ffos ell ser nat
per que'l mon pas
no s'escusas
per ignorançia
ab abundançia
de testimonis
angels dimonis
cel elemens
11,470 homens ihumens
testificaren
al mon mostraren
[84R] senyals notables
molt admirables
dant conexença
de tal naxença

huyt iorns apres
ell fon remes
al gran rabi
11,480 volch donar fi
al çircunçir
sols per complir

hi fon menat
lo tall manat
no duras pus
hac nom Ihesus
Hemanuel
per Guabriel
com fon retret
11,490 axi fon fet

la humanal
he paternal
mare parida
verge fon dida
verge tendrera
verge lletera
verge nodri
lo chic fadri
petit fillet
11,500 he ab la llet
celestial
he uirginal
propia d'ella
ab sa mamella
del çel omplida
ffins que complida
hac l'infanteha
ab gran abteha
he carament
11,510 abundantment
lo alleta

de cor l'ama
ab gran temor
com Deu senyor
he fill carnal
seu natural

mes mare fon
que quantes son
ni seran mares
11,520 no[ ]y acompares
mares passades
totes iustades

maternitat
ab qualitat
hauer semblant
a[ ]tant bastant
es inposible

sant e terrible
nom ne rete
11,530 mare no'l[ ]te
que'n lo mon sia
Verge Maria
Mare de Deu
Deu es fill seu
ffill realment
pus uerament
que may fill fos
ffill dins son cos
ffet en instant
11,540 complit infant
jnreprensible

l'alt inuisible
[84v] per sentiment
del hom uiuent
Deu inpalbable
ffet cos palbable
Deu inmortal
ffet hom mortal
Deu infinit
11,550 ffet cos finit
Deu inpasible
ffet hom pasible
les acçions
he passions
miserials
he humanals
sense peccat
ell a'cçeptat
mort fam e set
11,560 sentir calt fret
colps batiment
son cansament
suar tossir

parlar scopir
riure plorar

no ignorar
ni esmortir
enmalaltir
ni pronitat
11,570 a[ ]fer peccat
ni res profa
de hom res ua
ell no prengue

be li plague
ser humanat
verb encarnat
ver hom uer Deu
per que'n nom seu
s'agenollassen
11,580 tots se prostrassen
celestials
angelicals
sperits humils
jhueus gentils
los terrenals
he infernals
endiablats
tots aplatats
ffets l'escabell
11,590 jus los peus d'ell

jutge final
en[ ]tribunal
cert quant seura
esclafara
los reyatons
les naçions
Deu poderos
hom piados
just iutiara
11,600 caps cascara
del terrenal

Deu eternal

    pare Deu uiu
    tal a[ ]Dauiu
    ffill rey trames
    jura promes
    no li fallira
    en sa cadira
    per ell seuria
11,610 he regnaria
    eternalment
    he realment
    sobre'l seu poble
[85R] lliguat en coble
    tot encequat
    per lo peccat
    qu'Eua tracta

    mes se pacta
    ab iurament
11,620 l'omnipotent
    ab Abraham
    los fills d'Adam
    renunçians
    he reneguans
    a[ ]Satan feu
    per hun gran preu
    axi'ls rembria
    son fill seria
    lo redemptor
11,630 may fon deutor
    he paguaria
    tal fill morria
    rey coronat
    en creu clauat
    en mig de dos
    per sos traydos
    allançegat
    asedegat
    dins en Salem

11,640 ans en Betlem
    ciutat no chica
    hon pa's praticha
    duch naxeria

    qui regiria
    tot Ysrael
    Emanuel
    sant fort suau
    princep de pau
    ell se diria
11,650 per[ ]ço pendria
    en mig o çentre
    d'un sançer uentre
    tot uirginal
    carn humanal
    sens d'om parria
    lo qual seria
    en sa sement
    d'ell deçendent
    no dix semens
11,660 dels deçendens
    qui deuallam
    del Abraham
    trenta nouena
    vint e çinquena
    de mi fon neta
    per linia dreta
    he l'e[ ]y contat
    lo parentat
    so molt content
11,670 esser parent
    de tal senyora
    qui tant honora
    lo seu linatge

    del alt seu statge
    jn( )enarrable
    no reçitable
    marauellos
    he glorios
    pres son morir
11,680 sols referir
    se'n pot hun poch
    es lo seu lloch
[85v] alt als çels sobre
    lo sol la cobre

            tota l'abrigua
            lluna calçigua
            obte repos
            l'arma'b lo cos
            glorificat
    11,690 de guoig dotat
            perpetual
            Deu eternal
            ffill seu la mira
            prop sa cadira

            yo Salamo
            en lo dret tro
            mils no segui
            ni reueri
            tan alt ni be
    11,700 na Bersabe
            la mare mia
            com fer deuia
            car li negui
            que requeri

            esta priora
            mare senyora
            stant a[ ]la dreta
            reyna feta
            celestial
    11,710 ceptre real
            te e corona
            al cap redona
            de dotze[ ]steles
            vist primes teles
            roba daurada
            de uays forrada
            la cortapisa

            ella diuisa
            millor conex
    11,720 husa fruex
            clarament ueu
            la faç de Deu
            ella conquista
            pus alta uista

            que tots elets
            entre'ls perfets
            es pus perfeta
            mes que profeta
            patriarquessa
    11,730 apostolessa
            martir secreta
            verge pus neta
            mes confessora

            de preycadora
            alt en tribuna
            trona comuna
            mentres uixque
            Deu no uolgue
            ella[ ]y preycas
    11,740 car no fon cas
            conuenient
            jnpertinent
            ffora[ ]stat uist
            que Ihesucrist
            testificat
            ffos e preycat
            per mare sua
            car no desnua
            dubietat
    11,750 lo parentat
            testificant

    [86R]   be fon preycant
            jnstruydora
            referidora
            als croniquistes
            euangelistes
            he dels dexebles
            en la fe febles
            confirmadora
    11,760 consoladora
            de tots molt be
            be merexque
            per semblant schola
            donchs l'aureola
            dels preycados

	entre'ls doctos		gran Origenes
	mestres sabens		ni Dionis
	alt entenens		tants de Paris
	he metafisichs		teolechs grans
11,770	metges o fisichs		tres borts germans
	ffon pus sabent		ni'l de Domas
	molt mes uehent	11,810	Bernat Thomas
	que'ls conprensos		sant preycador
	ni que'ls cursos		de boca d'or
			rey honorat
	Adam format		Ffrançesch plaguat
	ans fes peccat		lo gran Antofol
	mes no sabe		quant fon Cristofol
	veu conegue		ni quant parti
	Johan Babtista	[86v]	lo drap Marti
11,780	may hac tal uista		may han sabut
	may en Tabor	11,820	vist conegut
	ab tal claror		ne tant entes
	ni tant hi ueren		ni han apres
	cinch qui[ ]y uengueren		tan alts decrets
	may Pau ueu tant		tants dels secrets
	Jacob lluytant		may a[ ]hom nat
	ni Moyses		ffon reuelat
	ni qui'n ueu tres		
	l'u adorant		may tant sabi
11,790	Johan orant		qui obtengui
	als pits durment		la sauiesa
	subtil scriuent	11,830	a[ ]mi promesa
	ni'l pedreguat		per do de Deu
	may han pleguat		may hom tant ueu
	al seu entendre		en mort ne uida
	veure compendre		
	dels uells algu		es reuerida
			per tots los angels
	he menys degu		virtuts archangels
	dels sants moderns		he potestats
11,800	los quatre perns		los prinçipats
	llatins doctos		he dominans
	grechs inuentos	11,840	Deu adorans
	mestres d'Atenes		e iherubins[34]
			trons seraphins

---

[34] Cherubins.

tots obehexen
he la seruexen
per Deu alçada
alt exalçada
sus ells senyora
ordenadora
he cançellera

11,850 com dispensera
partix los dons
que do perdons
a[ ]son fill mana
mare humana
sos pits mostrant
d'ell impetrant
pels peccados
sos orados
ffills adoptats
11,860 ha sos obtats
de quant demana
graçies mana
tota n'es plena
habundant uena
distilant font
es segur pont
molt prest se cala
dreça la[ ]scala
per qui li plau
11,870 ella'b sa clau
obre la porta
he a[ ]Deu porta
qui la inuoca

ella aduoca
millor que Ster
com d'Asuer
obtench los seus
catius iuheus
de corporal
11,880 he temporal
mort esser quitis

la tachuytis

n'Abiguahil
ab llur bell stil
[87R] ni eloquençia
beniuolençia
mils no captaren
ne inpetraren
del rey Dauit
11,890 als llus marit
e fill perdo

remissio
mes general
al humanal
llinatge fel
del rey del çel
Deu creador
senyor maior
te inpetrada
11,900 ver'aduocada
eleguantissima
sapientissima
dels miserables

los fills culpables
Jhesus fill seu
stant en la creu
li comana
he ordena
que mare fos
11,910 als uenidos
a[ ]noua[ ]sgleya
aço li deya
Johan mostrant
per fill donant

la mare santa
tals fills tresplanta
del militant
al trihunfant
com fa la llocha
11,920 sos fills colocha
deius ses ales
alt en les sales

celestials

hulls corporals
cor ne orella
que'ls aparella
Deu als seruens
seus diligens
may han hoyt
11,930 vist ne sentit
tal diuinal
goig eternal
de parays
que[ ]u referis
no es disible
n'inteligible
apres[ ]ta mort
veuras tal cort
inen[arr]able³⁵

11,940 la molt amable
alt en lo çel
ab gran reçel
los uius conserua
de mal preserua
he per ells pregua
al qui's ençegua
los hulls li obre
al fill qu'es pobre
prest l'enrequex
11,950 qui'n( )malaltex
ella'l guarix

de Deu partix
[87v] ab uigil cura
ab la mesura
ben asachsada
he rechalcada
ben afluent
a[ ]la corrent
corumullada

11,960 no arrasada
sens frau fallaçies
totes ses graçies
he merçes moltes

terçera part
del terçer

donchs si be[ ]scoltes
lleua'ls ulls alt
ffes hun gran salt
surt ab bell tranch
hix d'aqueix fanch
hon iaus mullat
11,970 de fanchs sullat
tinyes e ronya
tu sens uerguonya
en lo fanguaç
ple d'aluaraç
me par hi iagues
ab altres plagues
prou uerinoses
he doloroses
he no les sens
11,980 son te plasens
per que les ames
he no te'n clames
ni te'n acuses
ans les escuses
ffebra tens uera
arma[ ]y cos quera
cotidiana
gloria uana
tens ycteriçia
11,990 per auariçia
groch tot lo cos
tens hereos
bestial furia
de gran luxuria
ffrenetiquea

---

³⁵ Almost illegible.

　　　　　hira brauea
　　　　　ffolla furor
　　　　　d'ale pudor
　　　　　tens de guolaça
12,000　tans mals a[ ]traça
　　　　　tens de enueia
　　　　　hulçera llega
　　　　　he corrosiua
　　　　　de uida't priua
　　　　　parlitiquea
　　　　　tens de perea

　　　　　tals distrasies
　　　　　he chachechies
　　　　　llanguos aguudes
12,010　si t'i aiudes
　　　　　poras curar
　　　　　si uols sercar
　　　　　deuotament
　　　　　he humilment
　　　　　la medeçina
[88R]　　vera diuina

　　　　　Deu uerdader
　　　　　qui'n ha'l poder
　　　　　si tu'l supliques
12,020　he li repliques
　　　　　ell t'ohira
　　　　　he guarira
　　　　　la cananeha
　　　　　no de Iudeha
　　　　　mas de Sidonia
　　　　　ab querimonia
　　　　　porfidiant
　　　　　he alt cridant
　　　　　senyor merçe
12,030　d'ell obtengue
　　　　　que fon curada
　　　　　endiablada
　　　　　sa filla era
　　　　　ab fe sançera
　　　　　sorts muts llebrosos
　　　　　sechs tremolosos

　　　　　orps axi nats
　　　　　tropichs inflats
　　　　　tisichs febrosos
12,040　los puagrosos
　　　　　coxos artetichs
　　　　　ffolls e frenetichs
　　　　　subets llitargichs
　　　　　etichs mirarchichs
　　　　　mentres uixque
　　　　　he li plague
　　　　　quants hi uenien
　　　　　tots obtenien
　　　　　llus sanitats
12,050　primer peccats
　　　　　los remetia
　　　　　puys los guaria
　　　　　la corporal
　　　　　he temporal
　　　　　jnfirmitat
　　　　　tal sanitat
　　　　　hi trobaras
　　　　　si tu uendras
　　　　　ab fe[ ]sperança
12,060　he confiança
　　　　　com na Sofia
　　　　　sanch flux tenia
　　　　　antiguament
　　　　　lo uestiment
　　　　　sols li tocha
　　　　　de[ ]fet cura
　　　　　he com plorant
　　　　　los peus llauant
　　　　　ab huntament
12,070　de fin hunguent
　　　　　vench Magdalena
　　　　　solempne[ ]strena
　　　　　Dimas ague
　　　　　per prompta fe
　　　　　hach parahis
　　　　　pren per auis
　　　　　centurio
　　　　　e'l reyato
　　　　　que obtingueren

12,080	quant hi uingueren		exarmadores
	ab tanta fe		encortadores
	ves hi tanbe		les piromantiques
[88v]	no duptes pus		he nigromatiques
	per que Ihesus		de Zabuch filles
	prest te repare		ab ses fetilles
	piados pare		
	Crist redemptor		tu enseguat
	e saluador	12,130	desesperat
	al cel muntat		de quant dit es
12,090	aparellat		ffas lo reues
	es per hoyr		Bel no bandeies
	qui uol guarir		ans lo festeges
	a[ ]perdonar		he res no fas
	justificar		sens Satanas
	lo peccador		viçis amats
	cridant senyor		continuats
	si[ ]y uols uenir		tes passions
	pot te guarir	12,140	jllusions
	si molt lo pregues		axi reuesses
12,100	he no'l renegues		quant pots desfresses
	d'ell despitant		he les amagues
	he blasfemant		be't embriagues
	com foll eretge		ffort de uinagre
	ell es rich metge		ple de puagre
	aromatari		tens lo çeruell
	he hunguentari		
	cirurgia		pren lo consell
	de quant ell fa		del Sant Siluestre
	may ne pren res	12,150	papa he mestre
12,110	Deu or may pres		qui diuerti
	ni uol grans pagues		a[ ]Guostanti
	sols uol tes plagues		que no's llauas
	li manifestes	[89R]	pus uer sullas
	tes desonestes		en tantes sanchs
	he praues obres		molts infans franchs
	vol li descobres		matar uolia
	he les confesses		per altra uia
	a ell t'endreçes		sens sanchs tochar
	d'ell sols confies	12,160	tants chichs matar
12,120	abrenunçies		ell lo feu sa
	Bel e Satan		he cristiha
	he a[ ]quant fan		consell pus breu

                    pren d'Eliseu
                    ves set ueguades
                    per set errades
                    set dolenties
                    set astrosies
                    que son en tu
        12,170   llaua't tot nu
                    al flum Iorda
                    com acorda
                    duch Nahaman
                    al riu te man
                    llebros mesell
                    te fasses bell
                    ffent[ ]i set banys
                    dorm per set anys
                    no en moll llit
        12,180   nu no uestit
                    no pas cubert
                    en lo desert
                    a[ ]la serena
                    sobre ta[ ]squena
                    he tot lo cos
                    caygua lo ros
                    com bou remugua
                    com feu Nabugua
                    donosor rey
        12,190   de tant omey
                    he crueldat
                    en son regnat
                    ffets al proysme
                    a[ ]Deu altisme
                    tanta ofensa
                    hach conexença
                    repenedit
                    deuot contrit
                    torna's a[ ]Deu
        12,200   humilment feu
                    tal penitençia
                    gran paçiençia
                    com Iob ague
                    a[ ]Deu plague
                    cobra'l perdut
                    axi salut

                    prest cobraras
                    he reuiuras
                    ressuçitat
        12,210   com lo tocat
                    per Eliseu
                    com aquell feu
                    hulls obriras
                    badallaras
                    tu set badalls
                    perdras set calls
                    he set brians
                    quals en les mans
                    tens e als peus
        12,220   lleua't d'on seus
                    mala cadira
                    surt fuig e tira
                    pus no t'i sigues
        [89v]   per que't obligues
                    ab neus e pluges
                    a[ ]guardar truges
                    per les muntanyes
                    par que t'i banyes
                    en aygua ros
        12,230   roses e flos
                    clauells gesmir
                    hi creus collir
                    quant ensollat
                    porch engrassat
                    jaus en lo fanch
                    Deu t'a fet franch
                    net e llibert
                    en lloch desert
                    te fas catiu
        12,240   ffuigs de Deu uiu
                    dexes senyor
                    ton creador
                    omnipotent
                    ffas te seruent
                    del teu peccat
                    Deu oblidat
                    vas al diable
                    ffuig del estable

          tan profanat
12,250 deschaminat
          lluxurios
          prodich guolos
          ab gran instançia
          de la substancia
          de ton rich pare
          he bona mare
          ta part as presa
          has la despesa
          prodiguegant
12,260 meretricant
          a[ ]ton delit
          has pres partit
          molt honoros
          ab lo fanguos
          porch t'aconpanyes
          de ses castanyes
          he seguonades
          ffaues sobrades
          no't pots fartar
12,270 que[ ]y uols restar

          les dones totes
          sabs que son glotes
          mes que la mar
          ffoch de cremar
          terra del ros
          d'infern cahos
          no son pus glots
          Chuquer llus clots
          no'ls ompliria
12,280 ni[ ]y bastaria
          Ebro tanpoch

          ffuig de mal lloch
          pus no[ ]y atures
          ves hon t'a( )pures
          al foch com l'or
          com fenix mor
          home ia uell
          com serp de pell
          aguila uella

12,290 te renouella
          muda de uiure

[90R] dexa lo siure
          tan oçios
          he pereos
          dreça't partix
          com Iacob hix
          de Canahan
          seruix Llaban
          set anys pastor
12,300 ffel seruidor
          poras auer
          Llia primer
          set mes per zel
          d'auer Raxel
          sis anys de[ ]tornes
          per que rich tornes
          primer treballa
          pugna batalla
          obte uictoria
12,310 puys Raxel gloria
          si uols conplida
          ta carn oblida
          mon fills si'n tens
          muller parens
          ans soterrar
          renunçiar
          primer a[ ]bens
          no't torbe iens
          may fall fosser
12,320 menys ereter

          qui pres l'aladre
          mira'l baladre
          restat darrere
          dret solch no[ ]spere
          ni bon recapte
          no's pot dir abte
          per alt regnar

          per dret llaurar

    he fer guaret
12,330 he bon[ ]esplet
    t'anima[ ]y cos
    juny los abdos
    jus iou sançer
    tots d'un uoler
    he d'un consell
    ffent bon parell

    pren per pilot
    aquell prom Llot
    hoste tan bo
12,340 ses filles no
    ni sa muller
    mira darrer
    he torna's marbre

    de poble barbre
    volent exir
    segur fogir
    de[ ]faraho
    de[ ]la preso
    d'Egipte uil
12,350 per adalil
    pren Moyses
    no't recort res
    de[ ]les carns cuytes
    cobonbros[36] fruytes
    ffigues magranes
    egipçianes
    terra lexada

    mas trespassada
    la Roiga Mar
12,360 cuyta mirar
    la serp de coure
    no't poran noure
[90v] les serps detras
    he gustaras
    lo fust anprant
    sabor mudant

    d'aygues amargues

    ffes que't allargues
    no fent uedell
12,370 per deu nouell
    en lo cami
    auança t'i
    no murmurant
    ni Deu temptant
    ab Iosue
    seguint lo be
    passa della
    lo flum Iorda
    he no't atures
12,380 per les pastures
    de Gualahat
    com fills de[ ]Guat
    he de Ruben

    mas fort enten
    ffer nou altar
    he trihunfar
    en terra'mable
    desiderable
    hon los uiuents
12,390 terratinents
    porçions han

    tambe Iohan
    vestit de pell
    d'algun camell
    los molls uestits
    grossos conuits
    ffogint lexant
    llaguosts mengant
    en lo desert
12,400 lo sucre uert
    o mel siluestre
    pren lo per mestre

    ffuig com Mateu
    del teloneu
    de campuiar

---

[36] Cohonbros.

            dexa peixcar
            com Pere feu
            e com Andreu
            sobre parats
12,410 nau e filats
            a[ ]qui'ls repare

            lexant son pare
            en Zebedeu
            en son bateu
            o nau tot sol
            ab tot son bol
            he la[ ]sposada
            en sa posada
            he lo mantell
12,420 de terçanell
            o de çendat
            desabriguat
            o nu corrent
            adoloçent
            Johan fogint
            a[ ]Deu uenint
            treballant sies

            les tues uies
            desigs e fins
12,430 tots tos camins
            tot lo teu cor
            voler amor
[91R]   tes acçions
            jntencions
            a[ ]Deu ordena
            girant la[ ]squena
            al ia passat

            si del fossat
            ffet tan fondable
12,440 per lo diable
            mon carn antichs
            tres enemichs
            no't pots retraure
            he t'i fa caure

            ffragilitat
            lleua't gira't
            a[ ]la paret
            en tu retret
            com Ezechies
12,450 he mort Uries
            com Dauid feu
            he com a[ ]Deu
            negua greument
            amarguament
            plora com Pere

            no's desespere
            com Cahim Iudes
            per les caygudes
            l'anima tua
12,460 per culpa sua
            quant en tu sia
            en frau falsia
            per que no sages
            guarda't no uages
            com iouençell
            en lo consell
            o foll aiust
            maluat iniust
            d'inpiadoses
12,470 maliçioses
            dones royns
            en los camins
            de peccadores
            jnfels traydores
            pus no[ ]y estigues
            e may te sigues
            en la cadira
            de dol frau yra
            he pestilençia

12,480 ab gran prudençia
            he caritat
            hostalitat
            si[ ]u has mester
            a[ ]tu primer
            puys als seruents

apres parens
los afins teus
pobres si'ls ueus
apres ueyns
12,490 puys pelegrins
los pe<u>us</u>[ ]llauant
past ui llit dant
morts soterrar
catius quitar
malalts guarir
los nuus uestir
orfens casar
trists consolar

 spirituals
12,500 he corporals
tals obres pies
ffent com Tobies
[91v] he Aguosti
Llorenç Marti
he Nicolau
Tomas palau
en lo çel obra
d'allo que't sobra
presa ta part
12,510 he restant fart
del qu'es de[ ]mes
almoynes fes

si com Sufia
dant quant hauia
al hedefiçi
he si'l ofiçi
ffas o faena
de Magdalena
donant hunguent
12,520 o llauament
tant preçios
al glorios
omnipotent
si carament
Marta soliçita
ab obra lliçita

a[ ]Deu ministres
als se<u>us</u> ministres
qui son los pobres
12,530 ffent pies obres
sens uanagloria
hauent memoria
que'l pare teu
tot quant fas ueu
Deu de concordia
misericordia
d'ell obtendras
jnpetraras
los te<u>us</u> peccats
12,540 rasos dampnats
seran delits
tots extingits

si çinch talents
o[ ]dos que tens
acomanats
ben esmerçats
neguoçiant
he ben obrant
redoblaras
12,550 he los retras
multiplicats
no soterrats
sens guany algu
com feu del hu
lo necligent
he uil seruent
mas fel factor
a[ ]ton senyor
raho daras
12,560 quant tornaras
de ton uiatge
dar[ ]t'a per guatge
com mercader
no quart diner
tan[ ]solament
mas mil per çent
a[ ]la final
guany e cabal

	tot t'o dara		
12,570	he teu sera	12,610	de frauduloses
	eternalment		dones t'absenta
			stranya parenta
[92R]	he si felment		totes les lexa
	ta[ ]uida[ ]tactiua		d'elles t'esquexa
	he uolitiua		descus e talla
	elecçio		prest te'n desmalla
	a[ ]la lliço		ben auorrides
	diuina gires		destituydes
	jorn he nit mires		abominades
	la curial	12,620	lluny bandeiades
12,580	lley e moral		pus no te'n cures
	qual Deu trames		ffes te'n procures
	per Moy( )ses		obliuio
	en dues taules		oraçio
	sols deu paraules		t'i far'aiuda
	tres sobiranes		
	les set humanes		puys coneguda
	jou tot cortes		has llur manera
	prou llauger pes		muda carrera
	de tollerar		llexa'l cami
12,590	si'l uols portar	12,630	llur serpenti
	en quant faras		tan espinos
	prosperaras		he uerinos
	abundantment		costes barranchs
			hullals e fanchs
	he l'instrument		xara baladres
	lo qual descriu		llaços e lladres
	lo rey Dauiu		lo de[ ]ma[ ]squerra
	en son Psaltiri		molt hom si erra
	ha nom saltiri		tira'l infern
	fet de deu cordes		
12,600	ffes que't recordes	12,640	gira'l guouern
	ab armonia		fferma e baxa
	he melodia		timons de caxa
	tots temps sonar	[92V]	mira souent
	he per seruar		buxola uent
	cordes setena		compas e carta
	he la nouena		d'esculls t'aparta
	de rompiment		de nau( )freguar
	per lo ponent		he d'encallar
	tan perilloses		

mira la[ ]stela
12,650 muda la uela
guarda'l mudar
d'encapellar
cala primer
com fa nauxer
ben atentat
humiliat
serua[ ]man[ ]dreta
ves uia[ ]streta
qui du a[ ]uida
12,660 de be complida
pren a[ ]la creu
hiras pus breu
lo menys ferrat
may fon errat
dexa'l real

tira'l[ ]ostal
d'aquella'ntregua
verge sens bregua
humil cortesa
12,670 sabent entesa
ab gran mesura
dels ostes cura
may se'n agreuga
aqui t'a( )lleuga
aqui t'a( )tura
casa segura
plasent e richa
lo bordo[ ]y ficha
ffes hi mallada
12,680 pren hi posada
be[ ]t'i alluega[37]
ffort t'i ormega
he t'en( )frenella

cartes cansella
de ta'ncartada
llexa[ ]sposada
nouia 'bomina
açi reclina
muller deposa
12,690 aci reposa
drudes encorre
aci recorre
viudes ayra
a'questa't gira
monges esquiua
ab esta't priua
beguines lexa
ab esta't fexa
beates fuig
12,700 aci confuig
vergens rebuga
ves esta puga
jouens euita
velles uomita
belles non ueges
no mires lleges
totes bandega
totes morrega
d'elles te clama
12,710 esta reclama
[93R] esta seruex
esta seguex
esta sols ama

ton cor enflama
en molt'amor
ab gran temor
santa[ ]y humil

---

[37] This word is difficult to read in the ms. The two possible readings are 'allllega' and 'alluega'. The former makes no sense in this context. The latter does not correspond to a Catalan verb, although from the context it could be interpreted as 'alleuga'. This reading, as Almiñana points out, would break the rhyme with 'ormega' (*Spill*, 725). Most editors correct to 'uallega'.

no pas seruil
la honraras
12,720 esperaras
qu'ella't enpare
com uera mare

cuyta lo pas
torna'l seu mas
segurament
deuotament
quant la ueuras
l'adoraras
ab set prostrades
12,730 agenollades
ab genol nu
a'n Esahu
com Iacob feu
de[ ]fet que'l ueu
he ploraras
jnploraras
lo seu auxili
per que l'exili
teu reuocat
12,740 sia[ ]y cassat
suplicaras
e't obtendras
que perdonat
pasçificat
rebut seras

per bon solas
he festegar
ffer[ ]t'a mengar
d'un gras uedell
12,750 d'or bell anell
he que calçar
te fara dar
he prima[ ]stola
sons de uiola
orgue tanbor
arpa tamor
ffara sonar

apres dinar
reposaras
12,760 contemplaras
sa plasent cara
de mare cara
no de madastra
ni germanastra
ni de cunyada
ni desdenyada
muller diable
ni desamable
dels pobrellets
12,770 pobils chiquets
mare'nuiudada
apres casada
als fills cruel
les quals sens fel
bandos e guerra
ab l'om en[ ]terra
viure no solen
tal mare colen
los bons fills fels [93v]
12,780 qui alt als çels
pugar cobegen
los qui sedegen
esser tots seus

he puys ia ue<u>us</u>
prou clarament
com la serpent
o Lluçifer
ffon conseller
no pas forçant
12,790 Eua 'cordant
de tot son grat
ffent lo peccat
lo pom morde
lo que'n perde
esta[ ]u cobra
Satan sobra
dampnat infel
de Israel
vergua exint

12,800 ffort percodint
 duchs de Mohab
 talla lo cap
 del duch inich
 mils que Iudich
 millor que dita
 la tebesita
 mola llança
 lo clau fica
 mils que Iabel
12,810 del duch Obel
 llur cap feri
 he conteri
 molt uirilment
 he dignament
 cobra la stola
 qual per sa guola
 Eua'ch perduda

 donchs nom li muda
 ffent li bell ues
12,820 Eua'l reues
 en aue gira
 Guabriel mira
 com saluda
 li comença
 aue Maria
 diu lo[ ]y tot dia
 he de Deu mare
 per que't[ ]repare
 com ha padrina

12,830 salue regina
 dolçor de uida
 souint la crida
 he no't oblide
 per que't conuide
 aci dinar
 sobre'l altar
 pels pexcados
 he sucçessos
 ffet en la barcha
12,840 no pels de[ ]l'archa

raus de[ ]la tora

mas per la nora
de son fill sposa
qui dir se guosa
sgleya nouella
hon s'a( )parella
altar e ara
taula s'i para
hon mengaras [94R]
12,850 mentres uiuras
no'l fruyt uedat
ab qu'enguanat
ffon l'om primer
per sa muller
no dir poras
que't enguanas
ta conpanyona
d'Eua sa dona
com Adam dix
12,860 alli's partix
molt alt pulment
si prestament
tu despertat
de pe$\underline{us}$ lleuat
jus lo ginebre
prest uolras rebre
pa rescaldat
subçinerat
aygua beuent
12,870 he dignament
lo sumiras
anar poras
per tes iornades
he nits contades
pus de quaranta
ffins a[ ]la santa
de Deu muntanya

meniar t'afanya
si t'i conuida
12,880 tal pa de uida

        pa de uirtut
        pa de salut
        pa'ngelical
        pa diuinal
        fforment candel

        pus alt del çel
        es deuallat
        humiliat
        del çel l'a tret
12,890 en Natzaret
        molt e çernut
        pastat fengut
        dins en Betlem
        Jherusalem
        ffort lo punxa
        he l'enforna
        ffon pel costat
        hubert buydat
        com aquell pa
12,900 que'n[ ]Lleyda's[ ]fa
        alli's cogue
        he no'n prengue
        com l'ague cuyt
        puia ne fruyt

        Salem pecca
        mas be[ ]u plora
        be son peccat
        ffon castiguat
        Vespesia
12,910 la'n[ ]disçipa
        Titus tanbe
        sa part ague
        de[ ]la uictoria
        llexe l'istoria
        he llur imperi
        vull l'alt misteri
        del enfornar
        arromançar
        per que't declare [94v]
12,920 del que mon pare
        lo rey Dauit

        en salms a[ ]scrit
        molt llarguament
        queucom breument
        del dit desus

        partint Ihesus
        de[ ]la gran çena
        hon Magdalena
        huntat l'auia
12,930 tirant sa uia
        ab sos criats
        d'ells dos leguats
        Pere Feliu
        Pere qui's diu
        ver confessant
        Ffeliu preycant
        ab dimissoria
        executoria
        del que uolgue
12,940 ell tramete
        executaren
        he deslliguaren
        que'ls fon manat

        cami ferrat
        tira de[ ]fet
        ab prou gran fret
        ves la çiutat
        com profetat
        ffon llarguament
12,950 l'ompnipotent
        Messies uer
        son alt poder
        he senyoria
        mostrar uolia
        ans de sa mort
        esser rey fort
        princep de pau
        lleo fort brau
        he uençedor
12,960 duch regidor
        de Israel
        Hemanuel

he huntat Crist
volgue fos uist
en la gran festa
hon troba presta
reçepçio
rebetlio
no li tarda
12,970 humil entra
no ab riguor
mas ab amor
simpliçitat
benignitat
no faustuos
mas poderos
senyor regnant
rey no portant
dauant bandera
12,980 ni gent guerrera
entorn armada
la[ ]spasa'lçada
pali brocat
carro daurat
alt trihunfal
ceptre real
coron'anell
[95R] ni lo mantell
ffrederical
12,990 sense fiscal
procurador
posentador
ni alguazir
sens sons claugir[38]
d'anafils trompes
tals reals pompes
als reys tirans
gentils profans
del mon lexant

13,000 no caualcant

cauall cosser
mas en somer
no en roci
mas en polli
no gens domat
ni aueat
a[ ]dur cabestre
anaua'n destre
may porta carregua
13,010 ffeltre ni marregua
sobre los rebbles
los seus dexebles
en lloch de bast
sense contrast
se concordaren
dotze[ ]y posaren
los seus mantells
segut sobr'ells
rey mansuet
13,020 sobre l'asnet
ffill de femella

l'asna aquella
que fon trobada
al peu lliguada
ha hun pinell
prop lo castell
ple d'almuguaues
he de gens braues
moltes esquadres
13,030 cullerats lladres
salteiados
he robados
jnichs contraris
als comissaris
he tots ells massa
com a[ ]baguassa
sodomicaua
he fornicaua

---

[38] Clangir.

	ab sos tacanys		era l'untar
13,040	molts deus stranys		Juda regnar
	pseudo diuins		ceptre perdut
	asens roçins		bisbat uenut
	quants hi anauen		saçerdots llechs
	la caualcauen		guiados sechs
	com a[ ]publica		si çech orp guia
	vench la ynica		herren la uia
	coxa e manca		cahen abdos
	per dolor d'anca	13,090	dins en lo fos
	he fals corter		llechs son maldestres
13,050	sens traginer		per esser mestres
	ni altra guarda		cechs mals doctos
	sens bast albarda		de lley colos
	collar tifells		per ço barons
	sens cascauells		ni promens bons
[95v]	pitral ransal		hom de Deu sant
	boç e dogual		ni profetant
	llansada carregua		ja no[ ]y auia
	la sobrecarregua	13,100	per ço uiuia
	bagues çiuelles		desenioyada
13,060	guarrots armelles		desabillada
	romputs llansats		he desguarnida
			destituyda
	he oblidats		com a[ ]infel
	deu manaments		ja Sent Miquel
	he los tants çents		no la guardaua
	bans o calonies		ans la lexaua
	he çerimonies		abandonada
	vench casi nua	13,110	acomanada
	per culpa sua		a llops e cans
	he tant abus		buytres milans
13,070	duya sens pus		corps e uoltos
	sobre la pell		per guardados
	hun mandil uell		no se'n serui
	antich spletat		tal la iaqui
	hun poc pintat		
	ja no's mostrauen		de[ ]la cansada
	ni se'n menbrauen		he cansellada
	d'algunes marques		lley d'escriptura
	de patriarques	13,120	era figura
	del temps passat		axi çertera
13,080	del tot sessat		com la figuera

[96R] que malahi
prop lo cami
ffruyt no tenia

he maçeria
hedificada
he[ ]relloguada
morts los primes
13,130 a[ ]nous faynes

he com Uasti
qui n'obey
ni uolch res fer
per Asuer
rey no tement
son manament
ensuperbida
perde la uida
he la persona
13,140 anell corona
ceptre real
serqua son[ ]mal
prest lo troba
E( )ster guanya
la senyoria
Vasti tenia

per Ihesabel
reyna rebel
dalt espenyada
13,150 he calsiguada
per Hieu rey
l'antigua lley
ffon figurada
en la entrada
del uençedor
senyor maior
ser derribada

per cans meniada

ffills de Lleui[39]
13,160 prinçep rabi
mal doctrinats
no castiguats
les grasses reses
qu'eren trameses
ells les meniauen
fflaques posauen
als sacrifiçis
he d'altres uiçis
encriminats
13,170 morts e dampnats
cert indicaren
pronosticaren
mal creticar
a[ ]mort finar
perdiçio
dampnaçio
d'esta parlera
vella somera
d'aquell Balam

13,180 lo prom Abram
molt rich e uell
mula camell
ab daurat fre
no palafre
ni dromedari
ell caualcar[ ]i
no se'n cura
sols caualca
ase somer
13,190 anant serter
al munt Tabor

[96v] lo rey senyor

---

[39] To the right of this line, in a lighter stroke than the rest of the manuscript, is written the name 'ely'. The correction is not absolutely necessary here, since the sons of Eli are also sons of Levi, as they all belonged to the same tribe (Jaume Vidal, *Espejo*, 121).

rich caualca
qui'l adora
he reueri
ase polli
qui'l conegue
quant ell naxque
tot profetat
13,200 o figurat
ffon o figura

ab rams uerdura
de[ ]les murteres
brots d'oliueres
he altres arbres
molts d'aquells barbres
qui s'i trobaren
ne enramaren
Jhetsemani
13,210 rau ni rabi
de Betfaget
ram ni ramet
cert no tallaren
ans s'amaguaren
de gran mati
ffon lo cami
com a[ ]bell prat
tot enramat
per artesans
13,220 pochs çiutadans
molts estranges
he forastes
se desbriguaren
he despullaren
lo que uestien
he[ ]u estenien
per hon passaua
la gent portaua
ab gran plaer
13,230 al cap llorer
signant uictoria
designant gloria
en les mans palmes
he tocant palmes

alguns cantant
altres ballant
qui preçehien
he qui seguien
de[ ]la primera
13,240 lley e tercera
no fariseus
ni seduseus
scriuans rabins
no uells mesquins
ni iouens grans
mas chics infans
he molts gentils
ab nous estils
molt reuerien
13,250 he benehien
ab psalmodia
lo qui uenia
rey redemptor
he saluador
en nom de Deu
ab clara ueu
he tots hun crit
ffill de Dauit
alt osanna [97R]
13,260 com rey entra
ab gran honor
com uer senyor
Deu e Messia
sols aquell dia
pels llechs atmes
lo iorn despes
tot en[ ]preycar
per al sopar
com no trobas
13,270 qui'l conuidas
ell se'n ana

apres torna
rey ab riguor
ffort ab uiguor
los billones
ffalsos banques

   saçerdots uells
   ab çerts cordells
   començ'a batre
13,280 els feu abatre
   tancar fallir
   mancar fogir
   llurs banchs trenca
   he derrocha
   la uella tenda
   de compra[ ]y uenda
   he llogreria
   de[ ]simonia
   lleig ensutzida
13,290 he peruertida
   ffeta no pocha
   de lladres clocha
   he uelleguaça
   ffera uinyaça
   tant per malea
   com per perea
   dels podados
   conreados
   llargua tallada
13,300 llobaçeiada
   sens morguonar
   ni[ ]scanyotar
   los çeps molt uells
   panpols uermells
   la sarment grogua
   la sinaguogua
   celler tot buyt
   vinya sens fruyt
   exorqua erma
13,310 terra pus ferma
   noua mes plana
   blana solana
   tot bon terreny
   lluny del areny
   bon reguadiu
   de font o riu
   mogue llaura

   planta tria
   stranya pus sana
13,320 de muntalbana
   boual negrella
   no ferrandella
   ni monestrell
   mallol nouell
   volent plantar
   e[ ]conrehar
   pus fructuos
   he uirtuos
[97v] com feu Nohe
13,330 triar uolgue
   del bosch sarmens
   de gentils[ ]gens
   poble tot llaych
   poc del iudaych
   vell entecat
   de çep corcat
   sarment plantada
   ni de brocada
   ni de[ ]sporguim
13,340 tart fa raym
   ni cabrerots

   dels sacerdots
   algu no'n pres
   rabins no res
   llechs los prengue

   lo camp donchs be
   set palms contats
   drets senyalats
   ffondo clota
13,350 sarments planta
   no de rebuscha
   de[ ]la llabruscha
   com Nohe pres
   plantant hi mes
   per endolçir
   asaborir
   amarguor tanta

        de borda planta
        llim fem e fanch
13,360 de terra[ ]y sanch
        ffets d'animals
        quatre brutals
        lleo brauea
        molto simplea
        lluxuriar
        porch e traguar
        bugia'nuega
        al qui glopega
        lo ui souent
13,370 ffort e pruent
        grans cantitats
        les qualitats
        dels animals
        li resten tals
        causa[ ]u Nohe
        primer begue
        torba's del ui
        Cam l'escarni
        sarments elents
13,380 hi mes Deu uents
        portants dolçor
        a[ ]la lliquor
        dels seus rayms
        fems ni tarquims
        no[ ]y hac mester
        per son plaer
        d'aygua[ ]y sanch propia
        hi mes gran copia
        rahels meteren
13,390 totes uixqueren
        si no'l dampnat
        Judes peniat
        puys acotades
        mes enbrocades
        he encanya

        he conçerta
        del seu costat
[98R]   mes arreglat
        he millor rech

13,400 may sera sech
        ni ayguamoll
        sischa fenoll
        euols braçeres
        carts romagueres
        canyota gram
        cuqua faram
        si[ ]y naxeran
        no[ ]y crexeran

        ben uallegat
13,410 enbardiçat
        com fon mester
        obra[ ]y çeller
        torre aliup
        premsa trull cup
        he nous uexells

        ffaynes nouells
        altres llogua
        al que planta
        mallol nouell
13,420 del çeller uell
        que derroqua
        fforagita
        los uells que[ ]y[ ]eren
        per lo que feren
        matant arreu
        ffins al ereu
        per llur maliçia
        per auariçia
        los fraus e llogres

13,430 he per que sogres
        ab nores sues
        totes ser crues
        descominals
        braus animals
        de mal e lleig
        he fer meneig
        experiençia
        ne fa çiençia

         he bastant proua

13,440 la uinya noua
         pus uer'esgleya
         que de[ ]nou feya
         per muller presa
         de[ ]tal contesa
         volent llunyar
         he separar
         nora donzella
         de[ ]la lley uella
         com d'ella fos
13,450 ffill sols pel cos
         no conegut
         ni gens uolgut
         dels de Iuda
         delibera
         mare iaquir
         he aderir
         a[ ]sa muller
         com al primer
         Adam fon dit

13,460 com uer marit
         hora per ora
         l'archa o tora
         de fust obrada
         moble portada
[98v] per caminans
         per colls e plans
         taules e uergua
         manna sobergua
         los çinch uolums
13,470 drets e torts fums
         lleys e iudiçis
         los sacrifiçis
         alisos pans
         basto en mans
         al inmolar
         guaspes tallar
         les çerimonies
         he querimonies
         ja malastrugues

13,480 quax ballarugues
         chiulets iuguetes
         baçeroletes
         ffluxes lliçons
         de chichs minyons
         li desecha
         he rebuga
         com a[ ]fumosa
         casa pluiosa
         he descuberta
13,490 restant deserta
         vella[ ]y antigua

         la[ ]sgleya'migua
         ell de sa ma
         cert la's obra
         ciutat murada
         en monts fundada
         temple inmoble
         he al nou poble
         homens barons
13,500 d'altes liçons
         no sols politiques
         mas metafisiques
         sobre natura
         hultra mesura
         tot trançendent
         enteniment
         ffeu auditori
         scoles pretori
         fferm culiseu

13,510 botigua'n feu
         molt sumptuosa
         he cabalosa
         richa fornida
         de infinida
         gran drogueria
         de pedreria
         pus preçiosa
         mes uirtuosa
         en medeçina
13,520 la pedra fina

ffilosofal
qual may fon tal
ffeta ni uista
per alquimista
de general
tiriacal
bezaart fi
de tot ueri
guaridor fel
13,530 manna del çel
marauellosa
molt saborosa
he delectable
jnextimable
de gran ualor
[99R] per sol'amor
no pas uenent
ni preu prenent
repartidora
13,540 he donadora
ffranch als confrares

en senyal d'arres
he testimoni
del matrimoni
tant excellent
li feu present
no arres d'or
d'ordi hun cor
he mig contats
13,550 quinze'rgentats
ni d'or anell
corder anyell
no carn ni grex

mas si matex
dant per[ ]estrenes
mes en rehenes
sa magestat
diuinitat
anima[ ]y cos

13,560 may tal socos

ni tant alt do
en lo mon fo
may fon lleguat
tal preleguat
ni tal herençia
magnifiçençia
may tal se feu
tot lo salt meu
he quant Dauit
13,570 hac prouehit
per fer la obra
sitim manobra
argent e or
tot lo tresor
per mi despes
en los obres
les mans paguant
no ualgue tant

Octouia
13,580 cert quant llegua
tot son imperi
al gran Tiberi

quant Guostanti
restituhi
donaçio
oblaçio
quesuulla fos
quant del seu cos
ffon metge destre
13,590 papa Siluestre
cert no lleguaren
ni res donaren
que ualgues tant
pus trihunfant
he maior cosa
don'a sa[ ]sposa
he la'n[ ]dota

mes li'ncarta
ffent testament
13,600 fferm disponent

de fet tan sopte
apres son opte
ressuçitat
als cels muntat
taula conpondre
[99v] regne dispondre
no monarchia
ni senyoria
gens mundanal
13,610 ni temporal
tost transitoria
he dilusoria
ni part de[ ]terra
ab cruel guerra
de gent traydora
conquistadora
a[ ]infinits
d'Egipt'exits
juheus promesa
13,620 he sols obtesa
per dos d'aquells
he per nouells
pel cami nats
ab grans debats
perills temos
treballs suos
cultiuadora
posseydora
no sens afanys
13,630 al mes çent anys

mas supernal
celestial
eterna gloria
als qui memoria
d'ell mort auran
tots quants uolran
esser fills seus
ffills donchs ereus
per son plan do
13,640 per merits no
del regne seu

al gran conreu
del seu camp pla
qual ell planta
dels seus criats
dotze triats
ffeu capitans

he pres ne tants
en saçerdots
13,650 dels pus deuots
com feu Esdraç
dels uells pus clas

dotze tanbe
com Iosuhe
promens tria
quant lo Iorda
volgue passar

he yo regnar
quant comenci
13,660 constituhi
dotze prefets
en tots los fets
ma cort regissen
he iust partissen
les raçions

mes tants barons
los figuri
yo quant obri
los leonets
13,670 dotze chiquets
d'or fi molt bells
per capitells
al meu real
alt sitial

he mes mana
[100R] com de Iuda
pus car fill seu
en Iacob feu
entre'ls germans

13,680 trips començans	qui totes festes
ffos preferit	se paren prestes
he reuerit	al conbreguar
	13,720 massa priuar
en Simo Pere	causa menypreu[40]
maior preuere	lliurar se deu
ffeu e clauari	molt cautament
per ell uicari	he maiorment
ab general	a[ ]les conuesses
he liberal	per ser reuesses
gran potestat	he contumaçes
13,690 ab honestat	he pertinaçes
a[ ]deslliguar	plenes de çisma
obrir tancar	13,730 pert s'i la crisma
clau no errant	perfidament
al freturant	del prepotent
los seus tresos	ver Deu hom rey
	he de sa lley
dels sucçesos	se desesperen
per ells criats	encara[ ]speren
he ordenats	altre messies
a[ ]tal ofiçi	ni son ihuyes
13,700 ffa'l[ ]sacrifiçi	ni cristianes
sols lo preuere	13,740 hoc son marranes
altri no[ ]spere	he filistehes
tan alt poder	cert cananehes
no'l pot auer	samaritanes
angel llech dona	jncreduls uanes
mala ni bona	[100v] apostatades
sols capellans	son bateiades
per les lurs mans	he la iudayca
ffeu partidos	lley e musayca
13,710 he donados	en lo cor tenen
als casats llechs	13,750 a[ ]llur dan prenen
llatins e grechs	lo pa sagrat
ffels llarguament	sens fe sens grat
	jndignament
be scassament	mas çertament
a[ ]beguinotes	per llur error
ffictes deuotes	no'n pert ualor

---

[40] Menyspreu.

    ni'n ual res menys
    per llurs desdenys
    l'alt sagrament

13,760 ell donchs uolent
    conplir sa'npresa
    ab gran largesa
    com profetat
    ffon figurat
    antiguament
    son testament
    ab mort uolch cloure

    ell serp de coure
    aram llauto
13,770 en pal basto
    mes[ ]a[ ]traues
    per Moyses
    en alt alçada
    entrecruada
    clauada'b clau

    de treua[ ]y pau
    arch e senyal
    celestial
    yris pintat
13,780 ffon lo posat
    al firmament

    ell fonament
    pedra molt ferma
    en que's referma
    tot lo senat
    apostolat
    pels artesans
    hedificans
    ans reprouada
13,790 puys paredada
    ffet'angular

    pedra calar
    sens mans tallada
    he declarada

    per Daniel
    del rey cruel
    regnes rompent
    d'or e d'argent
    d'aram terçer
13,800 lo quart d'açer
    quint terra cuyta
    crexent ab cuyta
    ffeta tamanya
    com gran muntanya

    oricorn fort
    domat e mort
    cantant donzella
    humil e bella

    brufol portant
13,810 jou dret llaurant

    anyell rostit
    tot enguollit
    os no trencat

[101R] ell gra sembrat
    mort uerament
    molt fruyt retent

    ell balsem fi
    del Enguadi

    raym peniat
13,820 en pal portat
    al coll per dos
    guardegados
    lo cristia
    de cara[ ]y[ ]ua
    juheu d'esquena
    primer lo mena
    poble rebel

    ell com Abel
    mort e batut

13,830 Jhosef uenut
a[ ]gent dolenta
per dines trenta
per llus germans

de peus e mans
Samso lliguat

Jhonas llançat
tres iorns begut
pel peix retut
qui's diu balena
13,840 ffora'n l'arena
tornat en sest

Ysach fill prest
la mort uolent
obedient
al pare seu

el fill de Deu
ver redemptor
llarch comprador
paguador franch
13,850 del cos la sanch
ell pellica
sos pits nafra
pels fills saluar
he restaurar
scampant[ ]la tota
com una guota
sola[ ]y bastas
no gens escas
ffeu abundosa
13,860 he copiosa
jntensament
no stesament
redempçio

tal passio
açots colona
de iunchs corona
martell tan greu

llança claus creu
set de gent stranya
13,870 sponga e canya
vinagre[ ]y fel
mort tan cruel
vituperosa
tant dolorosa
ell la's uolgue
he la prengue
per amor nostra
he per fer mostra
d'inmensitat [101v]
13,880 de caritat

ell iutge iust
Adam pel gust
condempn'a[ ]mort
morint a[ ]tort
ell e greument
molt iustament
volch anullar
he reuocar
dita sentençia
13,890 dada'n absençia
als naxedors
ffills sucçessos
generalment

molt carament
de tots peccats
ffets e innats
ell feu aiust
he alt en fust
d'on fon lleuat
13,900 lo pom uedat
pels ignoçens
cinch mil doçens
any xixante
los remete

hora matexa
ffon l'a( )ma[ ]d'exa
drachma dehena

　　　　　　hora nouena
　　　　　　llauos trobada
13,910　al coll portada
　　　　　　ab alegria
　　　　　　qual ia peria
　　　　　　l'errant ouella
　　　　　　les erros d'ella
　　　　　　portant al dos

　　　　　　ffill prodiguos
　　　　　　ffon acollit
　　　　　　l'enfellonit
　　　　　　ffora romas

13,920　mori lo gras
　　　　　　he roig uedell
　　　　　　de cos e pell
　　　　　　jnmaculat
　　　　　　sacrificat
　　　　　　per lo comu
　　　　　　alt e tot nu

　　　　　　ver hom e Deu
　　　　　　sobre la creu
　　　　　　ffermant la[ ]squena
13,930　nostra cadena
　　　　　　d'açer tan fort
　　　　　　d'infernal mort
　　　　　　morint desfeu
　　　　　　sa mort refeu
　　　　　　lo nostre[ ]stat
　　　　　　mortificat
　　　　　　donant li uida

　　　　　　cert sa ferida
　　　　　　humanitat
13,940　diuinitat
　　　　　　may se partiren
　　　　　　no's desuniren
　　　　　　ni dellexaren

　　　　　　be[ ]u confessaren

　　　　　　he conegueren
　　　　　　en lo que ueren
　　　　　　dels mirados
[102R]　execudos
　　　　　　alguns sabuts
13,950　en les uirtuts
　　　　　　he grans senyals
　　　　　　tots diuinals
　　　　　　he molts secrets
　　　　　　que[ ]y foren fets

　　　　　　just lo preyca
　　　　　　preu quant torna
　　　　　　Judes traydor

　　　　　　crida'l senyor
　　　　　　Dimas lladro

13,960　centurio
　　　　　　hu cap de çent
　　　　　　dix uerament
　　　　　　ffill de Deu es

　　　　　　Pilat frances
　　　　　　rey l'escriui

　　　　　　gentil Longi
　　　　　　Deu l'adora
　　　　　　com se ueu sa
　　　　　　ans era cech

13,970　lo sol s'estech
　　　　　　de dar claror
　　　　　　per son senyor
　　　　　　ser turmentat

　　　　　　anuuolat
　　　　　　lo çel trona
　　　　　　ffort llampegua
　　　　　　mouent grans uens

　　　　　　tremolaments
　　　　　　fferen les terres

13,980 dels mons e serres
roques caygueren
en si's romperen

cent çinch çiutats
ab tots sos nats
en orient
de fonament
fforen perides

fforen solsides
moltes muntanyes

13,990 naçions stranyes
del cap del mon
ffins hon se pon
lo sol tots iorns
vent tals contorns
temoregaren
Deu inuocaren

com hun gentil
mestre suptil
dit Dionis
14,000 lo mon sentis
ffort tremolar
ves eclipsar
lo sol e lluna
contra comuna
astrologia
en iorn de dia
ves tal foscura
Deu de natura
dix soferia
14,010 o periria
la mundanal
huniuersal
machina sempre

aquest destempre
ben prop lo ueu
[102v] lo mal iuheu

maior prelat
del gran bisbat
sols per lo guany
14,020 en aquell any
arrendador
prinçep traydor
ab sos secaços
ypocritaços
mas no[ ]y cregueren

ans dels que[ ]y eren
alli uenguts
escomoguts
mes per temor
14,030 que per dolor
ni pietat
a[ ]pas cuytat
esbalayts
batent se'ls pits
barbes pelant
los caps calant
trits se'n tornaren
may atorguaren
hauer fet mal

14,040 lo trihunfal
titol subscrit
per tots llegit
grechs e llatins
als raus rabins
no'ls paregue
que digues be
rey dels iuheus
ab agres ueus
ne despitaren
14,050 he infestaren
ne fos lleuat
mas a[ ]Pilat
no li plague
ans romangue
a[ ]llur despit
tal com fon scrit

            dels moniments
            molts dels durments
            o morts sans cossos
14,060　　ab pell carn ossos
            ressuçitaren
            he reçitaren
            que uist auien
            lla d'on uenien

            l'altar çelat
            pel uel tallat
            se descobri

            l'infern obri
            llim e preso
14,070　　com feu Samso
            ab clau de comte
            l'alcayt en[ ]promte
            apresona
            he fort lligua
            sa caualcada
            al llim tancada
            qual ell tenia
            ab tirannia
            animes santes
14,080　　qui pot dir quantes
            a mi per graçia
            ab pertinaçia
            cert no mori
[103R]　　yo'm penedi
            ans de morir
            gens referir
            no guos lo crim
            tots los del llim
            o si d'Abram
14,090　　Eua[ ]y Adam
            sos desçendens
            Deu conexens
            de[ ]fet cobra
            he se'n porta
            tots Deu llohant

            Caym dexant

            he tots los mals
            perpetuals
            abitados
14,100　　en lo cahos
            tots temps penant

            en l'entretant
            Josef baro
            decurio
            he noble nat
            en la çiutat
            Arimatia
            prop uas tenia
            o fossa noua
14,110　　semblant a[ ]coua
            tallat en roqua
            a[ ]pich de broqua
            ffet per[ ]a si
            ell prouehi
            ab diligençia
            hauer liçençia
            de Ponç Pilat
            ser soterrat
            qual obtengue
14,120　　comprat ague
            net drap de lli
            nart benihuhi
            altres perfums
            seguons costums
            es dels iuheus
            tot a[ ]grans preus
            lliures ben çent
            deuotament
            lo cos lliguat
14,130　　enbalsemat
            lo soterra
            he çimenta
            la porta closa
            ab molt gran llosa

            pels seus lo cos
            ffurtat no fos
            los raus duptaren

            per[ ]tant instaren
            sa sepoltura
14,140   ab molta cura
            per hun baro
            centurio
            ffos ben guardada
            sa gent armada
            tots ben paguats

            puys esglayats
            terc iorn mati
            quant fort sorti
            del moniment
14,150   esmayament
            he por agueren
            tots lo cregueren
[103v]   esser uer Deu
            tots huna ueu
            de[ ]fet cuytaren
            hi[ ]u reçitaren
            dins la çiutat
            ressusçitat
            es uerament

14,160   mas promptament
            d'ells sobornats
            d'ells menaçats
            molt uariaren
            he deposaren
            mentint uilment

            ans çertament
            que lo dit cos
            despeniat fos
            de[ ]la creu alt
14,170   encara calt
            del dret costat
            hon fon nafrat
            gran sanch n'ixque
            aygua tanbe
            lo poble[ ]u ueu
            tot aço's feu
            per a[ ]figures

            psalms he scriptures
            dar compliment
14,180   l'omnipotent
            quant feu fer l'archa
            al patriarcha
            antich Nohe
            aygua uolgue
            punis lo uiçi
            he fos inhiçi
            a[ ]la uirtut

            lo retengut
            poble prou bo
14,190   per faraho
            com a[ ]catiu
            resta tot uiu
            he feu lo franch
            aquella sanch
            del sant anyell
            he fon coltell
            de gran matança
            en la criança
            d'Egipte tanta
14,200   puys la gent santa
            Deu feu passar
            la Roga Mar
            com per trespol
            del rey l'estol
            l'aygua'l negua

            mes Deu mana
            que'l poble ues
            com Moyses
            fferint sa rocha
14,210   aygua no pocha
            manal n'ixque
            de qual begue
            tot Israel

            Ezechiel
            ell profetant
            Deu inspirant

　　　　　　gran aygua uiua
　　　　　　net'absterçiua
　　　　　　promet donar
14,220　　per deneiar
　　　　　　los delinquens

[104R]　　als penidens
　　　　　　sedegans crida
　　　　　　beure conuida
　　　　　　Deu aygua francha
　　　　　　com llana blancha
　　　　　　promet tornar
　　　　　　he caneiar
　　　　　　les astrosies
14,230　　per Ysayes

　　　　　　dexen Deu uena
　　　　　　habundant plena
　　　　　　d'aygues uiuents
　　　　　　als descrehents
　　　　　　diu Iheremies

　　　　　　scriu Zacharies
　　　　　　ab propheçia
　　　　　　en aquell dia
　　　　　　he temps de pau
14,240　　en lo palau
　　　　　　del rey Dauiu
　　　　　　ffont gran com riu
　　　　　　s'i mostrara
　　　　　　he llauara
　　　　　　la mestruosa
　　　　　　aygua'bundosa
　　　　　　del dret costat
　　　　　　per hun forat
　　　　　　del[ ]templ'exint
14,250　　ffon uist guarint
　　　　　　les malalties

　　　　　　he ell Messies
　　　　　　volch començar
　　　　　　sanctificar
　　　　　　aquell flum gran

　　　　　　com Sent Iohan
　　　　　　lo[ ]y batega

　　　　　　he com torna
　　　　　　de[ ]l'aygua ui
14,260　　architicli
　　　　　　beure mana
　　　　　　alli mostra
　　　　　　començ de gloria

　　　　　　la natatoria
　　　　　　de Silohe
　　　　　　la mostra be

　　　　　　prop de Sichar
　　　　　　promes donar
　　　　　　a[ ]l'aldeana
14,270　　samaritana
　　　　　　aygua de uida
　　　　　　ffont infinida
　　　　　　perpetual

　　　　　　ffont d'aygua tal
　　　　　　ja figurada
　　　　　　he profetada
　　　　　　per Deu promesa
　　　　　　may fon obtesa
　　　　　　pels de natura
14,280　　ni de[ ]scriptura
　　　　　　pobles passats
　　　　　　a Deu ingrats

　　　　　　ni quant sua
　　　　　　sanch com plora
　　　　　　orant en l'ort
　　　　　　sols apres mort
　　　　　　ffon dada çert
　　　　　　quant fon hubert
　　　　　　lo costat seu [104V]
14,290　　alt en la creu
　　　　　　mig començades
　　　　　　he sols foriades

	les cla<u>us</u> del çel		a[ ]quatre graus
	a Pere fel		tres per tres claus
	promeses dar		quart per la llança
	volch acabar		ab sa balança
	subtil manya		just dret pesades
	ell les tempra		ben dispensades
	com bon armer		les cantitats
14,300	tempra l'açer	14,340	ab que'ls prelats
	ab agua[ ]y sanch		sos hunguentaris
			he pigmentaris
	be lo barranch		ffessen hunguents
	fflum e torrent		he fins piments
	passa beuent		preseruatius
	calzer e guot		he curatius
	rey saçerdot		ratificans
	Melchisedech		he conseruans
			la sanitat
	hubert lo rech	14,350	suauitat
	del costat dret		beneyta noble
14,310	ffon lo pertret		salut al poble
	he aparell		nouell ramat
	pel senat uell		elet triat
	tot reuocat		anyells moltons
	he reprouat		barbuts cabrons
	dels husuraris		habandonant
	e[ ]potecaris		
	llur reçeptari		ell alt cridant
			anyell benigne [105R]
	hubert l'armari	14,360	com fa lo signe
	de deytat		ab ueu molt fort
14,320	per pietat		prop de sa mort
	al nou sacrari		ab lo cap dret
	antidotari		hauer gran set
	nouell dona		de tots crida
	hon ordena		per tots pagua
	set medeçines		ell bastantment
	ab set diuines		l'obedient
	spirituals		anyell corder
	no naturals	14,370	qui uolenter
	propietats		hi es uengut
14,330	ab calitats		es franch remut
	ben diuisades		complidament
	he graduades		

lo fre mordent
de dur çeruell
ga odre uell
enbotanat
desenpeguat
juheu altiu
14,380 resta catiu
per culpa llur
puys en lo fur
o profeçies
d'ell uer Messies
no han fermat
en son ramat
no son contats
desuehinats
no'ls es permes
14,390 posseir res
en realench

lo rey qui uench
del çel al mon
Messies fon
no l'an cregut
han[ ]ne perdut
llur boualar
en l'anpriuar
prioritat
14,400 la saluetat
en prats pastura
per oradura

los qui lloguats
humiliats
obrar uolran
he suaran
en les cauades
no fent llobades
del diurnal
14,410 diner real
seran paguats

los enguanats
moros e atres

turchs ydolatres
fferoçes braus
romanen sclaus
descaminats

son figurats
l'enterch ebraych
14,420 lo gentil laych
pobles abdos
pels seruidos
dos iouençells
l'aze ab ells
ensemps restats
baix no muntats
ffer en la penya
[105v] altar ni llenya
pel sacrifiçi
14,430 d'Abram iniçi
començador
de fe[ ]y amor

Ysach terçer
lo poble uer
he cristia
qui creu e fa
lo que Deu uol
aquest tot sol
la hu de tres
14,440 sols elet es
los dos dampnats

molts son cridats
pochs los elets
Deu quants ha fets
vol ser saluats
he molts maluats
esser no[ ]u uolen
puys ells se tolen
lo be promes
14,450 afectant mes
la uida grassa
restar en plaça
plogua[ ]u no plogua

                troben qui'ls llogua
                no'ls plau lloguer
                ni'l lloguader
                conduydor
                conuidador
                no'ls plau oyr
14,460 molt menys seguir
                ni les figures
                sanctes scriptures
                llegir entendre
                lo uer seny pendre
                a[ ]ells s'inputa

                Deu no refuta
                qui s'i atança
                no fora llança
                ni desempara
14,470 l'om qui's prepara
                rebre sa graçia
                tot quant li plaçia
                ffent obehint
                Satan iaquint
                dret a ell ue
                promet la fe
                ffent homenatge
                de uasallatge
                perpetual
14,480 rebent la sal
                de sapiençia
                en mans presencia
                del seu curat
                propi prelat
                he saçerdot
                solemne uot
                a[ ]Deu n'a fet
                aquest de[ ]fet
                es ben rebut
14,490 ffranch e remut
                lo seu rescat
                per Deu paguat
                degudament

                per inçident

me uull llunyar
fforauiar
hun poch del rench
saltar entench
ffora'l cauat [106R]
14,500 tant he mal grat
de[ ]les mesquines
ffictes beguines
prest puys m'i moch
llur saber poch
he molt cuydar
vull inçertar

veig la beguina
salta( )martina
de sella'n sella
14,510 de uetla'n uetla
giramantells
pica( )martells
disputadora
demanadora
de questions
he fent rahons
als confessos
he preycados
de Deu demana
14,520 puys d'ell emana
tant uirtual
huniuersal
he fructuosa
tan graçiosa
ffont d'aygua uiua
com no's diriua
a tots los uius
per eguals rius
car molts no'n prenen
14,530 he los que'n tenen
no per egual

demanat tal
es atreuida
com la guarida
del flux antich

com en poblich
hoys preycar
al popular
lo uer Messies
14,540 fforts malalties
li ues curar
volch s'ariscar
la ueu alçant
he fort cridant
a[ ]qui'l porta
he l'a( )lleta
alt benehi

Deu l'arguhi
sols pel parlar
14,550 dix l'escoltar
he creur'apres
valen molt mes

Marta tanbe
la reprengue
com replica
quant ell mana
lleuau la llosa
ella duptosa
dix pudira
14,560 quatridia
es ia podrit
no t'e yo dit
dix si creuras
ffets singulas
te fare ueure
donchs mes ual creure
que disputar
ni altercar

[106v] d'on altercant
14,570 he inquestant
causa[ ]mouent
l'omnipotent
altre senyor
que Deu maior
vol inquirir

tal departir
es gran error

lo creador
en fer crear
14,580 no pot errar
vol pot e sap
tiny lo seu drap
vermell uert blau
groch com li plau

a son plaer
ffa com ll'oller
qui d'una massa
ne fa terraça
olla scudella
14,590 plat canterella
morter llibrell
gentil uexell
lleig com se uol

Deu al mallol
qu'ell s'a plantat
hi ha lloguat
quals ha uolguts
d'ells son uenguts
ab sa lleguona
14,600 a prima nona
vespres conpleta
ffaena feta
crida'ls faynes
los matines
cansats suats
he los lloguats
a[ ]la uesprada
dona'ls soldada
egual diner
14,610 axi[ ]u uol fer
qual iniuria
si per hun dia
tots uol paguar

qui's deu clamar

	si tal l'a feta		l'aygua li mancha
	o contrafeta		ab gran raho
	si Rachel Llia		
	Marta Maria		qui ab oro
	si Ester Uasti		se aparella
14,620	Rut Nohemi		e ua'b çistella
	al seu partir		cedaç guarbell
	qui[ ]y pot res dir		o chich uexell
	per sol'amor		de[ ]l'aygua pendre
	ffa bo[ ]y millor	14,660	be deu rependre
	al plaer seu		si's mor de set
	qui ell uol beu		lo mal pertret
	s'aygua o graçia		propi mateix
	ab eficaçia		no d'on parteix
	tant com ne cap		la font tan ampla
14,630	en lo seu cap		qual Deu exampla
			per rius braçals
	la qui no'l uol		coduyts[42] canals
	altre deu col		e çequioles
	moltes peus tenen	14,670	rolls e filloles
[107R]	ni[ ]y uan ni[ ]y uenen		distillados
	les mans per pendre		e brollados
	cap per apendre		miganes causes
	orelles hulls		
	per sos entulls		ab orde pauses
	no'ls plau hoyr		conte mesura
14,640	ni obeyr		pes e dretura
	los crits e lloure		l'aygu'abandona
	no's uolen moure		ffrancha la dona
	sos rolls obrir		l'alt çequier
	son elegir	14,680	al ereter
	ab llibertat		qui pel que ou
	sa uolentat		sa[ ]terra mou
	no l'an forçada		ab iou e rella
			ab sa trugella
	la mal dreçada		exada pala
	roman en[ ]sech		son camp eguala
14,650	qui's clou son rech		ffa[ ]y cauallons
	son prtell[41] tancha		ab alerons

---

[41] Portell.

[42] Conduyts.

obre boqueres
14,690 clou talponeres
del seu ribatge
sols poch mundatge
e l'escurim
tragua'l tarquim
del seu portell

qui son çeruell
he los çinch senys
a[ ]Pasqua'l menys
cad'any no'rbega [107v]
14,700 e no'ls denega
ffa's herm desert

lo temps hi pert
te martellada
la'ntrecuydada
beguina folla
qui quant bull l'olla
no[ ]u coneix clar
ni sap filar
ni res cosir
14,710 ni menys llegir
he del saber
poder uoler
ffer e crear
gràcies dar
secrets iuhis
ne uol auis
he s'en( )tramet

que Deu promet
es infalliblle
14,720 cert e crehible
tot hom diu Deu
qui ferm no creu
o no creura
dampnat sera
he bandegat

tot bategat
d'aygua manal
he natural
no d'alambi
14,730 oli llet ui
ni tal llicor
no[ ]y han ualor
per son prelat
propi curat
en temps de pressa
si fall endressa
de capella
tot cristia
hi pot soplir
14,740 si sap ben dir
sens barbarisme
molts[43] del babtisme
l'aygua uessant
l'Esperint Sant
pel llauament
obte granment
ffe d'om mateix
si ia's coneix
o del padri
14,750 si's chich fadri
he dels presents

ffe dels parents
d'aquell malalt
del terrat alt
ffet hun forat
per ells calat
jahent al llit
que fos guarit
tant hi basta
14,760 que romas sa

si per fe stranya
l'ome tant guanya

---

[43] Mots.

        quant mes per propia
        lo qui'n[ ]te copia
        regenerat
[108R] e o[ ]renat
        recreat fet

        per Deu elet
        ffill adoptiu
14,770 caritatiu
        qui sperara
        he ferm creura
        aquells cartells
        qui pels mantells
        al ruch posats

        he pels sobrats
        dotze[ ]sportins
        del peix cofins
        e pa pleguats

14,780 son figurats
        per dotze tretes
        del riu eletes
        pedres molt belles
        Josue d'elles
        ffeu fabricar
        nouell altar

        son denotats
        pronostichats
        los dotze mots
14,790 dictats per tots
        los maiosdomens
        apostols promens
        de[ ]l'apostolica
        huna catolicha
        he santa[ ]sgleya

        no seguons creya
        lo manicheu
        contra qui's feu
        credo nouell
14,800 en hun consell

        sant e consult

        quicunque uult
        per Atanas
        a[ ]bon conpas
        ffet gentilment
        diu uerament
        lo que's deu creure

        a[ ]sopar beure
        tot tal crehent
14,810 qui prou souent
        de tot son tort
        açi'n la cort
        de son prelat
        s'es composat

        he dels enguents
        he sagraments
        s'es ia huntat
        he ben dinat
        no en[ ]posada
14,820 pel rey dexada
        ab na Uasti
        qui sols basti
        dinar a[ ]fades
        mullers maluades
        mas en bellissim
        ort del altissim
        rey Asuer
        per ell fet fer
        ab conselles
14,830 contra mulles
        en or argent
        meniant beuent
[108V] a[ ]son delit
        no conpellit
        ab fe formada
        aconpanyada
        de uirtuosos
        he[ ]piadosos
        ffets obrant be
14,840 no morta fe

   mas ab fe uiua
   caritatiua
   tot eleuat

   Gesseu puiat
   en arbre creu
   per ueure Deu
   Jhesus lo crida
   e s'i conuida
   ab ell restar
14,850 ensemps meniar

   si no[ ]u recusa
   ni se'n escusa
   per pres auer
   de[ ]nou muller
   es conuidat
   asegurat
   no dupte'ntrar
   alt al sopar
   celestial

14,860 si nupçial
   roba polida
   porta uestida

   qui mal robat
   sera trobat
   en semblant çena
   pres en cadena
   sera lliguat
   d'infern llancat[44]
   en la foguera

14,870 donchs la huxera
   qui te'l retret
   sagell secret
   la clau del pa
   com dit es ia
   pa consagrat

   pa enfornat
   pa cuyt e bla
   puys per sa ma
   as a[ ]sopar
14,880 la deus preguar
   sia contenta
   he que consenta
   tu entres dins

   mentres temps tins
   de roba muda
   he la saluda
   tots temps ab aue
   preguant te llaue
   los teus delictes

   quarta part del
   tercer

14,890 *per tants conflictes*
   qui son en tu
   yo inportu
   he transformat
   ben informat
   te so trames
   he ia d'uy[ ]mes
[109R] s'a( )costa l'alba
   ta llengua balba
   a[ ]queucom dir
14,900 he contradir
   a[ ]mi respondre
   la ueig dispondre
   he tremolar
   aconsolar
   te uull hun[ ]tant

   si est duptant
   en alguns passos
   e't paren cassos

---

[44] Llançat.

The Mirror

	mal dits o nulles		tal argument
14,910	o falses butles		es defallent
	lo que t'e dit		Adam creat
	he repetit	14,950	ffon e format
	tant de[ ]les dones		engendrador
	les abandones		començador
	si[ ]y as duptat		d'uma llinatge
	la uoluptat		ffera ultratge
	te fa torbar		he greu peccat
	ffa't exorbar		si engendrat
	los hulls e seny		ell no'n agues
14,920	raho't costreny		tots los apres
	he ta edat		Adam uenguts
	consells t'e dat	14,960	no[ ]y son tenguts
	de prou prudença		
	experiença		tambe peccara
	tots los conferma		si no'ngenrara
	ages ne ferma	[109v]	Emanue
	opinio		Abram tanbe
	obliuio		he Ihoachim
	del uoluptari		ffora gran crim
			en aquells dies
14,930	si'm fas contrari		si Zacharies
	del manament		se'n fos estat
	seguonament	14,970	no fora nat
	en[ ]parays		aquell Iohan
	ans del diuis		dels nats pus gran
	ja prouehit		qui may fill feu
	per Deu fon dit		ni hac ereu
	multiplicau		sense peccar
	he aumentau		
	honpliu la terra		no[ ]y cal estar
14,940	qui no's afferra		molt en aço
	ni se'n atura		semblant lliço
	seguint natura		ffon l'alt parlar
	ans d[^45] se'n desix	14,980	del consagrar
	poch obehix		aço fareu
	trenca'l manar		per recort meu
			a[ ]tots se dix
	responch de clar		mas no's partix

---

[^45]: Uncorrected scribal error.

            ni's fa per tots
            aquells dos mots
            tots engendrau
            tots consagrau
            son parlar breu
14,990 manat per Deu
            llarchs en uirtut
            a[ ]multitut
            e en comu
            no a[ ]cascu
            singularment

            l'omnipotent
            Jhesus hom uer
            no hac muller
            si'n fos tengut
15,000 n'aguer'agut
            nunca pecca
            donchs may trencha
            la lley aquesta

            ell a[ ]la festa
            ffon conuidat
            del tant amat
            cosingerma
            he[ ]y conferma
            lo matrimoni
15,010 ab testimoni
            miraculos
            mas ell l'espos
            no uolch complis
            ni que dormis
            may ab la[ ]sposa
            donchs prou par cosa
            mes uoluntaria
            que nessessaria
            cert l'engendrar
15,020 o lo seruar
            l'establiment
            propiament

            es dit consell

            qui l'obrar d'ell
            en tot semblar
            ben himitar
            vol e seguir
            be'n pot fogir
            sense peccar
15,030 ni lley trencar
[110R] ffaça[ ]u qui's uulla
            tu te'n despulla
            de tal calor
            no't faca[46] por
            per esser buyt
            de fills o fruyt
            si es uedat
            ni ton curat
            t'escomunique
15,040 ni que't abdique
            entrar als temples

            si mes contemples
            les marauelles
            d'algunes d'elles
            com referir
            he l'arguir
            de[ ]la molt alta
            he sense falta
            sabent reyna
15,050 Sabba austrina
            se nomena
            ab si mena
            de sauiesa
            he gentilesa
            ben abillada
            e auisada
            gentil conpanya
            de lley be[ ]stranya

            ella famosa

---

[46] Faça.

15,060 he poderosa
en lo moral
he natural
molt erudida
auent oyda
la nomenada
pel mon anada
del meu poder
he alt saber
mes diuinal
15,070 que humanal
per mes entendre
de mi apendre
lo mon passant
entrauessant
ha ueure'm uench
he ab mi tench
grans parlaments
dona'm hunguents
molt fins d'olor
15,080 de gran ualor
dona'm planter
he sementer
de balsem brots
en Guadi tots
vinya'n plantam
souint parlam
he discutim
molt departim
d'astronomia
15,090 molt ne sabia

ella'm signa
he designa
en aquest fust
hun rey robust
molt desigat
sera peniat
per los iuheus
mals uasalls seus
[110v] en creu ben alt
15,100 del ort del salt
prest lo'n tragui

e'l amagui
jus la peçina
d'ell mediçina
l'aygua prenia
homens guaria
sols la llacuna
dones denguna
no's llig guaris
15,110 per llur auis
apres per dies
Jhesus Messies
als fariseus
he seduçeus
los allegua
he diuulgua
tal diligençia
per mes sçiençia
al[ ]iutgament
15,120 ffort argument
a ells seria

llarch respondria
si[ ]no duptas
temps hi bastas
curt hi uull dir
no'm cal desdir
per pocha[ ]streta
hun'oroneta
cert no[ ]fa[ ]stiu
15,130 muller la uiu
de infel rey
ffon fora lley
de tot hague
tanbe'scaygue

si mes t'inpliques
he fort repliques
de uirtuoses
dones famoses
he uenerades
15,140 qui son estades
vergens fadrines
monges beguines

poques casades
canonizades
per papa santes
sibilles tantes
Deu redemptor
ser uenidor
pronosticans
15,150 d'algunes grans
mas foren poques
mares e çoques
de lley antigua
bo es te digua
la ueritat

per equitat
he Deu honrar
per ell formar
d'Eua lo cos
15,160 qui d'om fon os
carn de carn llur
per que fan dur
per genitura
obrant natura
en lo mon hom
algun queucom
[IIIR] son poc amables
no extimables
que ualguen mes
15,170 per ser mulles

car matrimoni
no's[ ]testimoni
no sospitos
ans prou duptos
jnducçio
presumpçio
es de bondat
seguretat
no'n porta gens
15,180 car moltes gens
ffills d'altri crien
coue donchs sien
no molt amades

mas comportades
per ses aynes
com les guallines
qui tot ho sullen
hon se recullen
per tants ous pondre

15,190 mes uull respondre
al argument
generalment
per que les dones
fforma Deu bones
bondat alguna
sols la comuna
si's uol[ ]en tenen
d'elles ne prenen
alguna part
15,200 les mes apart
ben lluny l'arullen
he la's despullen
de si la llançen

les que's atançen
ffer qualque be
sots lley e fe
son estimades
hun[ ]tant preades
en gran recort
15,210 com l'ome tort
rey entre'ls çechs
per alguns llechs
mençionades
perpetuades
per llongua fama
d'aquestes ama
lo que han bo
no tot lo so
que'n fa la gent
15,220 mas solament
sola uirtut

la fortitut
de na Iudich

d'Ester te dich
la conplaçençia
per sapiençia
Rebecha mira
de Sarra tira
o Sarrahi
15,230 qui requiri
Abram tocar
la mos'Aguar
ffidelitat
humilitat
[111v] molt gran de Llia
la parleria
he bell estil
d'Abiguayl
Delbora tria
15,240 sols profeçia
Raab çelant
lo clau ficant
al pols Guabel
amant Rachel
viudatge d'Anna
de na Susanna
pren continençia
la penitençia
de Magdalena
15,250 d'alta Elena
peregrinatge
spitalatge
dels pobres zel
de Ysabel
reyna contessa
he menoressa
de Caterina
Tecla Merina
Anastasia
15,260 Agnes Lluçia
virginitat
ab caritat
per fe martiri
sens[ ]e( )reptiri
ne pots amar
ben afamar

he ben uoler
dir ab plaer
sols tals uirtuts
15,270 soliçituts
de dones uiues
te prech esquiues
sols d te deportes
de semblants mortes
llegint llur uida
car han seguida
en qualque pas
sens contrapas
la bona uia
15,280 de qui'm enuia
axi desfas
he satisfas
tos arguments
he pensaments

llexa disputes
he no refutes
los consells meus
cert si[ ]no'ls creus
viuras penat
15,290 morras dampnat

ta testa calba
puys es ia l'alba
volra dormir
vull me'n partir
coman t'a[ ]Deu

quart llibre o quarta part
prinçipal de enuiudat
primera part del quart
com ordena sa uida

[112R] *puys que sa ueu*
yo no senti
de[ ]fet sorti
tot eleuat
15,300 alienat

esbalayt
pel que hoyt
llauos hauia
com qui somia
cosa plaent
soptosament
si's[ ]despertat
ne ha mal grat
he li sap greu
15,310 com plaer seu
li han torbat

desconsolat
com fon Tobies
com Azaries
angel Rafel
se'n[ ]torna'l[ ]çel
he conguoxat

he com hugat
ffon Sent Ambros
15,320 qui fon al cos
del Sant Marti
tanbe Fronti
ffon al de Marta
llegint la carta
de çelebrar
sobre[ ]l'altar
ells s'adormiren
dormint partiren
de sos bisbats
15,330 per Deu guiats
mirablement
ells realment
fferen l'ofiçi
lo sacrifiçi
santes preguaries
per funeraries
dels susdits sants
llurs aiudants
vent los becar
15,340 massa tardar
los despertaren

per que'ls torbaren
del que lluny feyen
he tan clar ueyen
los desplague
cascun ague
enuig hun[ ]tant

he com parlant
Deu instruhis
15,350 los senys obris
a[ ]les figures
sanctes scriptures
les declaras
a[ ]Clehofas
altre ab ell
en lo castell
aposentats
marauellats
del que parla
15,360 trencant lo pa
lo conegueren
quant lo uolgueren
desparegue
[112v] molt los dolgue
com s'apsenta

he com troba
Sent Aguosti
aquell fadri
riba la[ ]mar
15,370 volent buydar
l'aygua'n hun clot
li dix arlot
que penses fer
ab alt saber
lo chic respos
ab gran repos
ell escoltant
l'infant parlant
perde'l de uista
15,380 ab cara trista
resta pensant

	yo pel semblant		jntelligible
	tal me trobi		per mi grosser
	apres c'obri		ffiu mon poder
	en seny tornat		no'm oblidas
	encadarnat		que'm recordas
	per l'escoltar		per profit meu
	he tant uetlar	15,430	he ara teu
	tantost pensi		
15,390	he comenci	[113R]	ffill Baltasar
	rememorar		sens pus tardar
	he recordar		tantost uesti'm
	recogitant		del llit lleui'm
	he reçitant		he deuallat
	lo qu'entengui		agenollat
	he conprengui		a[ ]Deu llohi
	de[ ]la crehença		he benehi
	per ma ualença		regraçiant
	a[ ]mi[ ]splicada	15,440	he soplicant
15,400	he declarada		sa gloriosa
	ffon lo moral		he piadosa
	he doctrinal		beneyta mare
	per mi palpable		qu'ella'm separe
	he praticable		del uell lleuat
			he renouat
	mas lo subtil		del infernal
	de fort estil		drach Belial
	cert transcendent		me preseruas
	mon sentiment		
	tehorich alt	15,450	he com pensas
15,410	trobant me falt		que'l temps passat
	de uista lloscha		mal compassat
	he ab ma foscha		perdut no's cobra
	fflacha prensiua		meti en obra
	com la uisiua		lo huyt nouell
	del duch e rrat		de bon consell
	qui's diu penat		
	he del muçol		sens temps remetre
	al raig del sol		volgui prometre
	d'ull lo perdia		ffiu iurament
15,420	no'l entenia	15,460	vot sagrament
	sols lo cobraua		ab cor d'atendre
	com se calaua		may muller pendre
	al aprensible		mas uiure franch

may en hun banch
seure ne taula
ni may paraula
rahonament
mot parlament
d'elles sentir
15,470 ni may hoyr
llur malenpoli

bollir en oli
mengar les mans
morir abans
ans peus estendre
que muller pendre
ans soterrat
que mullerat

de continença
15,480 ffiu prometença
puys fuy delliure
mudi de uiure
lexant l'actiua
con( )templatiua
cercant la uida
prenint la mida
he l'exemplar
de contemplar
dels ermitans
15,490 sols habitans
en los sechs erms
hon uiuen ferms
sens matrimonis
ab tals dimonis

de[ ]fet ho fiu
aquell estiu
yo fiu ma uia
ves la mongia
[113v] ben ermitana
15,500 la catalana

damunt Falcet
deca[47] Poblet
qui's diu cartoxa
hon la gent coxa
puga'b afany
qualque mig any
yo[ ]y aturi
hon apori
ab lo prior
15,510 bon confessor
examinant
he rominant
ma consiençia
la penitençia
agui finida

de la llur uida
ffuy molt content
he çertament
vestit m'i fora
15,520 si la traydora
de biguamia
tal com la mia
tant no[ ]u uedas
que'm ordenas
a missa dir

al monestir
dona[ ]y entras
ni s'acostas
nunca n'i ueren
15,530 ans me digueren
que la reyna
dona Marina
desafaynada
huna iornada
sols per mirar
hi uolch entrar
ab ses donzelles

---

[47] Deça.

The Mirror

          claustra capelles
          quant calçiguaren
15,540 tot ho llauaren
          he fort ragueren
          ells may ixqueren
          del cor tancats

          molt son guardats
          d'ocasio
          d'oracio
          ells me'n mostraren
          molt m'endreçaren
          per llur uirtut
15,550 lo temps perdut
          que'l esmenas
          que ordenas
          lo uenidor
          viuint millor
          me consellaren
          tots m'abraçaren
          e'm oferien
          Deu preguarien
          per mi tostemps

15,560 de tots ensemps
          pris comiat
          per Deu guiat
          ves Sentes Creus
          ab moltes neus
          he prou gran fret
          ffuy a[ ]Poblet
[114R] cami ferrat
          a[ ]Monserrat
          prop Taraguona
15,570 ffuy a[ ]Ualbona
          quin monestir
          per conuertir
          tot peccador
          per la fredor
          molt me cansa
          Benifaça
          he Ualliuana
          ffuy per la plana

          he per la uall
15,580 ab gran treball
          a[ ]Uall de Crist

          quant agui uist
          yo Portaçeli
          cert fuy al[ ]eli
          de cansament
          mas çertament
          seguons mon uot
          res pus deuot
          ni mes conpost
15,590 lloch pus dispost
          en tots no uiu
          ab raho's diu
          del çel la porta
          cert no[ ]y es morta
          la continença
          de[ ]l'abstinença
          ells han la suma
          may carn hi fuma
          ni a[ ]llur costa
15,600 dona s'a( )costa
          be[ ]y reposi
          ffins deposi
          lo llassament
          d'ells molt content
          h'enamorat
          ab llur bon grat
          cinta ma[ ]spasa
          torni'm a[ ]casa
          hon huy yo stich
15,610 en pau uos dich

          seguona part del quart
          continua son uiure

          [n]oranta çinch
          ho çent anys tinch
          dels quals çinquanta
          o los xixanta
          dels meus millos

   penes dolos
   m'an espletat

   en ueritat
   lo sant sermo
15,620 de Salamo
   qui'm fon trames
   los anys de[ ]mes
   m'estaluia
   he desuia
   yo mal nodrit
   vell endurit
   dolent uila
   com lo mila
   del terç any uell [114v]
15,630 per hun budell
   ja m'i calaua
   ja'm acordaua
   a[ ]fort cadena

   ma gran esmena
   del temps perdut
   no conegut
   si la't reçite
   creu sols ymite
   lo publica
15,640 qui explica
   son falliment
   tot homilment
   no pas com feu
   lo fariseu
   va glorios
   superbios

   yo instruyt
   he corregit
   Deu aiudant

15,650 he graçiant
   ab escandalls
   he prou treballs
   mon temps llimite
   dones euite
   per no trobar[48]
   com realguar
   sols hun cambrer
   hun escuder
   he comprador
15,660 coch pastador
   tres me seruexen
   he may me dexen
   llur sou los pague
   e'ls afalague
   no tinch sensals
   de naturals
   primiçiades
   e iust delmades
   rendes yo uisch
15,670 lo meu partisch
   finant mos dies
   en obres pies
   he penitençia
   per abstinençia
   llit sus sus[49] la llenya
   he d'estamenya
   tinch los llançols
   los camisols
   d'aspre çeliçi
15,680 per exerçiçi
   de ma persona
   alguna[ ]stona
   yo caue'n l'ort
   per mon deport
   apres passeie
   ffins que fameie

---

[48] This word is somewhat illegible. The most likely reconstruction is 'trobar', although 'torbar' makes more sense.
[49] Uncorrected scribal error.

dijous diumenge
he dimatrts[50] menge
carn sense greix
15,690 los tres iorns peix
l'u aygua[ ]y pa
si no'm trop sa
pa[ ]y ui uermell
de gros burell
es mon uestir
a[ ]may iaquir
missa tots iorns
cerque perdons
[115R] souint confesse
15,700 he may no sesse
hores dihurnes
dir he nocturnes
per morts e uius
yo rem catius
encarçerats
he enuiudats
souint uesite
los ostes site
cert ma posada
15,710 no'ls tinch tancada
los malats cure
pobils procure
do past al pobre
vist lo hi cobre

no les femelles
be fer a[ ]elles
ho atiutori
no's meritori
gens no'ls ne fas
15,720 de fret o glas
de set ho fam
tant les desam
si's uol morissen
llamps les ferissen
he les cremassen

sal se tornassen
com la de Llot
llança'n hun clot
qui res los dona
15,730 mas qui'ls perdona
llur falliment
pecca greument
molt fort erra
com no[ ]scorcha
en Asuer
a[ ]sa muller
Vasti reyna
tanbe na Dina
morir deguerra
15,740 per ser uayuera

millor li'n pres
a[ ]Finees
com acora
he trauessa
ab lo punyal
dins lo tendal
la dona dita
madianita
nom de guerrer
15,750 justiçier
li'n ha restat
perpetuat

aquell Ramon
qui darrer fon
comte'n[ ]Tolosa
deliçiosa
molt andeguera
sa muller era
ab art trobada
15,760 mata peniada
sauiament
mas ferament

---
[50] Dimarts.

be[ ]u acordaren
los qui mataren
ab gran foguera
muller primera
[115v] del fort Samso

per dir canso
tambor sonar
15,770 massa cuytar
primer exir
be feu morir
cremada nua
la filla sua
lo duch bastart

ague gran art
lo caminer
de sa muller
partint lo cos
15,780 cascu bon tros
dels trips n'ague
de que's mogue
ffer gran uengança
cruel matança
de beniamines
he gabesines
de Gualahat

aquell huntat
bon rey Hieu
15,790 noblement feu
dalt espenyar
tota[ ]sclafar
a[ ]Gesabel
reyna cruel
dona maluada
en la entrada
ben calçiguar
he roseguar
la lex'a[ ]cans
15,800 sols peus e mans
lo que'n romas

en hun nou uas
per ser estada
ab rey casada
ffon soterrat

be fon yrat
ab gran raho
l'antich baro
duch Moyses
15,810 ab Finees
he uençedos
per ser tudos
de les casades
viudes portades
madianites
cert infinites
les[ ]uiolades
totes trobades
mana matar
15,820 he deguollar
les uergens no
e guanya'ls ho
virginitat

l'a( )postatat
en Iulia
be castigua
braues mulles
be nou milles
per les mamelles
15,830 en les ramelles
d'arbres curtades
ben aguades
viues penga

tanbe's uenga
Ercules tost
en hun recost
[116r] cent mil armades
aparellades
per ell combatre
15,840 sabe'ls rebatre
lo llur arnes

ab hun reues
molt les uexa
he les lexa
totes nafrades
he deguollades
baix en la foya

no menys en Troya
Pantasilea
15,850 ab sa ginea
qui pot dir quanta
milles quaranta
mortes tallaren

tambe's mataren
los persians
mes d'atre[ ]tans
d'elles millas

en altre pas
onze mil belles
15,860 vergens punçelles
de la Bretanya
moltes d'Espanya
caygueren mortes
entre les ortes
he lo ribatge
d'un gran uilatge
ab gran conpanya
en Alamanya
prengueren mort

15,870 no's feu gran tort
aquella necia
dita Llucreçia
gentil infel
mogue[ ]la[ ]y zel
de que's uol fos
matant son cos
car conexia
que merexia
per son fallir
15,880 tantost morir

he la cunyada
enamorada
d'Octouia
tambe's mata
sabent que feya
car ella's ueya
ffort auorrida
he ben fornida
de puteria
15,890 sa porreria
mort mereixque
per ço prengue
veri tan fort

si tal deport
semblants iornades
ab tals portades
souent auien
millos serien
si yo pudia
15,900 yo'ls ne daria
dich a[ ]les males
totes son tales
les que conech

[116v] tercera part
del quart

per lo que'ls dech
per ser proysmes
e pels babtismes
hon som llauats
tots bategats
si he fals dit
15,910 ja me'n penit
cert de bon cor
no aien por
les asegure
si be'm murmure
que yo'ls fes frau
car no's tan brau
ffer ni fello

        cert lo lleo
        com pintat par
15,920 per no llexar
        elles yrades
        aualotades
        ves mi del tot
        vuull dir hun mot
        per llur confort
        tot lo llur ort
        de[ ]spines ple
        de carts tambe
        he praticat
15,930 be'xaminat
        ma uida tota
        en la llur flota
        dels arbres uius
        he uist molts nius
        de uerderols
        he d'oriols
        he molts uespes
        tots sos uerges
        he ben çercat
15,940 he[ ]y sols trobat
        hun uirtual
        arbre fruytal
        sols singular
        de uirtuts clar
        ben enpeltat
        crech a[ ]trencat
        ll'ull al diable
        huna llohable
        sola famosa
15,950 he fructuosa
        ben coneguda
        dona tenguda
        per prous ualent
        Deu molt tement
        he cristiana
        tota humana
        comunicable
        dolça[ ]y amable
        he graçiosa

15,960 certa curosa
        neta gentil
        sabent homil
        he poch parlera
        mas gran faynera
        dona'ndreçada
        ben esforçada
        en tot quant feya
        ses ores deya
[117R] he tot l'ofiçi
15,970 mas lo seruiçi
        he treballar
        per son orar
        no romania
        a[ ]tots paria
        la llur persona
        mes hom que dona
        des que so nat
        tanta bondat
        no uiu en fembra
15,980 d'aquesta'm menbra
        que fon casada
        he ben criada
        molt instruyda
        e tal nodrida
        pel marit seu
        lo[ ]qual la[ ]ueu
        molt ben morir
        resta se[ ]us dir
        desconsolat
15,990 alienat
        ffora de si
        be'l conegui
        subplantador
        he lluytador
        blanch e uermell
        es lo nom d'ell
        d'ella'm recort
        Js primer mort
        lo peix lliçer
16,000 hach nom primer
        ffon ma ueyna
        mare padrina

he fel amigua
no mass'antigua
dona molt clara
a[ ]mi molt cara
res en lo mon
mentres hi fon
no ami tant
16,010 ffiu dol e plant
gran quant falli
de cor l'ami
extremament

puys solament
en llur comuna
n'e trobat huna
la qual mereix
hun poch de greix
he qualque festa
16,020 per sol'aquesta
los dich me plau
ab elles pau
ffinal fermar

quarta part
e darrera

a la sens par
verge'chçellent
de Deu potent
mare Maria
no m'estaria
deuotament
16,030 atentament
no pas cuytat
[117v] maioritat
dir cascun dia
sa confraria
de[ ]la Seu gran
tostemps que uan
a[ ]soterrar

he a[ ]honrar
ses professons
16,040 misses sermons
seruixch quant puch

sa[ ]stola duch
del rey enpresa
als pits be[ ]stesa
blanca'b[ ]ierreta
o terraçeta
ab flor de llir
he sens fallir
set uerguonyans
16,050 les quatre grans
ffestiuitats
tinch conuidats
dos tots disaptes
dels qui d'acaptes
porten sa uida
ab semblant brida
regnes e mos
de[ ]tot mon cos
la fi n'ordene
16,060 per que[ ]y esmene
lo que m'i fall
en esta uall
tan lacrimosa
la[ ]gloriosa
nit e iorn epregue[51]
qu'ella'm aplegue
ab sos seruents
primes corrents
per ses monioyes
16,070 guanyant les ihoyes
del alt repos
esperar guos
ab fe fiant
qu'ell'aiudant
atenyere

---

[51] Pregue.

          he guanyare
          apres ma mort
          lo segur port
          celestial
16,080　perpetual
          alt consistori

          al purguatori
          per mos peccats
          mal esmenats
          se prou hi dech
          quant puch la prech
          que me'n aparte
          aci que'm farte
          per fer esmenes
16,090　de mals e penes
          sols corporals
          les animals
          he desplaes
          quals les mulles
          en temps passat
          me han donat
          he mals presents
[118R]　per los turments
          en comte uaien

16,100　ara'm ensagen
          males humos
          penes dolos
          tinch al present
          yo ara'm sent
          mal als talons
          en los ronyons
          pedres arena
          dol me la[ ]squena
          muscles e colzes
16,110　tinch torts los polzes
          no puch tenir
          ni menys regir
          taça ni pinta
          ploma ni tinta
          l'ull dret tinch roig
          ni'm ueig ni'm oig

          ja no puch siure
          ni menys escriure
          molt mes ne resta
16,120　d'aquesta gesta
          que no t'e dit
          temps m'a fallit
          cert uell fexuch
          ja pus no puch

          en lo present
          mon fill plasent
          Baltasar Bou
          no[ ]y ha res nou
          antich es tot
16,130　yo car nebot
          t'e sols rescrit
          que'm par profit
          mel e mantegua
          si be's mastegua
          pot ben ualer
          a[ ]ben saber
          conexer clar
          be[ ]specular
          he inquirir
16,140　be diçernir
          que's deu amar
          que desamar
          que elegir
          que auorrir
          tals dos contraris
          exemples uaris
          clares semblançes
          he concordançes
          los manifesten
16,150　mes los asesten
          que l'alt uolar

          lo disputar
          grans questions
          en los sermons
          jnperçeptibles
          no aprensibles
          suptilitats

	alietats		en mon uexell
	de trinitat	16,200	lo meu çeruell
16,160	si en peccat		poch ne prengue
	ffon conçebuda		que retengue
	si fon remuda		t'e[ ]scrit desus
	predestinar		lo menys confus
[118v]	la fe prouar		que he pogut
	dits d'en Pertusa		del qu'e sabut
	d'en Llull sa musa		he fet proçes
	d'Ocham Aschot		pero sotsmes
	llur uari uot		tot a[ ]la llima
	coses molt primes	16,210	del qui es çima
16,170	ab suptils rimes		dels correctos
	plau a[ ]les gens		en res erros
	profit no gens		contra la fe
	ne sol restar		si mal dit he
			no ben rescrit
	de tal preycar		he[ ]u per no dit
	a mon parer		he reuocat
	es tal plaer		per annullat
	lo escoltar		vull si'agut
	com del contar	16,220	ffall me uirtut
	d'altri florins		vull me'n iaquir
16,180	he dels hoyns		
	les armonies		sols te requir
	he melodies		souint hi liges
	han ne delit		he que[ ]y afiges
	quant han hoyt		lo que[ ]y sabras
	lo so's passat		per temps creuras
	qui'n s'era[ ]stat		lo que te[ ]scrich
	ni reçitar		lo que yo't dich
	ni recontar		es may pratiques
	no[ ]u espereu	16,230	ni't enboliques
16,190	sols hoyreu	[119R]	gens ab les dones
	be han sonat		sols te consones
	be ha preycat		ab l'alta mare
	a mon plaer		qui ab Deu pare
			l'Esperint Sant
	axi çerter		d'ells hermanant
	ne pres a[ ]mi		te fill comu
	l'alt que hoy		qui uiu Deu hu
	molt me plague		en hunitat
	mas no cabe	16,240	he trinitat

eternalment

tots finalment
homens he fembres
promens profembres
vixcam deça
saluats della
direm amen

Translation of MS. Vat. Lat. 4806
Translation Criteria

The main objective of this edition and translation is to provide accessibility to a wide readership, scholars and lay persons alike, who may have difficulties understanding the text in Catalan, but who would benefit from a comparative reading of the manuscript and an English translation. Consequently, the present translation attempts to be a close rendition of the manuscript text of *The Mirror*. Preserving the vocabulary, the syntax, and the style of the original whenever intelligibility is not compromised has taken precedence over the attempt at (re)creating a literary artifact that may be more appealing to the modern reader. Roig's choice of vocabulary has been respected whenever possible. Thus, specialized terms such as *latria*, *emphyteuta*, and *architicline* are preferred to their more common counterparts, *worship*, *tenant*, and *steward*, whose Catalan equivalents were also available to Roig, but he did not use.

The Mirror contains many aphorisms and idioms. English equivalents have been used to render them whenever possible. Thus, for example, *a chip off the old block* and *they give her the finger* are close and accurate translations of *clauilla del fust* (6,418–6,419) and *li fan les figues* (5,565), respectively. When no English equivalent is available, a literal translation has been provided, accompanied by an explanatory note, as is the case in the following examples: *He who is injured by the mallet knows it well* (382–383) and *Some people beat the bushes, while others make the kill* (699–700).

The English versions of the names of historical persons, literary characters, and geographical places have been used if they are widely recognizable in English. In the case of local persons, characters, and places that are not generally known outside the Catalan or Iberian spheres, the modern Catalan or Castilian versions have been preferred. Thus, names such as *Valencia*, *Castile*, *Aragon*, and *Majorca*, or the names of Aragonese kings (*James, John, Martin*) and other local personalities of European renown (*Benedict XIII, Saint Vincent Ferrer*) are translated. In contrast, *Lleida, Llotja, Horta, Joan Fabra, Macià Martí*, and *Baltasar Bou*, for example, are left in Catalan, whereas *Santo Domingo de la Calzada*, and *Santiago de Compostela* are rendered in Castilian.

The English translation of a Romance text does not generally need to preserve the more flexible syntax of the original in order to convey its content with precision. In the case of *The Mirror*, however, all scholars agree that its complicated syntax, forced by the short meter, is a major determinant of its style. For that reason, as well as to facilitate the comprehension of the Catalan text, an attempt has been made at preserving the word order of the original whenever possible. The objective here is to produce in the English reader the same puzzling effect that the Catalan text produces in its readers.

Paragraph division reflects the verse groupings of the manuscript whenever possible. Each paragraph begins with the numbers of the lines that are translated in it in brackets. In the few cases in which, for syntactic reasons, two or more verse groupings from the manuscript have been rendered as one paragraph in the translation, the line reference between brackets in the middle of the translated paragraph indicates the beginning of a new verse grouping in the manuscript. Whenever possible, folio number and side are given in brackets immediately preceding the translation of the first line of each folio side. In some cases, when the translation does not reflect the original order of lines, the folio number and side reference may precede text that belongs in the previous folio. These cases are not indicated in the text.

Translation of MS. Vat. lat. 4806

[1r] **Advice**
[1–8] Magnificent Sir Joan Fabra,[1] valiant knight: by the graceful leadership that you maintain among women, I entrust this writing to you so that you may read it in its entirety, polish it well, and correct it, adding whatever may be missing.

[9–16] As I find myself in this valley of Callosa,[2] having fled because of the plague,[3] idle, sad, producing no fruit, I have undertaken, not without difficulty, the task of writing about the natural and voluntary manner of women, in order more easily to describe the One[4] who is the opposite.

[17–24] To show, not subtly, only using the rhymed style, how to hold women as vile things, resisting them in a virile manner. To fear gracefully and love only That One, and to choose well, among the thorns, the Flower of the Lily, which perfumes the whole world.

[25–32] The flower of such a lofty Lady I have plucked, but, as a layman, I do not know how to weave that which I believe about her: my shuttle weaves poorly. Pass your scissors over my fabric, if it does not please you. Order me as you would a son, I ask you as a grace.

---

[1] Joan Fabra (d. 1462) was a friend of the Roig family who enjoyed a certain social prestige, as is attested by his participation in significant political and chivalric events of fifteenth-century Valencia (Carré, *Espill*, 60).

[2] Nowadays called Callosa d'en Sarrià, a town located in the modern province of Alacant. In the fifteenth century it belonged to the Bou family (Chabàs i Llorente, *Spill o Libre de les Dones*, 279).

[3] In a fictional stance that evokes Giovanni Boccaccio's *Decameron*, the narrator claims to have written his poem while taking refuge from the plague in the village of Callosa. Although Valencia was indeed afflicted by the plague between 1459 and 1467, the narrator's assertion, especially given its literary antecedent, must be considered part of the fiction. Not doing so may lead to speculative or erroneous conclusions. On Boccaccio in Catalonia, see Caroline B. Bourland, *Boccaccio and the Decameron in Castilian and Catalan Literature*, Extrait de la *Revue hispanique*, Vol. 12 (New York and Paris: [Macon, Protat Frères], 1905).

[4] The Virgin Mary.

Dedication

[33–36] If men gave up women, imitating John[5] and serving free in the world, they would triumph with Jesus.

Reply

[37–40] If they did the opposite of what I have spun about them, women would also live with the Flower of the Lily.[6]

Introduction

[41–46] This Mirror,[7] light and rule, regulates men, emblazons[8] women, crowns the Lily, and burns thorns and thistles. This the theme says:

[2r] Such as the lily among the thorns, thus my friend among her daughters.[9]

Preface

First Part of the Preface

[47–65] With *latria*[10] I solely worship God the creator, the only Lord omnipotent. As much as I can, I honor him, revere him, fear him, and obey his commandments, two of them especially excellent. Worshiping only him, the first one,

---

[5] The Apostle Saint John, who "had thought of marrying but instead was called by the Lord." Jacobus de Voragine, *The Golden Legend: Readings on the Saints*, trans. and ed. William Granger Ryan (Princeton: Princeton University Press, 1993), 1:50.

[6] This inclusion would seem to undermine the overall misogynistic interpretation of the work.

[7] The term "Mirror" (*spill*) refers to the poem, which is now introduced. Roig's contemporary readers would have associated it with the long tradition of medieval *specula*, books that offered instruction or guidance in the most varied fields of knowledge. Cf. lines 230–240.

[8] The Catalan word *blasona* ("emblazons") presents difficulties of interpretation in this context. According to Joan Coromines, it is used several times in *The Mirror* to mean "to celebrate someone's merits, to flaunt." Miquel i Planas chose to translate it as the more neutral expression *pone en evidencia* ("manifests"), which is more consistent with the antifeminist diatribe that follows. It could also be explained as an ironic assertion, although the seriousness of these lines would not support this interpretation. Finally, it could be connected to the more positive comment about women (lines 37–40) and contribute to undermine or at least question the explicit message of *The Mirror*.

[9] Song of Sol. 2:2. For comments on the use of the *topos* of the "rose among thorns" see Theodore A. Perry, *The Moral Proverbs of Santob de Carrión* (Princeton: Princeton University Press, 1987), 69–71, and Donald McGrady, "More on the Image of the "rose among thorns" in Medieval Spanish Literature," *La Corónica* 17 (1988–1989): 33–37.

[10] In Catholicism, the worship that is due only to God, as opposed to *douleia*, or "reverence" for the saints, and *hyperdouleia*, or "more than reverence" for Mary. These distinctions were established in the Second Council of Nicaea (787 CE).

I do wholeheartedly. By loving my neighbor without fraud or sophistry, as much as I love myself, although not without vacillations, I follow the second one.

[66–85] To love my God, out of respect for him only, and my fellow man, out of love for the Most High God: such are the charity and desire that I wish to have in this world. In order to serve God somehow, to be a good aid to both friends and enemies, and to be completely deserving and charitable, I trust that God will guide me and show me his ways.

[86–109] Among all the pious, spiritual and corporal works, the best one, the one that shows the most love and best will, in my opinion, is teaching, giving example and good advice to the person who comes inexperienced to the world.[11] He who abstains from preaching the good and from declaring it to the ignorant is like the wicked servant who buries his talent:[12] not gaining anything, gathering the gold, he hides it, wanders around the world, and wastes his time.

[110–143] My present teachings will concern those things in which I am an expert, having received and obtained a clear experience of them from God, [2v] with the sole purpose of remedying the public error in which all youths are commonly involved, not without sin. This error has also infested and shaken my half-lost wit, made innocent, so that it now forgets and does not suffice for such an enterprise. My expenditure has already reached the bottom of the bag. The weak weaver in my brain makes its feeble and tenuous cocoon. Its thread breaks and it misses its target. It does not spin quickly, it weaves with difficulty, it lacks the weft: wherever it may be lacking, only a loan will make up for it.

[144–159] I beseech and exhort that what I report and have undertaken be remitted on bail, that it not be decapitated, cut, or broken by those who see and look at it, nor torn, nor ripped. Rather, may it only be plucked[13] and corrected, polished, read, or well listened to. May it be accepted with benignity.

---

[11] To instruct the ignorant is one of the traditional seven spiritual works of Catholic mercy. The others are converting the sinner, counseling the doubtful, comforting the sorrowful, bearing wrongs patiently, forgiving injuries, and praying for the living and the dead (F. L. Cross and E. A. Livingston, *The Oxford Dictionary of the Christian Church*, 3rd ed. [Oxford: Oxford University Press, 1997], 1435). See also note 471.

[12] Reference to the parable Jesus told his disciples in Matt. 25:14–30. Before going on a journey, a man gives five talents to a servant, two to another, and one to a third one. The first two invest their talents and double them, while the third servant hides his in a hole in the ground. Upon their master's return, the servants present him with their money: the first one with ten talents, the second with four, and the third one with one. The man praises and rewards the first two servants for having served him well and punishes the third one.

[13] With respect to the use of the verb *pinçar* ("to pluck" or "to pick up with tweezers"), Chabàs commented that if *The Mirror* had been written after the introduction of the printing press in Spain, it would bring to mind the instrument with which corrections were made (*Spill o Libre de les Dones*, 281). In *Fraseologia i estil: Enigmes literaris a la València del segle XV*, Josep Guia i Marín presents this use as part of the evidence that

Second Part of the Preface

[160–221] I live as if absent from the world, consoled by having left it, separated from it, having kicked it. Old and retired, I am dead to the law, already unknown to people, considered by all as a wild man. Living in my bed, quite aged and many days old, I am much afflicted by illnesses. Old and ugly, I am already consumed by very grave ailments, fits of ire and the like. [3r] With little joy, I am uneasy. However, I am anxious about these fine young men, and about some old ones, who, like birds, go around yelling and whistling like cicadas, ravens, and crows. They go around howling, imitating the call of wolves and singing their songs. They embroider their clothes and gild their horses' bits. They plow the streets and cause the corners to move by whirling around in circles, and the entire day they spin around the wick like butterflies, until they burn themselves. They fear no dangers. Sniffing with their noses, like dogs, they get together wherever it is possible to walk. They fight among themselves. They spend all they have. They die and suffer, and going out at night they stalk a prey of such kind that whoever seizes it catches a bad hare, a viper, a snake, and a high fever not sufficiently known by anyone.

[222–291] It is because such ignorance causes so much harm to those who, with eagerness and vain efforts, dangers and harms, chase a prey that they do not know, and intend to catch as much of it as they see, and they themselves become the prey . . . It is for those who know little, in order that they look at themselves here and see where they are going with their lives, that I want to write this doctrinal and memorial book, which will have the name of *Mirror*. I want to address it to you, Baltasar Bou,[14] as to a son, because of how touching your love and great warmth as a dear nephew are to me, because your youth is certainly quite orderly and your sentiments are well disposed, [3v] and I see that you have a very bright intellect. Baltasar, a name of science, of knowledge and prophecy, of stateliness and nobility, was given to Daniel when the people of Israel were forced to emigrate,[15] because it was an honest and pleasing name and because in antiquity

---

supports the theory that *The Mirror* was written closer to the end of the fifteenth century (323). It should be kept in mind, however, that the act of reading and interpreting was often figured in terms of gathering or "plucking" flowers (thus books of good quotations were referred to as *florilegia*).

[14] The person to whom the book is dedicated, addressed by the author as "my dear nephew." There is a historical Baltasar Bou, who died in 1469 and who was the lord of Callosa, but there is no historical evidence that Roig was related to him: Miquel i Planas, *El espejo de Jaime Roig: poema valenciano del siglo XV* (Barcelona: Elzeviriana y Casa Miquel-Rius, 1936–1942), 8.

[15] King Belshazzar's wife tells him how his father, King Nebuchadnezzar, gave Daniel the name Belteshazzar in Dan. 5:11–12: "There is a man in your kingdom who is endowed with a spirit of the holy gods. In the days of your father he was found to have enlightenment, understanding, and wisdom like the wisdom of the gods. Your father, King Nebuchadnezzar, made him chief of the magicians, enchanters, Chaldeans, and

it was a royal name.[16] Bou, your surname, speaks of meekness and virtue.[17] An ox recognized Christ when he was born.[18] Luke the Ox wrote extensively about the One who gave birth to him.[19] The angel Michael appeared as an ox eating hay.[20] High in the sky, the ox, the second sign, is considered benign.[21] With an ox, Sylvester[22] showed himself as a masterful disputant, confusing the rabbis.[23] Since you have so much, I believe that both your name and your surname will be in agreement with the renown that you can attain from doing good.

[292–322] So that you may inform the green and inexperienced young men, chickens of yellow beak, who have been hurried out of their nests and are not very experienced, about the touch of fire and how to escape the sparrow-hawk that surely circles the hands . . . [24] So that you may inform the flirtatious old men

---

diviners, because an excellent spirit, knowledge, and understanding to interpret dreams, explain riddles, and solve problems were found in this Daniel, whom the king named Belteshazzar."

[16] Baltasar or Belshazzar was the name of two kings in antiquity: the last of the Babylonian kings (sixth century BCE) and one of the three Wise Men, according to popular lore (Chabàs i Llorente, *Spill o Libre de les Dones*, 283).

[17] In Catalan *bou* means "ox." The family seal of the Bous included an ox, a symbol that Roig exploits in the lines that follow to eulogize his nephew: Miquel i Planas, *Spill o Libre de consells de Jaume Roig: Poema satírich del segle XV* (Barcelona: Biblioteca Catalana, 1929–1950), 262–63.

[18] Isa. 1:3: "The ox knows its owner, / and the donkey its master's crib."

[19] An ox or a winged ox appears as the traditional medieval iconographic representation of the Apostle Luke.

[20] Reference to the Archangel Michael's apparition, in the form of an ox, on Mount Gargano near Manfredonia in southern Italy in the sixth century. Chabàs points out that the eating of hay is Roig's addition (*Spill o Libre de les Dones*, 283), overlooking the pun that is created with the use of the noun *fe*, which means both "hay" and "faith."

[21] Taurus, the second sign of the zodiac.

[22] Pope Sylvester I, who was called to debate twelve Jewish doctors in the presence of Emperor Constantine and his mother, Saint Helena. To prove the truth of his religion, the last doctor, called Zambri, whispered the name of his God into the ear of a bull (not an ox), which was so ferocious that it could only be restrained by one hundred men, and caused it to die. Sylvester then brought it back to life, this time as a gentle animal (De Voragine, *The Golden Legend*, 1:70).

[23] The manuscript reads *raus rabis*, which Chabàs interpreted as synonymous (*Spill o Libre de les Dones*, 283). Miquel i Planas preferred to translate *raus* as "hairless," interpreting it as an adjective derived from the verb *raure* ("to shave") with anti-Semitic connotations (Miquel i Planas, *Spill o Libre de consells*, 263). In his *Espejo* (Barcelona: Alianza Editorial, Enciclopèdia Catalana, 1987), Jaume Vidal Alcover translates *raus* as "doctors of the Law," close in meaning to *rabis* (11).

[24] Line 301 presents difficulties of interpretation. Miquel i Planas offered two possibilities: "seeking the protecting hands of man while fleeing from the hawk" or "fleeing the 'hands' of the hawk by flying around (*cercant*) them" (Miquel i Planas, *Spill o Libre de*

who, in spite of their age, do not refrain from coming to blows and pleading with youth . . . So that you may inform the honorable choir of curious men, religious men and chaplains (I am talking about the profane ones, about those who seek their own harm and go high and low and do not care to remember their school, their expressed or understood vow) . . . To all those, I want to beg you only to publicize and communicate this book.

[323–339] If you read it, [4r] you will know, with enough clarity, the great and manifest error, the indecent and depraved, dangerous and iniquitous love that is practiced today, which is more bestial than human, and only for pleasure. The love that is motivated by profit is avarice rather than friendship, and I do not care to deal with it.

[340–411] From my speech, if you believe me, you will all choose never to love but rather to loathe. Never to inquire nor to chase, never to hunt, much less to embrace the immortal fire, the doorway to hell that are those damned women, poisoned with that venom with which Eve, together with their old first friend, caused mortal injuries in that garden where she was formed.[25] Because of her mistake, she left a seed of fraud, error, and great evil to her lineage, and all the women that are now in the world are she-devils and she-demons, because the first loves are true and last forever. For this reason the devils remain with them for such a long time: women love them so much that they never leave them nor do they get rid of them. In these cases, baptism is no good, nor are exorcism, light, salt, or the baptismal veil,[26] in order to keep women away from them in their

---

consells, 264). In his *Spill* (València: Del Cenia al Segura, 1990), Josep Almiñana Vallés interpreted the line as "holding hands," an action that might lead to feeling the "touch of fire" (578).

[25] Lines 351–357 are difficult to interpret. Miquel i Planas translates: *las condenadas mujeres, envenenadas de la ponzoña con que aquél inficionó de muerte a Eva, juntamente con su antiguo primer amigo* ("the damned women, poisoned with the venom with which that one mortally infected Eve, together with her old and first friend") (*El espejo*, 10). The problem with this interpretation is that if Eve is the object of the verb, there is no explicit or implicit subject in the original, which Miquel i Planas has to provide: "that one," presumably the poison itself, or the devil. In *L'espill, o Llibre de les dones* (València: Climent, 1992), Maria Aurèlia Capmany renders the passage thus in contemporary Catalan: *les dones damnades, enverinades d'aquell verí, amb el qual Eva . . . ferí de mort l'antic i primer amic* ("the damned women, poisoned with that venom with which Eve . . . mortally wounded her old and first friend") (28). Eve is here the subject while the old friend, Adam, would be the object. The problem with this interpretation is that it ignores the preposition *ab* ("with") that precedes "old and first friend." All these problems are solved if we interpret the "old and first friend" of women to be the devil, an idea that is reiterated on lines 10,438–10,439.

[26] The light of candles, salt, and the baptismal veil are all elements present in the ritual of baptism (Miquel i Planas, *Spill o Libre de consells*, 266).

lives. He who is injured by the mallet knows it well:[27] for eighty years, my spirit has borne their punishment on its back: ills, hardships, exertions, and a grave torment. Awake or asleep, I have sighed, never ceasing to scream, "Ouch." [4v] Well informed, I want to warn, publicly and in complete detail, whoever wants to feed from it. I want to admonish him well and make him discern, succinctly making an exordium and summarily narrating the ways of women. It will be like the introduction or the salute of a swordsman, or like the player of an instrument as he is ready to play, or like a protocol with long annotations.

Third Part of the Preface

[412–441] Therefore I say that all women, of whatever state, color, age, religion, nation, or condition, big and bigger, small and smaller, young and old, ugly and beautiful, sick and healthy, Christian, Jewish, and Muslim, black and dark, blonde and white, right-handed and one-armed, hump-backed, talkative and mute, free and enslaved . . . As many as are alive, no matter what they are like, they believe that they see whatever they dream. Of that which they do not see, they make a mental process without hearing part or defense. Only to show off, they pronounce and declare true that which they do not know for sure.

[442–481] They boast about their lying. They always change. They never laugh without pretense. They laugh and cry with treachery. They scream that they are dying when they are healthiest, but if they have tertian fevers, they do not take care of their illnesses, and they usually pretend to have pain in order to disguise their enterprises. If they are reprimanded they refuse everything: instructions and reprimands. [5r] But they excuse very well their beloved vices. They speculate about the sins of others and they suffer for them when they confess: they express the circumstances of such and such and have worries about such and such. But they do not feel sorry about their own. They seem to want what they do not like; they look at blue and buy red, they want pomegranates but ask for grapes. But they are never deceived when there is something to take. Spending with prodigality, boasting, and climbing higher are their pleasures.

[482–505] The only thought they have when they marry a man is that he be noble. It does not matter if he does not have goods or furniture, as long as he comes from a great lineage or is at least a man of stature[28] or a gentleman. If he is poor or a lunatic, as long as he wears a golden necklace and goes around singing, women are not scared of him. Nor do they faint at all if he can gamble away

---

[27] Cf. the Castilian proverb *Harto sabe del mazo quien recibió el porrazo* ("he who has been hit by a mallet knows much about it"), cited by Fina Querol Faus in *La vida valenciana en el siglo XV (un eco de Jaume Roig)* (València: Institució Alfons el Magnànim, 1963), 98.

[28] The manuscript reads *paratge* ("spot, place"). Men of *paratge* constituted a subgroup within the Valencian nobility that did not have military titles but enjoyed some privileges, such as tax exemptions (Chabàs i Llorente, *Spill o Libre de les Dones*, 284).

a whole dowry in one day, as long as he comes from old stock. A lord with a good position is their only delight.

[506–541] Once they have taken a husband, they work at getting to know him: they measure him carefully, they subject him to judgment to see how much he is worth. If there is blood in the whites of his eyes and they see that he is a man, he is respected somewhat and served a little. If he has a weak pulse, they take him for naught, they take him for nothing, and much more so if he pleases them: then they treat him like a slave, they order him and wind him as if he were a ball of thread. Like on a cushion filled with feathers, [5v] they sit on top of him, and they appreciate him less than a bean. They make him hold a candle without a flame. In order to make him come back to life they plant him in dry soil. Laughing, they sing about him. They use him as if he were a handful of coarse tow. They make his purse into a great sieve, strainer, or sifter, a pitchfork and a shovel.

[542–581] Out of craftiness and to show off, they make him go, come, and return through wretched orchards, imagining different types of entertainment, lunches, suppers, always with sentinels and secret pageboys. Or they send him on long journeys, not without spies, or to lawyers' offices to receive certificates. In the meantime, they close their deals. When they hear him come, they disguise it all: they straighten up the house, make a notch on the spindle, and do not think about it any more. He who does them the most good has them against him the most: they get more annoyed at him, they avoid serving him, they speak worse of him and calumniate him, and they cry out more against him. They fear and love the wild and bold man who, out of spite, harshly mistreats them. The one who has them on a short rope they consider brave, while they take the homey man for a good-for-nothing. The one who is amusing, pleasing, and well-disposed they consider unworthy, they say, of buckling up their shoes.

[582–589] The oil of the mastic tree[29] does not stink to them. Depilatories, cosmetics, plucking and applying brimstone in the heat of July they find pleasing.

[590–619] They want a hot bed in the summer, and hot embers do not please them in January. Over a *diner*[30] [6r] they haggle a great deal, but they squander

---

[29] According to Miquel i Planas, the plant mentioned by Roig is now known in Catalonia as *mata*, *matapoll*, or *estafisàgria*. It is a small bush with strong bad smell and taste that can be used as an insecticide and that in Roig's time could have been used as a hair product (*El espejo*, 169). Vidal Alcover believes that Roig must be referring to the mastic tree (*Pistacia lentiscus*) (*Espejo*, 14).

[30] Twelve *diners* (from the Latin *denarius*) were worth one *sou* (from the Latin *solidus*). Twenty *sous* were worth one *lliura* (from the Latin *libra*) or pound. The *malla* (probably from the Latin *medalia*) was the smallest denomination, worth half a *diner*. These four coins were local (Querol Faus, *La vida valenciana*, 17). Other foreign coins mentioned in *The Mirror* are the florin, the gold mark, the noble, the *real*, and the ducat. The florin was a gold coin originally from Florence. According to Thomas N. Bisson in *The Medieval Crown of Aragon: A Short History* (Oxford: Clarendon Press, 1986), when it was

florins on what they would want to have. They would give all they have for that which they do not have. They sell the necessary for nothing in order to be able to buy the superfluous, and to renew whatever suits them. And they know well that, after three times of having forged a piece of gold, the losses and the cost of the labor and the welding have consumed it. Their dress made from fine wool and silk from Pisa will be completely new when they are moved to sell it for a new cut.

[620–639] The wind moves them more than a weathervane. My old knowledge has never happened upon their inclination, or that which guides them, or the direction in which their feeble will takes them with such determination. It has never been able to find the place where, for a little while, they may rest and get rid of all their uneasiness. Their blind desire does not look at the one it wants, but rather it annoys him and makes more faces at him, while the one it pretends to love is loathed.

[640–671] The head of a woman, whether humid, dry, cold, or hot, jumping and running, fabricates, finds, and implies contradictions. Their reports are diabolical inventions and conditions. There are not enough words or expressions to make a relation of their faults. In the books of David and the prophets, of Cicero and the poets, of the Greek orators, in the seventy-two languages of the world,[31] in the *Catholicon*,[32] in the books of Hugutio[33] and Papias,[34] in the *Etymologies*,[35] and in all that has been written, spoken, and said by all those who are alive now, [6v] there are not enough words that suffice to say and to relate what kinds of poisons women knead, how many evils they use, and how much good they abuse.

---

first minted in 1252 it weighed approximately 3.5 grams (194). It was later minted and widely used in Iberia. See also notes 63, 68, 72, and 223.

[31] The number of languages spoken in the world was estimated at around seventy, corresponding to the number of families that worked on the construction of the Tower of Babel (Chabàs i Llorente, *Spill o Libre de les Dones*, 286).

[32] The *Summa grammaticalis quae vocatur Catholicon* of the Dominican John Balbi of Genoa (Johannes Januensis de Balbis) was a 1286 Latin dictionary, widely known in the fifteenth century. Balbi's main sources were Papias and Hugutio of Pisa.

[33] Hugutio of Pisa (Uguccione da Pisa, d. 1210) was a Bolognese canonist and jurist who compiled his *Magnae derivationes* in the early thirteenth century. Isidore of Seville and Papias are two of his main sources.

[34] The famous grammarian Papias finished his Latin dictionary (*Elementarium doctrinae erudimentum*) ca. 1053.

[35] The *Etymologies* of Saint Isidore of Seville (ca. 560–636) were an encyclopedic work on all sorts of human and divine subjects and one of the best known and most studied works during the Middle Ages. The *Catholicon*, the books of Hugutio and Papias, and the *Etymologies* were gathered by John the Grammarian (Johannes Grammaticus) in one volume called *Comprehensorium* in the thirteenth or fourteenth century. It is considered the first printed book in Spain (Valencia, 23 February 1475).

Fourth Part of the Preface

[672–691] Since it bothers me, I will have to spin this rag of a speech of mine, short, feeble, and faulty, one thread per needle. Its forge, style, and rhythm will be in the Romance vernacular: rhymed *noves*[36] cut in half, aphoristic, facetious, not perfectly scanned, and plainly woven, gathering construction material from the plain language[37] and speech of the people from Paterna, Torrent, and Soterna.[38]

[692–711] If I have any time left and if I remember, I will make a report only for the comfort of those who struggle, play, and miss, in order to bring them back and to not let them fall. Some people beat the bushes, while others make the kill,[39] but all are deceived, their senses are perturbed and, following their desires, they seek festivities and meet death. For them I will make my report, which will be the advice of an old man who has already learned his lesson and is now cautious, in case they want to take it.

[712–729] If you want to learn, my good nephew, read this frequently but with calm. In a closed process, I want to narrate my wretched life, which has been furnished with ills, as an example and document, because many people, seeing someone else suffer and go through bad times and torments, learn from him and take advice. He who does not delay on this wants to have common sense.

[7r] [730–758] This translation of my halfway-strung and loosely-woven thoughts will be divided into four main sections, like the present one that serves as a Prologue. Each one of those parts has four other smaller parts. If you practice with it and pay close attention, you will be able to find, quite easily, something to eat. At your pleasure, take the food that you most want: flowers, fruit, leaves, roots, or wood. According to his pleasure and his taste, each reader will promptly find whatever he wants. May he take the trouble to see the whole thing before he grumbles.

[759–763] First of all I will narrate what I suffered in my youth, when I was free.

---

[36] The term *noves rimades* referred to a sequence of octosyllabic rhyming couplets used in narrative poetry by thirteenth- to fifteenth-century Catalan writers. The meter in which most of *The Mirror* is written is tetrasyllabic couplets (according to Catalan scansion) or pentasyllabic couplets (according to Castilian scansion), that is, halved *noves rimades*. This meter would later become very popular and was also known as the *vers de Jaume Roig* (Chabàs i Llorente, *Spill o Libre de les Dones*, xi).

[37] The noun *aljamia* referred to the dialects of the Romance languages spoken by the Mudejar population (Muslims living under Christian rule), which was written in Arabic characters. According to Corominas, the noun *algemia*, which is the one Roig uses, derived from *aljamia* and referred to the popular dialect of Valencian spoken by the peasants, which was the dialect that the Mudejars learned.

[38] Three villages near Valencia. The last one no longer exists.

[39] Cf. the Castilian proverb *Unos baten la mata y otros matan la caza* ("some beat the bush while others kill the game"), cited by Final Querol Faus (*La vida valenciana*, 98).

[764–770] Afterwards, in second place I will tell quite meticulously about my wretched and miserable marriages, so full of sorrows, which lasted fifty years.

[771–778] The third section, sent to me with great aim from afar,[40] voices a courteous instruction and a spiritual and divine lesson.

[779–792] The fourth and last section closes with the manner in which, already liberated, either separated from women or widowed, I turned hatred into love and sorrow into sweetness, and with how, wisely advised, I have put in order the last twenty or more years of my life, serving God during all of them, as you will see.

First Book: Of His Youth

First Part: His Bachelorhood with His Mother

[793–813] With the help of God, intoning my Mirror and norm, observing the form [7v] of abbreviation, I want to skip over my childhood. I spent my bachelorhood and youth in servitude, disowned, thrown out, and traveling through the countryside. The twenty-odd best years of my life I spent miserably, with plenty of sweats, dangers, struggles, wounds, and cuts. And this I began when my good father died.

[814–829] He lived with my mother for a short while, and I never saw them eat together or have a good time. I never saw them laugh. Because of their miserable life or bad luck, certainly most unfairly, because of some illnesses (I do not want to say which ones, and I do not declare them because she was my mother) as a young man my father was consumptive and eventually he became frenetic, and so he died.

[830–861] His florins did certainly not stay with me, since he wrote his testament at her will and pleasure because she disputed him. She wanted there a notary of hers, and the vicar, her confessor, was the executor and the legatee.[41] Without an inventory of his possessions, he made her his universal heiress and left her as the guardian of me, her son, but not as my caretaker, because it was not necessary. My legacy was worth five *sous*,[42] and once his testament was made

---

[40] A reference to Solomon's speech, lines 6,469–15,295.

[41] According to Maria Luisa Cabanes Català, in *The Mirror* Roig demonstrates a vast knowledge of contemporary legal issues concerning last wills and testaments, bulls, seals, and other matters related to the profession of notary. For a detailed analysis, see her article "El *Spill* de Jaume Roig com a font per a la diplomàtica," *Revista de Filología Valenciana* 3 (1996): 7–23.

[42] Five *sous* was the minimal amount of money that a father was obliged to leave his son in Aragon (Chabàs i Llorente, *Spill o Libre de les Dones*, 288).

public she immediately rejected me. She did not dress me in mourning clothes. I took out my waxless flageolet.[43] She certainly did not leave me one entire outfit.

[862–911] So that I would get a move on, she immediately threw me out of her house well equipped: [8r] one shoe on and the other off, my jacket on in any which way and completely torn, totally snubbed, and without a shirt. As she was throwing me out, she said, "Go at your pleasure wherever you want. Look for a place where you can dunk your bread from now on. Tonight, have supper; tomorrow, use a drift net. And if you don't like it, you'll be able to become a brigantine sailor at the Grau,[44] or the lantern-bearer of a police corporal. Or if you shave you can be a good barber: singing songs at your pleasure, dancing to the sounds of the scissors, and working two hours a day, you will earn enough. Or if you want to be a worker in a dye shop, you will have a salary of two *sous* and nine *diners*. Or if you'd want to be an apprentice and then a squire, you'd live just as well. Think tonight about your best benefit. I can't have you: go on out. Bear this in mind: don't think that you'll find a table or a bed at my house. You have feet and hands: earn enough riches, seek your fortune."

[912–956] Great poverty soon took hold of me and a great illness struck me. Neither mother nor aunt welcomed me, nor did they ever boil barley for me. I got on the road, out of the house, towards the hospital known as En Clapers's.[45] That night the hospital keeper, a false flattering woman, and her girl searched through my belt and my purse down to the stuffing of my jacket. Since they did not find one single *diner*, she said, "Without sheets [8v] you will sleep today, and tomorrow you will leave here to beg for alms. This hospital cannot provide for nor does it have the resources to support so many poor people, or to furnish beds for them. To do construction works and to support so many wet-nurses there is barely enough. Don't you carry a cup or a gourd, a basket or a bag? You will drink

---

[43] Lines 858–859 present difficulties of interpretation. Chabàs thought that they meant that the protagonist did not have enough wax to cover the mouthpiece of his flageolet, from which the reader should probably infer sexual connotations (*Spill o Libre de les Dones*, 288). Miquel i Planas considered these lines as a metaphor for the extreme poverty of the protagonist, which referred to an old custom: depending on his social and economic status, a person would have in his service an instrument player accompanied by a variable number of candle-holders (hence the reference to *çera*, "wax"). He adduces a similar contemporary custom in some rural enclaves of Catalonia (*Spill o Libre de consells*, 274). Carré points out that the expression, which can also be found in one of Vincent Ferrer's sermons, means that what his mother gave the protagonist was useless to him. This metaphoric meaning derives from the custom of applying wax to wooden instruments in order to facilitate the flow of air and obtain a better sound (Carré, *Espill*, 617–18).

[44] The name of the Valencian harbor.

[45] Bernat de Clapers founded a hospital in 1311, which he named "of Santa María," but was generally known as "d'En Clapers" (Chabàs i Llorente, *Spill o Libre de les Dones*, 289). Jaume Roig worked in the administration of this hospital after 1450.

water out of a jug. You'll only get a fire, salt, and lodging. If you want bread, other foodstuffs, and wine, you'll have to find them yourself."

[957–995] It pleased God that my tertian fever should not last long. There, for a week, I ate beets, cabbages, and raw shoots, and plenty of salads—never cooked meat. I got out of bed and, half cured, I left. On foot I went to Catalonia, where I had to struggle until a knight, a very great brigand from an old lineage, took me in as a pageboy. With him I lived until I left there, already a man. With that discreet man I did not waste my time. From him I learned how to serve well and how to use arms. I was a hunter and a rider, of the good ones in the kingdoms, with a good hand for the reins, good feet, and good spurs. I learned about all falcons and about the sparrow-hawk. I was a steed rider. He taught me about falconry and veterinary, how to play, how to dance, and even how to carve.

[996–1,067] My great knowledge almost cost me dear because in the end his wife disliked me through no fault of mine. [9r] She only had one dear son, who had no riding skills or manliness. She kept him away from all danger and protected him so much that she made her son into an effeminate man, made of *alfanic* and *orelletes*, of sugar and *casquetes*.[46] He was spoiled, very badly brought up, and used to having his way. When she saw him move about uselessly and me advance nicely, the accusatory and envious female thought of killing me. She mixed words, stories, and fables with fiction. Once, treacherously, when I was already asleep, her son came, on her advice, to kill me with a knife. When he came close, he got scared and made a noise: I moved a little. He then disguised his game and said that he was joking. He was trembling and did not touch me. Since she did not kill me, nor did her front man know how to do it, she invented a great ill against me and complained to my lord about a grave fault. Very fiercely and under oath, she asserted that of which she accused me. But the prudent man saw clearly that it was false, and how she was moved only by envy. He hit her a great deal with his belt and punched her well. He beat her back (you bet!) and shut her up in his castle. He advised me to leave immediately.

[1,068–1,112] Following his pronouncement, I soon returned on a ship [9v] with people from Biscay. All the neighbors recognized me, and all the people in my street were gratified and pleased with my arrival. I found the house unrecognizable: I saw it so empty, naked, and messy. I saw my mother; she did not move or laugh. I hastened to go in, but she would not have paid less attention to a Canary Islander,[47] an unknown slave, or a miser. Disdainful, she turned around a little and gave me a dirty look. She said to me, "Dirty goat! Move forward!" Hiding her hands, she did not let me sit down nor did she have anyone bring me a drink, so that I would leave lest her lord find me there. With tenderness I asked, "Who?" She said to me, "Poor devil! In spite of you I already have a husband, and

---

[46] *Alfanics*, *orelletes*, and *casquetes* are different types of traditional Catalan sweets.

[47] Slaves from the Canary Islands were notorious for their weakness and their ill disposition to work (Miquel i Planas, *Spill o Libre de consells*, 277).

he is certainly more honorable than your insane father, of higher standing and more worth. Go away, wretch!"

[1,113–1,157] I left quickly, and I did so because of my honor, not for fear of my stepfather. To her bad luck she got married. When she saw herself a free woman, with a great estate and a nobility that would last forever, she caught sight of him dancing, a young and gallant man, with tight-fitting clothes. It was immediate. For her sake, he put on a graceful tournament: although his arms and trappings were all borrowed, he jousted well and came out of it nicely. Who can resist a good shot? She made him come to her and invited him. [10r] The wet-nurse was in on it. Without witnesses she did the betrothal and the marriage, without marriage banns or a chaplain. She did not summon a relative or a wise man as an adviser. She became his wife without calling the banns, and without counting her possessions she gave them to him. Her dead husband, her relatives, her absent son—she forgot them all for the current fellow.

[1,158–1,210] She thought that the happy amusement and the nuptial bread would last forever. But soon she began to receive kicks. The young husband who beats his old wife does what he has to do: may God keep him who does so! The richer wife deserves it more, because she knows herself less: smoke deceives her, the flesh rules her. The old woman does not remember time. She may have as many folds in her belly as a bellows, and skin similar to *terçanell* or camlet.[48] Her breasts may look like big empty bags, her armpit may reek, her head may be dyed with privet, her forehead may be stretched and she may not have teeth. But she counts her possessions, not her years. Among the strangest, most boisterous and idle men, like a she-wolf she picks the most brazen and the stingiest one. Reasonably, because of the disparate ages and desires, she encounters blows and slaps. The intractable old woman, after having sought her first *diners* by ill means, has preferred captivity over liberty, rejected wealth and sought poverty, [10v] and she moves away from her family. May God confound her!

[1,211–1,219] And if, when she dies, there is something left of her wealth, none of her relatives ever gets any of it either. She makes fun of them and in her will she leaves her possessions to the one who vexes her.

[1,220–1,261] Since she enslaves herself knowingly, for a slave she must be taken. She cannot give birth or pleasure. Her rich trousseau is more like a woman than her own body. Her great dowry is what gives her movement. He, for the dowry, agrees to a wretched marriage. Such wealth, therefore, may he own happily. And may she serve him and live a troubled life: may she suffer all year. She must endure all kinds of misfortunes: may she see her possessions and her income spent. She must confirm sales, sign securities, and pay her husband's debts. And when justice comes, may she see her possessions in a bad situation and publicly auctioned. Before her death, may she, betrayed, see her true luck and, harshly

---

[48] *Terçanell* (from the Italian *terzanella*) was a type of silk fabric similar to taffeta, but more delicate. *Camlet* was a fabric made from wool or silk and camel hair.

beaten, thoroughly trampled, and with her white hair disheveled, may she do penance for her old sins. With such a sentence, the last husband avenges the first one. It all happened as follows.

[1,262–1,288] In a very short time, he developed many "blisters," which were discovered: exchanges, taxes,[49] and non-inheritable lifetime annuities, payments and salaries of artisans. They applied themselves to it and in thirty months they had unexpected expenses. He gambled away her jewels, two slaves, and, little by little, everything else. [11r] All inheritable lifetime annuities were sold. Afterwards, disheartened, they fled. In time they died: he was working for a knight as a hunter and a purveyor, she as a chambermaid and a washerwoman for the knight's wife.

Second Part: How He Was Adopted and Sent Out

[1,289–1,381] After I was certain that I had no benefactors, I certainly did not stick around the wrongdoers. I thought to myself that I should not go away, but introduce myself to a good rich man, who was a loyal friend and a great pal of my father's, and my godfather. Young, single, and penniless, I went to the good Christian man. When he saw me and heard me and understood whose son I was and my circumstances, he made the sign of the cross over me[50] and certainly showed me great good will. With much pleasure he welcomed me, but insisted that his wife should never see me or know anything about me. The merchant, a very powerful and virtuous man, adopted me and outfitted me as was necessary. On a horse and with enough money, he sent me, well equipped, on the paved road through Tarragona[51] to Barcelona. When I arrived, they had just seized the fort and castle of Saint Martin in the Penedès,[52] where with great haste Sibila de Fortià had fled.[53] I saw her being captured and returned as a prisoner, no less

---

[49] *Fadolles* is a hapax, possibly created by Roig on the term *fadiga* in order to make it rhyme with *bambolles* for comic effect. *Fadiga* referred to the priority that a feudal lord had to acquire property in his land if its lessee wanted to cede it to another person (Carré, *Espill*, 621).

[50] Godfathers made the sign of the cross over their godchildren's foreheads during the ceremony of baptism and on any other solemn or difficult occasion (Chabàs i Llorente, *Spill o Libre de les Dones*, 291).

[51] A city on the eastern coast of Spain, currently the capital of the province by the same name, located approximately one hundred kilometers south of Barcelona.

[52] The Penedès is a Catalonian region in which is located the village currently known as Sant Martì Sarroca.

[53] Sibila de Fortià was the second wife of King Peter IV the Ceremonious. In 1386, accused of having poisoned her husband, she took refuge in the castle of Sant Martì Sarroca, where she was eventually captured by her stepson Martin, who had been sent by his brother and heir to the throne, John. She was interrogated and tortured, and finally escaped death by renouncing all her inheritance rights in favor of John's wife, Yolanda (Miquel i Planas, *Spill o Libre de consells*, 280).

shackled than watched. She was originally from Catalonia. [11v] Having robbed the palace, she abandoned her lord and king, her own husband, with plenty of ailments and a terminal illness, half dead in his bed, poisoned and bewitched. Rumor had it that she was doing the same thing to her stepsons and making bad poultices against her daughter-in-law. She never ceased to influence the king for a moment with fraud and deception, in order to get him to disinherit both his children as traitors (John, the older, who was later king, and Martin, the second one),[54] so that only she and her relatives would prosper, making them heirs to his kingdoms. For such sins she was put on the wheel and tortured thoroughly. Many of her female servants were burnt, to their displeasure.

[1,382–1,392] I came to Montserrat[55] and here I took the road to France. I went to Béziers, where I heard the fame of the one they call Our Lady of the Puy. I also went to Saint-Denis and then to Paris.[56]

[1,393–1,433] By the inn, near the doorway, I found the innkeeper, quite attractive, spinning flax. I thought her to be a trustworthy person. "Under lock and key," I said, "innkeeper, place and keep this bag for me as if it were one of your own eyes, because I need it a great deal." That night she made a nice decision: she and a brother of hers killed their father, stole everything, and ran away, although not very far. On the third of June [12r] they fled; on the seventh they died. She was caught, thrown naked into a barrel, shut there together with a snake, a monkey, and an old rooster, and tossed down and plunged into the river.[57] It was a dirty game for me because, in addition to a bit of gold, I had there a letter to a merchant. This upset all my affairs.

[1,434–1,465] But a little afterwards I took my wages and embarked on journeys with many brave and bold French people. Making very profitable raids on horseback against the English, boldly waging war, assaulting and gaining castles, we captured many young men and released them for very high ransoms. We waged a cruel and urgent war and divided up the booty very well: everyone got some of it. That summer I became very rich and got armed nicely doing just

---

[54] John I the Hunter (1350–1395) and Martin the Humane (1356–1410) were the sons of Peter IV. Martin, the younger, succeeded his brother John I and was the last king of the Catalan dynasty.

[55] Montserrat is a famous Benedictine monastery located in the mountain by the same name outside Barcelona.

[56] Béziers is a French city located seventy-two kilometers to the southwest of Montpellier. Our Lady of the Puy was a French sanctuary frequently visited by pilgrims in the fifteenth century, nowadays located in the village of Le-Puy-en-Velay (Miquel i Planas, *Spill o Libre de consells*, 281). Saint-Denis is an abbey north of Paris where the French monarchs were buried (Miquel i Planas, *Spill o Libre de consells*, 282). Since it is not actually located on the route to Paris, but past it, Carré suggests that its mention here probably had a humorous effect for contemporary readers, given that its function would only be rhythmical (*Espill*, 622).

[57] This was the punishment for parricide according to Roman law (Chabàs i Llorente, *Spill o Libre de les Dones*, 292).

that. I was esteemed, among the warriors, not as one of the last ones. During the winter, because of the frost, the battles and assaults ended.

[1,466–1,511] The Dauphin,[58] with his most important and greatest lords, a great number of them and all very well adorned, frequently had fine young men fight beautiful jousts, fight with lances, or tourney during the nice weather. In the rainy and wearisome weather, with great luxury he organized receptions and beautiful feasts, day and night, with great fires [12v] and very pleasurable games, such as castle-building entertainers, mimes, and great festivals. There was never a lack of ladies ready to dance the *basse dance*[59] beautifully. They all came well-dressed and refined. With such management, he spent and made good use of the wintertime. But in the pleasant weather of the month of April and until September, he was to be much feared. After the winter began, we went back to courting and wooing our sweethearts in the inns with great pleasure.

Third Part: He Continues the Deeds Done in Paris

[1,512–1,536] In January a refined, flirtatious, daring, and charming bourgeois woman, the flower of beauty of all of Paris, one day of competition in which I jousted and won the prize at her request, showed me affection and let me know her good will, her gratification and pleasure, with great displeasure of her husband, who was well aware of the contrivance. The one who wove and spun it all was her chambermaid, a traitor and a false go-between. She arranged it and brought us together.

[1,537–1,603] Before I went in and found myself there I certainly was not in on it, nor did I know anything. The enterprise already arranged, she ordered something for her husband to take that night so that he would sleep. When he tasted it, she said, "Drink, my lord, the medicine." Since he swilled down a big cup, he drank too much of it. [13r] The deep sleep soon became death, and the young servant girls began to cry so indiscreetly that they were heard by the neighbors. When they all came, hearing the lamentations, they saw the body lying extended, still a bit warm but already dead. Out of neighborliness, they wanted to hear and inquire about his illness. Sighing a great deal, although falsely, she said crying loudly, "He has eaten a lot from a fat piglet and drunk new wine, and he has asphyxiated himself with apoplexy." She was shaking a lot, and everybody believed her and sympathized with her sorrow. Our joy was diverted and hindered. Many at the inn knew about such a great evil. Some of them believed it; some others denied it. Some bemoaned it; others teased the ones who regretted

---

[58] The prince heir to the throne of France. Vidal Alcover speculates that Roig may be referring to the future Charles VII (*Espejo*, 23). The conflict lines 1,434–1,511 refer to is the One Hundred Years' War.

[59] The *basse dance* was a type of court dance that originated in France in the fifteenth century. According to Miquel i Planas, the dancers' feet must always touch the ground, that is, they cannot skip and jump (*Spill o Libre de consells*, 283).

it. Such a sudden death could not be concealed and such a great disaster could not avoid leaving a trace of serious suspicion. On account of a slanderous report she was imprisoned, but she was defended and favored because she had been brought up among the people at court.

[1,604–1,631] But a bastard son that the dead man had went after her very bravely and looked diligently into the matter. At his request, insisting firmly, she was condemned by the parliament to be buried alive: she underneath and her husband on top. Taken out still alive, she was carried in a cart to the outskirts. At the top of a long stick fashioned as an axle, [13v] she was put to the wheel, tied to the opening that turns, with a fire underneath. For administering poison she was turned on the wheel and scorched until everything was ashes.

[1,632–1,637] The tender young woman took and received the sentence of hard punishment and cruel death with patience.

[1,638–1,646] For me also she would have made any potion or bad stew, magic spells or curses. For that reason I soon consoled myself and disported myself.

[1,647–1,695] But that year on New Year's Day there was a strange case, new in the world. I had had a tournament and I had everyone who had jousted invited over for dinner. We had all kinds of stews, wild meats, fowl, and very refined pastries—of the most famous of all of Paris. In one pastry, chopped and ground, the fingertip of a man was found. The one who found it was very upset, and he looked around to see what he would find: there was also the tip of an ear. We thought we were eating veal before we found the nail and the finger, a half-cut section. We all looked at it and declared that it was certainly human flesh. The pastry maker was also a baker and a tavern-keeper. She and her two helpers, grown-up girls, killed some of the people who went there and drank, chopped their flesh, made pies, and with the intestines made different kinds of sausages, [14r] the finest in the world.

[1,696–1,729] Mother and daughters sold everything they had and it was not enough. They killed some calves and with their meat they covered everything and flavored it with fine sauces. In a soft hole as deep as a well, those deceitful women put the fleshless bones, legs, and skulls, and they had almost filled it, those wild, cruel, and depraved females, those infidels, those evil, criminal, and abominable women. I certainly believe that the devils and Satan must have helped them when they killed them. I give testimony that I ate plenty of them and that I never tasted meat or a broth, partridges, hens, or francolins of such flavor, tenderness, and sweetness.

[1,730–1,741] In the morning, all three of them were quartered, and their inn was demolished, leveled, and sowed with salt.[60] They counted a total of one hundred bodies cut to pieces, which they buried in sacred ground.[61]

---

[60] Cf. Judg. 9:45: "Abimelech fought against the city all that day; he took the city, and killed the people that were in it; and he razed the city and sowed it with salt."

[61] For a comparison between this episode and other examples of cannibalism in literature and music, see Antònia Carré, "De l'*Espill* de Jaume Roig a *Sweeney Todd* o la

[1,742–1,756] I was very pleased by that country. I never saw discord, banditry, or fighting. The men were quite rich and peaceful, affable and benign. The women were evil, and many times I saw them condemned: they exiled one thousand and there were more hanged women than grapes for different crimes.

[1,757–1,797] They hanged one and skinned her alive, a great witch and poisoner. She used to come out at night without company, and by herself she used to climb up and pull out the teeth and molars [14v] of those who had been hanged high up on poles. The deceitful, crazy woman had a light quite ingeniously hidden inside a pot, and if she heard someone walk by and get close, she uncovered it. From a distance it looked like a terrifying devil's head. Through five well-placed holes, beams came out that looked like eyes, nose, and a great mouth with fire. With such a trick, everybody was scared and hastened to flee. She was not disturbed in the least and finished up her witchcraft. A sow full of vices, one bad morning she met her Saint Martin's day and left her skin to make wineskins.[62]

Fourth Part: He Finishes His Journey, Returning to Valencia
[1,798–1,809] Afterwards we all left. We were quite a beautiful fleet, inflicting harsh defeats in the hot sun of July. With our companies and foreign people that came to us we made raids and did not stop until we trampled their whole land.

[1,810–1,829] How well does the courtly king wage war now! The French king showed largesse towards me: when he divided up the booty, as my settlement and my part he gave me a duchess of great monetary value, a wild warrior, to be my prisoner. She settled and closed the matter completely for 2,100 nobles.[63] She paid up entirely, and freely went her own way.

[1,830–1,851] Since I found myself rich and powerful, I safely executed and exchanged for money everything I had: silver, arms, crockery, very beautiful clothes, [15r] linens, wool, silk—a lot of money. Courteously I bid farewell, nicely provisioned with five hackneys and with my liveries in the French style, all of them fine people. Getting up early and eating quickly in order to walk fast during the day, [1,852–1,865][64] very cautiously I crossed the boundary stones be-

---

maldat comestible," *Serra d'Or* 438 (1996): 45, and Jordi Ainaud Escudero, "De Jaume Roig a Stephen Sondheim: canibalisme i misogínia," in *Actes del VII Congrés de l'Associació Hispànica de literatura medieval (Castelló de la Plana, 22–26 de setembre de 1997)* (Castelló de la Plana: Universitat Jaume I, 1999), 1:243–53.

[62] This is a reference to the Castilian proverb *A cada cerdo le llega su San Martín*, meaning that all bad people eventually meet their punishment. According to the Catholic calendar, Saint Martin's day is celebrated on 11 November, coinciding with the traditional custom of the slaughtering of pigs.

[63] The noble was a coin first struck in England in the thirteenth century. The image of a ship on one of its sides gave it the popular name of *noble de nau* ("ship noble"). It was worth thirty Catalan *sous* (Miquel i Planas, *Spill o Libre de consells*, 185). See also note 30.

[64] The scribe separated these two verse groupings, truncating this sentence.

tween Gascony[65] and Catalonia on account of the fleshy boneless goiters found on the necks of the people there, which are so big that they look like breasts. The deceitful old women from those villages make men drink certain evil potions: that is how they pass the goiters on to the traveler.

[1,866–1,880] Upon entering Lleida, I saw a baker woman[66] being drawn and then quartered only because she was a go-between and she had led her son to sleep with her youthful customers in the woodshed. With great rigor they executed her and let her son go for being so valiant in his youth.

[1,881–1,913] I immediately left and got on the road. I went to the very, very old castle known as Molvedre.[67] That night, a good farmer, figuring out his wife's plot (who was committing adultery in the cellar while telling him that she was decanting wine), got up early to light a big load of charcoal. He put his plowshare there and, when it was red, he made a big furrow in her field, and inside her opening he left the plowshare. He went away and she fell asleep. With such cauterization her adultery [15v] had a commensurate cure and punishment, certainly worthy of being much remembered. May God keep him high in his glory.

[1,914–1,952] I immediately hurried towards my city. I was welcomed by my relative very dearly and with great pleasure, and by his wife grumbling and grunting. Assuming that I was a bastard son, she moved aside, grinding her teeth, and muttered, "What a nice 'May-God-keep-you'! Do we have an inn, furnished with beds? Tell me, my husband, five crazy and flirtatious riders, five cattle egrets, for what five *sous* do you welcome them?" And I knew it: I gave her a beautiful ruby with which I flattered her and immediately paid for what I consumed. I considered the honorable man as my own father. With his cultivation I became a person. She looked at me like a lioness, but she did not forget the benefit that she obtained from me and rendered service and great honor to the alderman.

Second Book: Of When He Was Married

First Part: How He Took a Maiden

[1,953–1,985] At the moment when I arrived at the city I calculated my age and found that I was thirty-two. I got in touch with brokers and bought and paid for this dwelling. I fixed it promptly with clothing and supplies as was

---

[65] A former province of southwest France, extending from the Garonne River to the Pyrenees.

[66] The image of the woman who bakes bread had had sexual connotations since antiquity (Carré, *Espill*, 627). Lleida is a city in Catalonia, currently the capital of the province by the same name, located 156 kilometers east of Barcelona.

[67] The castle of Molvedre is located in the city of Sagunt, in the province of Valencia. The name *Molvedre* comes from the Latin *muri veteres* ("old walls"). See notes 199 and 200.

necessary. The nagging and envious old woman frequently came to visit to determine whether her husband brought me or gave me anything. As she saw how I lived [16r] and how much I had sent from over there or exchanged, and how I got money for it and invested it well, it pleased her much, since she discovered that I had come back rich.

[1,986–2,028] She had a cousin, and immediately she conceived that she should be my wife. She sent me a go-between, quite a prattler, meddlesome, aggressive and wild. She addressed her speech to me: "About a very singular marriage I want to talk to you. About a good and beautiful maiden, well brought up, with a good inheritance, a rich young woman from this town, related to the best families. As a dowry she has 30,000 *sous* in new stamps,[68] all of them in cash." A grove, a big farmstead, she said she owned, close to the meadows. Without any expenses she said that it would all be done, and that according to my desires I should order and ask advice from the aunt that sent her. "You his godson and she hers, if you believe me, both of you will make a nice couple."

[2,029–2,044] The deceitful prattler, the old matchmaker tricked me and confounded me. She lied about everything, and I believed her lies. I asked the honorable man and his wife to advise me and guide me about such an idea. I took her as my wife, and whether I did the right thing you will know now, since I will tell you briefly.

[2,045–2,059] She urged me and reproached me harshly: Why was I delaying? And what was I waiting for? Someone else would have her [16v] who would be thankful for it. They hurried it so much that they married us. Her dowry was what she brought along, in trust and without a guarantee. I certainly let it all pass just like that, without mistrust and plainly.

[2,060–2,089] I immediately thought about what I would give her and what I would do. I provided and decked her with pearls, rubies, velvet, satins, *conduyts*,[69] marten furs, squirrel furs, fabrics from Vervins and Douai[70] for coats and gowns, fabrics from England and Brussels, and beautiful damask. She wrinkled her nose, shaking her head and making faces, with great contempt. She kicked it all and refused to wear it. She said that she was in mourning; that she did not see any brocade and there were no velvet overskirts, that it all looked like little baby

---

[68] According to Miquel i Planas, the new stamp was a coin first struck in 1445 and worth ten Valencian *sous* or half a pound (*Spill o Libre de consells*, 287). See also notes 30 and 63.

[69] The meaning of this noun is unknown. Chabàs speculates it may be the past participle of *conduir* ("to drive") modifying the following noun: "martens driven from great distances" (Chabàs i Llorente, *Spill o Libre de les Dones*, 296). Miquel i Planas and Almiñana Vallés suppose it is a type of fabric.

[70] Vervins is a small town located in the department of Aisne, north of Paris. Douai is another French town currently located in the department of Calais Nord. In the Middle Ages Douai was famous for its drapery, which was exported to the rest of Europe.

clothes, poorly sewn, badly cut, and worse lined. She spoke badly about the tailor. I suffered the ranting and said nothing to her.

[2,090–2,115] Keeping to myself, I stayed there looking and waiting for the end. I wanted to try and see if they would give me her dowry or if they would pay me without asking. Certainly the wait was like a game of bonfires:[71] thirty thousand *malles*[72] was all the money she had, and the grove and the farmstead surely turned out to be a bad deal.[73] Her properties were confiscated or mortgaged, with pending lawsuits, written obligations of sums of money, redeemed annuities, either fake or settled or offered to the court or badly charged, and paid debts that had not been cancelled.

[2,116–2,129] Someone who loved me well and knew a great deal about these things advised me to give up any lawsuits: [17r] I never ever received what I was promised. Paid in such a manner, I still did not stop doing what was necessary and I swallowed up my irritation, which was harmful to me, to my body, and to my purse.

[2,130–2,141] She was very blonde, white, and lovely, and quite shrewd. When I was not present, she laughed with everybody and was amusing; she was very talkative with everyone and had an easy tongue. But with me her mouth was sewn shut, as if she were mute, always scrunched up, and she only muttered.

[2,142–2,177] One day she was crying and I asked her why. "Today, by my faith, I cry for nothing." I said, "It must be something." She said, " You are tiring me! Why are you killing me? Leave me be!" Wishing to stay and not break up completely, I was the one who bought the following: a cravat, a plait, a striped piece, a beautiful neck scarf, laces, a small veil for the hair that covers the neck, collars, bracelets, a mirror, earrings, a headband, a braid, a necklace, a chain, coral, ambergris, aloes, amber, enough jet, a key chain, a belt, a purse, a pincushion, a comb, a back comb, a case, knives, gloves, fans, stockings, clogs with blue velvet slippers, a half chest, and a key, . . . As much as I could find I brought her, but it did not do me any good because she did not even answer me and always kept silent.

[2,178–2,205] As I was going down the stairs one day, she said, "Oh, poor me! Wretch! Bad person! How unlucky for me to have seen you, and how much more so to have been seen by you! How unlucky to have been taken by you for

---

[71] This is an allusion to the famous bonfires (*falles*) of the city of Valencia, in which elaborate cardboard and wood floats are burned to mark the culminating point in a celebration that is thought to stem from pagan rituals for the spring equinox. They take place on the eve of 19 March (Saint Joseph's day).

[72] A *malla* was worth half a *diner* (Miquel i Planas, *Spill o Libre de consells*, 288). See note 30.

[73] Roig makes up the noun *malqueria* combinig *mal* ("bad") and *queria* (from the verb *querer*, "to want, to love") to make an untranslatable pun with the noun *alqueria*, "farmstead."

your own benefit. You'd know better how to pull ropes." I understood her plot well and did not answer, thinking to myself [17v] that later on I would cure her contempt and her bad habits, which came from her little common sense and her youth, being full of air and badly brought up, because she had never been hurt by a sister or a brother and she had no mother, and was therefore used to her own ways. What could she discern but a great smoke?

[2,206–2,319] Afterwards I approached her aunt about having the wedding in January, early in the morning and with few guests, only eight or nine, in order to avoid expenses. When she and her female relatives heard it, they were all very upset and, seething, they yelled at me: "Does she come from the mountains? Is that why the wedding is done with such little honor?" They outlined how the wedding would be done: they would invite all the honorable people, noblemen, judges, knights. In the middle of the day she would go with great honor, riding high up on a white steed. Some of her powerful relatives, since she had plenty of them, would hold the reins. She also wanted new clothes, more beautiful jewels, many musicians, and twenty guests, all of them married, myrtle and many roasting spits, all of it in abundance. "Miserably and in hiding? This time don't you think about it and don't you even start, because you would never see the end of it, much less its solution. You should think about where she comes from and how she deserves a solemn celebration." She, who remained haughty and completely determined, rolled her eyes, looked at herself once and again, and grunting she cursed, as if she were plucking feathers from her head and her breast. [18r] She kept biting her fingernails. That day, because of such affronts, I made my calculations that by the time the roses bloomed I would have my things ready and in order. On the third Sunday, the whole neighborhood could just come and eat: roasted or cooked, or if necessary they could boil it. They may do as they pleased. That day I surely spent around 300 pounds on provisions.[74] They all ate and danced at their pleasure. The displeasure was for me alone: I found violets in my garden, cress, and wormwood with mallows.[75] I went in there preceded by a food taster. My first fodder I ate with pleasure, but I felt the mustard in my head without failure, although I did not show it, pretending and not revealing that I knew anything and that they had made me graze. Think about it, certainly: in order to have peace I was patient. The following Monday, when we had had lunch, the guests were all leaving and simply said to me, "Thank you very much, and may God give you many children. If you want anything, I'm all yours. If I don't show it well, whenever there's need of what I can do, I'm at your disposal."

---

[74] Chabàs indicates that this must have been an exorbitant amount of money, since there is evidence that some 150 years later a clergyman would have lived quite well on 210 pounds, keeping two servants (*Spill o Libre de les Dones*, 297–98). See also note 30.

[75] Lines 2,274–2,305 contain many allusions to the fact that the narrator's wife was not a virgin before she married him. In the original, the noun *uioles* can be associated phonetically to the verb for "rape," *violar* (Almiñana Vallés, *Spill*, 613).

[2,320–2,343] They went away and left the groom ill, whereas the bride remained smug, like an old peacock that sees itself beautiful, with its tail spread high, never looking at the ugliness of its feet. But I, inclined to be peaceful, assure you that my power, art, ingenuity, knowledge, and effort were all employed, [18v] night and day, in finding a way to make us love each other and agree with each other as it should be. So much hard work and such a waste of time!

[2,344–2,371] First, wanting to give her solace and to embrace her everywhere, I found that hedgehogs, thistles, and porcupines do not have sharper barbs. She was a grunting piglet in bed all night. When she went to bed, she first looked for the pillow that bore her coat of arms, then made sure that the seams of the sheet were in the usual place. Afterwards, she chatted if I was quiet. When I did not answer, she used to say, "Wretch! Am I possessed by the devil or insane, that you should not answer me? Oh, that you'd burst into pieces!" Giving her free rein, I do not remember ever having had my way.

[2,372–2,397] If she fell asleep, she began snoring immediately and annoyed me greatly every night. Frequently she wet the bed and tossed and turned. Otherwise, she stank when she had her period. Without thinking any more about it, she would get it all over her legs, thighs, and loose-fitting stockings. If she used towels, she would toss them, with such a smell and such a color that only God knows, in corners, under chests, in the straw. She did not give a damn if anyone found them: she left them wherever they fell.

[2,398–2,413] For half a year she would wear a shirt nicely embroidered with her emblem and all speckled with red flowers. She never removed it from her body unless it was rotten and torn to pieces, [19r] and in that condition she threw it down in the basement. Every time she changed she put on new clothes, but never anything sewn by her own hands.

[2,414–2,441] I never slept without the suffering of purgatory during the long nights, let alone during the day. At my desk I relaxed a little. If I went around for a ride, after Mass was over I would go back to a bad lunch. I had my slaves cook with refinement and neatness. She never touched with her own hands the keys or the lock, let alone the measure or the administration of provisions, nor did she care about it. She knew nothing about it. She did not hasten to arrange anything unless it was ordering it verbally.

[2,442–2,457] She sat at the table having already eaten and had breakfast in the morning. With me she was always disgusted and without appetite. She demanded other foods, which were certainly impossible to get. The tasty dishes that were cooked did not please her—she was so disgusted, disdainful, and delicate.

[2,458–2,473] Once when she had indigestion and was dining alone, the candelabrum moved. The squire was in the pantry and did not come back immediately. The candle fell. What a fine job did the candle do with the tablecloth! She allowed it to ignite and burn because she did not want to touch the tallow with her hand. Indeed, half of it was burned.

[2,474–2,481] She had a specific plate, a certain bowl, a separate cup, untouched salt, and her own napkin. She did not allow carving without a carving fork.

[19v] [2,482–2,501] She would not eat meat from the market if there had been a hanging, nor did she allow fruit to be brought home. It was all right to buy rabbits, partridges, and live francolins at night in the dark, when flies do not ever land on them. Secretly plucked, I know that she filled a big cushion. In her room she had a stove, a pot, and a spit, and she cooked for herself without cooks.

[2,502–2,541] On weekdays she was never well. She stayed in bed and got up at ten, when they prayed to God in the cathedral. She never spun, nor did she take her hands out of her gloves. She never sewed. She only had a key to her half trunk, which was full of clove and concoctions. From time to time she observed the damages to her body. But the more she kneaded cosmetic pastes from rue and juniper oil, ginger powder and musk paste with soot or verdigris ointment, with a certain red color taken from bowls, and smeared them on her snout and eyebrows, the more she rubbed on, the more she disgusted me. She laughed in fear that her paint would break. A master dyer does not prepare and make more vats of archil[76] and other leaves.[77]

[2,542–2,574] Before matins she would get up and perfume herself, making herself smell good. The days of worship, early in the morning, she was busy during two or three hours trying to look good and well polished. [20r] On such days, she made herself up just like smart Moorish women do. She walked into Mass when they were already preaching. If all the women did not get up because of her, she got upset. With those who got up, she kissed a lot, with two squeezes and repetitions. She always distracted the preacher, who stopped because of the noise of the invitations and salutations. If she came in late, she left even later: they had to throw her out of there with loud knocks.

[2,575–2,584] I waited for her while everything burned. How many bad dinners and worse suppers I endured in silence! And how many bad days! Nothing helped. Instead, she got worse and crazier.

[2,585–2,598] She had twenty-five sheets of paper, a pen, and an inkwell. What she wrote with them I never knew. By chance I found it all in the desk. She denied that it was hers and maintained it vehemently. She strutted around screaming and yelled even louder, but I saw her hands soiled with ink many times.

[2,599–2,633] During Advent, neither the mud nor the wind would deter her. She got more than one hundred *sous* out of me every Thursday. Wearing a new hairdo, with her own friends and some borrowed ones, together with those they picked up in the streets, she would go out, taking along a girl, and passed

---

[76] *Roccella tinctoria*, a type of lichen used to make purple dye.

[77] The Catalan noun *full* (*fulla* in modern Catalan) means "leaf." Miquel i Planas and Almiñana Vallés indicate that it must be an unidentified type of plant used to extract a dye.

by the Llotja,[78] with a nun by her side who was not less polished nor had more restraint. By the market she turned around, looking at the shops with free rein. On the streets people made room for her, as if it were a trick [20v] by Master Corà.[79] Who could describe how she trifled with the handsome and gallant citizens or asked them all to the market? She would never leave there until all was spent, given, or squandered in gifts.

[2,634–2,645] She then went to the Convent of the Magdalene. I think she rested: praying, snacking—I do not know what she did there. I would see her come once the night prayer was over. Through the Convent of the Minoresses or Bosseria Street she made her way back when she returned.[80]

[2,646–2,703] She frequently went, at night, to the new baths of Mister Sanou or Mister Suau[81] in the Palace. After taking off her clothes, you would see her dance on beautiful tapestries, howling, jumping and screaming with her neighbors. Partridges, hens, small chickens, with juleps or stews; eggs with ginger, hard-boiled eggs with pepper; Greek wine and claret without delay, and Malmsey in goblets as a courtesy.[82] Almond sweets were not appreciated there, but they did use poultices made with ambergris, benjui resin, amber, perfumed waters, and musk. She ordered that lemonade be kept cool, and had pumpkin and juniper sweets, cinnamon candies, and fine turtle and chicken preserves made. The oldest apothecary, Mister Maçià Martì,[83] knowing who served her in her youth, charged her one thousand *sous* for three visits. I say, I'll bet, that with what she had left from each visit, she certainly had enough to pay Mistress Farfana,[84] the woman who gave her baths. If one o'clock [21r] had already struck before her

---

[78] The *Llotja* mentioned here cannot be the *Llotja de la Seda*, or Silk Exchange, the construction of which did not begin until 1482–1483. Instead, it must be the *Llotja de l'Oli*, or Oil Exchange, a less ambitious building that existed before 1341 and which was located in a different part of the city: Manuel Sanchis Guarner, *La ciutat de València: Síntesi d'història i de geografia urbana* (València: Albatros Edicions, 1976), 192.

[79] Miquel i Planas explains that Master Corà must have been a famous magician, citing a similar allusion in *Don Quixote*, part II, chapter 47 (*Spill o Libre de consells*, 292–93). The alluded text reads *como juego de maesecoral*, meaning "like a game of prestidigitation."

[80] The Convent of the Magdalene was located where the new market of Valencia stands today (Chabàs i Llorente, *Spill o Libre de les Dones*, 298). The Convent of the Minoresses was a Franciscan convent located on Bosseria Street in Valencia.

[81] Sanou and Suau are the names of the owner and the lessee, respectively, of the public baths known as *de l'Almirall* (Chabàs i Llorente, *Spill o Libre de les Dones*, 299). The association between public baths and illicit sexual activites was common and well documented.

[82] Malmsey is a sweet wine originally made in the city of Monemvasia (Greece), whence it was named.

[83] Presumably a Valencian apothecary, whose historical existence has not been confirmed.

[84] Her historical existence has not been confirmed.

bath was over, she returned accompanied by brown musicians,[85] with dances, representations, tunes and songs, and with many torches.

[2,704–2,721] If I ever dared to ask her where she came from, "What?" she would answer with great fury. "Don't you see it in my color? You don't deserve such softness or such aroma, you lout. The crossbeam is for such people! They should sleep with bolsters and not bother and wrong the likes of me."

[2,722–2,767] Such ranting she would go off on, and worse. "From today on, a crown wouldn't be good for you. You'd be happy with any trollop. Just as well would you love a rustic, a woman from the mountains, one of those who wear cloaks. You are really old-fashioned and antiquated, not up-to-date, out of use. You already pee on your shoes, carry our cat, and ride really crooked on the saddle: is it because of the bag you carry hanging from your belt or because of the short trouser leg? You play the kettledrum or the bagpipe. It is also fashionable to play the lute! Yellow velvet made from tripe is in, and so is wearing the right clog with a taller heel. You look cold and sweat so much! Why are you crying? Is it the mustard? The wall is falling. You are running aground. You are turning dry and thin. Can you eat? The garden has already begun to turn white. To attack better or to reach better, you leave the sword and gird on a knife. The needle that is blunt cannot sew.[86]

[21v] [2,768–2,792] The court in Rome will hear about such a great error and make a decision. A second-hand seller arranged this union. Such a beautiful body, as tall as a new shoot! Paired with a twin, a tiny runt, a dry shoot grown after its time, a skinny, premature, miserly and mean man who eats well and shits very little, who is like a Sardinian donkey, like a Myrmidon dwarf, or more certainly like a castrated rooster! With such a man have I been matched! Better advised, I know what I'll do if I can." Such lessons in bitter tones I heard and endured frequently.

[2,793–2,813] On Fat Thursday I said to her, "Wife, the time is getting close to get ready for penitence. For the sake of continence, let's sleep in separate beds." She said, "Have you spoken? You preach very well. Now listen, because I will also speak. The man who abstains from that during Lent finds himself a cuckold at Whitsuntide. He who wants to protect his clothes from the moth should dust them off; he who does not shake them one hour a day soon finds them made into rags."

[2,814–2,847] When there were no jousting events or bullfights as entertainment, many knowledgeable women (or so they thought they were), who spun,

---

[85] Line 2,699 is difficult to interpret. *Fabres* could be related to the French *fablier* ("writer or singer of fables or romances") (Chabàs i Llorente, *Spill o Libre de les Dones*, 300). *Pardos* could refer to the humble origins of such entertainers (Miquel i Planas, *Spill o Libre de consells*, 296); otherwise, it could be a mistake for *bardos* ("bards") (Almiñana Vallés, *Spill*, 619).

[86] Although some of the preceding remarks may not be totally understandable, they are clear references to the lack of virility of the protagonist.

as people say, with a silver spindle, got together at my house each afternoon until the lights were lit. They also summoned there smart and quite fresh young men who, thrown among the women, would first tickle them and then drone on about their grooming: fabrics and garments that they had spun with beautiful lies. Then one of the women complained, the other slandered, yet another suffered spite, the other suspected, [22r] another blasphemed. They all told many jokes and bad things about their husbands, adding many attacks and making fun of them.

[2,848–2,875] Afterwards they would play the "Do you want the piece of straw?" and "Give me your right hand," "Who has the ring?" or "I give you this bouquet." There was a box for orders with their petitions and a tree where the donor bird sang, plus explanations, absurdities, and wonders.[87] They all argued and disputed about the *One Hundred Novels* and the *Facetiae*,[88] the philosophy of the great Plato, Cicero, Cato, Dante, poems and tragedies. The less they knew, the more they lied, and they all talked and did not listen to one another. I heard it all well, but I didn't like their wretched salons.

[2,876–2,904] Looking for the means to appease her and to improve her surliness, doubting whether she would jump due to her liveliness, I treated her as if she were a bunch of myrtle and I flattered her (she would notice less this way). I tried to figure out if she wanted me not to hide anything from her. I revealed to her everything I knew and everything I had—all my secrets were immediately mentioned in public. Indeed I tell you that she composed verses telling crimes that she attributed to me. And had she known that I may have been involved in heresy, rebellion, or treason, she would certainly not conceal it, but rather she would accuse me.

[2,905–2,933] Seeing her so mutable and variable, I changed course. I thought that I would buy her at a price, attracting her to me by pretending [22v] and promising that all my possessions would be hers. In her presence I wrote my testament, making her my heir. Immediately, she inventoried all my annuities, both perpetual and movable. She allied herself with her relatives and valued everything at less than a fig. However, she thought that once I died she would be the owner and she would share it with whomever she would like. How she expected and desired that I would die!

[2,934–2,995] I thought she would conceal her lack of love, that she would abandon the noise and the storm, but her wickedness was then doubled. She took the furniture from my house: whatever there was in it, she stole and purloined whenever she had the opportunity, and she was not slow to pawn and trade. A shopkeeper and her girl were in cahoots with her, and they had a store. The three of them were in on it, and they resold bedclothes, bench covers, tapestries, fab-

---

[87] This must be a list of activities and games, also containing sexual innuendoes.

[88] The *One Hundred Novels* may refer to Boccaccio's *Decameron* or to the *Cento novelle antiche*, a very popular collection at the time. *Facetiae* is the title of a collection of humorous tales written by the humanist Gian Francesco Poggio Bracciolini (1380–1459).

rics, towels, provisions, silver, gold, and copper. They stole anything that could be moved, and they trafficked with cunning. Their cheapness helped them. The money that she got from what she sold was spent on I don't know what—I believe, by my faith, that she threw it all away. She never paid for anything she took. If she owed anything, she sent it my way. The spice merchant relied on me. The tailor, the cloth-maker, the seamstress, the shoemaker, the veil-maker, the milliner, the confectioner, and the fritter and *casqueta*[89] baker kept tabs for her [23r] and I had to pay according to the tallies. I never saw the bills for the purchased flax, either cooked or spun, from the man who spun, from the woman who wove for her, from the washerwoman, from the blanket maker, and from the man who did the backstitches.

[2,996–3,035] Seeing such shameful acts, such ruin, and such manifest destruction, I had no other recourse left in the end: trying to get rid of her screams, we played cards at night. We both shuffled and she dealt. She often took all the hearts, but if she was going for three jacks she discarded them. Since they were no good for me, she threw down clubs. Like a dimwit, she changed her game, just like the case of the oak tree that was hired to bear fruit.[90] She played a hollow game. In order to keep her under control, I often played ninepins with her, or the game of the *escampilla*, or the *chocha*:[91] she moved less than if she were a rock. If I responded, only saying, "buf," I got insults. If I said, "baf," I soon felt the washbasin on my head.

[3,036–3,063] Seeing that her illness was incurable, with no hope of improvement, but rather being sure that it would worsen, with my head cracked open, wearied and very angry, I changed the pace. I wrote a codicil completely annulling and revoking my last testament. Wisely, I immediately filed a complaint in court about how I had never received the dowry in due time. She was ordered and notified in writing to respond to it. [23v] Her insanity was not mitigated or advised at all by this.

[3,064–3,083] I completely destroyed her trunk full of little bottles and bowls, flasks and thousands of little jars. I took her ornaments, her clothes, rings, bracelets, veils, and headscarves. The silver shop and the old-clothes dealer bought them from me and paid me sooner or later, although it did not amount to a fourth of what it cost me. She never listened to reason.

[3,084–3,114] Like Pharaoh, with a hardened heart,[92] cruel and tough, and even more evil, advised by I don't know whom—but I much appreciated it—, in

---

[89] See note 46.

[90] Almiñana Vallés points out that this must refer to a proverb about a stupid person, which roughly translates as "you rent my oak trees, you keep the bark, and I take the fruit" (*Spill*, 623).

[91] *Escampilla* and *chocha* must be games that involved a great deal of movement and were played outdoors (Miquel i Planas, *El espejo*, 52).

[92] Cf. Exod. 7:3: "But I will harden Pharaoh's heart."

an extensive letter she presented me with a strong repudiation libel. With pretty good diligence, Galderic de Soler[93] articulated and soon proved that she was married, that she was someone else's wife before me, and that she had slept with him first. He was certainly a cuckold, and she an adulteress: they made quite a couple. The magnificent Galderic de Soler, a true canon, a doctor and a jurist, a great official canonist, expelled the evil from my house. They went their way.

[3,115–3,141] Liberated and free from chains, rescued from the mud, I was left unencumbered. I would not have shown more happiness to the person who got me out of hell, had I been lying there, or who got a bolt out of my eye, had I had one dancing in it. I had great joy when I was free of obligations towards that unbearable devil, [24r] and with license to be able to undertake, if I wanted it, the task of taking another wife. Like a jailer, she had me prisoner. Once my manhood had been redeemed and rescued, I relaxed.

Second Part: How He Wanted to Take a Beguine[94]

[3,142–3,165] Then I decided to fulfill a vow. Before leaving, I hired a beguine, a neighbor of mine, requested and paid by me, as the keeper and recipient of all my things, leaving them to her counsel, since I trusted her beguinage, and I went on my journey towards Santiago. I told her, "Store for me, with great care and under lock and key, what I entrust to you. Around the day of Saint John[95] or in July, if it please God, I will return."

[3,166–3,267] Well equipped with what was necessary, I got ready to go there, getting on the road, not sighing much about the past and taking solace in the present. It gave me pleasure to think myself free and far from the bullring where that butcher was skinning me and pricking me with a goad. By midday I

---

[93] A canon of the Cathedral of Valencia, he died in 1463 (Chabàs i Llorente, *Spill o Libre de les Dones*, 303).

[94] The beguines were laywomen who led religious lives but did not belong to an established religious order. The movement originated in the Netherlands in the twelfth century and spread to the rest of Europe. Most of the beguines lived in communities known as beguinages, which they could leave in order to get married. They were frequently associated with Franciscan or Dominican friars. Because of their tendency towards mysticism they may have been suspected of heresy and become the object of legislative persecution during the thirteenth and fourteenth centuries. Among the general population they had terrible reputations (cf. *Corbacho*). After the fifteenth century they were generally tolerated, but the movement was already in decline. The most influential and exhaustive study of the topic is still Ernest W. McDonnell, *The Beguines and Beghards in Medieval Culture: With Special Emphasis on the Belgian Scene* (New Brunswick, NJ: Rutgers University Press, 1954). For a more recent account, see Walter Simons, *Cities of Ladies: Beguine Communities in the Medieval Low Countries, 1200–1565* (Philadelphia: University of Pennsylvania Press, 2001).

[95] 24 June is the day of Saint John the Baptist.

had already passed Bunyol and by sunset I was in Requena.[96] As a good start, I found a great and quite indecent celebration (I did not know about it – I just happened upon it). A bride that had already been deflowered before her marriage, on the day of the wedding, prepared and adorned with pearls, managed to hide it by appearing to have a dreadful devil inside her body. [24v] Twisting her face, she grabbed a stick and sought quarrel with everybody. The people, astonished, assembled. Her feet were tied, and so were her hands. The people went to the church, and there she performed quite absurd acts with her husband. The good curate wanted to make the sign of the cross over her and to sprinkle holy water on her, but the damned woman jumped up feigning all kinds of evil things and said that she did not believe in any of that. Making the sign of the cross over her, the curate conjured her. She cursed and blasphemed against God. He charged with all his reasoning and compelled her more vigorously. He said, "May it come out through an arranged place without causing any harm!" In the end, the astute woman, changing her voice, screamed, "I don't want to go out without opening up, ripping or widening well the best-kept opening in her body." The husband said in a loud voice, "At his pleasure and through whatever, so that he comes to an agreement soon. Let him tear and rip, as long as he doesn't vex her any more. Don't force her nor conjure her. Ask him to leave. As long as she lives, I don't care about anything else." Saying, "Jesus," she pretended to be freed. She looked half-dead, faint and dumbfounded. She complained about her nether parts, saying, "A great fire has certainly left it all raw. It seems to be the wild fire."[97] The juice of the long-leafed plantain,[98] I believe, cured her of it. Thus she concealed her fault. Everybody was happy and the groom most of all.

[25r] [3,268–3,324] The following Wednesday, as I was leaving, I certainly found good company and one that cared about me.[99] Following milestones, pass-

---

[96] Bunyol and Requena are towns located thirty-seven and sixty-five kilometers, respectively, from the city of Valencia, on the *Camino de Santiago*, the route to Santiago de Compostela taken by the pilgrims from Valencia.

[97] Chabàs indicates that this ailment was some sort of gangrene accompanied by an intense burning sensation and pain (*Spill o Libre de les Dones*, 304). Miquel i Planas identifies it as *foc de Sant Antoni* ("Saint Anthony's fire"), an epidemic that affected several European territories in the eleventh century (*El espejo*, 56) and that has been identified as erysipelas. Saint Anthony's fire, however, is most likely to refer to a type of fungal poisoning, now known as ergotism, which caused reddening and blistering of the skin: cf. Chiara Frugoni, *A Day in a Medieval City*, trans. William McCuaig (Chicago: University of Chicago Press, 2005), 65.

[98] Miquel i Planas explains that Roig must refer to *Plantago lanceolata*, a plant with astringent properties used frequently in the treatment of oral inflammation (*Spill o Libre de consells*, 303). Almiñana Vallés suggests a possible double-entendre (*Spill*, 626).

[99] This reference to a companion is ambiguous, since there are no other mentions of such a person. Miquel i Planas speculated that the narrator could be referring to himself (*Spill o Libre de consells*, 303).

ing through plains, hills, lowlands, and rivers, I went to visit the Holy Corpse of Santo Domingo de la Calzada,[100] a walled city. An evil innkeeper, a wicked woman with whoring tendencies, had at the time in her inn a group of pilgrims, both old and young. She liked one of them and asked him to give her pleasure. He did not want to do it. The evil whore then hid a cup among his things. When he left, they found it missing and she had him hanged. The others left in order to fulfill their vows. When they returned, they went immediately to see the hanged man, a little ways off the big road. Alive, the young man said, "Get me down. The blessed Saint James has held me!" The grave sin was discovered, and they were all more reassured, because when they hastened to appeal to the president and he was responding to their complaint, two cooked birds resurrected miraculously and sang loudly in front of everyone. It was a hen and a cock. Without delay, the innkeeper was condemned and hanged immediately.[101]

[3,325–3,331] Walking, sometimes meditating, sometimes laughing, I arrived west.[102] Here I did my vigil and completely fulfilled my pilgrimage.

[3,332–3,351] I was coming back [25v] when I saw a huge fight in the streets of a hamlet. I saw a husband summon and strongly accuse his wife of adultery. She denied it. They made her hold a red-hot iron: would you see her hand set on fire immediately and burn completely! They did not listen to her; they cast their votes right away and, once sentenced, her husband slit her throat.

[3,352–3,385] I went to Olite,[103] a very beautiful town. I saw how they carried an aged woman to bury her. Over her body, many women were wailing and crying copiously. One was singing romances and ballads out loud, strongly cursing deceitful Death for having taken such a woman so soon and having left her last husband alive. I began to laugh when I heard them. The (non-)dead man was young and was, by his luck, the twenty-fifth husband she had had while she was

---

[100] A city that nowadays lies in the province of Logroño, within the Autonomous Community of La Rioja. It was, and still is, on the route to Santiago de Compostela, and pilgrims stopped there to visit the tomb of Saint Domingo, the Holy Corpse that Roig refers to.

[101] This anecdote combines two different stories. The older one, about the pilgrim who was wrongly hanged and saved through the intervention of Saint James (or Saint Domingo or the Virgin Mary), has been documented in numerous versions, such as the *Codex Calixtinus* (twelfth century), Alphonse X's *Cantiga* 175, and Gonzalo de Berceo's sixth Miracle. De Voragine includes it in his account of the life of the saint (*The Golden Legend*, 2:7). The second tale, about the hen and the cock, is a later addition, the popularity of which extends to the present day, since a live hen and cock are still kept in the Cathedral of Santo Domingo de la Calzada and the town's rhyming motto is *Santo Domingo de la Calzada, donde cantó la gallina después de asada* ("where the hen sang after being cooked").

[102] Santiago de Compostela is located in the westernmost corner of the Iberian Peninsula.

[103] A little village nowadays located in the Autonomous Community of Navarre.

alive. Still, the women scratched their heads and faces and pulled their hair because the young man did not die and, instead, remained alive.

[3,386–3,425] I crossed the big river in Aragon.[104] In Alagón[105] I unpacked. I entered Saragossa[106] gallantly and on foot went straight to the Holy Pillar, which was built by angels when Holy Mary was alive and brought to the city to be kept safe.[107] That is where the Holy Apostle[108] preached and was heard by the largest number of people, [26r] who converted. Then I stayed at The Ship, the best inn, as you can imagine. I met quite dolled-up and made-up women, with a thousand hairdos. I went to the ladies' salons: there, stitches and scissors were not even touched, nor were spindles and spinning wheels used. That is how the *generoso*, the grandee, and also the *converso* women entertain themselves.[109] There, foreigners find comfort, but not in virginal gardens, because those do not exist.[110]

[3,426–3,499] The next day I witnessed a great commotion of people because of a woman prisoner who was in jail, where she had been locked up, and committing adultery, for three years. Denounced by her husband and sentenced to be hanged, she got herself pregnant and had a child. Adducing her pregnancy, the execution was postponed. In order to escape, she decided that after she gave birth she would try hard to get pregnant immediately. Four consecutive times she gave birth and got pregnant on the same day. That way she ensured the postponement, which she made last more than three years with the help of the scoundrels that were sent to jail. The fifth time I was present. By order of the magistrates[111] four midwives examined her and declared under oath and unanimously that she

---

[104] The Ebro.

[105] A small village nowadays in the province of Saragossa, within the Autonomous Community of Aragon.

[106] In Jaume Roig's time, the capital of the kingdom of Aragon.

[107] According to a tradition that began in the twelfth century, while Saint James was preaching the Gospel in Saragossa, the Virgin, who was still alive in Israel, appeared to him in person on a pillar to encourage him in his enterprise. An altar and a chapel were later built there. This was an obligatory stop for all pilgrims to Santiago from the east of the Iberian Peninsula (Miquel i Planas, *Spill o Libre de consells*, 305). Nowadays, the Virgin of El Pilar is the patron saint of Spain.

[108] Santiago or Saint James.

[109] Grandees, *generosos*, and *conversos* were three different social classes in fifteenth-century Valencia. Grandees belonged to the highest nobility. *Generosos* constituted a lower type of nobility, still inherited by birth (as opposed to the *milites* [not mentioned here], a lower type of nobility that was acquired by privilege and merit). The men of *paratge* (mentioned in line 490) were yet another class. *Conversos* were Jews who had become Christian.

[110] In an untranslatable play on words, Roig uses the Catalan noun *uerges* ("gardens" with a primarily aesthetic utility), similar in sound to "virgin."

[111] The word in the manuscript is *salmedines*, Aragonese magistrates that had civil and criminal jurisdiction (Miquel i Planas, *Spill o Libre de consells*, 306).

was not pregnant. She was hanged in the market square, where the noose was cut because a pregnancy was suspected. [26v] They saw a great movement in her belly and immediately took her to the Almodí.[112] Her belly opened I know well by whom,[113] she was found pregnant more clearly and quite certainly after the ocular examination. Because those ignorant, quackish midwives had lied and made a false report, their lies made her die. She would have given birth many more times if she had not died. The kid also died inside, without baptism, and this made the bailiffs blunder.

[3,500–3,554] Before I left, a perturbed and bewildered woman, both furious and anxious to be loved, clouded by the devil, was the protagonist of an admirable case because of her great audacity. She performed a significant and very dreadful act, which defiled her own faith. I do not know why (only jealousy moved her, I believe), she complained that her husband treated her very badly. It occurred to her that in the Raval or Moorish quarter she would seek the advice of a Saracen who was the *alfaquí*.[114] The sorcerer said that if she paid him money and brought to him the Sacred Body, well hidden, he would certainly make her husband love her well. No sooner said than done. In the very beautiful chapel of Saint Michael, wearing a veil, she confessed, making strange noises. Falsely, she took the holy sacrament of the altar and, as if she wanted to wipe her mouth, she took the holy bread out in one piece. [27r] In a candle box or a little case, as secretly as she could, she locked it up. She went back immediately to tell him that she had it and to ask him where he wanted it.

[3,555–3,578] He said to bring it over. And when he hastened, in a great and sudden fit of enthusiasm, to open the box, what she had left there was transformed into a beautiful infant, all glowing and luminous, very charming, lying there completely naked. Seeing him, as if he were looking at the sun, the Moor was taken aback. The woman was totally frightened, deranged, and out of her

---

[112] Built in the thirteenth century, this building served as a cereal trade and storage center.

[113] Chabàs indicates that this is a reference to Roig himself (*Spill o Libre de les Dones*, 305). Miquel i Planas quotes a fragment from the Alcahalí manuscript which tells a similar case in which Jaume Roig took part as a doctor (*Spill o Libre de consells*, 307).

[114] A Muslim cleric. The desecration of the Eucharistic host was an accusation commonly raised against Jews throughout the Middle Ages in Europe, which became part of the anti-Semitic stereotype and informed many works of art and literature. (For an analysis of the political, symbolic, and doctrinal implications of the phenomenon, see Jean Louis Schefer's *L'Hostie profanée. Histoire d'une fiction théologique* [Paris: P.O.L. Editeur, 2007], based on French, Latin, Italian, and German texts that reflect the story portrayed in Paolo Uccello's *Miracle of the Profaned Host* predella.) By choosing a Muslim protagonist for this well-known leitmotif, Carré argues, Roig not only adds a comic touch to the anecdote but also establishes complicity with his readership, who would remember the assault on the Valencian Muslim quarter in the year 1455 (*Espill*, 647).

mind. The Morisco, an evil dog, completely stunned, told her to go back and burn it all, that he would deliver by other means.

[3,579–3,605] The renegade, the possessed, crazy, and demented woman, not fearing God, not doubting anything, not thinking at all about what she was doing (I think that she did not see it), made a great fire. She put the box on top in the center of the fire and then added wood and coal. Soon the box was completely burned and charred, but the holy little body of the infant remained unharmed. Spared from the fire and unburned, it remained in the hearth, admirably, shining even more and appearing to be alive, not scorched among the embers.

[3,606–3,639] Such an ugly sin I cannot narrate without weeping profusely. Teary-eyed, I wet the paper and soil what I have written already. Continuing with her thoughts, she brought vine shoots, much more wood, dry pinewood, and more. She lit up the fire some more and most decidedly intended [27v] to turn it all into ashes. It was Friday, around midday, and she knew that the dog was praying at that time. She scratched herself and cried and did not know what to do. She could see the child in one piece, not smoked or altered at all. The hot coals and the fire made room for him. Blinded by ire, she turned around and went to the mosque. Crying, she told him about her new misfortune and what she had done following his bad advice.

[3,640–3,689] The little old Moor came out of the kiblah[115] and was seized by a terrible fear that there could be riots. He pondered as much as he could, thought to himself, and the only thing that occurred to him was to tell the woman, "He who plants thorns should not walk barefoot. He who tries to be in the water frequently must lose either his neck or his fishing gear. I have already lost all hope, if God doesn't help us. We are both dead if our case is heard by the populace. Let's make a decision that can save us so that we can live. We will both die if we don't run straight to the cathedral. At your confessor's feet you must confess the great mistake that you have made, and I will confess my ill deed to the General Chief Vicar. Without changing anything about it I will tell and denounce my fault. They will rule with discretion. If they guide us and we are spared from death, I will change my religion and renounce Muhammad. I promise." It was all done thus.

[3,690–3,764] The Bishop found out about it [28v] and ordered the vicar and his notary to disguise themselves and to go there in the evening after the call to prayer. They gave him a written report about what they managed to see. The Bishop then ordered the Great Prior, his confessor, and certain other devout and good priests to perform a vigil during the night in order to keep everything safe. The following day, Saturday, he summoned together the four estates, men of title, both chapters, religious men, nobles, barons[116] and knights, the councilmen or

---

[115] The part of the mosque that points towards the Kaaba in Mecca, the direction in which Muslims turn in order to pray.

[116] *Baron* is used by Roig to mean "an important person."

the city council, and a great number of the people to the noblest place, Saint Salvador.[117] With great fervor he preached and explained the aforementioned case, horrible and exorbitant, but a confirmation of our faith. Devout and good was his sermon. He also arranged a great and most singular procession: first the crosses, then the tonsured and ordained men singing the *Pange lingua*[118] out loud, then the lay people carrying lights in their hands, and all kinds of bells ringing in the towers without the intervention of human hands. And when they returned, the Body was placed with great honor on a gold plate, uncovered, at the altar of Saint Valero.[119] All the clergy spent the whole night in a vigil, reading and in contemplation. The Holy Spirit revealed to the holy prelate [28v] that he should perform the Eucharist.

[3,765–3,795] He immediately ordered that nothing be sold the next day, Sunday, and that no one eat meat. Everybody should fast and come to listen to the holy prayer. He vested solemnly in order to say the Mass of the Holy Sacrament, sometimes singing, sometimes crying. For the offertory he arranged neither wine nor bread; instead, he only took the Holy Body in his hand, saying the words. As he was offering it, it was transformed, taking and assuming the shape of the mould that the smith had sculpted in the wafer box, round, just like the first true Host was.

[3,796–3,819] Thus ended that wild, memorable deed, which risked provoking a riot. It was a solemn celebration, miraculous and profitable for the good and the faithful. It contradicted the evil infidels and crazy skeptics, heretics and imitators, and it was shameful especially for women. Some time later I learned the end: with great aim, lightning struck the woman when she was going out to the country. In Saragossa I emptied my bag. Staying there for such a long time and going after salons, I wasted much time.

[3,820–3,870] I left and went to Teruel. I was asked to be godfather to a boy, an honorable secret. The godmother was a noblewoman, a great sister of the sisterhood of Saint Monica.[120] I noticed on her chest a gold image of Saint Veronica, carved in gold, very nicely enameled, and that her gestures and her outfit [29r] were those of a beguine. She had been brought up by Queen Violant,[121] then reigning, and she was spry and refined. When she and I went for a walk towards the church, she very courteously told me the news, the proofs and counterproofs of what I saw there. Appearing to be healthy, during the catechesis and the baptism she stood on her feet and certainly did not ever sit down, but the

---

[117] Saragossa's cathedral.

[118] A hymn written by Venantius Fortunatus (ca. 540–ca. 600), and refashioned in the thirteenth century (probably by Thomas Aquinas) into a hymn in the honor of the Blessed Sacrament.

[119] The patron saint of Saragossa.

[120] I.e., Augustinian canonesses.

[121] Violant de Bar (1365–1431), the wife of John I and queen of Aragon until 1396.

night before she had given birth to that very child. How much she dared to do in order to get away with it! She was the child's own mother, godmother and spiritual mother. She was the midwife and the birth mother,[122] and his father was of course the chaplain that baptized him. I never saw such a thing! They thought their dealings to be well concealed, but it was all discovered.

[3,871–3,899] Afterwards, walking and ruminating on what I should do and how I would be able to live without distress, I got to Segorbe.[123] I remembered then and decided that if the lay sister was agreeable to me, chaste, humble, and ready to do what I wanted, I would take her as my companion and good wife, most beloved to me. She would be thrifty for me, she would not spend nor would she drag long skirts, and she would have bolts on the windows. She was a skillful woman, brought up poor, without a dowry. She knew many good things, and with her head I would do as I pleased.

[3,900–3,917] Man devises and proposes things for himself and God arranges and provides for the benefit of whoever serves him.[124] [29v] He alone foresees what is to come and does the best for our benefit, even if it does not look that way. His Majesty, out of mercy, inspired and counseled me to watch my step before I hastened to jump ahead.

[3,918–3,936] And I remembered a remark that a cook made to his wife, a great eater: "He who hurries too much eats his food raw, badly cooked, or so hot that he gets scalded." If the command had not been divine, I would have taken the vile beguine based on my first liking, in the heat of the moment, cooked or raw, clothed or naked. But it was the opposite.

[3,937–3,951] I will make a summary of what I found when I arrived, quite the contrary of what I had thought. I already thought myself to be all set and well married: I only had to give her written documentation of her dowry, and I surely considered myself already married and having invested my wealth appropriately.

[3,952–3,967] But I saw that that beast, made the wrong way, confessed much and frequently. I paid good attention to how she behaved, and I saw that all she had was painted on. Of humility I did not see much. She listened obliquely to many speeches and attended many indulgences and convents. I distrusted her ways.

[3,968–3,990] She was the last one to leave the church and laughed with many people. When the preaching began and all the women sat, she knelt down [30r] or stood up. If those who were near her touched her, she immediately mut-

---

[122] Roig uses several terms whose meanings have changed over time and can therefore lead to confusion. Chabás explains that in the text *comare* means "spiritual mother," *padrina*, "godmother," and *madrina*, "midwife" (*Spill o Libre de les Dones*, 307).

[123] A village currently located in the province of Castelló, in the Autonomous Community of Valencia.

[124] Cf. the Catalan proverb *L'home proposa i Deu disposa* ("man proposes and God arranges"): Enric Bayerri, *Refraner català de la comarca de Tortosa* (Tortosa: Porter Libros, 1979), 3:595.

tered. She never moved even if someone came who was above her, no matter who. With a needle she pricked all the women and scolded them, "Why are you pushing? You are crowding me! How come you don't keep quiet? You are distracting me a lot! Don't disturb the one who serves God!"

[3,991–4,003] At all times she kept opening her beautiful Book of Hours, with stories and illuminations, with gold clasps and many bookmarks. But she certainly did not know how to recognize the letters. She constantly pretended to read the verses and moved her eyes back and forth.

[4,004–4,046] A chaplain gave her communion: he gave her unconsecrated Hosts every week without fail and, as if she had a tertian fever, she had paroxysms. With certain sophistries they were in connivance. They both came for communion in front of the altar in the chapel. She carried her towel, and he his stole. They idolatrized and then spoke in loud voices so that they would be heard: "How we wish to see ourselves soon in Paradise!" "Oh, my Father, if we could be there in brief!" "My daughter, I wish today were the day!" "I am already prepared. I wish I were enjoying myself there this afternoon." The paradise they were talking about and they wished for was a bed, painted, well furnished, and with curtains. Other beguines, her companions and scoundrels, agreed to meet in that place in order to play their game, [30v] and there they took refuge.

[4,047–4,065] A Friar Minor called her "mother" in front of people and visited her very frequently. As entertainment, he taught her the monochord,[125] to contemplate and to discuss divine issues. She was very disdainful about worldly issues and the active life. She spoke softly and began, "Hail, Mary!" or "May God, Jesus Christ, be praised!"

[4,066–4,073] Although on top she wore a gown and a cloak made out of burail, she wore undergarments made out of delicate wool and a fine small cloak painted with green and blue stripes.

[4,074–4,079] As her own enterprise, she occasionally wove some hair shirts, but she sold them all and never put one on her back.

[4,080–4,085] On Maundy Thursday, wearing her habit quite tightly, she carried the cross, but she never scourged herself.

[4,086–4,097] Around her neck she wore a corset and samples of paternosters, and a gold lamb over her heart. The bed where she slept she wanted soft, delicate, and smooth, even and flat. She perfumed it with flowers, twigs, and thymiama.[126]

---

[125] The monochord was a musical instrument that had only one string. A sexual connotation can be, therefore, inferred. In general, the play of a musical instrument was a transparent euphemism for sexual play. Cf. the parody of the Canonical Hours in *Libro de buen amor*.

[126] Incense. Antònia Carré indicates that Roig's readership must have been aware that this substance was not only used during the celebration of the Mass, but also in medicine, to provoke the expulsion of the placenta if it had not come out at the time of

[4,098–4,111] She was accustomed to a well-provided and stocked table, not to a Lenten table, but to one that included meats. She never fasted nor ate fish: it made her sick, or so she said. When she got up, she consoled her stomach with a glass of Malmsey wine.[127]

[4,112–4,117] I believed that all her behavior was hypocritical and for appearances only, [31r] with her bent-neck and altar-gnawing attitude.

[4,118–4,137] Had she not lacked womanly virtue, there would have been something. But, noticing and inquiring about her honesty, I found out that the affected pious woman had done a great evil in a very subtle manner. The vile woman found herself some three months pregnant, more or less, and with certain diabolical medicines she secretly aborted and expelled two babies from her body.

[4,138–4,140] Her sin was accurately certified to me.

[4,141–4,161] Without censure or defamation, she was immediately told to make a decision. I lent her money and outfitted her completely in new clothes, paying her more on top of her salary. She went to rent a house in the ox field of the Augustinians, between the Beguines and Saint Francis,[128] in the cool street where they make bullets, in order to obtain indulgences without getting her shoes wet.[129]

[4,162–4,181] Some neighbors asked her and reproached her about having left my house. "I have escaped the possibility of dishonesty. He pestered me and demanded, in his old age, that I break a seam sewn with a vow and re-sewn with the firmness of my will," she said. "I have guarded and removed myself from the opportunity."

[4,182–4,190] She said evil things, falsely accusing and rebuking [31v] the one who did not have bad intentions. And I heard her say, as she was telling others, that she could not serve God well enough, "so I wanted to get out of there."

[4,191–4,204] Her beguinage and affected piousness ended badly and bore a bad fruit, because when she was old (although she said she was a maiden and very

---

delivery. Its mention here, followed by the statement a few lines below that the beguine had aborted two babies, adds a note of humor to the passage that is lost to readers now (Carré, "Aportacions a la lectura literal de l'*Espill* de Jaume Roig," *Llengua & Literatura* 18 (2007): 371-402, here 373).

[127] See note 82.

[128] Chabás explains that in Roig's time this was a sparsely populated neighborhood (*Spill o Libre de les Dones*, 308).

[129] Lines 4,156–4,161 present difficulties of interpretation. Chabás translated the noun *rollons* as "clogs," which he adduced were used to protect finer shoes from mud and water. Miquel i Planas believed that *rollons* meant "circles" and translated: *en la calle donde la gente forma ruedos tomando el fresco, para desde allí poder ir a los perdones sin mojarse los tapines* ("in the street where people stand in circles breathing in the cool air so that from there they can go get the indulgences," *El espejo*, 69). I prefer Carré's suggestion that the narrator may be referring to a street where crossbow bullets were manufactured ("Aportacions," 374).

devout), she became the go-between of a neighbor, a good young woman. She was accused and sentenced: they flogged her thoroughly and exiled her.

Third Part: How He Took a Widow

[4,205–4,291] That year, Master[130] Company, a good brother, and Father Remolins[131] were neighbors. The old presbyter, after having heard Mass at Saint Peter's,[132] called me one day and said to me, "My lord, I need to bother you, but forgive me. You know that matrimony is a sacrament arranged and ordered by God in Paradise. For that reason I am warning you, out of charity. You only have half your time left to live. Old age is coming to you under full sail and oars. You don't have to worry about a dowry or riches. I want to find you an older, hairy woman.[133] There is one who is greatly esteemed. These days she is the best among the widows. I bet you could search the world and you would not find one who would do more for you. She turned thirty-two years old a while back. She has been tried and broken in by another husband. She confesses with me and I know her inclinations. She is industrious and a great manager because she knows how to say things well. She doesn't want to sew because such an activity soon makes one blind, [32r] nor does she want to wind thread because it perturbs the head. So as not to soil her hands with spit, she avoids the distaff,[134] but she weaves thin silk ribbons very well, and she does it very fast, as she makes one each month. She digs up money. She never wears makeup. She goes to Mass frequently in the cathedral. Do you know where she sits? Under the pulpit. She is a good thing. Do you want to see her? You wouldn't be able to drink her from a gourd. This woman is connected to the most important people today: you will be a relative of the rulers and you will immediately be part of the authority. Through her you will have any job and any benefit very soon. I am certainly not lying to you. I swear to you by God, Whom you have seen today in my hands, that you will both live like good siblings. Let's go. You'll see. Believe me. Come."

[4,292–4,305] Indeed, I found her quite welcoming and acceptable. I liked her. Since it seemed that she was good and that she would work for me, I soon confirmed the matrimony. This stew was put together by the chaplain: it was burnt, because he was deceived and he deceived me.

---

[130] The title in the manuscript (*mossen*) was used to address members of the second-class nobility in Aragon.

[131] Neither of these two characters (Company and Remolins) has been identified as a real person (Vidal Alcover, *Espejo*, 46).

[132] A chapel in the cathedral (Chabàs i Llorente, *Spill o Libre de les Dones*, 308).

[133] The text says *muller barbuda*, literally, "bearded woman." This detail is important to understand the pun in line 4,405.

[134] Lines 4,252–4,259 contain sexual innuendoes. The implication is that this woman is chaste in comparison to the previous one.

[4,306–4,351] She called some of her folks and I called mine. But marriage and tranquility never went together. From the moment when we finalized the contract, without having received the blessing, cursing the person who brought us together and united us was a frequent occurrence. She abused me with deeds and words. To spite me, she grumbled, spoke and railed, "May my husband be in Paradise and may he rest in peace. [32v] From him I gave birth three times in the three years that we were together. I see that you don't care much about it. He and I lived with great comfort. We slept together completely naked in the afternoon. On Thursdays and on holy days we frequently dined on birds in the farmstead, but we did not spoil one another, like you are doing now. Nothing we wanted was expensive to us. I was better welcomed, more loved, and more accepted by him, by my faith. I'm not sure about you—you are nothing like him. Oh, that he were still alive, even if it cost me a finger!"

[4,352–4,373] She used to say in bed, "As I see, you certainly treat me in a bad and ugly manner, because you undo everything I order. If I ask for anything, it's never done. Your money and everything you have you hide from me. You don't entrust anything to me, nor do you trust that I would know how to keep it. I see that you take your time and that you don't do anything to me. You never talk to me about what you know, nor do you reveal your secrets to me." She made me a hundred thousand such remarks.

[4,374–4,407] She did worse things to me with her actions and gestures: in all her deeds she was evil. She was a loose mule, sullen, brown, without a saddle; the mule of a Moor, as wild as a bull, false, treacherous, prone to kicking, out of control, not used to the bit or the halter, very difficult to lead by the right hand and worse to ride on the saddle. What can I tell you about her? To all the evil and bitterness of the world one reads about I would add more. [33r] All she had was evil, no kindness. Prompt to do evil and remiss to do good, she spoke much and did little. She was very envious and haughty. When the chaplain told me about her he said "bearded" all right: greet her from afar, the saying goes.[135]

[4,408–4,437] She was fake, underhanded, and extremely quick-tempered. She had never been beaten or offended, never ordered by a man. She never called me by my name. She ordered me as if I were a dog or as if I had a muzzle. Old and seasoned, already tired of the storms and villainies with which she had me fed up, I avoided listening to her screams, noises, din, and fierce quarrels with the slaves that had been mine. The ones that she had brought, she favored a lot. She loathed all my relatives and those who loved me well. She disliked my old friends, with whom I had been raised as a child.

[4,438–4,457] She never grieved or wore mourning clothes if any of my folks died, and if they recovered she did not visit them. She forbade all of them to come near or ever enter my house. Ill at ease, wicked, adamantly jealous of me,

---

[135] *Dona barbuda, lluny la saluda* ("greet a bearded woman from afar").

she never took it patiently if I came back late, and when I was there, she was always fighting and tormenting me.

[4,458–4,469] She never listened to any arguments if one counted how old she was. Her hair was already scanty,[136] [33v] her forehead was wrinkled, and she did not give birth. She did not like it if they talked about her age or if they counted her years. She never conceived.

[4,470–4,501] And I know well where she lost it: she was, when she deceived me and I took her for my wife, more than forty years old. Such a woman can conceive little. It is like wanting to graft an old vine: late will one get a young vine. But since she was still purging I hoped that I would have a son by her. It was not because she was very fat, or too thin. No illness rendered her unable to give birth. But she was slippery, aggressive, terrible towards me, unloving, and unfit to conceive. Trying to go into the manger, I never managed to obtain her pleasure, or that the approach occurred without displeasure.

[4,502–4,533] Grafting is not a matter of force. Grafting (whether using a shield on the bark or a needle) must be done in season, always with joy and acting without hurry. What is done with struggle never ripens. For that reason she did not get pregnant: she reproached me incessantly and tried constantly to get pregnant, but she failed because she did not compose and dispose herself properly. She did not stop seeking female doctors, old devilish women, women who got other women pregnant, women who gave baths, Moorish women, midwives, sorceresses, pharmacists, herbalists, and people who prepared antidotes: [34r] wherever she might be able to find a remedy.

[4,534–4,565] She wanted to try a scoundrel, a strange female doctor from Bigorra,[137] old and sinister. With her science she had deceived all of Aragon, from the Roussillon[138] to Valencia. When any hot-tempered women wishing to conceive children came to her, she made them take cloves and ginger,[139] leading them to believe that, because of their coldness, their husbands' somewhat impure seeds were not any good. In her private rooms she had quite skillful young men, good companions, who had hot kidneys. Before three attempts, she promised them that they would be pregnant. She earned a lot from that.

---

[136] The meaning of the term *bruxellat* has not been clearly established. Chabàs interprets it as "bald" (*Spill o Libre de les Dones*, 309), Miquel i Planas prefers "whitish" (*Spill o Libre de consells*, 312), and Vidal Alcover adds the options "scarce" or "burnt" (*Espejo*, 49).

[137] Bigorra Castrum was the ancient name of the village that is currently known as Saint-Lézer, located in the Hautes-Pyrénées, France.

[138] Located in the northeastern part of the Pyrenees, Roussillon came under Aragonese rule in 1172 and did not become a part of France until the Treaty of the Pyrenees (1659).

[139] Clove and ginger were considered aphrodisiacs (Miquel i Planas, *Spill o Libre de consells*, 312)

[4,566–4,577] Since the said midwife practiced medicine by bad means, my wife discovered it and did not want such doctoring any more. Only on that day was she a little bit good. After a little while, she told me everything.

[4,578–4,601] I immediately went straight to Boil,[140] our good governor, and told him about such vile deeds. His adviser, Mister Rabassa,[141] said, "It is my advice that, without due process (if it is against the law, I don't care at all), in order to avoid a scandal for so many sad husbands, that whore be secretly strangled in her house at midnight." It was done well and discreetly. How many secret bastards remained legitimate!

[4,602–4,644] According to my calculations, [34v] she surely spent two thousand *sous* to pay, find, and change doctors. She even resorted to astrologers, who do crazy things (although she who believes them does crazier things) with their false preambles and by making false judgments through geomancy and its figures. She went to all of them one after the other and she believed them all. Some said she was hot, others thought her cold and humid, or sleepy: they all disagreed and deceived her. They made her believe that she was bound by them, under their spells. They made her drink one thousand badly concocted brews. With baths, ointments and bandages, perfumes and probes, they gave her bad ulcers and caused her stomach spasms, melancholy and sadness in the head. They exhausted her greatly and burnt her out. All dried up, quite consumed by the attempts to get pregnant, she was close to perishing.

[4,645–4,665] Her soul, together with her body, I certainly dare tell you, would have died either in abjuration or condemned, I believe. But I had her taken to the farmstead that I had in the Horta[142] and I made her stay there more than a year. There she had baths and many distractions and comforts. A good doctor cured her liver illness, her palpitations, her fainting spells and her weakness: everything but her defiance.

[4,666–4,685] Little did she purify her conscience. For appearances only [35r] she confessed, but she did not stop her attacks, and soon she went back to her nature, which is immortal, because the hope of having a child came back to her one hour a day. She promised to abstain from different things, to give up adornments. She burned pieces of paper with saints' names on them.[143] The following day, she cut her hair.

---

[140] Ramon Boil was the governor of Valencia from 1393 until 1407, when he was killed (Chabàs i Llorente, *Spill o Libre de les Dones*, 309).

[141] Giner Rabassa took part in the *Compromiso de Caspe* in 1412, which determined the enthronement of the Trastámara dynasty (Chabàs i Llorente, *Spill o Libre de les Dones*, 309).

[142] The fertile land around Valencia.

[143] The nouns *nomines* and *breus* refer to amulets in which superstitious Christians wrote names of saints or words taken from the Scriptures in order to ward off evil. According to Chabàs, the custom is Jewish and Muslim in origin (*Spill o Libre de les Dones*, 310).

[4,686–4,716] She turned her bow towards the sanctuaries. She gave them shrouds, beautiful clothes, many adornments, stockings, towels, great votive offerings, vases, lilies, statues, silver candleholders, and wax, so that her wait would not be frustrated. She was tempered by going to vigils, hermitages, and cells every Saturday. But she never found the benefit she was looking for: God did not want it because she did not worship him with all her heart. She never freed herself from hatred or rancor, so she did not ever deserve to get it and keep it; she did not deserve that a child entered her belly. She never received one; she never conceived.

[4,717–4,765] Always thinking about such an enterprise, the weathervane turned to a new ill, getting involved in witchcraft and theft, in a crime of deceit finely concocted, in an evil, deformed, very ugly, and enormous crime. She pretended to be pregnant, and for half a year she imagined and faked with all her senses to appear pregnant. She said, "I feel weary. My shirt has not fit me for a month already. And I purged a lot: [35v] I used ten towels. How sick I feel! I feel hot! If I don't throw up, I'll soon get an upset stomach." She showed cravings: now she wanted preserves, or she asked for marrow, or neck meat and tail meat. She pretended to eat coals, or she chewed on them. She gnawed on plaster and drank bleach. She said that she wore a girdle on her raw flesh. Thus time passed and she kept her hands separated and folded in front of her, raised as if there was a swelling. Adding cotton to her breasts, she had her nipples colored with purple and brown henna, showing signs of pregnancy.

[4,766–4,803] In the end, leaving aside fidelity and truth, she faked the birth through bad dealings and worse pacts with the midwife and the godmother, who were certainly not model women. The wicked women contrived and concealed a false birth. At a certain time when I was out, she immediately gave birth. The false, cunning woman got into the bed, which had been nicely embellished and was eight palms high. The one who called herself the wet-nurse jumped off it and broke her leg, her head, and her arm, together with the layette with the baby's shirts and the dear son's little blankets. They then had the windows and doors shut with locks and satin curtains, and those false women helped themselves abundantly to partridges, hens, an infinite number of eggs, nutmegs, and all kinds of sauces.

[4,804–4,807] And they agreed that the one who had given birth to the child should be the wet-nurse.

[4,808–4,847] Out of insanity they made a worse mistake, [36r] because, not fearing God, they repeated the holy sacrament of baptism. But God Most High, who looks into all good and bad things, and also the ones that are neither, and punishes them, makes most apparent that which is most covered. Nothing is hidden from him and he unveils everything. Those bad mothers, with their big companions, baptized the child again and celebrated it. They had a big feast. God had sorrow and tears ready for them. His flower lay among them. One of them laughed, another sang. The child suckled. They all fell asleep and, while asleep, they turned and one of them, whoever, put her arm or her breasts on top of him. They found him dead, right next to her, under her side. His death made them itch; a clash and a big brawl began and they both screamed loudly and incessantly.

[4,848–4,863] I was always there and very diligently, but, thinking it was my son, I turned to God with continence and took it all with patience and well. However, I strongly rebuked the stupid women who had fallen asleep for their negligence and the grave offense they made against God with their homicide or infanticide.

[4,864–4,880] Because of their loud dispute, all the neighbors, old and young, woke up and went there. All their noises, screams, and calls made the whole thing public. I saw the umbilical cord pulled, fallen and dry from several days. In many ways [36v] were their treason and fabrication divulged and publicized.

[4,881–4,900] Ashamed and persecuted, she had to flee to Benaguasil.[144] She was in great danger of being reached and caught by the inquisitor, the governor, and his agents. She never ate. Desperate, she hanged herself. After she was taken down, on New Year's Eve, her body was immediately buried in unconsecrated ground for her evil accomplishments. May it not rest in peace there!

[4,901–4,911] For all the abuse, I was left confused and with great shame. Because of her meanness and burden, and because of the bitterness they ate, my teeth were unjustly filed down and decalcified.

Fourth Part: About Nuns

[4,912–4,920] I took honest comfort and contentment as best I could, and I decided, undoing my problems and transforming my sorrow into pleasure, to choose a wife.

[4,921–4,967] One that had been brought up in a monastery was pointed out to me. I wanted to know to whom she was related, and an aunt of hers had me informed. She had others tell me that she was still little when she joined the nuns. She continued her life dressed as a novice, living there willingly for almost twenty years. The abbess entreated her to profess, and she did not dare say her purposes or oppose the abbess's combat. I made sure about their debate. It seemed to me like a rather acceptable match, [37r] quite agreeable in many respects. I had been soiled and embroiled by all kinds of women, so I only had this one left to try. The day of the Feast of Saint Anthony[145] I married her. I wanted to take her, but it cost me an arm and a leg. I made an error in my calculations and had more humiliations from her than from the others. God allowed it, in my opinion, because of the damage, the great disturbance caused against the Order: he wanted to punish me.

[4,968–4,993] I do not want to tell you now everything in detail, how I was sold and rejected, how angry and disappointed I was. I want you to consider it said now. But I would like you to hear the pearls of the whole story. What she had

---

[144] Valencian town located in the Horta.

[145] Saint Anthony, whose feast is celebrated on 13 June, is the patron saint of lovers and lost things.

learned in the cloister was everything she knew, nothing else. How to perfume and dispense nun preserves, citrons, oranges, apples, lemons, quinces, nougats, and trifles. Little gardens, waters, little bouquets, perfumes, aromatic powders, strings, little bottles, braids, little bags, tassels, needles.

[4,994–5,017] Of the qualities that women must have, feel, and know, she had none: kindness, virtue, diligence, saving and measuring, keeping, providing, cutting, sewing, dexterity with their hands, ease with everything, honoring, protecting, loving, serving, pleasing in everything, never displeasing, obeying quickly, keeping secrets. She knew only how to go around and spend the day doing no good. She never knew more than what I said.

[5,018–5,040] She had some gaiety [37v] (few women do). She did not speak badly; instead she chose her words.[146] She was not argumentative or crazy either, but she was soft. I accepted her as such and put up with her. After quarrelling and grumbling, she went back to being merry. I followed her and called her "madam" to gain a reputation as a homey and amusing man. God knows how much that hurts me and how much all that feebleness and softness harm me!

[5,041–5,049] She gained everything when she became pregnant and gave birth to a son, a grain of millet, whose face was not dissimilar, but rather totally similar to mine. She was very dear to me after she gave birth.

[5,050–5,075] I saw that she had plenty of milk and I told her, begging, "For your kindness, be the wet-nurse of this child that God has given us, since you are provided with such good milk." She turned around like the fish that throws its offspring in the water, never goes near it, and does not worry about it any more. She never cleaned her child, as does the dog, nor looked at him with pride, as does the ostrich, nor breathed on it, like the lion does.[147] Indeed, she saw my dear son less than if she were blind, a female cuckoo, or a crow that rejects her children.[148]

[5,076–5,093] "Don't think that he's going to drink," she screamed loudly, "milk from my breasts! I am a bride, not a pelican.[149] I want to have pleasure, and

---

[146] The original reads literally, "she arranged her throat."

[147] According to medieval bestiaries, the lion was thought to be able to infuse life into its dead cubs by breathing into their mouths: Llúcia Martín Pascual, "Les comparacions de tema animal relacionades amb el desengany amorós en les poesies de Joan Roís de Corella i en l'*Espill* de Jaume Roig*,*" in *Estudis sobre Joan Roís de Corella* (Alcoi: Marfil, 1999), 193–209, here 201.

[148] These are all allusions to bestiary lore. For a study of the use of animal imagery in *The Mirror* see Martín Pascual, "Les comparacions," 193–209; eadem, *La tradició animalística en la literatura catalana medieval* (València: Generalitat Valenciana, 1996); and eadem, "Una aproximació a l'anàlisi de les comparacions extretes dels *Bestiaris* en els poetes del XIV i XV catalans," in *Actes del Novè Col·loqui Internacional de Llengua i Literatura Catalanes* (Barcelona: Publicacions de l'Abadia de Montserrat, 1993), 2:145–247.

[149] It was believed that the female pelican injured her own chest in order to get blood to feed her offspring. Chabàs comments that there may be a pun in the juxtaposition of *nouençana* ("bride") and *pelli-cana* ("white-haired") (*Spill o Libre de les Dones*, 312).

it doesn't please me to waste myself and to hurt my breasts in order to give my body's blood to the child. I rather want to rest. I am not a mountain woman, or a farmer, or a worker. Nice net [38r] you went out with today! Get ahold of someone else's milk!

[5,094–5,141] I know a German woman who has just given birth. She is a good spinner, like the women from Silla.[150] She has had a daughter. She's a poor woman and doesn't have anything to cover herself with. In order to make her advance in life I will have her throw her daughter into the hospital. This woman, hired by you and paid well, will bring him up. You'll see how he will suckle! If you wanted me to nurse him and to consume this body of mine; if you wanted me to hear his crying all night, and have his shit in bed and his piss on my sides; if you think that and have made a decision, I don't like it. Since you are well endowed, be satisfied that I give you children. But me serve you, nurse the kids, and waste away? God won't have it! Don't even think about it, because it will not happen, it will never be done! I have told you clearly. How mean, stingy, and miserable you are! People said it and now I am sure of it. If he wakes up, make sure he can nurse. I don't want to love him so much that it may harm me. Do you think that he will move me because I conceived him?"

[5,142–5,181] My mind was confused by such an extraordinary transformation. In a short time, I changed. I turned yellow and red. All my joy turned to anger: my common sense fled me; ire came over me; love pulled me; ire overcame me; I had enough will; my judgment disputed me; nature compelled me, and reason affronted me. I overlooked such a shameful affront, because I knew well where her daring, her railing, and her chatter came from: from the coarseness [38v] of her feelings. The forwardness brought on by the birth made her speak in a new language. I decided to keep silent and not respond, and arranged for the child to have the necessary food, paying a salary to someone who would nurse him. She was supposed to choose the person and find her, cheap or expensive — it was her charge.

[5,182–5,201] In a very short period of time, she was turned around and upside down. She became quite the lady on account of the guarantee that she had in me — she dared so much! After she gave birth, she got rid of her bridle and got hold of the reins. She turned into a crow and a goldfinch. She was like a hen that is always quiet and, when she has laid an egg on the straw, everyone hears her. She celebrates and handles it so much that, once broken, she swallows it.

[5,202–5,219] Such was the end that my son met because of her. She was a sheep first, then a cat that kills her children by moving them so much. Before, she was mute; then she was smart. She frequently came up with the idea of changing wet-nurses, and all the women who had just given birth took their turn

---

[150] A town located twelve kilometers south of Valencia.

at it, one after the other. One slept too much; another had fatty, blue, waxy milk; another had watery milk; and another, goat-like.

[5,220–5,251] She liked one that was used only to salad, garlic, and cheese, had stew very rarely and meat maybe one day. She lived in good health and reared her previous children healthily. With lunches and snacks, testicles, goat meatballs, [39r] gizzards, new cheeses, muscatels, Greek wines, and strong fine wines that she made her taste every morning, she ruined her good milk. The poor little thing was overcome with spasms, jaw problems, asthma, convulsions, epilepsy, and a serious inflammation of the mouth. His mouth was crooked and infected, and he had the wild fire.[151] He never slept. She made him a bottle out of parchment.

[5,252–5,281] She appealed to many midwives, one thousand medicines, veterinarians, and quackery. They smeared, wrapped, and unwrapped him constantly; they cooled him down and wasted him. They tasted his sweat: now it was salty, now it was cold. They thought he was burning. They made him a remedy against the evil eye. He did not improve at all. They suspected that witches had done it. They found bluish spots on chest and thighs. They did not remember that they had changed and exchanged forty wet-nurses and infinite milks, all so different. Because of the changes and the disparate pieces of advice, so unnecessary, she killed him and squashed him under the ground.

[5,282–5,305] She held on to all the saints, put her hands together and turned to God when she saw herself separated from her child and so loathed by me because of her great error. She realized that she deserved it because of her fault. She sweated the sweat of death, and could not find consolation. She said, "My little son! If I had fed him with my natural maternal milk, he would certainly not have rotted [39v] yet." She lamented her own actions.

[5,306–5,314] She stopped talking about the child and turned to me. In silence, she sighed and did not dare tell me anything. Everything bothered her; she felt very faint. She scratched and scratched where she did not itch, and everything seemed gloomy to her.

[5,315–5,329] Then she cried and wailed loudly against the burned, old, damned, ignorant nuns. "Bad counselors! Those who trust them derive so much evil from them! He would be alive! It was my bad luck to have seen them. May it have pleased Jesus that I should have never known them and believed them."

[5,330–5,345] I, a sad father, distressed and afflicted, hearing her lamentation and seeing her passion, felt great compassion for her. I wanted to hear who she was complaining about and, without lies and word by word, she told me everything, giving long arguments and emblazoning her school.

[5,346–5,359] She said,[152] "They have deceived me, poor me, like a poor bridled beast. I have seen well and experienced their prudence inside and out, and

---

[151] See note 97.

[152] Here begins the long speech by the narrator's wife. For an interesting comparison between the customs she criticizes and the instructions given to the nuns of the

I know what it's like. Since they have betrayed me, I will tell what I know about their miserable lives, without lying.

[5,360–5,393] It is already daylight when they wake up. Their oratory is done as an agreement with the mirror. The Invitatory[153] that they know how to say is speaking badly first about the person who put them in the convent, then about the person who received them, and about the person who made it all work out. Instead of the lesson [40r] in martyrology[154] that tells the cycle of the moon, one of them sings a more pleasing song. She says out loud, 'Since they leave us here imprisoned, shut up by force, we must continue our affairs. We don't have to maintain vows made by force. May each one of us turn their noses to the Order.' Such singing they all hear and conclude with *amen* in agreement. They go to the garden and leave the choir.

[5,394–5,426] They go late to the refectory. They obtain their pleasure in their rooms. They make excuses about the dormitory and, pretending that they are sick, avoid sleeping there. When they are more tempered, they go up to the balcony. They leave the locutory late, where they talk and plot their marriages, gifts, and presents, all with usury, and they make safe deals: if they give nougats with joy, they expect capons; if wheat or beans, they demand a slave. For a flower they take a gold mark, and as an introduction they want the upholstery changed. And every day they change tutors and shoppers. They sell themselves to whoever goes there.

[5,427–5,435] If the monthly income is not paid on time, they change the emblems on their footstools and old chests. The Diurnal[155] and the Breviary[156] stay in the closet so that they won't be stolen.[157]

[5,436–5,457] They consume all their time writing and receiving letters, and giving in to those who love them. In order to get the sunlight, [40v] they busy themselves in getting masters to build bridges, windows, traps, entrances through the roofs, passages, shortcuts, hideouts, dens and private rooms, secret roofs and low caves. They lock things up in boxes, carry them in suitcases, close stairs, pull baskets, make bars and doors detachable and chimneys movable.

[5,458–5,477] They wear liveries and go around armed. Disguised as men, they go out at night to weave around the city at a fast pace, riding around. Dur-

---

Monastery of the Zaidía in Valencia by their Visitor in 1440, see Maria Luisa Cabanes Català, "El *Spill* de Jaume Roig y las monjas valencianas de su época," *Ligarzas* 4 (1972): 273–85.

[153] The antiphon that precedes the *Venite* at matins.

[154] The book that contains the list of Christian martyrs and other saints according to the days of the year.

[155] The book that contained the devotional exercises to be performed each hour of the day.

[156] The book that contained the prayers for matins, lauds, and compline.

[157] The literal translation is "so that they won't be smoked."

ing the August evenings they go to the sea to bathe and on their way back they behave like kids, playing the game of blankets.[158] When they return the next day, they chant the first hour with their fine voices, not affected at all.

[5,478–5,491] If they are pregnant and the birth comes, it is their custom to make three or four men debate the issue, leaving it to the dice or to luck to determine who the father is. However, most of them don't ever give birth. Instead, they get rid of the baby with refinement, and cleverly dry their milk.

[5,492–5,501] They play well the game of *pass-pass*:[159] they make a gourd into a basket, heaven into a frying pan, and men into girls. Or they say, 'Whoever moves is a bitch,' when someone passes and they can hear them.

[5,502–5,541] They make green into brown for the Abbess. She seems contrary to them and like a bad old woman if she is not the way they would like her. They always call her [41r] 'shitty old woman' if she is zealous or guards them at all, and much more if she delays in giving them permission to be absent from the dormitory. With great fury, enraged and as a gang, they all run after her, hound her, pursue her with sticks, and prick her like an ox in the ring. They chase her like dogs after a hare, or they make her take some poison in her soup or wine, or they slander her, or complain about her to their superior Visitor, accusing her of negligence or inability to govern well. They make her die before her days with their follies and with excesses of anger. They simply topple her from her chair.

[5,542–5,569] When they are convoked to elect a new shepherdess in the monastery, they don't like a prioress who is a knowledgeable woman, who fears God, who respects her vows, and who keeps the monastery in peace, love, honor, and favor. They like to have a scarecrow: any straw person who is not heard or seen has their favor. Unanimously and knowingly, they elect such a person and revere her in front of the people, but inside the convent they give her the finger,[160] they continue their alliances, do what they used to (even more than they want to) with such an Abbess.

[5,570–5,589] In a constant hurry, never without trouble, hard work, sorrow, and pain: that is how the gouty man lives, the skinny runner, [41v] the old man that has been made the shepherd of such goats, oxen, and rams—they are not

---

[158] Chabàs wonders whether this game has anything to do the experience that Sancho went through in chapter XVII of *Don Quixote*, part I (*Spill o Libre de les Dones*, 315).

[159] Probably a trick of prestidigitation the objective of which is to make something move from one place to another without the audience noticing it (Vidal Alcover, *Espejo*, 56–57).

[160] The expression used by Roig is *li fan les figues*. A *figa* (*higa* in Castilian) was an insulting sign made with the hand that consisted in showing the thumb between the index and the middle fingers on a closed fist: Sebastián de Covarrubias Orozco, *Tesoro de la lengua castellana o española*, ed. Felipe C. R. Maldonado (Madrid: Castalia, 1994), 634. The "old *higa*" as described by Covarrubias was identical to the current sign known as "giving the finger," and it was also an allusion to the penis.

sheep at all. The oldest ones are transformed into thoroughly greased floorboards that get the girls they bring up stranded in their seas. The more advanced ones, who are not novices any more, are the most foolish and restless.

[5,590–5,621] There are ladies in their brood who know little about praying, but about falseness, hypocrisy, and appearances they know a great deal. To those who hear them they seem like sibyls, but they are sparks that start great fires. They cause injuries, like pointed, well-sharpened instruments, pretending to be holy prophetesses. They prepare tricks and make decoys for young men and holy men. So many fall for them! More than would be believed! Like the Son of God, or more than the pope, is whoever escapes from them. Angelic is the carnal man who, coming from flesh and living in flesh, has not fallen, polluted, in such ruin.

[5,622–5,673] One such Merlin-like[161] woman, talking one day to a gallant young man, soon persuaded him that their affection was not a sin, but rather pure love that lasts forever. She convinced him that it was not dangerous, but rather a very meritorious thing. May he be blessed, because she deceived him! He went there that night. She received him with great joy. She said, 'I will take off my *little husband*, this little black veil, before we do anything. [42r] Do me this favor and don't get angry. You will have me soon. It will be done immediately.' The young man said, all happy, 'Why do you wear a black veil during the day and now you take it off?' She answered, 'What you say presupposes a lot. Don't worry about the reason, because I know it.' He said, 'I also want to know such things first.' She said, 'We, professed nuns and sisters, are all God's wives. The veil that you see us wear on our heads makes us remember the marriage by a certain judgment. For that reason we wear it and we put it aside in such affairs.'

[5,674–5,722] When he had heard the explanation, he said, 'Then you have God for a husband? And I, wretch, am going to betray my Lord by making him a cuckold? If God helps me, I won't do it, but rather I will leave.' He left right away. The following morning, he went straight to the monastery to hear the divine office. When he was in front of a crucifix carved in wood and placed on the wall, it greeted him, visibly moving its head, and when he returned, at the end of Mass, it did it again. God allowed the people to see the courtesy that he was paying him, showing him gratefulness. The good prelate of that church asked him what he did or how he lived, and [42v] told him what he had seen. The good

---

[161] The noun *merlina* is a hapax. Chabàs offers several potential associations: with the noun *merlinus*, which refers to a type of clothing made from camel hair; with the noun *merla* ("female blackbird"), which can learn songs easily and can therefore use them to cast spells; and with the famous sorcerer Merlin (*Spill o Libre de les Dones*, 314). Vidal Alcover adds the possible association between the color of the blackbird and the nuns' habits (*Espejo*, 58). Almiñana Vallés adduces a possible connection to the bird called *merlín* in Castilian (*Falco columbarius*), whose head and neck might resemble a nun's headdress (*Spill*, 657). Carré thinks it is a combination of the nouns *merla* and *beguina* (*Espill*, 667).

young man said he didn't know where that could come from, since he had done little service to God, except for what he had done that night, as has been told.[162]

[5,723–5,798] Another veiled woman, in love with her confessor, appearing to fear an illness, said that she wanted to confess with him. After the people had been sent outside, pretending to cry she told him to close the door and to look under the bed, so that what they were going to say and do would not be heard. He said, 'Speak and begin by crossing yourself and making the sign, and by begging God, with tears, to help you.' Sitting down, the alderman covered his head. She undressed, saying that she was sweating a lot. Showing herself naked, she told him to undress and they would get on with what they were there to do. 'I don't want anything in the world but you. Since we are together, let's have our pleasure, with good affection and fine love.' The confessor, who was not a bad speaker, said, 'My power is not enough to absolve you, nor can I eliminate such great fire and the sorrow of your sins. One thousand Paternosters, twenty Psalters, and thirty Trisagions[163] will not be enough. I entrust you to God.' And he left. On that day, the possessed woman was conjured in a good way, and the spirit inside answered, 'By the effect of your words I will not come out. I will leave only [43r] at the call of a confessor who has encountered fire and has not burned, who has touched tar and has kept his hand clean and unharmed, who has touched fish and has kept his hand clean and without grease.' The next day, Vincent Ferrer, the last saint to have been canonized, was the tempted man who went there and expelled it, not knowing anything about what had been said.[164]

[5,799–5,833] Another one also approached a doctor, an honorable one of good renown, a refined young man. She said in the bed, 'I have a great illness and went straight to you. I know that you will cure me quickly if you want to.' 'Where?' asked the doctor, 'Is it your liver?' 'I don't want to tell you. You must already presume what it is.' Furious, he said, 'If I don't know the illness, how will I cure it?' 'Guess! You have to think so much? You are such a bad practitioner! You are more than phlegmatic. I can't tell you anything else. You will never get juice

---

[162] This incident comes from the life of Saint John Gualbert. Cf. Alban Butler, *The Lives of the Fathers, Martyrs, and Other Principal Saints*, ed. F. C. Husenbeth (London, Dublin, and Belfast: Virtue and Co. Ltd., n.d.), 3:35.

[163] The meaning of the terms *psaltiris* and *cristiris* has not been definitely established. Chabàs indicates that *psaltiris* refers to the Psalms of David, but that in this case it means "rosaries" (*Spill o Libre de les Dones*, 315). Almiñana Vallés translates it as "Book of Psalms" (*Spill*, 1163). As for *cristiris*, Chabàs translates it as "enema," speculating about the possibility of a pun by association with the words *kyrie* and *Christe* [*eleison*] (*Spill o Libre de les Dones*, 315). Miquel i Planas proposes "trisagions" (*Spill o Libre de consells*, 320). The trisagion is the hymn that begins *Sanctus, sanctus, sanctus*.

[164] Vincent Ferrer was canonized in 1455 by Pope Calixtus III. Miquel i Planas quotes a passage from *La vida de Sant Vicent Ferrer* (a 1510 Catalan translation by Miquel Péreç of the original in Latin), which relates a similar anecdote (*Spill o Libre de consells*, 320–21).

if you don't cut and squeeze the orange with strength.' Such was the nun. 'What am I telling you? Are you sleeping? I don't hear you any more.' He didn't move at all. 'Are you Joseph the Egyptian?[165] I thought you were Valencian!'

[5,834–5,893] Another one complained to him frequently. She said, 'I have a lot of air in my stomach. I don't get well with the wormwood. One day I will show you my urine. The midwife has already applied some suction cups, and they are annoying. I don't trust her any more—I trust you.' He came one day. She was giving him [43v] great speeches about her nipples and breasts, about what nuns will do in order not to get pregnant, and about how hard they gird themselves so as not to be fat. She began to give him other, more revealing crap. He knew well what she wanted and said, 'Let's finish, because there are things we have to do. Is there a urinal?' 'My illness is not,' she said, 'where you think. Why are you in such a hurry?' He wanted to leave in order to escape. The nun hurried him, getting him into a fight. When she embraced him, his spur got caught in the hem of her skirt. The couple was certainly in a bad way: they both fell down the stairs. She got quite a cut in her cheek and was left truly sick and one-eyed. They both remained between the door and the steps, round like a ball of thread, crying out for help. He covered up the fall, saying that the cause was a bad step.

[5,894–5,915] Therefore, their poison is more than a spell—it is a pure basilisk.[166] Whoever listens to it at all needs much help from God, in order to repel their voices quickly. One out of a thousand escapes, but there are infinite men who listen to their speeches voluntarily. Such men are soon entangled in their nets. Whoever is taken into their prison in a bad moment cannot get out ever again, nor can he get rid of their bad love unless the Creator does it by his grace.

[44r] [5,916–5,967] They also have another fallacy quite ready. At their request, those who love and serve them (they are worse than slaves), inventing false motives without truth, obtain from the papal curia favorable (but surreptitious) bulls so that they can entertain themselves and better comfort their appetites and their spirits. Delegates, wicked and profane judges, writers and lawyers, all confabulate among themselves, articulate many hidden evils, and afflict doctors so that they will give false testimony and say that the nuns have serious bouts of colic and melancholic congestion. Once an agreeable sentence has been given out, in a crooked manner, with lies and after a false process, they leave without a problem of conscience. Unluckily, they go from port to port and from orchard to orchard, from room to room, up to the much-profaned Alhambra, which is in

---

[165] Gen. 39:1–12. This is an allusion to Joseph's refusal to lie with Potiphar's wife. Potiphar was a captain in Pharaoh's guard and Joseph was his slave. Soon, however, Joseph earned his master's trust and was put in charge of all his possessions. In spite of Potiphar's wife's daily insistence that he lie with her, Joseph always refused and fled from her.

[166] Mythological dragon-like creature whose look or breath was said to be lethal. In love poetry, the basilisk was often a metaphor for the power of the loved woman to take away the life of the lover with a look (Martín Pascual, "Les comparacions," 198).

Granada, sometimes healing, sometimes giving birth, apostatizing, scandalizing all who hear and see such dishonesty. Their sanctity lies in that.

[5,968–5,997] Their advice and false cackling cost me too much because of my simplicity and stupidity in believing them. Because, pestering me about becoming a lady," she said, "the prioress commanded me and advised me, in case I had a child, to behave like the mistress of the house, never to kneel down, but rather to be somewhat haughty, [44v] in order not to become a slave to an old husband. 'May he be content with touching and seeing, since he gains such a beautiful wife. And you are quite a saddle for the horse! From head to toe, look refined and well adorned. Order everyone. Don't you serve—be served.'

[5,998–6,015] Another one, the sacristine, insisted: 'If the impotent old man orders you something, even if he grunts like a pig, don't do anything. And much less if he wants you to breastfeed whatever you give birth to. Don't do it for anything, or you'd lose yourself, because breastfeeding and nursing children soon make one old and ugly. It loosens the body, swells the breasts, and disfigures the face.'

[6,016–6,066] The abbess indoctrinated me further. She advised me to pretend to be sick and to affect having something wrong with me every now and then, or more frequently, depending on the wind: 'Not hearing well, headaches, palpitations, fainting spells, miscarriages, throat ailments, the beginnings of a breast cancer although not yet abscessed. You can fake a lot with fine cunning. Secretly and apart, add to your urine ashes, flour, oil, lime, milk, or some little wheat worm. Cautiously make sure that no wise, experienced, cunning, or old doctor sees it: if he stirred it, he would know your artifice and would divulge it. [45r] A novice doctor, flattered and well paid, will show you pity and will please you. Because of his youth, not knowing enough, he will be deceived and will make it known that you have serious illnesses. You will get one thousand cordials, preserves, hydromels, and as many things as you desire.

[6,067–6,096] If everything fails you, wrap a clove of garlic or some woodlice against your skin, because they cause blisters. Also, mustard cuts the skin and alters its color. Pulverized pepper causes ulcers wherever you apply it. With a needle you can secretly prick your palate and you will be able to have a dry cough and to spit blood frequently. You will show fear of phthisis or consumption. You will always be well assisted and, whenever you want, you will be healthy again. Having fevers cannot be faked: such falsehood would be found out.

[6,097–6,110] She who knows how to get sick and well when necessary can help herself a great deal and can change whatever she wants: an *I didn't hear*, or an *I had an illness*, or a *now I am cured*, or a *now I am injured* will excuse her from whatever she wants. You will do everything if you believe me.'

[6,111–6,123] An older nun, when I was a maiden, made me learn how to give the evil eye, cast spells, and bewitch, how to make abortions and fake a woman's virginity. [45v] She made me believe that these things were not sins. Also administering drinks to cause a deep sleep.

[6,124–6,148] The woman who takes care of the orchard inside apostatized in the past. She broke enough laws traveling around the world and going from the *Seca* to Mecca, from the Vila Seca and the Vall d'Andorra, Volta d'en Torra and Santa Creu, all without interruption up to Pont Trancat.[167] Later admitted to the sacred place, well admonished, she reminded me to remember that I had to fulfill the injunction to be fruitful, multiply, augment, and fill the world.[168]

[6,149–6,193] Also, she reminded me of how God, traveling around, cursed the fig tree for not bearing fruit and not having figs.[169] The ancient law did not allow women who did not give birth to enter the temple. 'You know well the example,' she said, 'of Saint Anne.[170] Like the giant fennel, the plane tree, the black poplar, the white poplar, the elm, the alder, and the willow, which don't produce fruit and are sent to the fire; like the darnel and the mule, which does not beget children—such is the reputation of the sterile woman. If you want to live well esteemed, make sure you give birth at all costs. You have made a great mistake in taking this husband, who is already old, for his money. Make arrangements, if you see that he fails you, for another rooster, with a finer crest and made to your taste. Change as many of them as needed until you have living babies. If you need nests, I want my room to be yours, where you will be able to do whatever you want, [46r] coming in through the orchard. I invite you there for your entertainment.

[6,194–6,219] And don't forget that the doctor prescribes, in order for the young woman to live healthy, that the honeycomb in her hive be conveniently cut in time, before it grows too much. If not, she won't be lacking in paroxysmal uterine ailments, precipitating and provoking a thousand passions of the heart, cramps, fainting spells, dreadful contortions with horrible gestures. Her excess honey turns into bile and a malefic poison. Help yourself. Stir the stew if you want to live. You will make headway.'

[6,220–6,248] The senior cellarwoman told me, 'If you don't overpower your husband at the beginning, when he is new, he will soon acquire vices and give you trouble, and you will live in sorrow. Therefore, don't spoil him. Show him that you appreciate him, but only in appearance, and enjoy your beliefs without him. He should not meddle into knowing what you do, where you are coming

---

[167] Lines 6,131–6,137 expand the proverbial expression *seguir la Seca, la Meca y la vall d'Andorra*, meaning "to saunter about." A *Seca* was a Muslim house of devotion or a mint. Carré points out that there were several places in the Crown of Aragon by the names of Vila Seca and Santa Creu, but that Volta d'en Torra and Pont Trencat were undoubtedly two brothels, located in Barcelona and Avignon, respectively ("Aportacions," 375–76).

[168] Cf. Gen. 1:28.

[169] Matt. 21:18–19: "In the morning, when [Jesus] returned to the city, he was hungry. And seeing a fig tree by the side of the road, he went to it and found nothing at all on it but leaves. Then he said to it, 'May no fruit ever come from you again!' And the fig tree withered at once."

[170] The mother of the Virgin Mary, who could not conceive at first.

from or going to, who comes or goes, how or why. And if he starts, watch out so he doesn't overpower you. So as not to get bored with him, deceive him with skill. Bread can become twisted, full of holes, bumpy and hunchbacked at the beginning and while putting it in the oven if it is done without good care.'[171]

[6,249–6,264] The gatekeeper, a flatterer, said, 'Nibble at your will, since in a rich house there is enough to share, and donate frequently to the monastery: rice, wheat, sauces, perfumes, fruit, vegetables, oil, honey, wine, [46v] linens, silk, and flax. From a good house take a good ember.[172] Whatever you give us, that you will have.

[6,265–6,286] If the old man dies (he is so sick), I have a great fear that you will have nothing left in his will or in a codicil, he is so mean. Borrow with your hands while you can, and if you want something to be kept for you in my room, you already know it, you will have it there. If you bring gold, locked under key, well protected and well kept you will find it. You will be able to use it when the old man, red[173] and twisted, is dead.'

[6,287–6,302] Another one wrote to me, 'You serve your husband as if he were a lord? Beware of him as if he were a traitor! Since husbands play with loaded dice, he may stick it in as much as he can. As for you, make four out of six. Know well how to refute his dice. If you stop him, change the game, because if you agree you will pay and cry.'

[6,303–6,315] Wretched me! I am crying because of their doctrine and the great mistakes that they have taught me." Thus, having heard and taken note of all that she told me, indignant, I left her aside, crying and sighing, to Lucifer's command.

[6,316–6,328] I never managed to make her correct herself or conduct herself with wisdom, because from childhood, since she was born, she had been taught in the convent. As she was in her youth, so she was as an older woman, always tired, quite idle, and even lazier.

[6,329–6,368] Another time when she was pregnant (whether voluptuousness [47r] or pregnancy moved her to it was never known), she took up the habit of drinking new Monestrell[174] wine. The winepress was full with the harvest and at its greatest boiling point and strength. Without indolence, she climbed up there and moved the grape pomace to the bottom and, without wasting any, I think she drank from there and remained with her head stuck where she had removed the pomace, her body over the edge. Unluckily, she died an honest death,

---

[171] These are transparent sexual innuendoes.

[172] In the manuscript, *de bona casa / pren bona brasa*, which Miquel i Planas indicates is an aphorism (*Spill o Libre de consells*, 324).

[173] Chabàs indicates that *roig* here may refer to the color or it may be an allusion to the author (*Spill o Libre de les Dones*, 316).

[174] The *monestrell* variety of grape is red and has a thick skin. Nowadays it is the dominant variety in the region of Valencia. The wine produced by this type of grape is also known as *Monestrell*.

too suddenly. She did not wait until the birth. I was left fed up, wearied, and quite angry. After she was shrouded, I had her taken to the monastery and buried in the evening. I did not want to wear mourning clothes because I regretted it little.

Third Book

First Part: Of Solomon's Lesson

[6,369–6,441] In order to rest, I wanted to go to bed early, but before I recovered I was awake. My thoughts showed me in detail all that I had suffered. First they counted all my bad years and reflected on them with the bitterness, sorrow, and sourness of my soul. I had in front of me half-forgotten past afflictions and passions. For that reason, crying and sobbing I writhed and swooned, tormented and dissatisfied with my bad fortune and with how, because of my nature, [47v] my ill fate, my sins, or my grossness, I was suffering so much, always grieving. But I never forgot that nothing is done if it is not permitted by God, who gives the orders. And ruminating about my situation, I felt a temptation: since I didn't have any heirs left, the brief time of life I still had to live invited me to take a wife, with the sole purpose of having a son or a daughter who would be a chip off the old block.[175] I was to choose, out of the big bunch of relatives and those who loved me, one that would seem to me to want less luxury. And thinking about which one, I would cheer up because I thought that kinship would double our affection: duty and nature would force her. Then I would think about their craziness and resolve the opposite. Finding myself so variable in my opinions, I made myself reasons of divine nature.

[6,442–6,452] In the end I resolved that I would not wait any longer, and I would take a relative as soon as the holy decree allowed it. If by getting a supply of plenty of wool into the papal curia it could be done, it would be done so.[176]

[6,453–6,468] Consoled and comforted, fantasizing or dozing, I was lying on the pillow and I felt fear because of a great horror I heard. I woke up. Half-asleep but daring, turning my eyes [48r] and looking around, I did not see anything, but I heard someone speak to me:

[6,469–6,553] "Oh, tired man! Old, tamed, and stupefied man! Old and aged! I believe you are already living your bad days, without strength and in the power of Eve's daughters. Wake up and get up. Don't be afraid. Open your heart and your ears. These are nice pieces of trash you are thinking up! You deserve to sweat since you talk nonsense and are so weak. You were now crying as you remembered the insults and outrages, the shame and spite that you have felt in the past. Old hunted man! You brought it upon yourself because you didn't believe

---

[175] Cf. the Castilian proverb *De tal palo, tal astilla* ("from such a stick, such a splinter").

[176] In order to get a dispensation to marry a relative, that is.

our Saul, now your great apostle Paul.[177] In much peace you would have lived if you had taken his advice. You would have saved yourself sorrows and haste. Since you were absolved from your first wife, such as she was, why did you look for another and took her very willingly and without considering it well? You got yourself in it and you knew that you were deceiving yourself. Why did you go back into the snare like a partridge that has escaped and lost feathers in the process but, called back, returns to the call? You never turned your back to the hook. And you knew that their bait was not honeycomb or sugarcane for you, but rather bile, bitter wormwood.[178] You got yourself in the trap with the bait[179]—you wanted them so much. Then, why do you cry? [48v] And in two hours, your brain will turn its weathervane with such little wind. Silly old man! Your bad life you forget so soon? Do you show affection for so many plagues? Do you recover so soon from such grave offenses? They have done you a thousand affronts and you still like them? Now you complain about them, now you want them: you are behaving like a child. Now you push them away, and soon you lead them on. Are you choosing already then? Do you want to do so?

[6,554–6,573] The negligent butcher who goes frequently to the cattle farm to choose oxen, choosing and choosing and trusting his knowledge, considers himself nimble, loses his fear, and in the end dies. A bull or a lame animal tramples him. An Aragonese verse puts it nicely: 'Mastiffs and dogs that hunt wolves on the hills end up killed by dogs.'[180]

[6,574–6,597] Womanizing man, you will die choosing. You will not save yourself. You don't know how to flee, therefore you want to die. You know that the cat that has been slightly scalded fears lukewarm water and the cat that has gotten wet fears still or moving water.[181] Sparrows and doves that have left their feathers in nets, snares, and traps, or on the pillory, never return there again. A sparrow without feathers on its tail was never caught or found under the slab. A child doesn't dare touch fire if it has already singed him a little.

[6,598–6,615] You have been scorched, skinned, and dried. They have pruned your nails and beak. [49r] Will you go back there in a hurry and boldly? You are already saying that you will take a relative as your wife? You will get a faster push towards death. Soon she will be the boss of you. She will want to give

---

[177] The Apostle Saint Paul's Jewish name was Saul. The following lines refer to his advice to married and unmarried men (1 Cor. 7:26 and 7:32–33).

[178] Cf. Prov. 5:3–4: "For the lips of a loose woman drip honey, / and her speech is smoother than oil; / but in the end she is bitter as wormwood . . ."

[179] Miquel i Planas refers the reader to *Les quinze joies de mariage*, in which this image is used repeatedly (*El espejo*, 101).

[180] According to Miquel i Planas, this proverb (6,569–6,573) is in Castilian in the manuscript (*El espejo*, 102). Vidal Alcover explains that it is rather the Aragonese of the time with Castilian influences (*Espejo*, 66).

[181] Two aphorisms still in use (Miquel i Planas, *Spill o Libre de consells*, 325).

you more orders and she will fear you less. Why do you blind yourself? It seems that you drink in excess, you miss your target so much.

[6,616–6,627] Haven't you read that one can have goods from his relatives, but a good wife cannot be had but from God?[182] It is solely his gift. Under the sun, only Joseph[183] obtained such a gift. No other man in the world has ever obtained it.

[6,628–6,647] There isn't in the world a single good and accomplished woman, endowed with wisdom, virtues, kindness, and a bright intellect. It's not necessary to look for one because there isn't one. A passable woman will be found somewhere who is neither good nor bad, who is tolerant, a good organizer, and somewhat caring. But they are few and far between, and they are in wealthy and well-furnished houses and ruled by their husbands.

[6,648–6,669] Women yield such bad profit, have such obstinacy, such great audacity, ways and counter-ways, such mistrust, that they never obtain (nor will they ever obtain, however many there may be) the pure name of 'good woman,' neat and free from ifs and buts. The one who thunders less, who strikes less, who fights less, who makes less destruction, the one who is less bad, just like the acidic wine that is called a good wine, she is called a good woman.

[6,670–6,685] Such is what God gives wherever he pleases. The degree [49v] of affinity or kinship does not matter, nor do consulting the curia or getting a dispensation in cases of forbidden degrees. That adds nothing to its goodness. The relatives who marry become opulent late or never. Children, peace, and bread come late; instead, they get enough noise.

[6,686–6,700] You have seen little fear and wild tricks in strange and badly domesticated women, and still you don't get tired and dissatisfied? You still seek out female relatives? Are you making an inventory of the ones that are less stubborn? Very willingly are you coming to their fights—it seems that you don't know their fierceness and your feebleness.

[6,701–6,717] The man who is diligent, bold, and wise, who conducts himself well, you know, masters the celestial influence with his prudence. He gets an imperial monarchy and power over many kingdoms. He commands thousands of soldiers and governs castles and ships. He makes Turks, Tartars, and Slavs obey him.

[6,718–6,758] For his own service, he domesticates and tames elephants, and burdens them and tires them with big loads. Bears, lions, deer, and moufflon he makes docile; bulls he makes mild. The male and the female mules, brought out from the communal herd, he softens with the bit and the hobble and gets ready for riding. He makes the goldfinch talk and the buffalo plow. With his calls, eaglets and all the falcons, both molted and not, sparrow-hawks and goshawks hurry to the fist of the man. He makes bears fight and cranes dance. [50r]

---

[182] Cf. Sir. 26:3: "A good wife is a great blessing; / she will be granted among the blessings of the man who fears the Lord."

[183] Mary's husband.

He makes the dog keep quiet by gesturing with his arm that he is going to pick up the crossbow's arrow and by saying 'to the den.' He subdues the wild one further using a collar. He makes the camel kneel down. He puts bit and shoes on the beautiful horse. There is no brute on earth so fierce that man, if he knows how to do it, cannot domesticate and tame.

[6,759–6,781] But it is impossible to correct the evil and haughty woman. She cannot be tamed, let alone well trained. To her little common sense, ropes, clubs, hobbles and beating sticks are no good, nor are art and skill, let alone old age. This, old, sad man, you have seen well. You have touched and experienced one thousand of them, always wild like lionesses, the bosses of you. Do you miss them already? And do you think and believe that you can overpower such fierce females?

[6,782–6,804] I believe you remember well the seven husbands, young men, bold, lascivious, libidinous, flirtatious, insane, in love with a very beautiful maiden, the daughter of Raguel, the Israelite, and how, from the first one to the last one, they were all found dead, asphyxiated next to her. They all knew this accusation, but they did not abstain from marrying, insanely. For that reason they all perished and died.[184]

[6,805–6,809] As many times as you have married them you should have died, because you only followed your will.

[6,810–6,829] Thoughtless man, if you think that with a young and fresh [50v] wife your crazy delight is going to increase and last a long time, I assure you that your bladder will soon and without delay be strangulated and ulcerous; that urination will come with great burning, pain, and itchiness; that your head, feet, and arms will tremble; and that at a fast pace you will soon die of apoplexy or lethargy.

[6,830–6,848] If you say that you are taking her in order to have children, since you don't have any, who assures you that you will ever see a child by her, or that you will have daughters or sons? The young boys that were born to you would be orphans and they would never be of age during your life. Their tutors and caregivers will take the tender young men for brothers-in-law and they become heirs to your goods.

---

[184] Tob. 6:14: "Then Tobias said in answer to Raphael, 'Brother Azariah, I have heard that she already has been married to seven husbands and that they died in the bridal chamber. On the night when they went in to her, they would die. I have heard people saying that it was a demon that killed them.'" In "De l'*Speculum Humanae Salvationis* a l'*Spill* de Jaume Roig: Itinerari especular i figural," *Estudis romanics* 23 (2001): 173–219, Hauf i Valls cites this passage as one instance of the many that suggest a possible influence on Jaume Roig of the *Speculum humanae salvationis*, the illuminations of which can help understand the text (194).

[6,849–6,866] And your wife, if she knows an old enemy of yours, she will certainly take him for a husband and pay the dowry and the increase[185] herself. She will get a good bunch with what she has stolen and set apart from among the best things. A dead man with money, who had been previously married, was never found: the widow hides things and additionally pays herself from the increment and the dowry as best she can.

[6,867–6,915] Many women take the increase (the addition) unfairly, knowing that they come already tasted and violated when the banns are called. The one who commits fierce adultery, to her husband's outrage, loses her right to the dowry and the trousseau and must be sentenced to die, according to the ancient law, stoned.[186] [51r] In Castile, her throat is slit. She is hanged high up in Aragon. By law she does not die in Valencia: the fornicating whore, the strumpet, only receives a monetary penalty and passes with a simple punishment. Knowing that she has not paid well the dowry agreed upon, without scruples, she obtains a sentence of payment. The court, selling without auctioning, makes any *converso*, one of those old-clothes dealers, well bribed, estimate the value. It is all given to her at a lower price. It doesn't scare her that the sale may be retracted on account of the falsehood that they are committing fraudulently, or because of the trick known as 'halves.'[187]

[6,916–6,937] When the husband is already dead, robbing, thieving, and stealing from the dead man does not seem to them a sin or a vice. Nor do they think it is wrong at all to steal his heir's properties. When the notary comes to do the inventory, they write down that the trunks are empty and go on for a long time about the paint and the lock. Neither jewelry nor clothes can be found there. To shroud him they must buy a hood for the head, a shirt, and cloth from the store.

[6,938–6,951] Is there a greater enemy in the world, a worse Cain, a greater adversary? Can a more criminal corsair be found? Is there a chained convict who is a greater traitor or thief in Balaguer[188] than women are? They are all daring and they are all used to stealing.

---

[185] The increase (*crex*) is the extra amount of money that a man who married a maiden had to pay in Valencia for her virginity (Chabàs i Llorente, *Spill o Libre de les Dones*, 318).

[186] Deut. 22:13–30 lists the punishments reserved for the different breaches of marital contracts. Only the woman is stoned to death if she has lost her virginity while engaged to a man. In other cases, both the man and the woman involved in adulterous relationships may be stoned. Cf. also John 8:5: "Now in the law Moses commanded us to stone such [adulterous] women."

[187] Promising something that is not going to be accepted: Joan Coromines, *Diccionari etimològic i complementari de la llengua catalana* (Barcelona: Curial Edicions Catalanes, 1980), 5:663.

[188] The Coll de Balaguer, on the road from Valencia to Tarragona, between the villages of L'Hospitalet de l'Infant and Ametlla de Mar, was known for the frequent attacks

[6,952–6,965] If they cannot sell off something else for cheap, they throw their children in the mud and disown them. [51v] They set out to deprive their sons of their possessions in order to increase their daughters' dowries. They make them pay with jewels, utensils, room and trousseau, picking with their eyes the best of the best among their possessions.

[6,966–6,997] You have nice eyes and you don't want to see. You drink your vomit back up. You want to undertake an enormity, like an old, coughing, consumptive and dry dog.[189] By God, I beseech you to give up their company. Don't tempt God, and take my advice. If you exchanged a thousand of them and chose them well one by one according to their fortune and quality, by their sins they would all be the same, because all their illnesses are by nature difficult to cure or incurable. Whoever plows with the devils needs a big stick, and what you have is not enough, nor was I enough when I was alive.

[6,998–7,015] Their vain ways cannot be figured out. The place on the sea where a sailing ship has passed would be found faster, and the path where a bird flies high in the air would leave more trace.[190] Vigilance, a square, a level, a compass, and ten probes would not arrive at their bottoms, passages, ravines, and valleys, nor would they find their crazy shortcuts.

[7,016–7,033] In their bell[191] they have thirty clappers which, because of their great arrogance, sound together. That is, at the same time they toll and ring. One cannot understand that which they practice, let alone comprehend their intentions. Their affections are never firm. There is no man in the world who can unravel them, [52r] nor was there one who has seen a fourth or a fifth of what I know.

[7,034–7,090] I am Sir Solomon, of the ancient law, a very wise king and lord, very rich and powerful. In my youth I took many wives: I collected up to seven hundred of them and more than three hundred concubines[192] and friends—one thousand enemies. What they got me into, what they made me do is not to be told now. How costly were their expense and the rations of food! The meats were certainly infinite, and the beverages without measure. The breads were inexpressible. And the many utensils, chains, bracelets, necklaces, dresses, furnished beds, precious metals, and tapestries were an admirable thing. It is impossible to calculate, let alone estimate, the devices and the buildings of my palaces, with how many keys they were locked and well kept by eunuchs. Some men, armed

---

of brigands (Miquel i Planas, *Spill o Libre de consells*, 328; Vidal Alcover, *Espejo*, 69).

[189] Prov. 26:11: "Like a dog that returns to its vomit / is a fool who reverts to his folly." 2 Pet. 2:22 quotes the same proverb.

[190] Cf. two of four wonders mentioned in Prov. 30:19: "the way of an eagle in the sky, / . . . / the way of a ship on the high seas, / . . . "

[191] In Catalan, *seny* has the double meaning of "bell" and "sense," making an untranslatable pun.

[192] 1 Kings 11:3: "Among his wives were seven hundred princesses and three hundred concubines."

and outside the enclosure, around the moat, guarded them during the day, while others did it at night. And everything was worth whatever it could do. Others worked as servants. They spent innumerable amounts of gold. The expense that I incurred was inestimable; the money was ruined, badly invested, and completely thrown away.

[7,091–7,099] The only thing that it has been worth is that I have known their quality: they are vanity of vanities,[193] iniquity of iniquities, and depravity of depravities.

[7,100–7,117] Because of their sins [52v] the great flood that Noah preached certainly came, because women gave themselves to their devils,[194] took false palpable bodies and acted like succubi,[195] stealing and taking the seeds of others. With diabolical (not Catholic) arts, they conceived and got pregnant with evil children.

[7,118–7,132] How many cities are demolished and corrupted because of their smug, pompous and vain women![196] Reading *Third Isaiah* you would see what God promises where women are allowed to crane their necks and dominate.[197] Whoever consents to their metals and ironmongeries regrets it.

[7,133–7,155] The great Nineveh fell for that reason. And also Rhodes,[198] Sidon, Tyre, Babylon, Troy, Sodom, Carthage, Rome, and the great Sagunt,[199] the one that did itself so much harm for Hannibal, where today is the hill formerly known as Mont Vert and currently known as Molvedre.[200] Don't expect it to in-

---

[193] Eccles. 1:2 and many other occurrences.

[194] Cf. Gen. 6:4: "The Nephilim were on earth in those days—and also afterward—when the sons of God went in to the daughters of humans, who bore children to them."

[195] A succubus was a female devil who had sexual intercourse with men while they were asleep.

[196] The destruction of cities brought about by women's vices was a literary topos.

[197] Isa. 3:16–17: "The Lord said: / Because the daughters of Zion are haughty / and walk with outstreched necks, / glancing wantonly with their eyes, / mincing along as they go, / tinkling with their feet; / the Lord will afflict with scabs / the heads of the daughters of Zion, / and the Lord will lay bare their secret parts." Isa. 3:18–19: "In that day the Lord will take away the finery of the anklets, the headbands, and the crescents; the pendants, the bracelets, and the scarfs." Isa. 3:24–26: "Instead of perfume there will be a stench; / and instead of a sash, a rope; / and instead of well-set hair, baldness; / and instead of a rich robe, a binding of sackcloth; / instead of beauty, shame. / Your men shall fall by the sword / and your warriors in battle. / And her gates shall lament and mourn; / ravaged, she shall sit upon the ground."

[198] The manuscript reads *Colach*, which Chabàs speculated could be Colchis, Medea's homeland, where Jason and the Argonauts went (*Spill o Libre de les Dones*, 319). Carré explains that *Colach* was the ancient name of Rhodes ("Aportacions," 377).

[199] Valencian town where the castle of Molvedre is located, the ancient Roman Saguntum.

[200] The name *Molvedre* derives from the Latin *muri veteres* ("old walls"). The name *Mont Vert* ("green hill"), applied to Molvedre, is not documented and could be a popular

crease in greatness any more. Also Cadiz[201] and Sigüenza,[202] in Castile, which lost their marvelous and grandiose power. The Old Valencia[203] was toppled, accused of incontinence.

[7,156–7,175] The other Valencia, called The Ancient, was great, handsome, and much older, as it was a great friend of the ancient Romans. When their captains M. Aquilinus,[204] Q. Valentinus[205] and Quintus Sertorius,[206] great men from the Praetorium, arrived in Valencia, they declared it exempt and it never paid taxes while [53r] their Senate ruled it. When its status changed under the reign of the Goths, its vote and nobility never changed.

[7,176–7,193] Never did Valencia kill its king while he slept safe at night, as it happened to the one called Athaulf.[207] Nor did it rebel like Barcelona, when Wamba was reigning in Girona,[208] crowning another king, called Paulus.[209] This was not the only case, because another one of its citizens did it as well—Berenguer, surnamed Oller.[210] King Peter[211] captured him and quartered him. Paulus was Greek.

---

etymology (Miquel i Planas, *Spill o Libre de consells*, 329–30). Ancient Saguntum was an ally of Rome against the Carthaginians. In 219 BCE, the Carthaginian general Hannibal took the city after much resistance. Hannibal's refusal to surrender Saguntum provoked the Second Punic War between Carthage and Rome.

[201] Chabàs translated "Cádiz," whereas Miquel i Planas kept "Calis."

[202] Village located in the province of Guadalajara (Autonomous Community of Castilla-La Mancha), about 135 kilometers from Madrid. During the twelfth century, Sigüenza enjoyed many privileges and a high standing within Castile.

[203] According to Chabàs, this is the name given by Roig to some ruins by the river Turia, close to Ribarroja, which chroniclers referred to as Palancia (*Spill o Libre de les Dones*, 319).

[204] Marcus Aquilius Aquilinus, a praetorian soldier mentioned by Beuter in his *Història de València* (Chabàs i Llorente, *Spill o Libre de les Dones*, 319).

[205] Chabàs corrects his *praenomen* and *nomen* to Gaius Valens, a praetorian soldier mentioned by Beuter in his *Història de València* (*Spill o Libre de les Dones*, 319).

[206] Born ca. 123 BCE, Quintus Sertorius was a Roman commander who ruled most of Hispania independently from Rome during eight years. He was murdered in 72 BCE.

[207] Third Visigothic king (410–415 or 416), who was killed by his slave, according to some sources.

[208] A city located north of Barcelona in northeastern Spain. Nowadays, Girona is the capital of the province by the same name within the Autonomous Community of Catalonia.

[209] A Visigothic king, Wamba (672–680), sent his *dux* Paulus to suppress the rebellion started by the count of Nîmes. Instead of obeying the king, Paulus joined the rebellion and proclaimed himself king Flavius Paulus "of the East." Wamba eventually defeated him.

[210] In chapter 133 of his *Crònica*, Bernat Desclot narrates the story of this Barcelonese commoner who led a rebellion against Peter III and was later hanged by him.

[211] Peter III of Aragon, known as Peter the Great (1239–1285), the son of James I the Conqueror.

[7,194–7,197] This Valencia always remained very prudent and most loyal.

[7,198–7,207] Then all of Spain was trampled and dissipated by very evil people, Moriscos and foreign people. The Cava did it, whom King Roderic was bringing up.[212] Then, I tell you, it went through bad times.

[7,208–7,213] Then Cid Rodrigo Diéguez,[213] known as Campeador, conquered it, and was its sure lord while he lived.

[7,214–7,225] It grew much more with James the Good, king of Aragon,[214] when he obtained it and populated it with clergy, knights, and artisans—constant, steady, and very brave people for a very pleasant land, all irrigated.

[7,226–7,241] In vain did the king of Castile[215] stay so much time over Valencia, when he camped and besieged it with his power. To save himself he had to climb up to the bell tower of Saint Vincent, in order to toll. The brave people of Valencia, had they thought it was him tolling, would have been able to capture him.

[7,242–7,281] This city knew how to defend itself from the evil king, [53v] very bravely and loyally, in the absence of its own king. For such service and bravery, as a courtesy, its king, Peter[216] (may God make him prosper high in heaven), exempted it from all toll payments and the Almoravid tax[217] on spices. As he saw so much loyalty, he declared the city noble and royal. He crowned it as the most loyal and gave only to it, since he loved it so much, other emblems to bear on its flag, banner, or ensign—the royal arms, depicted alone, not at all mixed with the past; the

---

[212] The Cava was the daughter of Count Don Julian, governor of Ceuta, who was being educated at the court of King Roderic, the last Visigothic king (710–711). In one version of the legend, Roderic raped her and, in revenge, her father allowed the Moors, led by Muza and Tarik, to invade the Iberian Peninsula in 711.

[213] The Cid conquered Valencia from the Moors in 1094 and ruled it until his death. The Almoravids conquered it back in 1102.

[214] James I or James the Conqueror (Montpellier, 1208–Valencia, 1276), the most renowned king of the Crown of Aragon, who conquered Valencia from the Moors.

[215] Peter I of Castile, known as the Cruel or the Just (1334–1369), who besieged Valencia in 1364. Chabàs comments that none of the Valencian chroniclers includes this anecdote (*Spill o Libre de les Dones*, 320).

[216] Peter III of Catalonia and IV of Aragon, also known as the Ceremonious or the Cruel (1319–1387).

[217] Reference to the poll-tax (*jizyah*) that Christians and Jews (*dhimmi* or "protected people," as opposed to pagans) had to pay under Muslim rule in order to be able to practice their religion. This tax was a set amount of money collected every month, which ceased to be levied on those who converted: Pedro Chalmeta, "An Approximate Picture of the Economy of al-Andalus," in *The Legacy of Muslim Spain*, ed. Salma Khadra Jayyusi (Leiden: Brill, 1994) 2:742–58, here 745, 747.

golden field, red clubs on the sides; all of it crowned in gold. That is where you were born and where your lineage, which comes from old stock, is lodged.[218]

[7,282–7,297] The Huetaviar,[219] its white river, destroyed the city and knocked it down in the old days, as if it were mud or a mound of dirt. Later built high up, it was strongly walled against the river. After God saw it, and because its inhabitants were Christians, he protected it well, enlarged it, and made it greater.

[7,298–7,322] But the best of the city, of both the new and the old rich sections, had a bad start due to the initial faults of that convent that was begun in the past, when the area was still farming land outside the gate of the old wall, in order to punish a horrendous case in the open field then called Rovella (now called and named the Magdalene). [54r] The source of the crime and the abominable vice vilely performed by the devil was a woman.

[7,323–7,337] The sinner, who was a great lady and a countess, following her decision to be contrary to her husband, by her luck became a public woman in a brothel. Her lover was a knight. Then a sailor took her from him and kept her for himself. She sold fish for him.

[7,338–7,372] The great lord, furious, followed her and sought her out. He went alone, disguised and desperate, looking around the world. When her husband got there, he immediately saw her, vile, aged and badly dressed, selling fish, and he wanted to slit her throat and kill her right there. The meat and the fish sections rioted. Everybody hurried and took her away and carried her, as a prisoner, to jail. She was locked up by herself, immured inside a little stand with walls, so that she would correct her life and repent. Today immuring and isolation are not done any more.

[7,373–7,382] Her husband, the count, gave her trousseau as part payment and had the monastery built in order to keep fallen women locked up there, doing penance for their incontinence.

[7,383–7,401] Later on, with the help of many, it was enlarged and the observance was established, [54v] in the style of the Friars Preachers.[220] The locks and the hinges are now destroyed, the bolts broken and cracked. Nothing is kept in there. One gets out by the open wooden stairs. Inside, jousts and fights with lances take place, as well as gallant jousting tournaments.

[7,402–7,411] Then in the Trench,[221] where women don't love God nor worship him on prescribed holidays, some are ready to perform public sales in their stores. They never praise God or go to Mass, and they use false weights.

---

[218] Miquel i Planas remarks that Solomon is here addressing the narrator, who is being confused with the author (*El espejo*, 113).

[219] The river Turia.

[220] The Order of Friars Preachers, or Dominicans, founded by Saint Domingo of Guzman in 1215.

[221] *Trench* means "breach." It may refer to a neighborhood in the southern section of the city that had begun to expand outside the walls or where there may have been an

[7,412–7,436] Others there sew clothes turned inside out. Behind closed doors, on Sunday they cut, on Saturday they dance, and on Friday they cook sliced meat, chickens, and hammims with tender beans, onions, and garlic.[222] They talk a lot to the Florentines and the Venetians and the sailors in the galleys. With their thistle-like, long speeches, they can say so much that they make them wear old things as if they were new, and from a *sou* they make a ducat.[223] The bad stew that results is also like that.

[7,437–7,479] Women fishmongers are great thieves of the men who pick up the fishing gear, the ones who throw the fishing gear in the water, and the ones who operate the drift nets. In order to sell more, they sell the fish that is used for bait as if it were fresh, and the fish from the Albufera[224] and the river in Cullera[225] as if it were salt-water fish. They know well how to adulterate, and I tell you for sure that they sell the fish that comes from El Garrofer, Altea, and Albir as if it were from Calp.[226] They all have their molehills,[227] which serve them first, and then they use a purse, but they only show the latter, nothing else. [55r] With such abuse, using a comb they cut the beards of the men involved in the fishing business, the muleteers, and those who charge the fifth part of the profits. Like false Arab women, they ask seven prices and don't abide at all by their judges—they have not yet turned around when they already give them the raspberry. The *motacen*[228] and his weight-takers go there for naught, because before the appraisal they usually show the choicest fish, but the scrawny also sells at that price.

[7,480–7,521] In such fashion, having set limits in vain, in the market everyone steals. One can't find space because of the poultry sellers, the glass sellers,

---

opening on the walls (Miquel i Planas, *El espejo*, 115; Vidal Alcover, *Espejo*, 73).

[222] Carré notes that the criticism of these lines is clearly addressed to Jewish women, since they cook on Friday, rest on Saturday, and work on Sunday. *Hammim* was a slow-cooking stew that was prepared on Friday so as to observe the Shabbat. According to Carré, Roig's readers would probably find the Romance plural form *hammims* amusing, since *hammim* was already plural, the singular being *ham* ("Aportacions," 377–78).

[223] A gold or silver coin used in many European realms. See note 30.

[224] A lagoon situated six kilometers southeast of Valencia.

[225] Cullera is a town located some twenty-six kilometers south of Valencia. Its river is called Xúquer.

[226] *Garrofer* is the Catalan name of the carob tree, but its interpretation in the present context has been problematic. Chabàs thought it may have been a type of low-quality fish (*Spill o Libre de les Dones*, 320). Almiñana Vallés considered it more likely to refer to a location, given the context (*Spill*, 683), a theory further developed by Marie-Noëlle Costa-Reus in "À propos d'un ichtyonyme fantôme dans le *Spill*, poème valencien de Jaume Roig (1460)," *Revue des Langues Romanes* 101 (1997): 155–66. Altea and Calp are coastal towns and Albir is a beach area, all three located in the province of Alacant within the Autonomous Community of Valencia.

[227] To hide their money.

[228] Administrative position that oversaw measures and weights.

the tables and cages, the shops, and the coagulated blood. Female visitors and foreigners who are lost are threatened and insulted. Looking for support, they go around the market and they can't find space or respite. They sell their provisions in bulk at three *malles* on the *sou*. The women, in cahoots and in a gang, have intermediaries and, with their exquisite manners, break the set limits. They buy without interruption before they start the prayer to God each morning. Out of a *sou* they make a florin by reselling and robbing people. Skillful flatterers, hagglers, and resellers, they cheat sellers and buyers in price and weight. They never set foot in the church.

[7,522–7,531] They could not care less about breaking holy days or about making spools, hem bands for carpets, weights, and brooms that women carpenters loan to slaves. [55v] They would also sell all that on holy days.

[7,532–7,541] Because all these women committed such sins, in the year 1446 you saw more than seventy houses and dwellings burn down in the neighborhoods of the Pelleria, the Trench, the Fusteria, and up to half the market.[229]

[7,542–7,567] If it had not been for the prayers of the two Vincents, intercessors in favor of their city, one martyr and the other confessor and preacher,[230] who prayed to God and begged him, it would all have burned. Also the lay people prayed devoutly with screams and tears before the consecrated Holy Body, which was taken to the fire by the holy hands of the chaplains. Because many people implored and prayed to God, as it pleased him to do in Nineveh with Jonah,[231] he allowed it to remain and it did not all burn.

[7,568–7,581] It helped much that God, angered, was greatly placated by the justice done to that foolish and enraged woman, who had been beheaded the day before, along with three helpers who were quartered and dragged (except for one who was hanged), for the cruelty that she had attempted.

[7,582–7,607] Thus he was placated, like when he stopped the slaughter of the Israelites because of the good zeal of Phinehas,[232] and like when he suspended during many days the death of Hezekiah[233] because of his penitence. By the

---

[229] The *Pelleria* and the *Fusteria* were the old-clothes and the carpentry neighborhoods or streets, respectively. Miquel i Planas comments that the fire took place in either 1446 or 1447, and was started by a Gines Ferrer, as revenge for his wife's having been sentenced to death for a homicide that he committed (Miquel i Planas, *El espejo*, 118).

[230] Saint Vincent Ferrer, confessor and preacher, and Vincent of Saragossa, imprisoned and martyred in Valencia ca. 304.

[231] Jon. 3. God had threatened to destroy Nineveh, but its inhabitants ceased to commit evil deeds and turned to prayer, and the city was spared.

[232] Num. 25:6–9. Phinehas killed an Israelite man and a Midianite woman with a spear, thus placating God and putting an end to the plague that had already killed twenty-four thousand people.

[233] 2 Kings 20:1–6. After having been informed by Isaiah of his impending death, Hezekiah wept and prayed to God, who allowed him to heal and live.

aforementioned sentence and speedy process, God forgave it, changing the effects into good things, but not changing himself nor his decision, because it is immutable. It was like when the people made the calf and, [56r] after holy Moses spoke with God and implored him on their behalf, he did not carry out the devastation that he wanted to do.[234]

[7,608–7,637] This city rightly deserved it for the vanity of having allowed women to rule and order too much, for having decrees about their profane attire revoked, for forgiving imposed edicts, allowing them to double in their clothing the destruction that they all cause. Because they all show many passing fancies, ostentation, and pride—they make vain expenses and wear well stretched-out skirts, with linings and openwork embroideries, expensive clothes. With great contempt, they drag everything, they smear it with mud, and make with it a broom that cleans the muck in the streets.

[7,638–7,649] Also Majorca's torrent destroyed its whole bank and killed many because of other such women. Telling all their faults would be very long—the whole night would not suffice. I have repeated some in order to move you.

[7,650–7,679] I want to conclude by saying that they are haughty, vain, despicable, and inhumane. Out of one thousand men, there isn't a despicable one, and if there is a villainous one in the thousand, a woman makes him that way, because some woman has soiled him, even his mother. Out of it he gets a nice name, honored in court: a cuckold and a bastard, illegitimate and undesirable, effeminate, queer, a womanizer, and a regular with the prostitutes, concubinary, fornicator, a cunning youth. No man is flawed by any vice, [56v] reputed to be foolish, villainous, and miserable, but the one who wants, loves, or deals with any of them.

[7,680–7,719] All their Koranic law, religion, art, tricks, their strange practices, their hypocrisy and flattery I want to show you and to declare in brief and with similes. Because of their diverse customs and their perverse deeds and tricks, they are pests. They are like the tortuous snake, like the fox, the monkey, the genet, the mole, the swallow, the little owl, the hoopoe, the rooster, the water bug,[235] like the spider and its web, the horsefly, the weasel, the wasp, the scorpion, and a rabid dog. They are like the leech and the wormy fly, like the cricket, the hare, the rabbit, the dragon, the crocodile, like the look of a basilisk, like a

---

[234] Exod. 32:1–14. While Moses was up on Mount Sinai, the people of Israel made a golden calf, which they worshipped as a god. God was angered by their actions and wanted to destroy them, but was persuaded by Moses' intercession.

[235] The meaning of the noun *cutibut* was unclear until very recently. Miquel i Planas speculated that it could be a bird. Joan Coromines thought that it must be "some sort of malefic animal." Carré found a description of the *cotubut* in a fifteenth century Castilian translation of a fourteenth century Latin book of medicine, *Lilium medicinae*, by the Occitan doctor Bernat de Gordó. According to this description, the animal in question is some sort of long-legged spider that moves frantically on water (Carré, "Aportacions," 379).

viper that has given birth, like the Spanish fly, the gray bear, the leopard, the wolf, the lioness, the scorpion. They are like the sea wolf, a cetacean, the dragon and the whale, the octopus, a mermaid, and the tail of a kite.

[7,720–7,755] They behave like seals towards those who praise them for their beauty, and even more for their nobility. They don't like to hear about their poison. If you listen to any one of them, she never tires of saying wonders and great praises about her beautiful body. She uses her tongue like a parrot. She calls herself a turtle: she never offends, she doesn't spend, drink, or eat. Like a chaste turtledove, she does not land on green.[236] Like a butterfly, she lives on air. Because she goes without sleep, she calls herself a crane, a rooster, a goose, a careful broody hen, [57r] a friendly puppy, a working ant, a simple dove with plain feathers and without bile. She doesn't pay attention to trivialities when she cackles about herself, and if there is a scolding, she never tires of falsely imputing and accusing.

[7,756–7,821] They are also the scales of a butcher and the twisted oar of a boatman. They are mounds of muck: if stirred at all, they smell and stink. They are like a tight shoe that appears well made to the one who looks at it, but causes pain and calluses to the foot of the poor fool who wears it. They are like running zebras, otters, beavers, in which nothing good or beautiful can be found but the fur. They are like the clothes from an old-clothes dealer: they are good for all bodies (big and small, thin and fat), but they soon rip. They are like Sardinian hacks, because they only turn away to the left. They get rust faster than iron that is not hammered or worked. They are like tinsel and rough tin, like bathroom doors and waterwheels. They are like water bottles, squeaking pulleys, open silos, and painted charnel houses.[237] They are the skein without the string that keeps it untangled, and a game of arrows done by a blind man, whose shots do not hit the target. They are like a street without an end, a cul-de-sac, a lake without bottom and sources. They are like bottles made of fine glass, big bubbles of soft soap, coal smoke, the feather of an eagle, a bruised apple, the bouquet of a tavern, empty cisterns that don't hold anything. They have a rock in their hearts, like sponges do. They are like upset clocks, [57v] which, because of their wheels or strings, sound discordant. They are a counterweight that falsifies the weight of the scale.

[7,822–7,848] Therefore he who trusts them with whichever deed or with keeping a secret loses his cause, like Samson: within seven days he had to give

---

[236] Chabàs quotes a passage from one of Vincent Ferrer's sermons that alludes to the belief that the widowed turtledove never perches on green branches, preferring dry ones (*Spill o Libre de les Dones*, 322).

[237] An allusion to Matt. 23:27: "Woe to you, scribes and Pharisees, hypocrites! For you are like whitewashed tombs, which on the outside look beautiful, but inside they are full of the bones of the dead and of all kinds of filth."

thirty cloaks to his young companions.[238] Whoever trusts them wants to store water in a basket,[239] puts his money in an old bag without clasps and with two openings, throws salt into the fire, and adds fire to a bombard. It will take less than half a day, and it will seem that Arthur[240] the trumpeter and his companions have made a royal and general proclamation, a public announcement of his secret around the corners.

[7,849–7,888] The Redeemer, wanting to keep a secret on Mount Tabor, did not arrange for women to come and see anything.[241] But the morning when he resurrected and left the closed tomb and monument, since it pleased him that everybody should know about it immediately, he chose to show himself clearly to women before daybreak, because he knew well that they would immediately run and preach it publicly, fearing nothing.[242] When the Samaritan woman from the mountains hurried to preach in Sychar how his arrival had occurred, he had it made: 'He told me that I had five dead husbands, and that the man that I have now living, I tell you the truth, is not my husband.' Because of her announcement, they all left immediately and welcomed him.[243]

[7,889–7,912] [58r] Worthy of note is the dissimulation and fiction of the discreet little Roman boy who altered his mistress's secret. In less than an hour,

---

[238] Judg. 14:5–20. During a feast, Samson put a riddle to thirty men that had been brought to him as companions, promising to give them "thirty linen garments and thirty festal garments" if they could solve it, expecting the same payment from them if they could not. Since they could not solve the riddle and the deadline was approaching, the men threatened Samson's wife with burning her and her father's house if she did not find out from her husband and tell them. She finally obtained the information and gave it to the men. Samson then killed thirty men from the village of Ashkelon and gave the spoils to his companions. His wife was given to his ex-best man.

[239] See note 603.

[240] The official town crier in Valencia was given the name of *Artus* ("Arthur"), according to a passage from the Cathedral Archives cited by Chabàs (*Spill o Libre de les Dones*, 322).

[241] An allusion to the Transfiguration. Cf. Matt. 17:1–9, Mark 9:2–9, and Luke 9:28–36. The absence of women during this episode of the life of Christ is frequently adduced in antifeminist medieval texts as proof that God does not trust them.

[242] Matt. 28:1–8, Mark 16:9–10, and John 20:11–18. Jesus appeared to Mary Magdalene and/or other women and told them to run and spread the news. This incident is exploited by both pro- and antifeminist medieval texts, as it can be seen simultaneously as proof of God's trust in women or of God's knowledge that women are gossips.

[243] John 4:7–39. On his journey from Judea to Galilee, Jesus came to the Samaritan city of Sychar, where he talked to a woman who had gone to draw water from a well. After Jesus told her that she had had five husbands and was not married to her sixth man, she called him a prophet and went to the city to tell that he may be the Messiah they were all expecting. The citizens came to him and many of them were convinced that Jesus was indeed the Messiah.

the female Roman citizens, old and young, knew it from her and went immediately to the Capitol with bad and riotous intentions to give their opinions, with howls and screams: if their husbands wanted two wives, they would each take three husbands, even more.[244]

[7,913–7,923] He who trusts them finds falseness. Like the unicorn that loses its horn, he sets himself on fire, wants to touch a snake, puts a noose around his neck, put his knife in the hand of a lunatic, and drinks up ship and castle in a flask.

[7,924–7,950] Strong Samson was thus tied and blinded, and his head shaved.[245] The same happened to King Hippocrates,[246] the old philosopher, and to that old poet that was lifted high up and left hanging.[247] And to Duke Sisera, who was trustful and wanted water but drank milk, got himself covered and went to sleep. Against the established peace, quite a long nail was drilled through his skull with a big hammer, piercing from one temple to the other.[248] He was left dead on the dirt of the ground. I certainly know infinite cases of such scoffed-at men.

---

[244] This story comes from novel 67 of the *Cento novelle antiche* or *Novellino*. Papirio's father used to take him to the Council sessions in Rome. Papirio's mother so urged him to tell her what he heard there that Papirio finally invented a lie: since Rome needed more citizens to defend itself from its enemies, each man would be allowed to take two wives. Papirio's mother had promised to keep the secret, but she told a friend. Eventually a group of women gathered and went to the Council to complain, where they were finally disabused.

[245] Judg. 16:4–22. Samson's lover, Delilah, was approached by the lords of the Philistines, who promised her money if she told them wherein Samson's strength lay. She asked him and was deceived by him three times, until finally he told her that his strength lay in his seven locks, which had never been shaved. She had them shaved in his sleep and the Philistines captured him.

[246] Although Hippocrates was known as the father of medicine, Roig gives him the titles of king and philosopher. Miquel i Planas quotes a fragment of a medieval legend included in the *Llibre dels set sabis* about him: Hippocrates warned his wife that whoever ate from a sow would be dead in nine days, and she hastened to prepare it and serve it to her husband (Miquel i Planas, *Spill o Libre de consells*, 338).

[247] Virgil. There are several versions of a popular legend that portrays Virgil as the victim of a woman who tricked him into getting into a basket in order to gain access to her room. Once he was in the basket, she lifted him up and left him hanging from the window for everyone to see. He became the object of ridicule of all of Rome, since he had previously boasted that no woman would be able to deceive him. For a description of the popularity and diversity of this story in the Middle Ages, see Domenico Comparetti, *Vergil in the Middle Ages*, trans. E. F. M. Benecke (London: Swan Sonnenschein and Co., 1908), 325–39.

[248] Judg. 4:17–22. Sisera, defeated, fled into Jael's tent. She covered him with a rug. He asked for water, but she gave him milk, and covered him again. She then struck one of the tent pegs through his head with a hammer. Cf. the illumination in Hauf i Valls, "De l'*Speculum Humanae Salvationis*," 195.

[7,951–7,979] He who teaches them loses his discipline, and his learning is for naught. He washes brick, glues flowerpots, reasons with a man of action who sleeps, preaches and sings Mass for a deaf man, charms a snake, [58v] admonishes a rook, and gilds tin. He wants to melt iron, begs ivy not to cling, wants to get the rock used to going up by itself, takes bread from his children to give to dogs,[249] writes on water, throws gold into a river, puts new wine in an old wineskin[250] with a broken funnel, wants to place the light under a half-peck measure[251] and to scatter pearls in front of pigs.[252]

[7,980–7,999] Once Socrates attempted to correct and control his wife and daughter, both of strong inclinations. When he moved aside, for their entertainment they threw water on him that they had used to clean fish, while muttering, stomping, and boasting. They got him all dirty. 'From such noises, screams, lightning, and thunder I already knew I would have rain,' he said, tolerantly.[253]

[8,000–8,009] When John spoke against the miserable wedding between Herod and his sister-in-law, she, full of spite because of John's doctrine, made Herodina have him killed, beheaded, by his young men.[254]

[8,010–8,023] Whoever takes their advice does not starve—that happened to Adam. He wants to seek, and believes he finds, wheat ears in a wasteland, figs on grapevines, grapes and pears on fig trees, pink fruit on a dry tree from a place without irrigation. From the salty sea he wants fresh water.

[8,024–8,054] Their thoughts and words have little pulp, juice, and taste of true love. Their advice and reports are all crooked with the falseness and passion [59r] that are characteristic of women. Their quite obscure style and bad tricks all form some sort of brocade and, with touchups and equivocal and amphibolic sayings, they are never straightforward. Their rhetoric is metaphorical, and they know how to say absurdities and make nice and nasty assertions in subtle styles. It is good to hear them cry over their husbands when they die, wailing loudly. They make an elegant and pleasant speech, not otherwise.

---

[249] The allusion is to Matt. 15:26, Mark 7:27.

[250] An allusion to Matt. 9:17, Mark 2:22, Luke 5:37.

[251] Luke 8:16: "No one after lighting a lamp hides it under a jar, or puts it under a bed, but puts it on a lampstand, so that those who enter may see the light."

[252] Matt. 7:6. One of the teachings of Jesus' Sermon on the Mount: "Do not give what is holy to dogs; and do not throw your pearls before swine, or they will trample them under foot and turn and maul you."

[253] This is an elaboration on Diogenes Laertius's *Lives of Eminent Philosophers* 2.36. This story was well known in the Middle Ages.

[254] Matt. 14:1–11 and Mark 6:14–28. All commentators translate the manuscript's *Erodina* as Herodias, Herod's wife and sister-in-law, justifying the orthographic change on the need to make it rhyme with *doctrina*. This interpretation renders the passage inaccurate or incomprehensible. Rather, Herodina must be the name that Roig gave Herodias's daughter, meaning "little Herodias," whose mother asked her to demand John the Baptist's head on a platter. She is usually known as Salome.

[8,055–8,064] Rebekah was a nice prattler and adviser when she, alone, made a casserole for her son Jacob. With a rabbit or a goat she made a little broth with which he deceived his father and brother.[255]

[8,065–8,069] Because he listened to their advice the great king Saul, seeking a remedy, found death.[256]

[8,070–8,078] Because of bad luck, a totally bad strike, I made a strange god because of their advice. I made a new god, adored him, and apostatized against my custom. I don't want to say any more.[257]

[8,079–8,116] Whoever wants to have their company when he is sick will make a nice jump from the bed to the grave. Showing consolation and a great love, and under the pretense of great care, they will stuff and fill him without measure, like a pig, with pressed broth strained into little bottles, stews in pots, coriander dishes, and many minced dishes. They never follow the doctor's advice: they know what they are doing. The illness would not kill him—only the stuffing and the filling up will make him die. [59v] Certainly, they have thus honestly killed infinite husbands, and never has a criminal court sentenced them to death or executed women for such falseness, or considered them worse, but rather better.

[8,117–8,192] If they don't want to kill, or if they want to save, their husbands, they also take care of them with negligence. On the most miserable piece of furniture they have, that is where they put them to bed. When the husband is lying down, they say, 'Get up! Come on, what is it? Don't just lie there, because the bed pulls you down.' With great ill will, if he complains much, they say, 'Come on! What a shame if you got tired, pervert! I don't know with whom, but certainly not with me, since you avoid it well. Get up and go back to the other nest, where you come from. Let the pregnant mare pay for the barley, since she gets pregnant.' With screams and scorn they roll him out of bed. They boil him

---

[255] Gen. 27:1–29. Isaac, old and almost blind, asked his older son Esau to hunt game and cook it for him so that he could bless his son before his death. Rebekah heard this and told her son Jacob to fetch two goats, which she would cook for Isaac so that he would bless Jacob before his death. Rebekah had Jacob wear Esau's clothes and cover his neck and hands with the skin from the goats, so that his father would think he was hairy Esau. Although Isaac could tell that the son in front of him had Jacob's voice, everything else indicated to him that he was Esau, and so Isaac gave Jacob his blessing.

[256] 1 Sam. 28:3–31:5. During the war against the Philistines, Saul was afraid and consulted a woman who was a medium at Endor. She brought up the spirit of Samuel, who told Saul that he and his sons would die the next day and the army of Israel would fall to the Philistines. His sons were killed in battled and he, badly injured, killed himself.

[257] 1 Kings 11:1–8. King Solomon loved many foreign women and worshipped their gods: "For Solomon followed Astarte the goddess of the Sidonians, and Milcom the abomination of the Ammonites. . . . Then Solomon built a high place for Chemosh the abomination of Moab, and for Molech the abomination of the Ammonites, on the mountain east of Jerusalem. He did the same for all his foreign wives, who offered incense and sacrificed to their gods."

goat's feet, they make ram's heart stew, they throw away the wine, they make an egg omelet or give him some fruit. They say, 'Eat. You don't have a fever. It will be nothing. It's just cold. A raw skein, cooked over ashes and placed on top, releases the wind. Put a hot brick or tile on the place that hurts. Certainly, a stone well heated and sprinkled with wine is a fine thing. Also a little bag, a suction cup and a little drum, a little document,[258] tied to the neck. A cut osier:[259] there is nothing like it. There is no need for a doctor. They starve the patients and say *Give me*. [60r] There is no need to spend. If you only want to take brine, five-finger grass, Jimson weed, or an enema, with one *diner* I will be able to do it. Your torment will not last and it will pass quickly.' They don't assist him any more and leave him like that to his own luck. If God and nature did not cure them, most husbands would die.

[8,193–8,229] Some women, in order to be secretive and to make believe that their husbands are consumptive, only for appearances and chiaroscuro (their perfume),[260] around the twenty-first day, once the critical days are passed,[261] place themselves around the sick and ask many doctors to assemble. But they never do anything they order—what please them are collations and representations, and for people to see that they handle themselves with diligence. As payment their sick husbands choose old florins, but they change them. Then they sell them off cheap and knowingly buy coins that are broken, cut, of less weight, or bad, false *reals*. Generally, doctors get a false payment if a woman pays them, and little profit.

[8,230–8,274] If the sick husband lies in bed, when he has already made his will to his wife's liking and full pleasure, and she sees herself assured of an inheritance, she does not care about him any more. Immediately she pretends to faint. Because of her long vigils without even getting undressed, she says that she is exhausted. With such an excuse, she goes to bed and does not visit him any more. Another woman assists and supports them, [60v] preparing a better bowl for her. Sleeping, eating, drinking, resting her beautiful body, she stays in bed. She does much worse if the will does not please her. If it says that by law she should receive only her dowry and return the entire increase where it came from, and, above all, if the words 'chaste and without a husband' are written there, I believe that if she

---

[258] The little drum (*tabalet*) and the little document (*albaranet*) are probably amulets (Miquel i Planas, *Spill o Libre de consells*, 341–42). See note 143.

[259] Chabàs translated *vime* as "umbilical cord," from *himen*, which may have been used as an amulet.

[260] This passage is unclear. "Their perfume" may be just an alternative (for rhyming reasons) to "their essence," which would be more comprehensible: the essence of women is appearances and chiaroscuro.

[261] According to the beliefs of the time, after the twenty-first day, illnesses reached their critical point and the ill person began to recover (Miquel i Planas, *Spill o Libre de consells*, 342).

could, furious and harmful, she would eat her husband alive, together with the one writing such things.

[8,275–8,303] Whoever wants to keep and support them when they are ill with quartans or any other illnesses loses his possessions, his clothes, his money. Nothing is ever enough. They are never happy. At the slightest thing they feel, relatives, wet-nurses, servants, and neighbors come. They kill hens, eat four and hang one, the one they like least, from any nail, showing that it is a chick. Then in a bottle, cut into pieces and its bones crushed, they make a stew out of it. The husband eats the feet only, and drinks the dust of what they stir, cut, spend, buy, and behead.

[8,304–8,311] When they have a miscarriage or have delivered, they want the bed with curtains and well prepared, the room aired out and with a canopy: all the best.

[8,312–8,374] If they suffer from a little pain, there come immediately doctors and the midwife to cook a francolin, and the copper mortar soon resounds. Because of them, the house marches to the cut of a sword, [61r] sacking or havoc. They never lack anything, no matter how much it costs: a Ghibelline marten fur up to their noses for twenty florins when it is cold, and a little three-color fan for the heat, waters, musk, perfumes, aromatic powders with which they smell good. They want an emerald as testimony of their marriage. In order to be happy and to entertain themselves, they want their hands full of diamonds, pink rubies, red rubies, garnets, and hyacinths. They wear sapphires to cure the evil eye. For palpitations, they wear pearls and fine gold, of twenty-three carats or a little more. For the stomach, they wear red coral. If they don't produce milk they wear crystal, and for the colic they wear chrysolite. Wearing turquoise they fall down flat. They get up healthy and drink pulverized stones, lemonades, and so much restoring tonic that they don't benefit from them, but rather they get indigestion.[262] They don't care about the cost, as long as it comes fast and the husbands pay. Before they swallow it, they certainly do not value it, and they never die until they have destroyed their husbands.

[8,375–8,412] Whoever defends them sells his life, his faith, his honor, and his valor. If he undertakes a fight for them, he gets tangled in brambles because of their malice, since, against justice and truth, wanting to hide their wickedness, they usually lie. On the battleground he will lose his body because he believes

---

[262] The association of gemstones with specific body parts and ailments (as well as with astrological signs) goes back to Assyrian and Babylonian times. Greek and Roman authors wrote lapidaries that described different stones and listed their medicinal virtues, a tradition that continued throughout the Middle Ages. References to the healing properties of gold and red coral as mentioned by Roig can be found, for example, in Alphonse X's *Lapidario*. The power of crystal (when drunk with honey) to increase the production of milk is listed by Bartholomeus Anglicus's *De proprietatibus rerum* and by the *Liber aggregationis*.

them and tempts God. He will die there or take it back, like a loser, dejected for the rest of his life, [61v] and the memory of this will always remain after his death. The knight and warrior George hurried forward to defend the king's daughter on the island where the dragon lived. Nice reward he received! Shortly afterwards, he was taken prisoner in Beirut, beaten severely, skinned, and sawed in half.[263]

[8,413–8,431] Whoever faces them and attacks them seals with soft red wax, breaks glass, tears a piece of cloth, flatters a child, puts out the light, and picks roses. The look of an eye, a gift, any false motive of grandeur or beauty, or fake flattery from a person of great lineage obtain their promise of insane love.

[8,432–8,440] But he who attaches himself to them too much soon dies from it, leaves his strength there, sees his hair turn white, and ages quickly, like the sparrow and like the fruit tree that produces much fruit and hastens to die.

[8,441–8,447] Whoever serves and obeys them dies like a greyhound in manure. After having given them one thousand pleasures, their love dies over a trifle.

[8,448–8,453] They remember those who follow them until death less than a little child would, and worse than a little child's is their sense of the virtue of gratitude.

[8,454–8,469] Whoever gets close to them and considers them a resting place is like the elephant that does the same with a sawed tree.[264] They are like a bed harder than marble, cold and wet, with scorpions and snakes instead of down feathers. All their gear is like the spiny jujube, the holly, [62r] the sweet briar, the bramble, and the gorse.

[8,470–8,477] The one who deals with such an ill-disposed host lives with enough affliction. Death comes early, like to the person who works with archil[265] or who prepares antidotes.

[8,478–8,503] If someone wants to keep from the destruction of such cattle, from those bad wild animals, from falls, breaks, and other harms, he will not have enough with dogs, a walled castle, a she-wolf, a latch, a bar, fetters, and a jail with surveillance. Nothing can be said: he wants to die like the lion-handler. Such a jailer toils in vain: he wants a camel to pass through the eye of a needle or through an old gate,[266] wants to grab a sunbeam with claw blows, and wants to measure the whole sea in spoonfuls and then empty it into a hole.

---

[263] Saint George. Cf. De Voragine, *The Golden Legend*, 1:238–42.

[264] Chabàs comments that these lines refer to a hunting technique: a tree is sawed so that, when an elephant comes to lean against it, it breaks off causing the elephant to fall, unable to get back up due to its weight (*Spill o Libre de les Dones*, 325).

[265] See note 76.

[266] Cf. Matt. 19:24. Chabàs and Miquel i Planas explain that some exegetes speak of an old door in Jerusalem through which camels could only pass without loads and on their knees (Chabàs i Llorente, *Spill o Libre de les Dones*, 325; Miquel i Planas, *El espejo*, 135).

[8,504–8,517] Whoever thinks he is going to enjoy it experiences in himself the sweat of death without any entertainment ever. He pulls a drift net, digs a mine, and pulls one of those so-called blood mills.[267] He is a slave that cannot be free. He saws the beam from under the saw and gets the sawdust in his eyes. He cuts stone in a quarry.

[8,518–8,535] Whoever expects any good from them expects the moment when the water from a river will flow uphill, expects the dead man to come back alive, and, blowing strongly in his furnace, expects the curative philosopher's stone, potable gold, and silver made from copper. He must gnaw on a big bone, digs with a sieve, and wants to hold [62v] a live moray or eel by the tail or the back.

[8,536–8,563] Therefore, who does not avoid hitting the rocks with such tree trunks, ships, caravels without oars or sails, chart or helm? Who wants to heat himself with the fire from hell, in the lighthouse near Mongibel,[268] the Stromboli,[269] the old smoky volcano? In a muddy harbor, at a Roman beach or a Valencian beach, where the anchor plows and cannot find a spot to hold on to—who will stop there and drop anchor? Flee, flee under full sails from such sirens, charmers, false singers who bewitch all those who are not frightened by their morals!

[8,564–8,575] Because if someone, in love with them, sees only the cordial aspect of women, the illness of love, he often heals if he is made to see clearly their natural and menstrual aspect. I want to make you believe how horrible it is, how strong and extremely loathsome.

[8,576–8,601] Generally, animals, which are brutes, do wonders. Their females are never jealous or distrustful among themselves: cows, sheep, mares, and donkeys, in very large herds, are accompanied by one male sheep, one bull or one stallion, and they never fight. At certain times of the year, without much eagerness, they use their males. They only give in to the males in order to get pregnant, and they soon rebuff them and don't tire them any more until, according to their custom, having given birth and nursed their offspring, nature moves them.

[8,602–8,623] In women, the good disposition lasts all year, [63r] and they are always mixing their will with it. They keep their closet covered, but it pleases them to have it opened often. If the key gets lost or becomes thin, let alone if it is worn out by a different lock, they feel scorned for the whole year. They claim they work, suffer, and keep silent in order to become pregnant. They excuse themselves that way, but they don't refuse or reject the blows of a warrior, nor are they upset by them.

---

[267] That is, operated by animals (by the blood of the animals that pull it) (Miquel i Planas, *Spill o Libre de consells*, 344).

[268] Poetic name of Etna, the most active European volcano, located on the island of Sicily.

[269] A volcanic island in the Mediterranean, close to Sicily.

[8,624–8,633] In order to have children they would commit any kind of fraud, they would deceive their own fathers. When Lot was already old, his adulterous daughters deceived him with strong, pure wine given to him with skill, and they conceived by him.[270]

[8,634–8,639] The honorable man Judah, already old and a father-in-law, was successfully penalized by his daughter-in-law: she became pregnant with two in one attempt.[271]

[8,640–8,657] To them the moon always seems propitious to work and get started. A woman who bathed in a public bath saw that she had become pregnant with deception. Turning it to her advantage, she said that she got pregnant while she was bathing, without a husband and certainly without having felt any pleasure. Averroës, who described this, dreamed it some morning.[272]

[8,658–8,679] I know well that there are women who are born closed or not perforated, virgins in name but not in spirit. Virgins in fact, but against all rights called maidens, because with tickling or I don't know how, but not without a man or without pleasure, they know how to make babies. [63v] With a certain natural or man-made instrument, they must be forced open before their delivery. Most of those who are born closed die when they are deflowered.

[8,680–8,684] It is not necessary to make glosses or new readings: they all suffer because they want to have children, and they know a lot.

[8,685–8,714] Queen Mary of Montpellier, the wife of King Peter, had great cunning. Going behind his back to deceive him and to conceive a child by him, she had her desire fulfilled in a castle. A favorite of the king's had him go there. The king thought he was going to meet the person he loved most. She kept silent. He was shortsighted and the room was dark, so he could not discern whom he was sleeping with. He thought it was another woman and did not realize that it was his wife. She lent him her body and, quite satisfied, she became pregnant with his son, the lord conqueror of three cities and their kingdoms.[273]

---

[270] Gen. 19:30–38. Lot and his two daughters lived in the hills. The two women were afraid that no man would ever come to them, so they decided to get their father drunk and lie with him. The older gave birth to Moab, the father of the Moabites, and the younger to Ben-ammi, the father of the Ammonites.

[271] Gen. 38:13–18. Tamar's husband, Er, had died and his brother Onan refused to perform his duties as a brother-in-law, spilling his seed on the ground rather than impregnating Tamar. She then took off her widow's clothes and sat by the road, where her father-in-law, Judah, took her for a prostitute. She became pregnant with his child.

[272] In the second book of his *Colliget* Averroës defends the notion that pregnancy can occur without the woman reaching orgasm. As part of his evidence, he adduces the case of a female neighbor who became pregnant by bathing in the warm water where "evil men" (*hombres perversos*) had previously ejaculated: Esteban Torre, *Averroes y la ciencia médica: La doctrina anatomofuncional del "Colliget"* (Madrid: Ediciones del Centro, 1974), 234.

[273] Mary of Montpellier and Peter II of Aragon were the parents of James I the Conqueror. The story of his conception is narrated in the fourth chapter of Bernat Des-

[8,715–8,725] Didn't Sarai require her girl Hagar to become pregnant under her skirt, she was so hot? Since she did not give birth and had no children born of her, at least she would have an adopted child.[274]

[8,726–8,745] In order to make babies, many old and stupid, barren and sinister women go round and round. When they cannot do anything else, they have a child stolen or borrowed, faking their births. You have already seen a son produced by such tricks, while you had the barren widow. You have also seen in the gallows of this city [64r] two miserable midwives, sentenced on account of such dealings, hanged together with a male go-between.[275]

[8,746–8,758] With great knowledge, Naomi showed Ruth, her daughter-in-law, the way, the time, and the opportunity to conceive if she hid under the mantle of old Boaz, a close relative. In the end, lying down with such an arrangement, she had Obed.[276]

[8,759–8,772] Generally, if you pay good attention, all women dance and never tire in their search to have children and pleasure. They will have received or conceived (and will receive and re-conceive) two children, seven, eight, three, and many more great quantities, multiplied.

[8,773–8,777] I know of three women who gave birth to one hundred and twenty-eight children by a man from Siena, many of them in pairs.

[8,778–8,796] Of the many brothers born to Godfrey, those called birds and children, each one was born with his collar. Upon cutting the collars, they all turned into swans except for the notable one called De Bouillon.[277] Whether this was or not (it seems apocryphal), the English man thinks that that chronicle is canonical. But it is poetry, a false fiction, like the *One Hundred Novels*, beautiful to those who hear them.

[8,797–8,808] The case of those nine called pigs is a common thing. One woman aborted seventy children alive, all completely formed, their bodies with navels, and put them in a bundle. A common judge counted them [64v] one by one.

---

clot's *Crònica*.

[274] Gen. 16:1–4. Since Sarai did not conceive by Abram, she had her maid, Hagar, lie with him. She then gave birth to Ishmael.

[275] This second anecdote is not told in *The Mirror*, which leads Miquel i Planas to conclude that it may refer to a real case witnessed by Roig (*El espejo*, 139).

[276] Ruth 3–4:17. Naomi told Ruth, Mahlon's widow, to wait until Boaz had eaten and drunk, and then go to him and lie down at his feet. Boaz took Ruth as his wife and they had Obed, who was the father of Jesse and the grandfather of David.

[277] Godfrey de Bouillon (ca. 1060–1100) was the Duke of Lower Lorraine, a leader of the First Crusade, and the first western ruler of Jerusalem (1099–1100). His life was the object of many legends and cultural manifestations, among them Wagner's *Lohengrin*. This episode is also narrated in the *Gran conquista de ultramar*.

[8,809–8,835] You know well about one, with whom you had affinity.[278] Because of an insane man who frightened her, she delivered seven children alive at the same time. They were baptized. She had no more. She resorted to a woman physician, who was considered like a goddess by the women who went to her. She went with two of her relatives. The woman physician got them all in a bath, and medicated or poisoned them. They never gave birth: two of them died the next day, and she remained paralyzed for seven years, dying insane and without making a last will.

[8,836–8,847] It pleases them to go on with their custom—they all have lubricious affections, because of their passion or great heat. They make a greater mistake when they conceive without washing, because they will be fretful and they make their babies leprous.

[8,848–8,872] Ugly and deformed paintings placed in front of them when they conceive (like the case of Laban and his sheep)[279] or their own obsession with the image of someone else perturb the course of nature—the lesser virtues control the greater virtues; the animal forces control the natural ones. And because of their haste, their blood will not be cooked enough. From a white father they will make a black child, from a healthy and happy father, with a catholic sense, they will make a melancholy and maniacal child. From a strong man, a skinny child, disfigured, ugly, with skin eruptions.

[8,873–8,888] Because of the failure [65r] of their seed, which is so indigestible, they miss their target. They make children without an arm, or with a big head, with the head sunken into the chest, hermaphroditic; others without buttocks, others without anything, without feet and hands; and two siblings attached together. Some are born blind, deaf, and mute; some look like animals.

[8,889–8,909] The most imprudent, negligent, and indiscreet ones gird themselves tightly, dance jumping up and down, make their beds tall and their shoes really high. And if they saw some snacks and did not eat them immediately, they would miscarry, and the same thing if they don't avenge themselves on those with whom they disagree, and if they don't bite the friar's neck. Going around like crazy, stumbling and abusing the loan of the key a great deal (which pleases them much), they miscarry frequently.

[8,910–8,928] If those shameful and enraged women don't like to show what they are carrying, they demand doctors to abort in secret and with cruelty, and

---

[278] Miquel i Planas assumes that Solomon must be referring to a real event probably well known to the readership of *The Mirror* (*El espejo*, 140).

[279] Gen. 30:37–40. Jacob was working for Laban, and they both agreed that as payment Jacob could keep all the striped, speckled, and spotted goats, as well as all the black sheep of the flock, which were not many. Jacob peeled tree rods and painted white streaks on them. He then set them where the animals went to drink and breed, and they then conceived striped, speckled, and spotted offspring. This story reflects the belief that females were influenced by what they saw at the time of conception.

they deceive them by showing them the urine of another neighbor. They admit to all kinds of illnesses as long as they purge them and bleed them so that they can be stirred. They make themselves poultices and one thousand disasters (like drawing a crossbow) in order to abort.

[8,929–8,942] A pregnant professed nun, an arrogant woman, very desirous to have a miscarriage, took a short step. She had a drink from a store that was not well provided. She made a mistake in the measurement and, [65v] poisoned, died suddenly without saying, 'Jesus.' Let's say no more.

[8,943–8,963] May God not want it: if a Morisco woman is pregnant with only one child or with more, in the seventh, eighth, or ninth month (and, if she doesn't move, even in the tenth or eleventh and, if you believe it, up to the fourteenth month and even more), because of the religious and civil Muslim law, she risks being pregnant for seven years unaccompanied by her husband. If she sees him back, she swears the child is his: it has slept inside until it felt him. She makes him believe that all right!

[8,964–8,997] If there are many children, the ones that are a few months old are not paid attention to and they all die. They give birth only to the ones that have come to term. They yell a great deal during the delivery, which truly means that it does not hurt as much as they complain and gesture about. Upon their birth, if the children don't die, they cry 'ah' or 'oh' because of Eve's sin. Once they have been washed, dressed with diapers, and taught how to nurse by the one who cuts and removes their umbilical cord and ties it badly, they suckle the milk of those who love them, some with honey, but most with bile and tears. Then, because of the flowers from which they were nourished inside the belly and which they ate through their navels, all, both the poor and the rich, have the same illness: pockmarks and pits.

[8,998–9,033] But if the child that is born bothers them and they don't like that, it doesn't please them that he should live, so they make him perish boiled, burnt, or buried naked. They drown others in the sea or drown them in wells and rivers, [66r] throwing them there alive and without baptism. They maliciously feed them, cut to pieces, to pigs and dogs. Negligently, they have others devoured and killed for lack of attention: their blood leaks through their little navels, which remain loose, and they find them dead. They kill others by tightening the diapers too much, others by feeding them medicines (more accurately, poisons). They turn others away and send them secretly and without clothes to the hospitals or place them in the portals of the cathedral.

[9,034–9,047] Once they have given birth, they rest very little. One month after they get up, they already go to the baths and set their traps to catch gray mullets. They go out to Mass with their sons or daughters and, like rabbits, with their bellies already big, they don't have enough milk in their bodies and put both children in great danger of death.

[9,048–9,067] Also, for their entertainment, refinement, and sense of nobility, and in order to keep their breasts beautiful, most of them consider nursing mothers disgusting. They free their flesh and hire wet-nurses. They lodge their children like the female cuckoo, which lays her eggs in strange nests. They don't want to feel troubled because of their children, and they make their seed tell lies because of their mistakes and madness.

[9,068–9,125] They give their children, half abandoned, to wet-nurses, and the mean women don't even pay attention to whom, to whom or which ones, good or bad, whether they are sickly [66v] or capricious, whether they eat too much or get drunk. Whether they are faithful and chaste, full of milk, crazy, bilious, fierce, angry, or friendly, flattering, and humane. Moral virtues and bad habits (I will say it, to sum up) derive much more from that which they feed from (their mothers' milk) than from their fathers. Milk alters not only the moral aspects, but also the natural ones. If a little colt drinks a donkey's milk, it will never be able to become a light horse or good for riding. If the little ram, the offspring of a sheep, once its mother is dead, nurses from a goat, it bellows like a goat, runs, jumps, leaps, its horns grow straight, smooth and tall, and its wool becomes coarse and strange, not fine and soft. The wet-nurses that are not moderate in their behavior do worse than that. The drunk wet-nurse infests the little one with her vice, and the one who is a harlot causes a similar thing. The Jewish nurse brings him up fearful; the one who knows little makes him silly; the one who has no milk makes him thin and skinny, and starves him.

[9,126–9,145] Eating rat or bedbug excrements and carrying a crystal and a magnet, if the children don't get milk from a wet-nurse other than the one who steals theirs and eats bread, the old nurses, in order to protect themselves, soil the diapers and wet them with water, pretending that they evacuate enough and that they pee well. If everything fails them, how many children do they cause to die or to go insane with poppy in order to make them sleep! They don't have teeth [67r] and they already make them eat.

[9,146–9,185] They make some of them drink the milk from animals and they remain like that later on. A maiden, when she was little, used to drink milk from a bitch, which she would then throw up and eat again.[280] One who drank milk from a sow liked to lie in the mud when it rained, or in a manure heap, rolling around soiled. Another one, a hermit, was raised by a doe; another one by a mare, and if he found mud puddles he would pee one hundred times in one league. If they don't have milk, why do they undertake such destruction? If their milk is bad, and they can tell from its color, taste, and smell, why don't they give up, those inhumane, non-Christian women? God pays them and gives them a plague for such harm with an act of nature—if the milk from their breasts comes out red and not white, it is not long before they become insane.

[9,186–9,203] But because they are soft and have a weak memory, they make some children one-eyed, cross-eyed, strabismic, ugly, left-handed, hunchbacked,

---

[280] Allusion to Prov. 26:11. See note 189.

deformed, or potbellied due to bad care. Others are broken, have a hernia, or are knock-kneed. Sleeping as if they were dead, they kill some by letting them cry and others by letting them nurse too much. They crush others under their bodies when they throw themselves on them, asleep with negligence.

[9,204–9,215] In my youth, when I was ruling as a king, I saw a similar case between two bad women, both harlots. One of them had killed her child in such a manner and immediately she undressed him and exchanged him [67v] for a live one. The other one heard it—the blows were quite a sight!

[9,216–9,235] They were separated. The following contention was brought before me: the killer, a great prattler, defended and agreed, demanded and strongly urged that I cut him in half. The other one begged that he shouldn't die and cried bitterly that I should give him away whole, if only he remained alive. I made the right judgment, since I knew which one was the mother. I had the sleepy-head punished.[281]

[9,236–9,259] A worse case, without comparison, and a great mistake is when treacherous, dissipated, and criminal mothers, with both knowledge and insanity, deliberately mutilate their own children, rip their eyes out, and cripple them so that they can be better beggars and live off the people. They bequeath their children some good advice, doctrinal art, dowry, and capital! Indeed they make a great ill by wanting to mutilate a son that was born healthy.

[9,260–9,294] I want to tell more about their cruelty and depravity, incidentally bending my furrow. In ancient times, didn't Semiramis[282] publicly commit an evil and criminal deed, when she had a son of hers die, killed by her hand because he did not fulfill and obey her order? She wanted her son to put out the great fire that she felt burning inside and to satisfy her. He refused and she killed him for that reason. [68r] The furious and libidinous woman selected many men and used them until they refused. When they were tired and couldn't go on any more or didn't please her, she had them killed and given to the dogs. She first forced them and then killed them.

[9,295–9,305] There was another similar, exorbitant and cruel deed. Two women made a pact to kill their sons and eat them. They ate one and then fought over the one that was alive, who also had to die and be eaten.[283]

[9,306–9,323] When Jerusalem was under attack, in one end of the city, didn't the neighbors, who had smelled the aroma of very fine meat, discover that a neighbor, a Jewish widow, was cooking half of her son on the spit, cut like a

---

[281] 1 Kings 3:16–28.

[282] Assyrian queen (ninth century BCE) whose life was narrated by the Greek historian Diodorus Siculus (first century BCE) in the second book of his *Bibliotheca historica*, esp. 4–20.

[283] This story is narrated in 2 Kings 6:28–29.

goat, in order to eat him, and that she was storing the other half of the cooked child in order to drink the broth?[284]

[9,324–9,344] Recently in Brittany, the despicable mother of a very beautiful son stuck the spit through his intestines, made it come out through the head, and put him on the fire. When the father and husband, a good Christian, saw his son dead and roasted, he called to God to return him alive, and begged Saint Vincent Ferrer who resurrected him with prayers.[285] There is no animal that would kill its offspring to eat it.[286]

[9,345–9,368] God struck with an illness the son of an evil queen and witch called Athaliah, who was full of civet and was like a wise woman. [68v] He died. She immediately had the royal children sought out and brought as prisoners. She had them all quartered with axes and many people killed. Joash, a little boy who was still nursing, was stolen by the one who loved him, hidden and well raised in the temple by the rabbis. With such a solution, he then became king.[287]

[9,369–9,381] And didn't Tomyris have the great king Cyrus killed and his head separated from his body and put in a big wineskin full of human blood in order to avenge herself? She said, 'I want the king, gluttonous for blood, to get satisfied and preserved in the full barrel.'[288]

[9,382–9,426] I want to narrate another terrible case, no less horrible, which involves very nasty anger, great envy, iniquity, and cruelty—about those wild women, the Amazons. When they started, those who had been widowed rioted. They injured and killed with axe blows all the husbands who had remained alive, intact or injured, from battle. Fathers, brothers, small and big children, they all died there. Afterwards, almost an infinite number of them got together and became very powerful. They lived a long time and prospered a great deal, killing their sons like rabbits, but not the females. With their right breasts cut off, armed with bows, and waging a cruel war, they certainly conquered a great portion of the land. They built a very beautiful temple to Diana, although a very unspeak-

---

[284] Miquel i Planas refers the reader to the fifteenth-century Catalan version of the *Destrucció de Jerusalèm* and chapters 20 and 21 of the *Ystoria del noble Vespasiano* (*Spill o Libre de consells*, 349). The source is Josephus, *The Jewish War*, 6.199–212.

[285] Cf. José M. de Garganta and Vicente Forcada, eds., *Biografía y escritos de San Vicente Ferrer* (Madrid: Editorial Católica, 1956), 275.

[286] The examples of the cruelty of mothers and caregivers towards children offered in these paragraphs bring to mind the ones included in Heinrich Kramer and James Sprenger's *Malleus maleficarum* (1486), which became a manual for inquisitors to identify and prosecute witches.

[287] 2 Kings 11:1–21.

[288] Tomyris was queen of the Massagetai, who fought Cyrus II the Great of Persia and killed him ca. 529 BCE. Their story is told by Herodotus in his *History* of the Greco-Persian wars, 1.205–214. Cf. the illumination in Hauf i Valls, "De l'*Speculum Humanae Salvationis*," 195.

able and very arrogant work, [69r] making a strange god out of gold or counterfeited melted tin.

[9,427–9,442] Was it not a bad deed when Justina,[289] the mean mother of the emperor, denying the Creator and protecting the Arians,[290] had her family torture and kill more than twenty thousand Christians? She was a Christian at first, then an Arian. She apostatized and then burst.

[9,443–9,469] An evil woman whose name I can't remember had a son that followed Saint Andrew. As she saw him young and refined, she urged him to soil and to violate his father's bed. He did not want to. She resorted to the Praetor, presenting a complaint of violence. Without listening to the innocent man, who did not deserve ill, he was condemned to be drowned, thrown into the river. God kept him alive because of Andrew's prayers. Spewing from the sky, lightning hit her and discovered her evil deed.[291]

[9,470–9,487] No less sinful and lacking in love was what Leonor[292] did, the Cypriot queen and the sister of the old man that was called the Duke of Gandia. She had her brother-in-law killed when he was unawares and had more Genoese people enter Famagusta[293] than locusts. There were many clothes torn and violated in that entrance.

[9,488–9,499] An iniquitous fury and great lust certainly affected [69v] a woman in Castile: the old queen, the mother of the king, who, seeking a remedy from an old Morisco for her heat, caused by her insane love, gave poison to the king, her son.[294]

[9,500–9,528] I want to tell about another serious ill, no less harmful, which they do to little boys—the bad upbringing of young sons, which makes them contemptible, stupid, and corrupt. Covering, excusing, and forgiving their crazy acts and pranks with sweets and trifles, they lead them to frequent stealing and roguish behavior. If the fathers raise them well and beat them with reason, you'll see the mothers screaming that they'll kill them and cursing the cruel fathers.

---

[289] The wife of the Roman emperor Valentinian I (321–375) and mother of Valentinian II (371–392).

[290] The Arians followed the doctrines of Arius (fourth century), who refuted the idea that Jesus Christ shared the same essence of God. His opinions were considered heretical and led to great dissension in the Church for about a century.

[291] De Voragine, *The Golden Legend*, 1:15.

[292] Queen Leonor, granddaughter of James I the Conqueror and wife of Peter I of Cyprus.

[293] A city on the eastern coast of Cyprus that was invaded by the Genoese in 1373.

[294] Chabàs speculates that this woman may be Maria of Portugal, the wife of Alphonse XI of Castile and mother of Peter I the Cruel (*Spill o Libre de les Dones*, 328). Miquel i Planas thinks that it must refer to the mother of Count Sancho Garcia of Castile, adducing that Father Mariana wrote about her in similar terms (*Spill o Libre de consells*, 352).

The Mirror 357

With their veils they wipe their eyes. That is how they hang them, how they spin their nooses and make most of them vile.

[9,529–9,543] If they have only one son, they make him crazier and sillier, more loutish and wretched. Widows make them more foolish and full of worse vices. Most of the men that are hanged have been raised by them. Male go-betweens and galley slaves, I am telling you, have been raised by wayward and publicly crowned women.[295]

[9,544–9,573] If women change their game, crazy and angry, they hurt their children more strongly and without motive. You will see them beat their children's heads with nice sticks, break their arms, crush their bones, bite the flesh off their behinds, bind thick handfuls of tow with big ropes to their bellies and legs, and light flames [70r] leaving them to burn, cut their noses and fingers. In the case of girls, they hurt them with the tips of splinters on their closest and most shameful skin, and with the spindle or the distaff they poke their eyes out. I want to stop telling any more about their cruelty, iniquity, ignorance, and negligence.

[9,574–9,619] In order to distance my style from prolixity, I now stop drawing my bow and do not stretch it any more. I turn the plow around and go back to the road I strayed away from, which is their general natural character. They thought up and started the unspeakable, foul, horrible and strong leprosy that is sodomy,[296] a sin that affects the body and the soul, not unworthy of fire, both worldly and infernal . . . For that sin, or as God wants it, inside their not well-shut enclosure usually takes shape even the least noxious of all possible things, which lives best in hiding. By an act of nature, don't doubt it, from their rottenness and corrupt humors, little lizards, snakes, little frogs, bats, winged beasts, and slugs fly and go frequently around cloths and curtains. Cancerous tumors and polyps appear, called companions and resembling kidneys, as well as deformed masses of ugly and monstrous shapes.

[9,620–9,633] They are also full of air, like a half-empty wineskin or water conduit, like a kettledrum or drum, because of the noise [70v] of their sides. The wind and the thick vapor of the coldness created inside of them in their sides causes them to make a lot of noises, like a courier from the Languedoc.

[9,634–9,649] The great annoyance of menstruation does not last little—a fourth of the month. For that reason, Greek women, religious or lay, and Jewish women were never allowed, during the eight or ten days when they bled, to come and go to pray to God. They are not allowed to enter the temple, much less in the summer, because of how they stink.

---

[295] Female go-betweens were forced to wear a crown made with garlic and to parade through the streets on an ass (Miquel i Planas, *Spill o Libre de consells*, 352).

[296] In the Middle Ages the term "sodomy" could refer to any sexual act the purpose of which was not procreation (cf. John Boswell, *Christianity, Social Tolerance, and Homosexuality: Gay People in Europe from the Beginning of the Christian Era to the Fourteenth Century* [Chicago: University of Chicago Press, 1980], 202–4).

[9,650–9,680] From the cloth that they use they make amulets. With what is left one cannot ever make good paper. If you make a banner with it to put on the bowsprit of a galley, do not expect good wind. Instead, you will lose it. If you burn it, it will not produce a clear flame, but it is always bluish. Tinder doesn't help at all. If they make a bandage out of it, the recent wound rots or gets worms. If someone cuts beehives and brings smoke made out of it, half the bees drop dead, surrounded by such fumes. If that cloth touches it, the germ of the silkworms becomes colder, does not come to life, or is scalded, and only very few of them live.

[9,681–9,697] If women are present when they have their monthlies, and they touch and see a man who is being bled, no more blood comes out of him, or he faints. If such women stop by when doctors are curing an injured man, he either heals late or dies soon. If they walk in the orchard, [71r] they dry up the trees, kill the grass and debilitate it if they pick it. They soil mirrors and look like wolves.

[9,698–9,708] Also, if they ever touch a scorpion with their spit, don't expect it to live. The wine that is left over in their glasses (or if it is used to make soup) causes infections and poisonings. If one drinks it, the glass must be washed first.

[9,709–9,721] Because of their fury and anger, puppies pee themselves and get poisoned, and their complexions get altered with skill and treachery. If the humidity of a certain part touches you, it causes your death, like it did Alexander[297]—nice coriander for long-term use![298]

[9,722–9,766] With certain melted fat, as people say, they make an ointment and become witches, and at night they run around and many of them get together. They turn away from God and worship a buck. They all honor their cavern called Biterna,[299] eat and drink and then get up and fly in the air. They go wher-

---

[297] Alexander III the Great (356–323 BCE), king of Macedon, was reputed to have died young as a consequence of his lust (Chabàs i Llorente, *Spill o Libre de les Dones*, 329).

[298] Coriander can be poisonous if consumed in large quantities. It was used to cure Saint Anthony's fire. See note 97.

[299] *Biterna* was the name given in Catalonia to the cave or forest where witches were thought to have their ceremonies. Roig's words in this paragraph and the following one reflect the increased preoccupation with witchcraft and sorcery in western Europe during the late fourteenth and early fifteenth centuries, which was especially acute between 1435 and 1500. It was then that the image of the witch that was to endure through later centuries (and of which Roig gives a stereotypical description) took shape. In addition to judicial and literary accounts, a significant number of religious treatises on the subject was produced in an attempt at defining what was perceived as a new sect of heretics committing a new type of crime, among which the most prominent are the twenty-eight articles against the practice of magic approved by the faculty of theology at the University of Paris (1398), John Nider's *Formicarius* (between 1435 and 1437), and the *Malleus maleficarum* (see note 286). For an interesting study of the factors that may have contributed to the increased persecution of witches in the late medieval period see Wolfgang Behringer, *Witches and Witch-Hunts: A Global History* (Cambridge: Polity Press, 2004), 47–82.

ever they want without opening doors. In Catalonia many of them have died put to the fire, condemned in fair trials because of their excesses. If such a deed is far from the truth, it is declared in the decree—I refer you to it. It is an astounding deed how the great devil who won them over has his hand in it. He deceives them and profanes them until they are taken prisoners and thrown in jail, to their dislike. [71v] When they have lost their freedom, their art doesn't work any more nor does it help them. Fed up with them, when they are put to the fire, the devil takes it as a game, makes fun of it, and blows on the fire.

[9,767–9,795] But the damned women are naturally (although insanely) inclined to be sorceresses and enchantresses, conjurors, invokers, and seers. Many of those mean women use geomancy and necromancy to tell fortunes. Those totally malign she-devils, because of their evil looks and their false restraint and everything else, certainly do not deserve that any man get close to them. Rather, he must be a half-day guest, going away after staying a little bit, and caring less about their contact, which passes soon and tires man so much.

[9,796–9,821] Their friendship, affection, predilection, truce, and love cannot last even an hour without hatred, rancor, grunting, and scolding. Their banner is being contrary, if not towards a daughter-in-law or a stepson, towards their father-in-law, their stepfather, their mother-in-law, a sister-in-law, or whoever accompanies them. Without paying tax, they boast with everyone they see frequently and deny the fact that they owe. They allege false crimes, reveal secrets, cover with their wings, and peck with their beaks. They prevaricate and defame with lies.

[9,822–9,847] Since they don't appreciate being loved at all, such behavior is hollow and pointless. [72r] Only their offspring, who is tender, can love them while nursing. The weaning rends the love with the bitterness of the yellow aloes that they put on the spout of their breasts when they wean them. It seems that they already don't love their children, showing them an image, beginning, and sample of the bitter, sorrowful life that those who drink their milk and eat their bad cooking must lead.

[9,848–9,901] Because of the bad company and excessive harm that they all inflict on any neighbor, Pope Calixtus made provisions against them when he wore the cloak of the apostolate.[300] He saw that the ecclesiastical monastic state was being destroyed and lost day by day, that the whole priesthood was idle and having fun, and devoted itself to giving pleasure to their women and to support-

---

[300] There were four popes named Calixtus: Calixtus I (ca. 217–222), Calixtus II (1119–1124), the antipope Calixtus (III) (1168–1178), and Calixtus III (1455–1458). None of them established the celibacy of priests, as Roig's passage suggests, but Carré speculates that the reference must be to Calixtus II, who convoked the First Lateran Council (1123), in which two canons were promulgated forbidding the marriage or concubinage of monks, priests, deacons, and subdeacons ("Aportacions," 380–81). The awareness on the author's part that Greek Orthodox priests were allowed to marry is interesting.

ing them and maintaining them well adorned and their houses furnished. Invoking God and convoking the whole catholic apostolic senate, with great controversy he proclaimed an edict and a long decree, completely lifting the burden of marriage from priests. The only ones who appealed were the Greeks, who, like crazy lay people, get married and sell, alienate, and destroy all their patrimonies for their children. They don't serve God [72v] freely. The Latin priests live in freedom; they take communion every morning during Mass; they all pray to God and say their hours. Wives and daughters-in-law, sons-in-law and nieces, marriages and weddings do not burden them at all.

[9,902–9,931] The Church was quite bitter for a while when it saw itself deceived by an evil woman who pretended to be a man.[301] Because of her nunship and deception, she was elected as the new pope. God killed her with violence and deservedly. She burst and was proven to be a woman. For that reason, when the Holy Father is replaced in his seat, it is ascertained whether he is a man by touching him publicly, always keeping in mind that the Redeemer, their founder and their fundament, gave the keys and the government to men, and ordained only virile men.[302]

[9,932–9,955] Watch out (and how!), lest a woman ever deceive them or order them, or become ordained or attempt to make sermons.[303] Their prattle would turn three worlds away from the faith! And they are not allowed ever to hear confessions: no pardons would ever be obtained from them, and they would reveal secret sins. The fathers and grandfathers who diverted and separated from the clergy such misdeed and great hindrance were discreet, outstanding, and wise men.

Second Part of the Third

[73r] [9,956–9,983] And you, old and bent man, are like an alchemist who, having seen his art frustrated, does the experiment again, doesn't leave or go away from it, and doesn't ever tire of blowing into the fire. And like the great player who loses in a game with bad luck and tries further and changes one thousand strategies, until he has lost his money. He never cools down. He sells all he has, and when he has nothing he steals so that he can play. He hurls himself to death so that he can return soon, until, destitute, no matter who wins, he takes off his clothes on the table.

---

[301] Roig refers here to a legendary female pope, known by the names of Joan, Agnes, or Gilberta, who was thought to have held the pontificate between Leo IV (847–855) and Benedict III (855–858). For a recent study on the subject, see Peter Stanford *The She-Pope: A Quest for the Truth Behind the Mystery of Pope Joan* (London: Heinemann, 1998).

[302] Cf. Lev. 21:16–23, where God tells Moses that no men with bodily defects may work at the altar.

[303] 1 Tim. 2:12: "I permit no woman to teach or to have authority over a man; she is to keep silent."

[9,984–9,998] You, old, lascivious, and stubborn peasant, will do the same. You will not tire of blowing into the fire. You endanger your rook because of a woman and she immediately gives you checkmate. Since they know how to make a kestrel[304] out of you and you don't even realize it, I beseech you to play no more with such irksome women.

[9,999–10,031] If their image, all adorned and painted, ever tempts you, to defend yourself think about what they are like inside. You see them shining and they don't have teeth. Covered in kohl,[305] their eyes get ruined. Using bleach they lose their hearing, and their sense of smell using sulfur. With the big horns[306] they wear on their heads, they get migraines inside. You see them embroidered and refined, with their braids cut and their partings reaching down to their eyebrows. If they seem beautiful to you with such boasting, do not deceive yourself. Take their clothes off [73v] and see what you find there. Wash their faces with clean water, off with their shoes, and see that you only have an old little monkey or a little basket, all head and legs.

[10,032–10,057] Therefore, don't get inflamed with their paints and embroideries, and don't make them into gods, like the Jews, our ancestors, who melted their rich and beautiful jewelry, their gold necklaces and rings, and made a god, and idolatrized and worshipped an ox.[307] Don't you worship their fine shirts or their laces; don't be distressed by their grimaces or their shiny skin, much less by their brains; and don't accumulate idolatries because of their many types of ointments, or because of what they advertise, or because of their exterior.

[10,058–10,085] Rather, restrain your flesh always if it wages war against you, libidinous and furious, as it does in the case of animals. If you can't have the virtue of continence within you, even if you try, because the carnal part does not make an effort and does not pay service to reason, take good advice from a good man. In new cases, which come up anew and are contingent, but not necessary, voluntary, or impossible, rather optional (by choosing better), this advice has never failed, giving remedy to your heat in accordance with the law.

[10,086–10,145] Furnish your bed with vine shoots and your room with chastetree wood; use a stone for a pillow and nettles for sheets [74r] to wrap yourself. Make a snow woman, like Francis did.[308] Stay awake at night, work,

---

[304] Carré refers to medieval bestiaries to elucidate the allusion: just as there are different types of falcons, there are different types of men, and the kestrel could be considered among the falcons that feed on rats, just like the sort of man that seeks out and rejoices in all manner of vile things (Carré, "Aportacions," 382).

[305] A black antimony powder used as eye makeup and as a body dye, especially in the Islamic world.

[306] A type of hairdo shaped like horns.

[307] See note 234.

[308] De Voragine, *The Golden Legend*, 2:223: The devil aroused a great temptation in Saint Francis, who scourged himself to no avail. He then "went out and threw himself

go up and down, until you get tired. Flee like Joseph.[309] Have baths. Get two bleedings per year. Make it so that you sweat frequently before your meals. In order to lead a chaste life, use the disciplines, and when you eat, take bread and water, refuse fine wine, and drink vinegar. Food should be scant, enough to live, with a certain measure—too little rather than too much. Fatty beef, milk, eggs, stews, broth, and blancmange produce excessive blood and, therefore, excessive seed and movement. Legumes are flatulent and full of fumes, whether cooked or toasted, and the flatulence caught inside causes the bagpipes to inflate a great deal, to rise up and sound. Therefore, don't use meat, legumes, and aromas much, because they stir and incite appetites. Rather, punish your flesh with slights as if it were your enemy, wear a lead sheet on your back and a tight ring made from cold iron around your kidneys. Wet your nuts in cold water. That is how such movement gets cooled off.

[10,146–10,169] Reason controls the feelings and the treacherous flesh of the discreet and withdrawn man. He must ruminate, and dominate and control them well. He must avoid not only thinking but also dreaming about the opportunity, which is like straw and torch [74v] for a small fire that little by little flares up a great deal. Who can estimate the great harm that Amnon did himself on account of Tamar? Certainly, Absalom killed him for that reason, since his thoughts grew into big flames.[310]

[10,170–10,180] If you are so inflamed that common sense is not enough, if your flesh is so contrary to you and moves you so much, if it gnaws at you so strongly, if it burns you so much, go back to your theme, since it pleases you so. As Saint Paul says, marrying is better than burning.[311]

[10,181–10,217] But what a marriage! It is not like the mule or the horse, which don't have common sense.[312] Rather, marrying only in order to honor the sacrament, greatly fearing God? Or to have your own children and successors by

---

naked into the deep snow. Then he made seven snowballs, which he set in front of him, and spoke again to his body: 'Look here,' he said, 'the biggest ball is your wife, the next four are two sons and two daughters, and the last two are a manservant and a maidservant. Hurry up and clothe them.'" The devil went away, defeated.

[309] See note 165.

[310] 2 Sam. 13:1–29. Absalom and Tamar were King David's children. They had a half brother called Amnon. Amnon was in love with Tamar. Pretending to be ill, Amnon requested that she bake some cakes in his presence. When he was alone with her, he asked her to lie with him. She refused and he forced her, after which he felt a great hatred towards her. She took refuge in Absalom's house. Two years after the rape, Absalom had Amnon killed at a celebration for what he had done to his sister.

[311] 1 Cor. 7:8–9: "To the unmarried and the widows I say that it is well for them to remain unmarried as I am. But if they are not practicing self-control, they should marry. For it is better to marry than to be aflame with passion."

[312] Allusion to Ps. 32:9: "Do not be like a horse or a mule, / without understanding."

a woman? Or to cool off your heat, or to avoid that most defamed sin?[313] Or, if you don't want to live alone, to be served and maintained? On account of such considerations, you can get married with good arts. Or because of great dowries, because you are weak, or because of love. Try whichever goal may move you, and I think it will irritate you. For one pleasure you will certainly have as many sorrows as the man at arms has sweats and deadly exertions in his ventures.

[10,218–10,225] In order to get rid of such fatigues, I need to tell you why they are so monstrous and where their so many evils and such little good come from. Listen well and don't sleep.

[10,226–10,233] So that you are more promptly informed, [75r] I want to explain first how their sin and evil last in them because of their nature and will.

[10,234–10,270] For your instruction, I want to mix into it the marvels, virtues, honors, merits, and praises of only One, our common and first mother, the major key-holder, the captain and the governess of Paradise. I also want to recount some things with which you may give up your inclinations, leaving on the ground your brute sentiments, crazy appetites, and vile delights. If you wish to push your understanding up to the high peaks of meditation and want to learn more clearly, you will be able to understand what you don't see but only believe in with simple faith.[314] Have ears for what I will say, and you will be able to meditate and contemplate better when you hear the ancient lessons.

[10,271–10,293] Almighty God, thinking about creating the present world, beginning with the firmament, was the creator of the ornament of everything, whether visible or invisible. He made man, beautiful, good, noble, as the useful lord of animals, the laborer of minerals, the farmer of what is firm and what is movable. Created by him in the green meadow and field of Damascus, man did not stay there but was taken and transported to Paradise.[315]

[10,294–10,335] When he fell asleep, with his hand God gave shape to woman [75v] from a rib that he extracted from under the man's breast, without waking him up or disturbing his slumber, without pain and without tearing or perforating anything. And it pleased him that it should be a rib and not a straight, strong bone, but rather a thin and curved one, round, bent by nature. Because such a shape, being round, does not adapt well to a straight and flat body (such are its attributes and quality), she, with her point, cannot ever conjoin with man, born flat. What she wants, that is—no more and no less. She would not become more twisted or straight but, rather, she would break if he had forged her

---

[313] I.e., sodomy.

[314] Allusion to John 20:29, where Jesus asks Thomas, "Have you believed because you have seen me? Blessed are those who have not seen and yet have come to believe."

[315] Adam was created in arable land and then moved to the Garden of Eden (Gen. 2:7–8), although the former location is never identified as Damascus.

from a focile.[316] She would never be docile, never flexible, but difficult to flex, like the Turkish bow, made backwards. He got the tail from a little goat and made her tongue.

[10,336–10,350] God certainly foresaw what she would be like! Masterfully, he gave the name of Adam to the man and Eve to the woman. 'Adam' sounds like a vermilion or red field; 'Eve,' like bad joy, a curse, perdition, and the clatter of bones, mouth and bites; it is interpreted as weeping, according to the word.[317]

[10,351–10,391] A first and very easy law given by God was imposed on her so that she would observe it.[318] She allied herself with a damned one and an apostate, a rebel against God, who had been expelled from heaven, a haughty, [76r] very envious and evil spirit.[319] Only because of what he told her, she broke the law. She committed a sin, a very awful crime of lèse-majesté that deserved death. She was summoned and reprimanded by God. Totally afraid, she felt commotion, compunction, and resistance; she blushed and, ashamed, with big leaves from green, milky fig trees, she made a cover for the natural and maternal place where children are made. The milk touched her opening and instantly left the common and hereditary itch and heat right there.

[10,392–10,406] Since she did not confess her mistake, but instead excused it with the snake, she was eternally condemned to death, damned and cursed, to be subjugated her whole life and expelled from Paradise, and to give birth with sorrow and great pain.[320]

[10,407–10,423] About obeying and being reverent and submissive, her kind has never done a thing: that is their credit. Since she was talkative from the beginning—she first ate and moved her tongue and lips, which remained free to be garrulous—and not mute, seeing herself wronged with such weight, it is believed that she appealed.

---

[316] Carré sheds light on this term, which had baffled previous editors of *The Mirror*. The focile refers to a bone in the forearm or the leg (Carré, "Aportacions," 383): the *focile minus* is either the radius or the fibula, whereas the *focile maius* is either the ulna or the tibia.

[317] One of several interpretations of the name "Adam" is indeed "red"; the interpretations of the name "Eve" seem to be made up (Chabàs i Llorente, *Spill o Libre de les Dones*, 331). Miquel i Planas suggests that Roig may have obtained these meanings from versions in different languages (hence the otherwise cryptic "according to the word," *Spill o Libre de consells*, 357).

[318] Gen. 2:16–17: "And the Lord God commanded the man, 'You may freely eat of every tree of the garden; but of the tree of the knowledge of good and evil you shall not eat, for in the day that you eat of it you shall die.'"

[319] Cf. the illumination in Hauf i Valls, "De l'*Speculum Humanae Salvationis*," 196–97.

[320] Cf. Gen. 3:16.

[10,424–10,429] She kept silent about childbirth. Whoever is silent, assents:[321] for that reason the bitter purge of birthing, pain, and death is still with her.

[76v] [10,430–10,453] With regards to being troublesome, contrary, rebellious, and belligerent towards man, she alleges the prescription and the possession of the old faith. She was the first friend of the devil, whom she took as constable. Having and holding their husbands' love in bad faith, women immediately prescribed rebellion against them wickedly and against the truest right. This contention applies to all women.

[10,454–10,467] Therefore, because of the fig, or some other fruit, which she coveted strongly without any struggle, tasted and ate freely, not forced at all, breaking the law, not questioning the command and not fearing God, Eve gained those afflictions, leaving them as an inheritance to her progeny.

[10,468–10,475] Her male descendants certainly care very little about such inheritance. It is among the female descendants that the mischief she bequeathed them resides.

[10,476–10,505] She bound her heiresses by firm truces with the infernal Lucifer, her special dragon. She made them all his emphyteutas[322] under his obligation, and him the rent collector, and she forced them to make mistakes. He has them all inventoried without exception in his inventory in an undetermined census: he has this one in green, those in blue, another one in purple, most of them in red, black, gray, [77r] yellow, brown, or the color of henna. They have been included in his census and are well established, with rights and levies. He has them all described in a manual with their sophistry, limits, and constraints.

[10,506–10,534] This inheritable annuity, tax, or tariff was already settled and canceled in the notarial protocol, the original and ancient contract, by the validity of an instrument of grace, one thousand four hundred and twenty-seven years ago (plus thirty-three, the first years, since the Redeemer was born and while he lived).[323] Once the pact was repealed and defined, an infinite price of flesh and blood was paid in order to obtain a release from it. Once revoked, the creditor was taken prisoner as a thief and punished.

[10,535–10,557] In spite of this protection, deliverance, and release, and in order to have pleasure with their tax collector, women still do not renounce him or deny him his dominance, but rather they want it to be perpetual. Neither chrism nor salt, nor the faith of their godfathers stops them,[324] nor do they hide from

---

[321] Catalan proverb (*Qui calla, atorga*).

[322] Heritable lessees.

[323] According to this computation, *The Mirror* was written in 1460 (1,427 years plus 33). The "old bond" is a common patristic image. The technical notarial language is noteworthy here.

[324] These are elements of the sacrament of baptism. See note 26.

it. They all pay him the Almoravid tax[325] in the morning of Saint John's or have given it to him on New Year's Day.[326] Their mouths shut up for Shrovetide.[327]

[10,558–10,585] Of all these disturbances—pay attention, listen—God has absolved among them only One,[328] who shines like the moon, a scintillating star, who gives better protection than the heavens, who is unique like the sun,[329] who flies like a vulture. A beautiful bee, [77v] an ancient sheep, and a signaling swan, a distinguished phoenix, an adoring dove, aromatic gum, a sure stork.[330] She alone is free from the general tax, meanness, and levy. She is whiter than snow, a rose, a jasmine, and a lily. She is more immaculate than a pure mirror and a glass, and was never soiled by their legacy.

[10,586–10,645] She has advantage, sublimity, great dignity, and privilege. She obtains very high prerogatives over the bunch of miserable women, all of them sick, some of them very lean, like the seven Egyptian cows,[331] others sick with seven humors and pudgy, much fattened and inflated by seven tumors, with seven aches, all stained by seven colors, bitten by the heads of seven snakes.[332] Such an excellent house, constructed and built on seven round gold columns,[333] a book closed and sealed with seven seals,[334] a tree of life[335] with seven branch-

---

[325] See note 217.

[326] Saint John's Day (24 June), Christmas Day (25 December), or New Year's Day (1 January), according to tradition, marked the due dates of annual payments.

[327] Shrovetide comprises the three days before Ash Wednesday, when confessions are made in preparation for Lent.

[328] Roig, through Solomon, elaborates on the theory of the immaculate conception of Mary (lines 10,558–10,673), which was not believed by all Catholics, as is explained in lines 10,674–10,777, and sparked a heated debate in Europe, especially among Franciscans and Dominicans.

[329] Cf. Song of Sol. 6:10, in praise of the woman's beauty: "Who is this that looks forth like the dawn, / fair as the moon, bright as the sun, / . . . ?"

[330] According to medieval bestiaries, these animals possessed beatific qualities. Before it acquired negative connotations, the vulture represented Mary's virginity and the conception of her son, the bee had connotations of chastity, the phoenix stood for the uniqueness of the Virgin, and the stork represented filial love (Martín Pascual, "Les comparacions," 206).

[331] Gen. 41:26–27. A reference to the interpretation that Joseph gave to Pharaoh's dreams: "The seven good cows are seven years, and the seven good ears are seven years; the dreams are one. The seven lean and ugly cows that came up after them are seven years, as are the seven empty ears blighted by the east wind. They are seven years of famine."

[332] The number seven refers to the capital or deadly sins, attributes of all women, which are opposed to the seven virtues, attributes of the Virgin (Miquel i Planas, *Spill o Libre de consells*, 360).

[333] Prov. 9:1: "Wisdom has built her house, / she has hewn her seven pillars."

[334] Rev. 5:1: "Then I saw in the right hand of the one seated on the throne a scroll written on the inside and on the back, sealed with seven seals."

[335] Prov. 3:18, in praise of Wisdom: "She is a tree of life to those who lay hold of her."

es, healthy and adorned by seven virtues, defended by one thousand and seven shields, an expert in the seven liberal arts, the seven planets of the zodiac, with seven comets that illuminate her, seven lights that hold seven candelabra for her, seven pious and charitable actions towards others on the seven days,[336] but more on Saturday because it is specifically her day, [78r] since on such a day the faith was being lost and she alone kept it firm.[337] It was broken by all, and she alone was the Church: that is why Saturday is called her day.

[10,646–10,663] She provides good protection, is a powerful worker, a warrior for her people, their defender and protector, the standard-bearer of travelers and combatants. She carries a flag made of pure silver, white and shiny, and her enterprise is humility and virginity. Because of her nobility, maternity and fecundity are her livery.

[10,664–10,673] Because of her great highness, she deserves to be exempted from the aforementioned charge. The divine court has preserved and reserved her alone from that original imprint.

[10,674–10,693] You know that another school maintains a different doctrine from the one mentioned before.[338] Without suspicion, believe whichever one you want. But do not knock yourself out or dishonor yourself by making vain feasts, detractions, and curses, polluting and slandering in thrones and pulpits, calling those who maintain that which they think is true heretics and bad Christians, stupid and ignorant.

[10,694–10,710] The plurality of the holy doctors, who greatly disagree in their opinions, renders the question very doubtful and difficult to decide. Supporting the affirmative or the negative is a fatiguing conclusion that goes back a long time to holy men [78v] that have supported either side, all of them full of knowledge, approved, and canonized.

[10,711–10,735] Some modern ones have been made the steersmen of old ships. They have made old controversies their own, and they are a big bunch of idle people. They have mixed themselves in a strange faction, usurping the name of captains. They have thus acquired an excess of mortal trouble: they will not know more about it while they are alive; once they are dead in Paradise they will clearly see with their own eyes their discord ended. Thus the fight remains doubtful, although quite beneficial to the Church.

---

[336] Cf. the illumination in Hauf i Valls, "De l'*Speculum Humanae Salvationis*," 197–98.

[337] Reference to the Saturday after Christ's death, when no one believed in his resurrection (Almiñana Vallés, *Spill*, 725). Saturday was established as the day of the Virgin around the tenth century (Miquel i Planas, *El espejo*, 167).

[338] This other doctrine was declared illegal in Aragon in 1456 by John II. In all the editions of *The Mirror* before the twentieth century, these lines are replaced by an equal number of lines that insist on the theory of the *non concepta* (Miquel i Planas, *Spill o Libre de consells*, 360).

[10,736–10,765] Because, as Benedict de Luna,[339] who was Pope in Avignon, said, this debate has done a great service to the common good. It has made many who were not that amiable towards the faith into scientists, great theologians, sophists, dialecticians, polemicists, orators. Those same men, in peace and idleness, might have remained completely ignorant, like healthy rustics. They would tear down what has been built. Their exercise, which is as envious as it is curious, and their questioning have made the edifice greater.

[10,766–10,777] Certainly, you may safely take either of both options, hold it and defend it as a complicated issue, without the fear of fire. The one that I am presenting to you (the option of being conceived without sin) is accepted by the majority and seems more devout and quite sound.

[79r] [10,778–10,795] That scream that was well heard in Patmos,[340] when the eagle said, *'Vae'* three times to all those who were born and inhabited the earth, does not obscure this at all.[341] Not in vain did the angel say, *'Ave'* — it corresponds to the first faithful relater and ambassador from God.[342] Certainly, that *ave*, *Eva* in reverse, removes all three *vaes* and cleanses her from them.

[10,796–10,810] The One who is pure, without *vae*, full, perfect, completely clean, without controversy, totally beautiful,[343] true gold without mixture, mother and friend of the Creator, the powerful Lord, . . . It does not seem likely that that One may have felt, even for an instant, an outbreak of *vae* or any baseness in her body or in her spirit.

[10,811–10,828] The One who out of nothing made everything that now is created man from virginal mud and earthy silt so that he would order, speak, and talk. And from his side, without making a hole, he pulled a rib and made the female, and said, 'Grow.'[344] Only by his word and by his virtue they have conceived and procreated by mixing together the seeds from the two, not otherwise.

[10,829–10,835] And the One who came down and became human without having a man for a father, the One who took his flesh from his mother only, didn't he suspend such mixture?

---

[339] Pedro de Luna (1328–1424), Pope Benedict XIII from 1394 to 1424, one of the schismatic popes, also known as antipope Luna.

[340] Small rocky island in the Aegean Sea, where Saint John was exiled (Rev. 1:9). This is a reference to the appearance of Mary in the heavens, taken as a symbol of her immaculate conception (Rev. 12:1–5).

[341] Rev. 8:13–14. *Vae*, originally in Latin in the manuscript, means "alas" or "woe." I prefer to maintain the Latin spelling, as well as those of *ave* ("hail") and *Eva* ("Eve"), since they are perfectly understandable, to preserve the original word-play.

[342] Luke 1:28: "And he came to her and said, 'Greetings, favored one! The Lord is with you.'"

[343] Song of Sol. 4:7: "You are altogether beautiful, my love."

[344] Gen. 1:28: "God blessed them, and God said to them, 'Be fruitful and multiply.'"

[10,836–10,851] Certainly, he who can make a great mystery can also suspend the small offense, which is anxious, contagious, hereditary, involuntary, accidental, not essential or positive, only exclusive to a natural, [79v] original, and true justice, not at all having to do with malice.

[10,852–10,888] When God wanted to reprimand Eve severely because of what she did, didn't he condemn and sentence all women to feel difficulty, pain, fear, and sadness in childbirth? This One gave birth, but didn't feel any pain. He who suspended in her the common general law of the body can very well suspend that accidental and original law. Like when that famous king of Babylon had a great furnace lit up because of the dispute of the three Jews who did not worship the Babylonians' vain gods, and they did not get burned at all.[345] Burning is in the nature of fire, but God eternal suspended it. Therefore he was quite capable of suspending such a *vae* without much contention.

[10,889–10,900] When that good king called Ahasuerus made the law, didn't Queen Esther repeal it when she came to him well dressed and accompanied by her maidens?[346] Don't marvel if the One who is more powerful suspends the law.

[10,901–10,917] Can't God do more than his sub-delegates, doctors, prelates? Doesn't the confessor render the sinner immune from all his confessed grave sins, after he details them well, and frees him from hell and eternal death? Isn't the doctor who prevents the illness that he sees considered twice as noble [80r] as the one who cures it?

[10,918–10,943] The high doctor God, a true and magnificent scientist, glorious in his eternity, *in mente*, like the pope does,[347] pre-selected her and preserved her immune to illnesses and sins, dignified and deified, before the world existed. Then he brought her, like a sanctified rod planted in order to give health to the lost world, in the midst of times, between the extremes, in the middle of the world, in the limit of the Promised Land controlled by the people of Judah.

[10,944–10,953] From the midday God greeted the whole world around, from the Orient to the Occident, with the taste and the soft aroma of such cinnamon, such a vine shoot, such a new balsamic plant.[348]

---

[345] Dan. 3:13–27. The three Jews were Shadrach, Meshach, and Abednego. Nebuchadnezzar threw them into a furnace because they refused to worship his god, but they did not burn.

[346] Esther 3–7. King Ahasuerus was persuaded by Haman to decree the destruction of all the Jews in his kingdom, but Queen Esther, a Jew, asked him to revoke it.

[347] *In mente* is a scholastic phrase used to refer to God. *In pectore* is used in reference to the pope (Almiñana Vallés, *Spill*, 729), indicating things he kept undisclosed.

[348] Cf. Song of Sol. 4:13–14: "Your channel is an orchard of . . . cinnamon, . . . with all chief spices."

[10,954–10,962] Such a holy daughter comes from a holy ancestry of wise judges, patriarchs, prophets, and holy and devout priests and kings, all of them loyal to God.

[10,963–10,973] When she was born she was given a most honorable, beautiful, and gracious name, ordered by God and entrusted by a messenger, a sure angel, to her father, an honorable man, so that he would give her the very high name of Mary.

[10,974–10,988] It means midday, dawn, center and north wind, star of the sea, vessel with sailing sails, the illuminated and illuminatrix for the traveler. It means that she would give her hand and would love more. It means married, [80v] the salty sea or the bitter sea,[349] and a generous mother.

[10,989–11,010] When she was little, at a very young and delicate age, she was dedicated to the service of the temple, where she was an example of sanctity. At such an age she already showed a miracle: she climbed up the fifteen tall steps to the tabernacle. She was never annoyed by the cloister. With great care, by the inspiration and the revelation of God, she soon became a teacher and a doctor to the older teachers. She made them skilled in the performance of services and sacrifices that were acceptable to God and that would placate him.

[11,011–11,028] Many little girls lived there to serve God. She gave them doctrines about prayer and spiritual devotion. She made them vow to keep perpetual virginity and integrity. She wanted to endow them with chastity and honesty.

[11,029–11,051] When she was twelve years old, before she was even fourteen, in spite of the vow, without a dowry of gold or money, the holy rabbis married her. They all agreed, through the flowery branch,[350] that her husband should be Joseph, an old Jewish man from her same tribe, a chaste and honest man, just, holy, modest, who knew the law and feared God. Both relatives gave their consent, and their desire to have the marriage was soon consolidated by the families.

[11,052–11,057] The bride took a ring from her old husband [81r] as the symbol of the pledge, better than Sarah, the laughing woman.[351]

[11,058–11,063] She was not leprous for a week, like Moses' sister, whom God allowed to have leprosy for seven days.[352]

---

[349] Cf. Saint Bonaventure: "For *Mary* means a bitter sea, star of the sea, the illuminated or illuminatrix" (*The Mirror of the Blessed Virgin Mary*, trans. Sr. Mary Emmanuel [St. Louis: B. Herder Book Co., 1932], 15).

[350] An allusion to a branch of the tree of Jesse, part of Mary's Old Testament genealogy; and also to the legend (in the apocryphal gospels, from which this material is taken) that Joseph was selected as Mary's bridegroom because it was his staff that flowered.

[351] Gen. 18:9–15. God promised Abraham that he and his wife Sarah would have a son in the spring, but Sarah laughed at the idea of two old people having a child.

[352] Num. 12:9–15. Her name was also Mary or Miriam. She contracted leprosy in punishment for speaking against Moses.

[11,064–11,069] Nor was she like that other Mary who did not know what she was asking for and who bothered the One she should not bother.[353]

[11,070–11,076] Nor did she scoff at her good husband, like Michal did at her husband, David.[354] For that reason, because she laughed, God wished that she should never give birth.

[11,077–11,091] This One was caring and loving, sweet, pleasant, not irritable like Job's wife.[355] Paying attention to his trade, the wise carpenter busied himself with his carpentry or smithy, while she made money with her weaving, cutting, sewing and spinning for long periods of time.

[11,092–11,095] She certainly did not steal a goat or a sheep, like the wife of blind Tobit.[356]

[11,096–11,105] Night and day, without exception, you would see her praying. With great difficulties, with their little income they dressed themselves and spent only what was necessary for their everyday use.

[11,106–11,115] Joseph, happy, was never deceived in his food, like Isaac.[357] He was never drunk like Noah.[358] And he did not commit incest because he was confounded and dissipated by the effects of wine, like Lot.[359]

[11,116–11,121] This Joseph got along with his wife in peace and joy. They always lived with sobriety.

[11,122–11,129] They treated each other with honesty: they never touched each other, [81v] they never knew each other, and they never broke their virginity. In their equity, they were straight like palm trees.[360]

---

[353] Chabàs and Miquel i Planas think that this "other Mary" must be the mother of Zebedee's sons, who asked Jesus to allow them to sit next to him, according to Matt. 20:20–22. Almiñana Vallés argues that it must be Mary Magdalene, who mistook the resurrected Christ for the gardener and asked him what he had done with her Lord's body, according to John 20:14–15.

[354] 2 Sam. 6:16: "As the ark of the Lord came into the city of David, Michal daughter of Saul looked out of the window, and saw King David leaping and dancing before the Lord; and she despised him in her heart." 2 Sam. 6:20: "But Michal the daughter of Saul came out to meet David, and said, 'How the king of Israel honored himself today, uncovering himself today before the eyes of his servants' maids, as any vulgar fellow might shamelessly uncover himself!'"

[355] Job 2:9: "Then his wife said to him, 'Do you still persist in your integrity? Curse God, and die.'"

[356] Tob. 2:10–14. Tobit's wife, Anna, had to work to earn money because her husband was blind. On one occasion, her employers gave her a goat in addition to her wages, but Tobit believed that she had stolen it.

[357] See note 255.

[358] Gen. 9:20–21: "Noah, a man of the soil, was the first to plant a vineyard. He drank some of the wine and became drunk, and he lay uncovered in his tent."

[359] See note 270.

[360] Cf. Ps. 92:12: "The righteous flourish like the palm tree."

[11,130–11,136] I certainly foresaw her true soul. For her I wrote and prophesied, through the inspiration of God, the beautiful dictates of the *Song of Songs*.[361]

[11,137–11,181] She was represented and foretold in the prophecies made for her by Isaiah and all the prophets: Noah's ark,[362] the ladder to heaven of the patriarch,[363] the veil for the temple,[364] the skin that covers the ark or torah, the golden jar, urn or cup, and Aaron's rod,[365] Gideon's bowl of dew, dense fleece, and humid field,[366] the

---

[361] This is an allusion to the medieval Christian concept, which would come to be known as typology after the nineteenth century, that the events and people of the Old Testament were types (or figures) of those in the New Testament. Similar allusions can also be found in lines 11,137–11,139, 12,948, 13,199–13,201, 13,763–13,764, 14,177–14,178, 14,275–14,276, 14,461–14,462, and 15,351–15,352. This form of exegesis was a successful attempt at appropriating and reinterpreting the Jewish scriptural tradition in favor of Christianity. One of the most effective tools in its dissemination was the *Speculum humanae salvationis*, where the illuminations of many of the figures listed in the following lines can be found (cf. Hauf i Valls, "De l'*Speculum Humanae Salvationis*," 199–200).

[362] Gen. 6:14: "Make yourself an ark of cypress wood."

[363] Jacob. Gen: 28:12: "And he dreamed that there was a ladder set up on the earth, the top of it reaching to heaven."

[364] Exod. 26:31. One of the orders that God gave Moses on Mount Sinai was, "You shall make a curtain of blue, purple, and crimson yarns, and of fine twisted linen."

[365] Heb. 9:2–4: "For a tent was constructed, the first one, in which were the lampstand, the table, and the bread of the Presence; this is called the Holy Place. Behind the second curtain was a tent called the Holy of Holies. In it stood the golden altar of incense and the ark of the covenant overlaid on all sides with gold, in which there were a golden urn holding the manna, and Aaron's rod that budded, and the tablets of the covenant."

[366] Judg. 6:36–40: "Then Gideon said to God, 'In order to see whether you will deliver Israel by my hand, as you have said, I am going to lay a fleece of wool on the threshing floor; if there is dew on the fleece alone, and it is dry on all the ground, then I shall know that you will deliver Israel by my hand, as you have said.' And it was so. When he rose early next morning and squeezed the fleece, he wrung enough dew from the fleece to fill a bowl with water. Then Gideon said to God, 'Do not let your anger burn against me, let me speak one more time; let me, please, make trial with the fleece just once more; let it be dry only on the fleece, and on all the ground let there be dew.' And God did so that night. It was dry on the fleece only, and on all the ground there was dew."

closed gate,[367] Elijah's chariot,[368] Tobias's fish,[369] the king's daughter who adopted the child taken from the river,[370] David's tower, crown, guitar, key and sling,[371] the greenness of the ground,[372] Samson's honeycomb,[373] clay from Iran, Gethsemane, the village of the rabbis, Mount Sinai, Mount Tabor, and Mount Horeb,[374] Joseph's cup, sack, and money for the grain,[375] the bush all in flames but not consumed,[376] the fountain, the enclosed garden,[377] the husband's marital bed, the well of Sychar,[378] Jerusalem, and the merchant ship.[379]

[11,182–11,202] I wrote about her character and described what she would be like at the end of one of my accounts:[380] a very strong woman, difficult to come by, valued at a high price, a wise worker and spinner, a conservatrix and provider [82r] of those who serve her, who makes her husband sit among the senators. In her honest living, she is great and small, poor and rich, a respectable and redoubtable woman.

---

[367] Ezek. 44:1–2: "Then he brought me back to the outer gate of the sanctuary, which faces east; and it was shut. The Lord said to me: This gate shall remain shut; it shall not be opened, and no one shall enter by it; for the Lord, the God of Israel, has entered by it; therefore it shall remain shut."

[368] 2 Kings 2:11: "As they continued walking and talking, a chariot of fire and horses of fire separated the two of them [Elijah and Elisha], and Elijah ascended in a whirlwind into heaven."

[369] Tob. 6:2. Tobit's son, Tobias, was attacked by a fish when he was bathing in a river. The angel Raphael told him to catch it and keep its gall, heart, and liver, which could be used as medicine.

[370] Pharaoh's daughter and Moses (Exod. 2:5–10).

[371] Tower of David: Song of Sol. 4:4; crown: Song of Sol. 3:11; key: Isa. 22:22.

[372] Miquel i Planas sees in this a reference to the "lily of the valleys" in the Song of Sol. 2:1 (*El espejo*, 177).

[373] Judg. 14:6–8. Samson killed a lion, in whose carcass developed a swarm of bees with honey. This circumstance gave rise to the riddle that he put to his thirty companions, the answer to which his wife extracted from him after much questioning. See note 238.

[374] Exod. 17:6. When his people complained to Moses that they were thirsty, he turned to God, who replied, "I will be standing before you there in front of you on the rock at Horeb. Strike the rock, and water will come out of it, so that the people may drink."

[375] Gen. 44:1–2. Joseph told the steward of his house, "Fill the men's sacks with food, as much as they can carry, and put each man's money in the top of his sack. Put my cup, the silver cup, in the top of the sack of the youngest, with his money for the grain."

[376] Exod. 3:2: "There the angel of the Lord appeared to [Moses] in a flame of fire out of a bush; he looked, and the bush was blazing, yet it was not consumed."

[377] Song of Sol. 4:12: "A garden locked is my sister, my bride, / a garden locked, a fountain sealed."

[378] John 4:6. The well by which Jesus met the Samaritan woman.

[379] Prov. 31:14: "She is like the ships of the merchant, / she brings her food from far away."

[380] The last chapter of Prov. 31:10–31.

[11,203–11,217] Among one hundred thousand women the most humble, chosen by God and raised for his very high mystery, she received an angelic ministry, a harbinger from the Lord, loftier and greater than the messenger that went to Manoah's wife when she had strong Samson.[381]

[11,218–11,233] The ambassador was Gabriel, sent from heaven to Galilee, outside Judea. On its border, Nazareth was a city and a flower.[382] The angel came with a great brightness while Joseph was asleep, at midnight. Entering carefully, he found her sitting next to her bed, awake and reading.

[11,234–11,256] He said to her, 'Blessed! Hail, Mary, my lady, most gracious and more fruitful than any mother. In order to repair our ruin, you will soon be the Queen of Heaven. You will conceive a son, repairer and savior. God is with you.' Since what he explained seemed difficult to her, she immediately replied, somewhat bewildered by the message, and said, very humbly and gracefully, that she was happy to be God's servant.

[11,257–11,267] And through the intervention of the Holy Spirit, she conceived. With the virtue of God Most High, she remained pregnant with the most Holy Child, [82v] accompanied by her husband, her womb remaining always closed.

[11,268–11,278] At that instant when she said, 'Let it be,' humble Mary, a secret virgin, was a perfect pregnant woman, a complete virgin and a true mother, a married virgin, pregnant without weariness, heavy and light, pregnant and walking.

[11,279–11,293] One day in the morning she left Nazareth with the alderman—and with such temperance! She wanted to visit Elizabeth and to tell her brother-in-law, Zechariah, about her holy pregnancy.[383] She stayed there and consoled them for a few days, and then they left.

[11,294–11,301] Then they went straight to Bethlehem, not because of their wishes, but because of an edict proclaimed by Caesar that obliged them to go there. In the intense cold, she became a pilgrim.

[11,302–11,322] A woman, a neighbor from the city, did not like her and refused to take her in, so she gave birth in a manger in the communal field. She had no midwife, sister, or cousin; she had no sadness or fear, pain or tears. Daughter and mother, she gave birth to her Father, Father and Son (without any danger), Son and Lord (without any longing), the supreme Lord, like an eagle that sees and flies rising toward the sky.

---

[381] Judg. 13:2–3: "There was a certain man of Zorah, of the tribe of the Danites, whose name was Manoah. His wife was barren, having borne no children. And the angel of the Lord appeared to the woman and said to her, 'Although you are barren, having borne no children, you shall conceive and bear a son.'"

[382] According to some etymological interpretations, Nazareth means "verdant" or "offshoot."

[383] Luke 1:39–40: "In those days Mary set out and went with haste to a Judean town in the hill country, where she entered the house of Zechariah and greeted Elizabeth."

[11,323–11,363] She gave birth to a real man, an accomplished young man. She gave birth to a son, an ox, a new priest. She gave birth to a lion, a king, and a baron. She gave birth to the Son of God, who made the world. She gave birth to the Messiah, who killed Goliath.[384] She gave birth to her son, Word [83r] and bronze snake.[385] She gave birth to a giant, who subdued Satan. She gave birth to her son, Christ, who saved sad mankind. She gave birth to a real body, of flesh and bones.[386] She gave birth to a strong son, who destroyed death. She gave birth to a lamb and took away the old sin. She gave birth to a holy son, who embraced mankind. She gave birth to health, which cured mute man. She gave birth to her son, the light, which removes the smoke of the world. She gave birth to an eternal son, who brought us out of hell. She gave birth to her son, Jesus, and Satan was confused. She gave birth to a great King, to give us law. She gave birth to our Redeemer and our Governor. She gave birth to the good that supports us all. She gave birth to the only judge who is free from fraud, the sun of justice.

[11,364–11,371] With great skill she wrapped him in diapers and worshiped him with *latria*. She was indeed the first true worshiper of God.

[11,372–11,383] At that hour when he was born, all the foreign gods fell down shattered,[387] sodomy received a bad blow, and idolatry, with the Levites and the Sodomites, an infernal and corporeal death, and great derision.

[11,384–11,389] Born in the flesh, he was recognized as King and leader, and served and feared as God and Lord by the ox and the ass.[388]

[11,390–11,396] Emperor Octavian worshiped him as the true God and clearly saw him walking in the air in Rome.[389]

---

[384] 1 Sam. 17:4: "And there came out from the camp of the Philistines a champion named Goliath, of Gath, whose height was six cubits and a span."

[385] Num. 21:6–9. When the people of Israel complained about Moses and God for having taken them out of Egypt, God sent them fiery snakes that bit and killed many of them. After admitting their sin, they asked Moses to save them. At God's command, Moses made a bronze snake and put it on a pole, which those who were bitten by a snake could look at in order to be saved. Quoted in John 3:14.

[386] Comment aimed at certain Gnostics who thought that Christ's human body was only an illusion.

[387] Refers to the story in the apocryphal infancy accounts that at the moment of Christ's birth all the statues of gods in Egyptian temples collapsed.

[388] "The ox and the ass, miraculously recognizing the Lord, went to their knees and worshipped him" (De Voragine, *The Golden Legend*, 1:41). The allusion is to Isa. 1:3.

[389] When the senators wanted to worship Emperor Octavian as a god, he refused. The Senate then decided to ask the Sibyl if a greater person was going to be born. As a consequence of her oracle consultations, "at midday a golden circle appeared around the sun, and in the middle of the circle a most beautiful virgin holding a child in her lap. The Sibyl showed this to Caesar, who offered incense to him and refused to be called God" (De Voragine, *The Golden Legend*, 1:40).

[11,397–11,399] A large fountain of oil sprang very close to the Capitol.[390]

[11,400–11,404] The Nile rose, flooding arable lands that were seven days away, [83v] more than it had ever done or than it had ever been seen.

[11,405–11,415] And some shepherds who were awake taking care of their sheep, heard angels singing new songs that said, 'God is born.' They immediately left and visited him and related it in detail.[391]

[11,416–11,429] In the west, three suns were seen that became one.[392] In a new mine, a carved stone, soft inside, was found with fine letters sculpted on it where the prophecy could be read that 'She will certainly conceive as a virgin and give birth to a son.'[393]

[11,430–11,441] In the east, three gentile kings found out about it by the new signs that they saw in the sky, and looked for him and worshiped him, bringing him presents of myrrh, gold, and incense, as it befits a lord, a mortal man, and God.[394]

[11,442–11,448] And every year, if you pay attention, you will surely see the pennyroyal, which has dried in the sun, flowering at midnight.

[11,449–11,455] And a piece from the large temple to the ancient vain gods of the Romans that is still in Rome falls on the night on the greatest feast of the year.[395]

[11,456–11,476] When the universal and general Savior came to the world, he wanted it manifested everywhere with an abundance of testimonies that he was born, so that the world would not find excuse in its ignorance. Angels, devils, the sky, the elements, men and animals testified and showed [84r] notable and very admirable signs to the world, spreading the knowledge of such a birth.

[11,477–11,490] Eight days later, he was sent to the great rabbi who was ready to perform his circumcision. Only to fulfill the prescribed cut was he sent

---

[390] "In Rome it also happened . . . that a fountain of water turned to oil and burst into the Tiber" (De Voragine, *The Golden Legend*, 1:40).

[391] Luke 2:8–20.

[392] Cf. Julius Obsequens's *Prodigiorum libellus*: *Soles tres fulserunt, circaque solem imum corona spiceae similis in orbem emicuit; et postea in unum circulum sole redacto, multis mensibus languida lux fuit* ("Three suns shone, and around the lowest sun a spike-like crown shone forth into the orb; and then, the sun having been drawn back into one single circle, the light was weak for many months") and *Quum haec victimis expiarentur, soles tres circiter hora tertia diei visi, mox in unum orbem contracti* ("When these things were appeased with the sacrificial offerings, around the third hour, three suns were seen, soon drawn together into one single orb"), in Charles Benoît Hase, ed., *Valerius Maximus* De dictis factisque memorabilibus *et Julius Obsequens* De prodigiis: *Cum supplementis Conradi Lycosthenis* (Paris: Collection Lemaire, 1823), 195–96, 201.

[393] Isa. 7:14: "Look, the young woman is with child and shall bear a son."

[394] Matt. 2:9–11.

[395] De Voragine, *The Golden Legend*, 1:39.

there, so as not to take more time. He was named Jesus Emmanuel. It was done as it had been specified by Gabriel.

[11,491–11,511] The human and paternal mother who had just given birth, although a virgin, nursed her child. Although a virgin, she was a first-time mother. Although a virgin, she was full of milk. Although a virgin, she nourished her little boy, her tiny son, with the celestial and virginal milk that came from her own breast, filled by the heavens. She nursed him with great skill, love and generosity, until he grew out of infancy.

[11,512–11,516] With her whole heart she loved him, and with great fear, as her Lord God and as her natural child, from her own flesh.

[11,517–11,527] She was more of a mother than any woman who is or will be a mother. Don't compare: putting together all the past mothers it would be impossible to get the sufficient quality of maternity to rival hers.

[11,528–11,541] For that reason, she received a holy and awesome name that no other mother in the world has: Virgin Mary, Mother of God. God is her son, really her son, more truly than ever a child was, a son made instantly inside her body, an accomplished and irreproachable infant.

[84v] [11,542–11,565] Because of his feelings towards living men, God high and invisible, God impalpable took up a palpable body, God immortal became a mortal man, God infinite took up a finite body, God impassible became a changeable man. He accepted the miserable human actions and passions without sin: death, hunger, and thirst, heat and cold, blows and dejection, sleep, weariness, sweat, cough, speaking, spitting, laughing, and crying.

[11,566–11,573] He did not avoid any of the vain things that pertain to man—ignorance, weakness, illness, or the inclination towards sin or towards anything profane.

[11,574–11,590] It pleased him well to become human, the Word incarnate, a true man and true God, so that in his name everyone would kneel down and prostrate themselves:[396] celestial, angelic and humble spirits, Jews and gentiles, the earthly, the infernal and those possessed by the devil, all squashed and made into a stool under his feet.[397]

[11,591–11,601] As the final judge, when he sits at the tribunal, he will certainly crush the petty kings. As a powerful God and a pious man, he will judge all nations with fairness[398] and he will crack worldly heads.[399]

[11,602–11,617] God eternal, God the Father, alive, thus swore and promised David that he would send without fail a Son King who would sit for him in

---

[396] Philip. 2:10: "... so that at the name of Jesus / every knee should bend..."

[397] Ps. 110:1; Matt. 22:44; Mark 12:36; Luke 20:43; Acts 2:35; Heb. 1:13, 10:13.

[398] Ps. 98:9: "He will judge the world with righteousness, / and the peoples with equity."

[399] Ps. 110:6: "He will execute judgment among the nations, / filling them with corpses; / he will shatter heads / over the wide earth."

his throne and reign eternally and truly over his people,[400] [85r] who were bound in chains, completely blinded[401] by the sin that Eve committed.

[11,618–11,639] Also, the Omnipotent agreed with Abraham under oath that the children of Adam that renounced and denied Satan and his fief would be thus redeemed at a high price. His son would be the redeemer—He was never the debtor and yet would pay. That son would die in Jerusalem as a crowned king, nailed to a cross between two others, speared by those who betrayed him, and thirsty.

[11,640–11,649] Thus, in Bethlehem, a not small town where they make bread,[402] a leader would be born that would rule all of Israel.[403] He would be called Emmanuel, a very tender saint, a prince of peace.[404]

[11,650–11,673] For that purpose he would take human flesh in the middle or center of an intact womb, a completely virginal womb that would give birth without a man to the One who would be his descendant from his seed (I am not saying 'seeds'). Of the descendants that come from Abraham she was the thirty-ninth and my twenty-fifth granddaughter through a direct line, as I have calculated the relationship.[405] I am very happy to be the relative of such a Lady who so honors her lineage.

[11,674–11,694][406] In her high station, which is inexpressible, ineffable, marvelous, and glorious, she took her death, which can only be recounted a little. Her place is [85v] high up in heaven. The sun covers and shelters her entirely. The

---

[400] Cf. Luke 1:32–33.

[401] Carré proposes the reading of *encequat* in the manuscript as a misspelling for *ensecat* ("drained, sapped"), a term listed by the *Diccionari català-valencià-balear* of the Institut d'Estudis Catalans (http://dcvb.iecat.net) as having been documented only once, in 1437 (Carré, "Aportacions," 384).

[402] The meaning of Bethlehem in Hebrew is "house of bread," but the allusion was lost on most scholars of *The Mirror*, who interpreted the manuscript *pas* as one word, rather than as the noun *pa* and the contracted form of the pronoun *es* (Carré, "Aportacions," 393). A similar, more explicit allusion can be found in lines 12,878–12,893. Cf. Saint Isidore of Seville: [. . .] *ibi Iacob pecora sua pavit, eidem loco Bethleem nomen quodam vaticinio futuri inposuit, quod domus panis interpretatur, propter eum panem qui ibi de caelo descendit* (". . . that place where Jacob grazed his sheep, the same place he named Bethlehem in a future vaticination, which is interpreted as "house of bread," because of the bread that fell there from the sky") (*Isidori Hispalensis Episcopi Etymologiarvm sive Originvm libri* XX, ed. W. M. Lyndsay [Oxford: Oxford University Press, 1911], XV: i, 23).

[403] Micah 5:2; Matt. 2:6.

[404] Isa. 9:6: ". . . and he is named / Wonderful Counselor, Mighty God, / Everlasting Father, Prince of Peace."

[405] Matt. 1:2–16 lists the genealogy from Abraham to Mary.

[406] Lines 11,674–11,694 and 11,705–11,717 contain references to the iconographic representations of the Immaculate Conception.

moon is at her feet.[407] Her soul reposes with her glorified body,[408] endowed with perpetual joy. God eternal, her son, looks at her next to his throne.

[11,695–11,704] I, Solomon, did not give a better seat to my mother, Bathsheba, in a throne to my right, nor did I revere her so much and so well, as I should have, because I denied her what she requested.[409]

[11,705–11,717] This prioress, mother, Lady, who is to the right as a celestial queen, has a royal scepter and a round crown on her head, with twelve stars.[410] She wears fine fabrics, golden clothes, their trims lined with squirrel fur.

[11,718–11,733] She perceives the face of God and knows it better, uses it, enjoys it, and sees it clearly because she has acquired a higher view than all the elected. Among the perfect she is most perfect, more than a prophet, a female patriarch, an apostle, a secret martyr, the purest virgin, the best confessor.

[11,734–11,751] While she was alive, God did not want her to preach like a preacher from a high tribune or a common pulpit, because it would not have been convenient. It would have seemed impertinent to have Jesus Christ defended and preached about by his mother, because the testimony of a relative does not eliminate doubts.

[86r] [11,752–11,765] When she preached, she was a good instructor and narrator to chroniclers and evangelists, and she reassured those disciples whose faith was weak and consoled everyone very well. For such mastery, she quite deserved the aureole of the preachers.

[11,766–11,774] Among doctors and knowledgeable masters of high understanding, among metaphysicians, physicians, or physicists, she was more knowledgeable, and she saw much more than comprehensors or travelers.[411]

[11,775–11,797] When Adam was formed, before he committed his sin, he didn't know more, didn't see or understand more. John the Baptist never had such a view. The five who went to Mount Tabor never saw so much or with such

---

[407] Rev. 12:1: "A great portent appeared in heaven: a woman clothed with the sun, with the moon under her feet, and on her head a crown of twelve stars."

[408] Refers to the doctrine of the Assumption.

[409] 1 Kings 2:19–25. Bathsheba asked Solomon to give Abishag to his older brother, Adonijah, as his wife. Solomon denied her this request and had his brother killed. Hauf i Valls suggests a possible influence of the *Speculum humanae salvationis* in the choice and description of this particular episode ("De l'*Speculum Humanae Salvationis*," 195).

[410] See note 407.

[411] A comprehensor is one who has arrived at the understanding of glory, whereas a traveler is still on his way there. These are theological terms (Chabàs i Llorente, *Spill o Libre de les Dones*, 334).

clarity.[412] Paul never saw so much,[413] nor Jacob when he was fighting,[414] nor Moses, nor the one who saw three men and worshiped one,[415] nor John, the subtle writer, praying and sleeping on Jesus' chest,[416] nor the one who was stoned.[417] None of the ancient men has ever come close to her understanding, seeing, or comprehending.

[11,798–11,826] Let alone any of the modern saints: the four pillars,[418] the Latin doctors; the Greek inventors and masters from Athens; the great Origen,[419] Dionysius[420] and so many great theologians from Paris; the three bastard brothers;[421] the one from Damascus;[422] Bernard;[423] Thomas;[424] the holy preacher of the golden mouth;[425] Francis, honored as a king and wounded;[426] the

---

[412] Saints Peter, James, and John and the prophets Moses and Elijah (Chabàs i Llorente, *Spill o Libre de les Dones*, 334). They were all witnesses to the transfiguration of Christ on Mount Tabor (Matt. 17:1–6, Mark 9:1–8, Luke 9:28–36, 2 Pet. 1:16–18, and John 1:14).

[413] 2 Cor. 12:1–13. Paul speaks of "visions and revelations of the Lord" and explains that he knows "a person in Christ who fourteen years ago was caught up to the third heaven . . ."

[414] Gen. 32:24: "Jacob was left alone; and a man wrestled with him until daybreak."

[415] Abraham. "The Lord appeared to Abraham by the oaks of Mamre, as he sat at the entrance of his tent in the heat of the day. He looked up and saw three men standing near him. When he saw them, he ran from the tent entrance to meet them" (Gen. 18:1–2).

[416] John 21:20: "Peter turned and saw the disciple whom Jesus loved following them; he was the one who had reclined next to Jesus at the supper."

[417] Saint Stephen (Acts 7:56–58).

[418] The Four Pillars of the Church are Saint Ambrose, Saint Augustine, Saint Jerome, and Saint Bonaventure (Miquel i Planas, *Spill o Libre de consells*, 368). Or Saint Ambrose, Saint Augustine, Saint Jerome, and Saint Gregory the Great (Almiñana Vallés, *Spill*, 740).

[419] Greek Christian theologian (ca. 185–ca. 254) who headed the catechetical school of Alexandria before Saint Dionysius the Great.

[420] Known as Saint Dionysius the Great (ca. 200–ca. 265). A student in the catechetical school of Alexandria and later its leader after Origen.

[421] Miquel i Planas proposes the names of the heresiarchs Arius, Nestorius, and Sabellius (*Spill o Libre de consells*, 368).

[422] Saint John Damascene.

[423] Saint Bernard of Clairvaux (1090–1135), considered the founder of the Cistercian order and the last Father of the Church. He was one of the most powerful men of his time, a famous sermon writer and preacher, and the author of several treatises on Mariology.

[424] Saint Thomas Aquinas.

[425] Saint John Chrysostom.

[426] Saint Francis of Assisi.

great Antopher when he was Christopher;[427] [86v] or Martin, when he tore the cloth . . .[428] None of them has ever known, seen, understood, or comprehended so much, nor have they learned such high decrees. So many secrets have never been revealed to a born man.

[11,827–11,833] I never knew so much, even though I obtained the knowledge that was promised to me as a gift from God.[429] Never has a man seen so much, in life or in death.

[11,834–11,849] She is revered by all the angels, virtues, archangels, and authorities, by the principalities and the rulers, by those who worship God, by the cherubs, the seraphs, and the thrones. They all obey and serve her, who has been elevated and exalted by God, as a lady above them, as their governess and chancelloress.

[11,850–11,873] As a dispensator, she distributes gifts, and orders her son to give pardons, showing her breasts like a human mother.[430] Beseeching him on behalf of the sinners who pray to her, her adopted children, she obtains what she requests. She gives out grace, of which she is completely full, like an abundant vein or a distilling fountain. She is a safe bridge that is lowered quickly and prepares the ladder for the ones who please her. With her key she opens the door and takes the ones who invoke her to the presence of God.

[11,874–11,881] She advocates better than Esther did when she obtained from Ahasuerus the deliverance of her people, the captive Jews, from bodily and temporary death.[431]

---

[427] The name *Antofol* in the manuscript is not documented elsewhere. It may be Roig's own (humorous) coinage of the name for Christopher before he bore Christ: *Ant-* from the preposition *ante* and *-ofol* to rhyme with the manuscript *Cristofol*. My translation as *Antopher* reflects this idea and respects the original rhyme. According to De Voragine, Christopher's previous name was Reprobus (*The Golden Legend*, 2:10).

[428] Saint Martin of Tours, who tore his cloak in half to share it with a beggar.

[429] 1 Kings 3. God asked Solomon in a dream what he wanted from him, to which Solomon replied "an understanding mind." His answer pleased God greatly and he granted his request, a fact that is soon confirmed to Solomon and the world in the following episode, the famous judgment of the two prostitutes who claimed to have given birth to the same child.

[430] Cf. the illuminations in Hauf i Valls, "De l'*Speculum Humanae Salvationis*," 201–4 for a comparison with this description and the descriptions below of the woman of Tekoa and Abigail and of the Virgin with her children under her wing.

[431] See note 346.

[11,882–11,891] The woman of Tekoa[432] and Abigail,[433] with their beautiful style [87r] and eloquence, did not obtain more benevolence when they asked King David for the pardon of their husband and son.

[11,892–11,903] A true advocate of the distressed, most elegant and most wise, she has obtained from the King of Heaven, God the Creator, Supreme Lord, a more general remission for the faithful human lineage.

[11,904–11,914] When Jesus, her son, was on the cross, he entrusted his guilty children to her and ordered her to be a mother to those who came to the new Church. He told her this as he showed John to her, whom he gave her as a son.[434]

[11,915–11,923] The Holy Mother transplants such children from the militant to the triumphant. Like a broody hen, she places her children under her wings,[435] high up in the heavenly halls.

[11,924–11,939] Bodily eyes, heart, or ears (which God prepares for those who serve him diligently) have never heard, seen, or felt such divine, eternal joy of Paradise.[436] Even though I speak of it, it cannot be expressed, nor is it intelligible. After your death, you will see that inexpressible court.

[11,940–11,951] The very loving mother, high up in heaven, with great zeal saves the ones who are alive, preserves them from ill, and prays for them. She opens the eyes of those who are blinded, enriches those who are poor, and heals those who fall sick.

[11,952–11,963] She distributes all of God's [87v] graces and many mercies with vigilant care, with the measure well shaken and accentuated, with quite an abundant flow, heaping, not level, without any fraud or fallacy.[437]

Third Part of the Third

[11,964–12,006] Therefore, if you listen well, raise your eyes high up, make a big jump, leap with a nice step, get out of that muck where you are lying down,

---

[432] 2 Sam. 14. The woman from Tekoa was sent to King David by Joab to plead for Absalom's case (he had lived away since he had killed his half-brother Amnon for having raped Tamar). She managed to obtain the king's favor.

[433] 1 Sam. 25. David asked Nabal, a rich man, to give provisions to his men because they had protected Nabal's shepherds. When Nabal refused, David decided to attack him with four hundred men, but Abigail, Nabal's wife, went to David with food and eloquent words, and dissuaded him.

[434] John 19:26–27.

[435] Cf. Matt. 23:37, where Jesus says to Jerusalem, "How often have I desired to gather your children together as a hen gathers her brood under her wings, and you were not willing!"

[436] Cf. Isa. 64:4 ("From ages past no one has heard, / no ear has perceived, / no eye has seen any God besides you"); 1 Cor. 2:9 ("What no eye has seen, nor ear heard, / nor the human heart conceived").

[437] Cf. Luke 6:38: "A good measure, pressed down, shaken together, running over, will be put into your lap."

soaked, soiled with mud, grime, and filth. It seems to me that you are lying shamelessly in a swamp full of leprosy and other more poisonous and painful plagues. And you don't feel them! They please you because you love them and you don't complain or blame yourself but, rather, excuse them. You have a true fever, in your soul and body, which was your daily vainglory. You have jaundice: because of your avarice your whole body is yellow. You have *amor hereos*, an animal fury of great lust. You have frenzy, ire, fierceness, a crazy furor, and bad breath coming out of your big throat. You have so many ills as a consequence of envy. An ugly and corrosive ulcer deprives you of life. Because of your laziness, you are paralyzed.

[12,007–12,016] You will be able to cure such dyscrasias and cachexies[438] and your acute languor, if you help yourself, if you are willing to seek, devoutly and humbly, the [88r] true divine medicine.

[12,017–12,128] If you implore the true God, who has the power to do so, and answer to him, he will hear you and heal you. The Canaanite woman, not the one from Judea, but the one from Sidon, persisting with obstinacy and crying out loud, 'Lord, mercy,' obtained from him that her daughter, possessed by the devil, should be cured.[439] During his life, all those who went to him with sincere faith, if it pleased him, regained their health: the deaf, the mute, the leprous, the thin, the shaky, the blind from birth, the dropsical, the swollen, the phthisic, the feverish, the gouty, the lame, the arthritic, the insane and the frenetic, the sleepy, the lethargic, the consumptive, the melancholic, . . . First he forgave them their sins and then he healed their bodily and temporal illnesses. You will find such health if you go to him with faith, hope, and confidence. Like Sophia, who previously suffered from hemorrhages and by only touching his clothes was immediately cured.[440] And like Mary Magdalene, who came crying and washed his feet and anointed them with a fine ointment.[441] Dismas had a solemn gratifica-

---

[438] Dyscrasia, or bad temper, was a condition thought to be caused by the inadequate mixture of body humors. Cachexy was a depraved condition that resulted from deficient nutrition.

[439] Matt. 15:21–28. The Canaanite woman implored Jesus, who at first did not answer her. Because of her insistence and her faith, Jesus eventually healed her daughter.

[440] Matt. 9:20–22: "Then suddenly a woman who had been suffering from hemorrhages for twelve years came up behind him and touched the fringe of his cloak, for she said to herself, 'If I only touch his cloak, I will be made well.' Jesus turned, and seeing her he said, 'Take heart, daughter; your faith has made you well.' And instantly the woman was made well." Mark 5:25–34 and Luke 8:43–48 give similar accounts. The name of this woman is not mentioned in the Scriptures. De Voragine mentions the same woman, but gives her the identity of Martha, the sister of Mary and Lazarus: "for love of her he freed her sister Martha from the issue of blood she had suffered for seven years" (*The Golden Legend*, 1:376).

[441] De Voragine, *The Golden Legend*, 1:376. Matthew 26:6–13 and Luke 7:36–50 relate the same event, but the woman in question is not identified as Mary Magdalene.

tion: because of his prompt faith he reached Paradise.[442] Take as notice what the centurion and the petty official obtained when they went to him with so much faith.[443] You go there as well; [88v] don't hesitate any more, so that Jesus can repair you soon. Our pious father, Christ the Redeemer and Savior, ascended to the heavens and is prepared to listen to those who want to heal, is prepared to forgive and justify the sinner who cries out, 'Lord!' If you want to go to him, he can heal you if you pray to him much and do not deny him, spiting him and blaspheming like a crazy heretic. He is a wealthy doctor, aromatary, ointment maker, and surgeon. For what he does he charges nothing. God never takes gold, and does not want huge payments. He only wants you to tell him your troubles. He wants you to reveal and confess your dishonest and depraved deeds. He wants you to go to him, to trust only him, to renounce Beelzebub and Satan and what women charmers, spellers, pyromancers, and necromancers, those daughters of Beelzebub, do with their sorcery.

[12,129–12,147] But you, blind and desperate, do the opposite of what is said. You don't get rid of Beelzebub, but instead you court him, and you don't do anything without Satan. Beloved and constant vices, your passions and illusions are so wayward that you disguise them and hide them as much as you can. You get quite drunk on vinegar! Your brain is full of foot gout!

[12,148–12,219] Take the advice of Saint Sylvester, the pope and master who diverted Constantine from washing [89r] (or rather, soiling) himself in so much blood, when he wanted to kill so many free little children. In a different manner, without touching blood or killing so many little ones, he made him healthy and a Christian.[444] Take a more brief piece of advice from Elisha: go seven times, on account of seven errors, seven ailments, seven disasters that can be found in you, and bathe completely naked in the river Jordan.[445] Like commander Naaman agreed to do, I send you to the river, leprous leper, so that you can make yourself

---

[442] Luke 23:40–43. The "good thief" is not identified by name in the Bible. He rebukes the other criminal that is crucified at the same time as Jesus, saying that they both have been sentenced justly for having committed crimes, but Jesus was innocent. When he asks Jesus to remember him in his kingdom, Jesus replies, "Truly I tell you, today you will be with me in Paradise."

[443] Roig refers to two different men, a centurion (Matt. 8:5–13 and Luke 7:2–10) and an official (John 5:46–53), but they are actually the same person.

[444] According to legend, in punishment for his persecution of Christians, Emperor Constantine became ill with leprosy. To be cured he had to bathe in the blood of three thousand children, but he was moved by the children and their mothers and chose to die and let them live. As compensation for such a pious deed, Saints Peter and Paul appeared to him in a dream, commanding him to summon Sylvester, then bishop, who would show him a pool that would cure him if he immersed himself in it three times (baptism) and became a Christian, which he did (De Voragine, *The Golden Legend*, 1:64).

[445] 2 Kings 5:10–14. This was the prophet Elisha's advice to Naaman, commander of the army of the king of Syria and ill with leprosy.

beautiful by bathing seven times. Sleep for seven years in a hard bed, naked, not dressed, not under cover but out in the open, in the desert, so that the dew falls on your back and all over your body. Grunt like an ox, like King Nebuchadnezzar did.[446] When he realized how many homicides and how much cruelty had been done to his fellow men in his reign and how much offense had been done to God Most High, repentant, devout, and contrite, he turned to God and humbly did his penitence with great patience, like Job. He pleased God and regained what he lost. Thus you will soon regain your health and you will live again resuscitated, like the one that was touched by Elisha.[447] Like that one did, you will open your eyes, you will yawn seven times, and you will lose the seven corns and the seven scabies that you have on your hands and feet.

[12,220–12,270] Get up from where you are sitting, which is a bad chair! Jump, flee and go, and don't sit there any more! [89v] Why do you make yourself keep sows in the mountains with snows and rains? It seems to you as if you were bathing in dew water and you think you are picking roses and flowers, carnations and jasmines, when you really lie in the mud like a soiled fat pig. God has made you unfettered, clean, and free, and you make yourself a slave in a desert place. You run from God alive and abandon the Lord Omnipotent, your creator. You make yourself a slave to your sin. Forgetting God, you go to the devil. Flee such a profaned stable! Misguided, lustful, prodigal, and gluttonous, with great urgency you have taken your share of the substance from your rich father and your good mother and you have spent it lavishly and visiting prostitutes at your pleasure. You have taken quite an honorable side! You keep the company of a muddy swine! You can't get enough of its chestnuts, followed by abundant beans, so you want to stay there![448]

---

[446] Dan. 4:24–37. King Nebuchadnezzar had a dream that Daniel interpreted: "It is a decree of the Most High that has come upon my lord the king: You shall be driven away from human society, and your dwelling shall be with the wild animals. You shall be made to eat grass like oxen, you shall be bathed with the dew of heaven, and seven times shall pass over you, until you have learned that the Most High has sovereignty over the kingdom of mortals, and gives it to whom he will." King Nebuchadnezzar thus lost his sanity until he honored God, when all his possessions and glory were returned to him.

[447] 2 Kings 13:21: "As a man was being buried, a marauding band was seen and the man was thrown into the grave of Elisha; as soon as the man touched the bones of Elisha, he came to life and stood on his feet."

[448] Luke 15:11–16. These are elements of the story about the prodigal son, told by Jesus: "There was a man who had two sons. The younger of them said to his father, 'Father, give me the share of the property that will belong to me.' So he divided his property between them. A few days later the younger son gathered all he had and traveled to a distant country, and there he squandered his property in dissolute living. . . . He would gladly have filled himself with the pods that the pigs were eating."

[12,271–12,281] You know that all women are more gluttonous than the sea. A fire is not more anxious to burn, the land is not more thirsty for dew,[449] the chaos of hell is not more voracious than they are. The Xúquer would not fill up their holes, nor would the Ebro be enough either.[450]

[12,282–12,291] Leave that bad place, don't stay there any longer, and go where you can become pure, like gold going to the fire.[451] Die like the phoenix, aged man. Renew yourself, old eagle,[452] change your life like the snake changes its skin.

[90r] [12,292–12,309] Leave that idle and lazy seat, straighten yourself up and leave, like Jacob left Canaan and served Laban as a shepherd and as a faithful servant for seven years. You will be able to have Leah first, and seven years more with the desire to have Rachel, and six more on top so that you can be rich. First work, fight, struggle, and obtain the victory.[453]

[12,310–12,320] Then, Rachel. If you want your glory fulfilled, forget your flesh and the world, children if you have them, and wife. Forget about burying your parents first.[454] Renouncing your goods first should not bother you at all—there is never a lack of graves, much less of heirs.

[12,321–12,327] He who takes the plow and looks at the oleander that has been left behind cannot hope for a straight furrow or a good harvest. It cannot be said that he deserves a high kingdom.[455]

[12,328–12,336] In order to plow straight, to leave the land ready for sowing, and to get a good harvest, join your soul and your body together under one single yoke, both of them of one will and one accord, making a good couple.

[12,337–12,343] Take as your pilot that alderman, Lot, such a good host. Not his daughters or his wife, who looked back and turned into marble.[456]

---

[449] Cf. Prov. 30:15–16: "Three things are never satisfied; / four never say, 'Enough': / Sheol, the barren womb, / the earth ever thirsty for water, / and the fire that never says, 'Enough.'"

[450] See note 225 and lines 3,386–3,387.

[451] Cf. Prov. 17:3; Zech. 13:9.

[452] Cf. Ps. 103:5: ". . . so that your youth is renewed like the eagle's."

[453] Gen. 29:1–30. Jacob worked for his uncle Laban for seven years in exchange for Laban's beautiful daughter Rachel. At the end of the seven years, Laban gave him Leah instead, who was the older, and told him that he could have Rachel a week later if he served Laban for seven more years.

[454] Matt. 8:21–22: "Another of his disciples said to him, 'Lord, first let me go and bury my father.' But Jesus said to him, 'Follow me, and let the dead bury their own dead.'" Also in Luke 9:59–60.

[455] Luke 9:62. Jesus said to a man, "No one who puts a hand to the plow and looks back is fit for the kingdom of God."

[456] Cf. Gen. 19:26: "But Lot's wife, behind him, looked back, and she became a pillar of salt."

[12,344–12,357] If you want to leave that barbaric people and safely flee from Pharaoh and the vile prison of Egypt, take Moses as your leader.[457] Don't remember the cooked meats, the cucumbers, the fruits, the figs, and the pomegranates from Egypt, the abandoned land.[458]

[12,358–12,367] But when you have crossed the Red Sea, hurry and look at the copper snake: [90v] the snakes behind will not be able to harm you.[459] And you will like the taste of the bitter waters, changed by the use of the wood.[460]

[12,368–12,383] Make sure you get there and that you do not make a calf into a new god on the way.[461] Get ahead without murmuring or tempting God, with Joshua, following him well. Cross over the river Jordan and don't stop at the pastures of Gilead like the children of Gad and Reuben.[462]

[12,384–12,391] Rather, occupy yourself well with making a new altar and triumphing in the amiable and desirable land where the earthly inhabitants have their parcels.

[12,392–12,402] Take John as you teacher also. Dressed in the skin of some camel, a soft garment, he avoided and refused lavish banquets and ate locusts in the desert, green sugar or wild honey.[463]

[12,403–12,405] Leave, like Matthew, the moneychanger's table.[464]

[12,406–12,411] Leave the fishing, like Peter and Andrew did; leave your vessel and your nets on the docks for someone else to repair.[465]

[12,412–12,427] In your approach to God, try to be like John, who as an adolescent fled and left his father, Zebedee, completely alone in his boat or ves-

---

[457] Seeing the suffering of the people of Israel, God commanded Moses to lead them out of Egypt (Exod. 3).

[458] Exod. 16:1–3. The people of Israel complained bitterly of the hunger they were suffering in their long journey to the Promised Land, and claimed that it would have been better to die in Egypt on a full stomach.

[459] See note 385.

[460] Exod. 15:22–25. When the people of Israel crossed the Red Sea, they could only find bitter water to drink, until Moses cried to God, who told him to throw a tree into the water in order to make it sweet.

[461] See note 234.

[462] Num. 32:1–5. The sons of Gad and Reuben, who had a great number of cattle, preferred to stay in the lands of Gilead and Jazer, instead of crossing the Jordan to the Promised Land.

[463] Matt. 3:4: "Now John wore clothing of camel's hair with a leather belt around his waist, and his food was locusts and wild honey."

[464] Matt. 9:9: "As Jesus was walking along, he saw a man called Matthew sitting at the tax booth; and he said to him, 'Follow me.' And he got up and followed him."

[465] Matt. 4:18–20. Jesus saw Simon and Andrew casting their nets into the sea and told them to follow him, and that he would make them fishers of men.

sel with all their fishing gear, and his bride in his house, and his silk or fine linen cloak, to run without any clothes on, naked.[466]

[12,428–12,437] [91r] Arrange everything towards God: your manners, your desires and your goals, all your paths, all your heart, will, and love, your actions and intentions, turning your back to the past.

[12,438–12,455] If you cannot draw yourself back from the grave, dug so deep by the devil, the world, and the flesh (the three old enemies), and if fragility makes you fall, get up, turn to the wall in your room, like Hezekiah,[467] and like David did after the death of Uriah.[468] Cry bitterly like Peter, when he denied God so gravely.[469]

[12,456–12,479] May your soul not despair because of its falls, like Cain's and Judas's. Make sure you don't go, like a young man, to the crazy, evil, and unjust council or gathering of impious, malicious, and wicked women, so that you do not know fraud and falseness because of them, if you can help it. Do not stay any longer in the paths of women sinners, infidels and traitors, and don't ever sit on the chair of deceit, fraud, ire, and pestilence.[470]

[12,480–12,498] With great prudence and charity, give hospitality to yourself first if you need it, then to your servants, then to your relatives and kin, to the poor if you see any, then to your neighbors, then to the pilgrims, washing their feet, giving them food, wine, and a bed. Bury the dead, free the slaves, cure the sick, dress the naked, marry the orphaned, console the sad.[471]

[12,499–12,512] Performing such spiritual and corporal pious deeds, like Tobias [91v] and the saints Augustine, Lawrence, Martin, Nicholas, and Thomas, build a palace in heaven. With what you have left over once you have taken your share and you are satisfied, with what is left, give alms.

---

[466] Matt. 4:21–22 recounts that Jesus called on James and John, Zebedee's sons, to follow him. Cf. Mark 14:51: "A certain young man was following him, wearing nothing but a linen cloth. They caught hold of him, but he left the linen cloth and ran off naked." This young man may have been John the Evangelist. Neither account mentions John's bride.

[467] 2 Kings 20:2: "Then Hezekiah turned his face to the wall and prayed to the Lord." See also note 233.

[468] 2 Sam. 11:25–12:23. David had Uriah killed, after which he married Uriah's wife. She bore him a son, who became very ill because of his father's sin. While his son was ill, David fasted and besought God. After his son's death, he went back to his normal life, knowing that there was nothing he could do to bring him back.

[469] Matt. 26:75: "Then Peter remembered what Jesus had said, 'Before the cock crows, you will deny me three times.' And he went out and wept bitterly."

[470] Allusion to Ps. 1:1.

[471] Reference to the seven spiritual works of mercy (see note 11) and the seven corporal works of mercy, which are, traditionally, feeding the hungry, giving drink to the thirsty, clothing the naked, harboring the stranger, visiting the sick, ministering to prisoners (ransoming the captive), and burying the dead (Cross and Livingston, *The Oxford Dictionary of the Christian Church*, 3rd ed., 419–20).

[12,513–12,542] If you do like Sophia, who gave all she had for the building;[472] and if you undertake the labor or task of the Magdalene, giving an ointment or a precious washing to the glorious Omnipotent . . .[473] If lovingly, like solicitous Martha,[474] you serve God and his ministers, who are the poor, with a licit deed, by performing pious deeds without vainglory, remembering that your father, the God of concord, sees everything you do . . .[475] Then you will obtain mercy from him, you will beseech that your condemning sins be leveled, and they will be deleted, completely extinguished.

[12,543–12,571] If you invest well the five or two talents that have been entrusted to you, negotiating and acting well, you will double them and return them multiplied; but not if you bury them, without any gain, like the negligent and wicked servant did with his.[476] Also, as a faithful agent, you will give account to your lord when you return from your journey, and, as a merchant, he will give you as wages not just the fourth of a *diner* but a thousand per cent. In the end, he will give you all, benefit and capital, and it will be yours eternally.

[92r] [12,572–12,593] And if you faithfully turn your tangible life and your volitional choice to the divine lesson, and day and night you observe the curial and moral law that God sent through Moses in two tables (they are only ten commandments, three sovereign and seven human, which are a completely gentle yoke, a rather light weight to tolerate, if you want to carry it), in everything you do you will prosper abundantly.

[12,594–12,609] And make sure you remember always to play with harmony and melody the instrument that King David described in his *Psalter*, which is called a psaltery and has ten strings.[477] Also, keep the seventh and the ninth strings from breaking, because they are so dangerous towards the end of life.[478]

[12,610–12,625] Stay away from fraudulent women. Whether strangers or relatives, leave all of them. Tear, unstitch, and cut yourself away from them.

---

[472] This could be an allusion to the anonymous widow mentioned in Mark 12:42–44 and Luke 21:2–4, or to Saint Sophia, who "gave" her name to the main temple in Constantinople through the sacrifice of her three daughters (Faith, Hope, and Charity) and herself (cf. De Voragine, *The Golden Legend*, 1:185).

[473] See note 441.

[474] Luke 10:38–40. When Jesus visited Martha and Mary, the former tried to attend to his needs, while the latter sat by his side and listened to him.

[475] Cf. Matt. 6:3–4: "But when you give alms, do not let your left hand know what your right hand is doing, so that your alms may be done in secret; and your Father who sees in secret will reward you."

[476] See note 12.

[477] The connection between the *psaltiri* (Psalter or Book of Psalms) and the instrument *saltiri* ("psaltery") was common (Miquel i Planas, *El espejo*, 199).

[478] Roig establishes an analogy between the ten strings of the psaltery and the Ten Commandments. In his time, the seventh commandment was "Thou shalt not commit adultery" and the ninth was "Thou shalt not covet thy neighbor's wife."

Quickly free yourself from their nets. Quite loathed, destitute, abominated, and banished far away, don't worry about them any more. Make sure you send them into oblivion—prayer will help you.

[12,626–12,639] Since you know their ways, change your path, leave their serpentine road full of thorns and poisons, with slopes, cliffs, pools and bogs, rockrose, oleanders, traps and thieves. The path on the left, if one makes a mistake, takes many to hell.[479]

[12,640–12,648] Turn the rudder, strengthen and lower the box rudders, [92v] frequently check the magnetic needle, the wind, the compass, and the map. Avoid the reefs, shipwrecking, and running aground.

[12,649–12,665] Look at the star, change the sail and, while you do so, make sure you don't get it stuck. Probe first, like a cautious sailor does. Humbled, keep to the right. Follow the narrow path that leads to an accomplished life.[480] Take to the cross and you will get there faster. The less paved road was never the wrong one. Leave the main road.

[12,666–12,683] Go to the inn of that righteous, peaceful, humble, courteous, wise, and knowledgeable Virgin. With great heed she takes care of her guests and never gets upset about it. Unburden yourself here and stay. It is a safe house, pleasant and rich. Put there your pilgrim's staff, make your sheepfold there. Take shelter and lodge there. Rig yourself there tightly and tie your ships together.

[12,684–12,713] Cancel the documents of your banns. Leave your spouse and abominate your bride. Recline here. Put your wife aside and repose here. Run from concubines and resort to this. Annoy the widows and turn to this One. Avoid nuns and become intimate with this One. Leave the beguines and unite yourself to this One. Flee the false pious women, and take refuge here. Reject virgins and climb towards this One. Avoid the young ones and vomit out the old ones. Don't see the beautiful ones and don't look at the ugly. Banish all of them, make faces at all of them. Complain about them. Claim this One, [93r] serve this One, follow this One, love only this One.

[12,714–12,722] Inflame your heart with much love. With great, holy, and humble (but not servile) fear, you will honor her and hope that she will protect you like a true mother.

[12,723–12,745] Hasten your pace; turn to her homestead safely and devoutly. When you see her you will worship her by prostrating yourself and kneeling down seven times on your bare knees (like Jacob did to Esau as soon as he saw him),[481] and you will cry and implore her help, so that your banishment be re-

---

[479] Cf. the warning against the loose woman, who leads men down the path to Sheol, in Prov. 5:5–6 and 7:25–27.

[480] Matt. 7:14: "For the gate is narrow and the road is hard that leads to life, and there are few who find it."

[481] Gen. 33:3: "He himself went on ahead of them, bowing himself to the ground seven times, until he came near his brother."

voked and annulled. You will supplicate (and you will obtain) that, forgiven and in peace, you will be received.

[12,746–12,757] For your good solace and to celebrate, she will make you eat a fat calf, and she will give you a beautiful gold ring, something to wear on your feet, and a fine stole. She will have someone play guitar, organ, tambour, harp and drum music.[482]

[12,758–12,783] After eating you will rest and contemplate the pleasant face of this beloved mother. Not the face of a stepmother, a stepsister, or a sister-in-law. Not the face of a scorned she-devil or of one who does not love her poor little ones. Not the face of a widowed mother and later married and cruel to her children, who do not usually live on this earth without bile, factions, and wars. This mother is worshiped by her good, faithful children [93v] who wish to climb to heaven and who thirst to be all hers.

[12,784–12,817] And now you see quite clearly how the serpent, or Lucifer, was Eve's counselor and did not force her, but rather she agreed willingly, committing the sin and biting the apple. What she lost, this One recovered. She overcame Satan, the damned infidel. Like a rod that came from Israel, strongly scourging the leaders of Moab,[483] she cut the head of the iniquitous leader better than Judith.[484] Better than the one known as the Theban woman, she hurled the millstone.[485] She drove the peg better than Jael, the wife of the leader Heber.[486] She hurt his head and fought him in virile fashion, and with dignity she recovered the stole that Eve lost because of her gluttony.

[12,818–12,829] Therefore, change her name, making a nice verse for her: turn *Eva* backwards into *ave*. Look at Gabriel, how he greeted her and began,

---

[482] A reference to the parable of the prodigal son: "But the father said to his slaves, 'Quickly, bring out a robe—the best one—and put it on him; put a ring on his finger and sandals on his feet. And get the fatted calf and kill it, and let us eat and celebrate.'" (Luke 15:22–24.)

[483] Num. 24:17: "I see him, but not now; / I behold him, but not near— / a star shall come out of Jacob, / and a scepter shall rise out of Israel; / it shall crush the borderlands of Moab, / and the territory of all the Shethites."

[484] Jth. 13:1–10. Judith killed Holofernes.

[485] Judg. 9:53: "But a certain woman threw an upper millstone on Abimelech's head, and crushed his skull."

[486] For the biblical reference, see note 248. The name in the manuscript is *Obel*, which has been usually taken for another spelling of *Bel* ("Beelzebub"). I prefer Hauf i Valls's suggestion that *Obel* may be a corruption (or rather, an alternative spelling forced by the rhyme) of "Heber," the name of Jael's husband ("De l'*Speculum Humanae Salvationis*," 204).

'*Ave Maria*, mother of God.'[487] Say it every day so that she will heal you as your godmother.

[12,830–12,841] Cry to her frequently, '*Salve, Regina*, sweetness of life,' and don't forget it, so that she will invite you to eat here, on the altar made on the boat by the fishermen and their successors (not by those of the ark, the rabbis of the Torah).[488]

[12,842–12,859] It was made by the daughter-in-law, the wife of his son, who has the pleasure of calling herself the new Church. There an altar is prepared, a table is arranged where you will eat, [94r] while you are alive, but not from the forbidden fruit with which the first man was deceived by his wife. You will not be able to say that your companion deceived you, like Adam said of Eve, his wife.

[12,860–12,877] There, a very lofty food is given out. If, readily awake and on your feet under the juniper, you want to receive promptly bread cooked under ashes, drinking water you will swallow it with dignity. You will be able to go on your more than forty-day journey (with as many nights included) to the holy mountain of God.[489]

[12,878–12,885] Try to eat it, if such bread of life invites you, bread of virtue, bread of health, angelic bread, divine bread from white wheat.

[12,886–12,904] From the highest heaven it is brought down and humbled. He brought it from heaven.[490] In Nazareth it was ground and sifted; made into a paste and kneaded in Bethlehem; Jerusalem pinched it firmly and put it in the oven; it was opened on the side and emptied, like that bread that is made in Lleida; there it was cooked, and he did not take, once cooked, payment or benefit.

[12,905–12,925] Jerusalem sinned, but quite regretted it. Its sin was well punished: Vespasian destroyed it and Titus also had his part in the victory.[491] But I now leave history and its empire, because I want to put in the Romance vernacular the lofty mystery of the baking, so that I can tell you [94v] somewhat briefly about the above said, of which my father, King David, has written in his Psalms at length.

[12,926–12,943] When Jesus left the great dinner in which Mary Magdalene had anointed him, as he was going his way with his disciples, he sent two of them

---

[487] The words *ave* and *Eva* are left in Latin because these lines would lose their meaning in translation. *Maria* is also left in Latin since the expression *Ave, Maria* is commonly known.

[488] Cf. the illumination in Hauf i Valls, "De l'*Speculum Humanae Salvationis*," 205.

[489] 1 Kings 19:6–8. Elijah had gone into the wilderness on Mount Horeb, where he asked God to let him die, but an angel came and gave him food and water for forty days and forty nights.

[490] John 6:48–51: "I am the bread of life..."

[491] Caesar Vespasianus Augustus (69–79) and his son, Titus Vespasianus Augustus (79–81). In 70 CE the latter conquered and destroyed Jerusalem, while his father was still emperor.

as legates, Peter and Felix (Peter who is truly called a confessor and Felix, a preacher) with a dimissory letter, an executive letter[492] about what he wanted.[493] They executed it and put in motion what they were commanded.

[12,944–12,999] He immediately got on the road towards the city feeling great cold, as it had been prophesied at length. The Omnipotent, the true Messiah wanted to show his high power and lordship before his death, and how he was a mighty king, a prince of peace, a strong and brave lion, a victorious leader and the governor of Israel. As Emmanuel and anointed Christ, he wanted to be seen at the feast where he found a prompt reception. The rebellion did not take long. He entered humbly, not without rigor but with love, simplicity, and benignity; not with magnificence, but as a powerful lord and reigning king, not carrying a banner in front, or armed warriors around him, with his sword raised, a brocaded canopy, a golden chariot, tall and triumphant, a royal scepter, a crown, a ring, [95r] and an imperial cloak; without an attorney, a deputy, a harbinger, or a bailiff; without a clangor of trumpets and bugles, leaving such royal pomp to the tyrannical, gentile, and profane kings of the world.

[13,000–13,021] He did not ride a horse or a steed, but an ass; not a hack but a donkey, which was not trained or used to the stiff halter, which walked as it pleased and never carried loads, felt, or burlap on its back. His twelve disciples agreed unanimously and placed their cloaks on it instead of a saddle.[494] On top of them sat the gentle king, on the little ass, the son of a female ass.[495]

[13,022–13,061] That female ass was found with her foot tied to a pine tree close to a building full of old soldiers and fierce people, many squadrons of chained convicts, thieves, highwaymen and robbers, too many of them, and all iniquitous enemies of law enforcers.[496] Like a harlot, she was sodomized and she fornicated with her scoundrels, many strange, pseudo-divine gods, asses, and hacks. Whoever went there mounted her like a prostitute. The iniquitous animal

---

[492] A dimissory letter is a generic document given by a superior to an ecclesiastic to allow him to be ordained; an executory letter allows officials and representatives to carry out orders given to them (Cabanes Català, "El *Spill* de Jaume Roig com a font per a la diplomàtica," 19).

[493] Mark 11:2 and Luke 19:29. Neither passage specifies who the two disciples were.

[494] Jesus sent the disciples to get an ass and her colt so that he may enter Jerusalem. "The disciples went and did as Jesus had directed them; they brought the donkey and the colt, and put their cloaks on them, and he sat on them" (Matt. 21:6–7).

[495] Matt. 21:5 quotes Zech. 9:9.

[496] Here begins a description of the mother of the ass on which Jesus entered Jerusalem (cf. Matt. 21), which concludes in line 13,116. As the description progresses it becomes clearer that the female ass stands for the Jewish Synagogue. Some of the vocabulary evokes medieval depictions of Synagoga, personified in the visual arts as a blindfolded young woman, carrying a broken staff or a damaged or falling Torah, in an attitude of defeat (contrasting with Ecclesia, who was depicted as a confident, wide-eyed female holding a chalice or a cross).

came, lame and one-armed, with a pain on her rump and a false leg, without a muleteer or any other guardian, without a saddle or a packsaddle, a collar or utensils, without bells, [95v] a breast-plate, a halter, a muzzle, or a noose. Her load and overload were thrown away; her ropes, buckles, sticks, and metal rings all broken and discarded.

[13,062–13,116] Having forgotten the Ten Commandments and the hundreds of bans, penalties, and ceremonies, she came almost naked because of her own fault and the frequent abuse. She wore over her skin only an old blanket, ancient, used, with little color. Some of the marks of the patriarchs from the past were not visible nor remembered any more. The anointing and the reigning of Judah had ceased completely. The scepter had been lost and the bishopric sold. The priests were ignorant, the leaders were blind, and if a blind man leads another blind man, they both err in their way and fall into the pit.[497] The ignorant are not apt to be masters; the blind are bad doctors in the colors of the law. For that reason there were no more chiefs and good upstanding men, no holy men of God or prophets. For that reason she lived without her jewels, clothing, and adornments, destitute like an infidel. Saint Michael did not guard her any more[498] but, rather, abandoned her, entrusted to wolves and dogs, vultures, kites, and crows as her keepers. Jesus did not use her and left her as she was.

[13,117–13,125] She was an accurate image of the tired and cancelled law of the scripture, like the fig tree [96r] that Jesus cursed by the road and that did not have fruit.[499]

[13,126–13,130] And she was like an enclosure built and then leased to new workers, once the first ones were dead.

[13,131–13,146] And she was like Vashti, who did not obey and did not want to do anything for King Ahasuerus, not fearing his command. Arrogant, she lost her life and her person, the ring, the crown, and the royal scepter. She sought out her downfall and soon found it. Esther won the dominance that Vashti had.[500]

[13,147–13,158] The old law was also symbolized in the case of Jezebel, the rebel queen who was thrown off a cliff and trampled by King Jehu.[501] Upon the entrance of the victor, the lord supreme, she was destroyed and eaten by dogs.

---

[497] Matt. 15:14; Luke 6:39.

[498] Saint Michael the Archangel was the champion and protector of the Jewish people.

[499] See note 169.

[500] Esther 1:10–19 and 2:16–18. During a seven-day-long banquet, powerful King Ahasuerus ordered his wife Vashti to appear before his guests so that he could show off her beauty, but she refused to obey. To prevent other women from following her example, the king was advised to replace her with a better wife. Esther took her place.

[501] 2 Kings 9:30–37. Jezebel accused Jehu of murdering his master, for which he had her thrown out a window. Afterwards, he gave orders to recover and bury her body, for she was the daughter of a king, but all they could find were her skull, her feet, and the palms of her hands, since dogs had eaten the rest.

[13,159–13,179] The sons of Levi, the rabbi prince, were badly taught and not castigated.[502] They ate the fat cows that were sent and gave the thin ones to be sacrificed. They were also incriminated in other vices, dead and condemned. They certainly indicated and prognosticated a critical illness and a deadly end, the perdition and damnation of Balaam's garrulous old female ass.[503]

[13,180–13,191] The honorable man Abraham, very rich and old, did not care to ride a mule or a camel with a gold bit, a palfrey or a dromedary. He only rode an ass or a donkey, and went straight to Mount Tabor.[504]

[96v] [13,192–13,201] The King, a rich lord, rode the one who worshiped and revered him, an ass or a donkey, who recognized him when he was born. All this had been prophesied, depicted, or symbolized.[505]

[13,202–13,271] With branches, myrtle greenery, olive shoots, and branches of other trees, many of those barbarians that were there covered Gethsemane.[506] No rabbi from Bethphage cut a branch, big or small. Instead, they hid themselves since early in the morning. The path was like a beautiful meadow, all covered in branches by the artisans. A few of the citizens and many strangers and foreigners undressed and took off what they were wearing and extended it where he was walking. With great joy, people wore laurel on their heads as a sign of victory. As a sign of glory, those who preceded and followed carried palms in their hands and applauded; some sang, others danced. It was not those of the first and the third law,[507] not Pharisees or Sadducees, scribes, rabbis, not old mean men or grown young men, but small children and many gentiles who, with new styles, revered and blessed with psalmodies the One who was coming, the King, the Redeemer and Savior in the name of God, with a clear voice and all at once, out loud: 'Son of David, hosanna!' [97r] He entered as a king, with great honor, like a true lord, God and Messiah, accepted by the ignorant only that day. The following day he preached all day and when he did not find someone who would invite him to dinner, he left.

---

[502] 1 Sam. 2:12: "Now the sons of Eli were scoundrels; they had no regard for the Lord."

[503] Num. 22:22–33. Balaam was riding on his ass when she refused to continue on the road because she saw the angel of God. Balaam got angrier and angrier, and kept striking the ass to go on, until God made her speak and ask her master what she had done to deserve such treatment.

[504] Gen. 22:1–3. It was not Mount Tabor, but one of the mountains of the land of Moriah.

[505] Isa. 1:1–3.

[506] Cf. Matt. 21.

[507] The first law was the natural law, which God imposed to Adam and Eve in Paradise; the second is the Mosaic or Jewish law; and the third is Jesus' doctrine (Miquel i Planas, *El espejo*, 209).

[13,272–13,309] Afterwards he returned as a king, with rigor. He began to beat the moneychangers, false bankers, and old priests with ropes, vigorously, and he had them brought down, close, fail, break, and flee. He broke their benches and knocked down the old store where they bought and sold and lent money, which had been dirtied and perverted by simony in an ugly manner.[508] It had become a no small brood of thieves, a hoary and fierce vineyard, both because of its baseness and because of the laziness of its pruners and cultivators. Excessively cut, full of ridges, its shoots not pulled out, the old grapevines not weeded, its tendrils red, its vine shoots yellow—that was the Synagogue, a completely empty cellar, a vineyard without fruit, barren, unfertile.

[13,310–13,317] He dug up and plowed a more firm land, newer and flatter, softer and sunnier, a very nice plot far from the sandy area, a land nicely irrigated by a source or a river.

[13,318–13,341] He chose an exotic plant, healthier, with the varieties *montalbana*, *boval*, *negrella*, but not *ferrandella* or *monestrella*,[509] as he wanted to plant and cultivate a new young vine, more fruitful and virtuous. [97v] Like Noah did, he wanted to pick vine shoots from the forest, from the gentiles (a completely ignorant people), a few of the Jews, old and enfeebled. However, a vine shoot planted from a worm-eaten stock, from a budding side piece, or from a pruned section, seldom will produce a bunch, even a small and late one.

[13,342–13,345] For that reason, he did not take any of the priests or rabbis; he only took the lay people.

[13,346–13,349] Then, counting seven[510] palms in a straight line, he marked and made deep holes in the field.

[13,350–13,395] He planted vine shoots, but not the wild variety, like Noah picked. When he planted them, he did it in order to sweeten and give flavor to the bitterness produced by so many wild plants and the mud, soil, and muck resulting from the dung and the blood produced by four brute animals: the fierceness of the lion, the simplicity of the ram, the lust and the gluttony of the pig,

---

[508] Matt. 21:12–13: "Then Jesus entered the temple and drove out all who were selling and buying in the temple, and he overturned the tables of the money changers and the seats of those who sold doves. He said to them, 'It is written, "My house shall be called a house of prayer"; but you are making it a den of robbers.'"

[509] These are all varieties of grapes: the first one must refer to the wine from Montauban, a French town near Toulouse; *boval* is a Valencian red grape; *negrella* is also a red variety, of unspecified origin; for *monestrella* see note 174. Nothing is known about the *ferrandella* variety, although Chabàs speculated that it may be a white grape, an idea that is currently accepted as a fact by Catalan dictionaries, even though no other documented evidence supports it (Carré, "Aportacions," 387).

[510] Miquel i Planas suggests a possible allusion to the seven theological and cardinal virtues (*Spill o Libre de consells*, 382) or the seven gifts of the Holy Ghost as enumerated by Isaiah (11:2–3).

and the envy of the monkey. He who frequently tastes strong and spicy wine in great quantities keeps the qualities of such animals. Noah caused it: he was the first to drink and to become perturbed by wine, and Ham scoffed at him.[511] God added ten winds[512] to the select vine shoots to bring sweetness to the liquor of their grapes. Mud or silt was not necessary. On his own accord, he added to it a great abundance of water and his own blood. They all rooted and lived, except for Judas, who was condemned and hanged. After they had been fenced in, he put up reeds for the budding shoots.

[13,396–13,399] And from his side he arranged [98r] a more regular and better irrigation.

[13,400–13,408] It will never be dry or too flooded. If weeds were born there (reeds, fennel, Danewort, thorns, thistles, brambles, sedge, grass, bugs or weeds), they would not grow.

[13,409–13,416] Well surrounded and covered with brambles, as was necessary, he built a cellar, a tower, a cistern, a press, a winepress, a vat, and new containers.

[13,417–13,429] He hired new workers, different from the one who planted the new vine shoot. He expelled the ones that were in the old cellar that he knocked down, because of what they had done, killing incessantly, even the heir, because of their malice, their avarice, their fraud and their usury.[513]

[13,430–13,439] Mothers-in-law are all tough and monstrous towards their daughters-in-law, like fierce animals, and they are bad, ugly, and ferocious to deal with: experience makes science and gives enough proof.

[13,440–13,459] Therefore, wanting to distance from such contention this new vine or, more truly, the Church that he made anew and took as his wife, and trying to separate her, like a maiden daughter-in-law, from the old law (since she was her child only through the body, which was not recognized or wanted at all by the people from Judah), he decided to leave his mother and to adhere to his wife, like Adam was first told.[514]

---

[511] Gen. 9:20–27. Noah was the first man to plant a vineyard, make wine, and get drunk. His son Ham told his brothers about their father's drunkenness, for which Noah cursed him.

[512] A possible allusion to the Decalogue (Miquel i Planas, *Spill o Libre de consells*, 382–83).

[513] Matt. 21:33–41. This is a reference to the parable of the vineyard, told by Jesus to his disciples. A man planted a vineyard and rented it out to tenants, leaving the country. When the harvest time came, the man sent out servants to collect the fruits, but the tenants beat them or killed them. He then sent more servants out and the same thing happened. Then he sent his son, and they killed him as well.

[514] Gen. 2:24: "Therefore a man leaves his father and his mother and clings to his wife."

[13,460–13,491] Like a true husband, he always rebuffed the ark or Torah made out of wood, movable and carried [98v] by wayfarers through hills and plains, the tables and the rod, the proud manna, the five volumes,[515] the straight and crooked incense burners, the laws and the judgments, the sacrifices, the unleavened breads, the hand-held stalk used to immolate, the cutting of prepuces, the ceremonies and the already disastrous querimonies, which were almost like jumping around, or like whistles, toys, little alphabets, easy lessons for little children. He rejected it all, and she remained deserted, old and antiquated, like a smoked house, uncovered and rained on.

[13,492–13,509] By his own hand he built the friendly Church, a walled city founded on hills,[516] an immovable temple. And for the new people, men and leaders, he made an auditorium, schools, a praetorium, and a firm coliseum for lofty lessons, not only political but also metaphysical, beyond nature, beyond measure, transcending all comprehension.

[13,510–13,541] He made it into a very sumptuous and wealthy pharmacy, rich and furnished with an infinite number of drugs, the most precious jewelry, the most virtuous medicine, the philosopher's stone (the finest that was ever made or seen by an alchemist), a universal antidote, a fine bezoar stone,[517] a faithful healer of all poisons, manna from the sky. It is a wonderful store, most flavorful and delectable, inestimable, of great worth, [99r] which distributes and gives only in exchange for love, not selling or taking money, but free for the confreres.[518]

[13,542–13,553] As a token of the money that a husband gives his wife at the wedding and as a testimony of such an excellent matrimony, he did not give her gold, but a chore of barley and fifteen silver coins counted in half.[519] He did not give her a gold ring, a sheep, a lamb, meat, or fat.

[13,554–13,559] Rather, giving himself as a present, he offered as hostages his majesty and his divinity, his soul and his body.

[13,560–13,578] There was never such help or such a high gift in the world. Such legacy or such inheritance was never bequeathed. Such magnificence was never done. My whole Forest,[520] and everything that David provided to under-

---

[515] The Pentateuch.

[516] Rome. Also an allusion to Matt. 5:14: "A city built on a hill cannot be hid."

[517] A calculus found in the digestive system of certain mammals, which was thought to be an antidote.

[518] Allusion to Isa. 55:1: "Come, buy wine and milk / without money and without price."

[519] That is thirty, the number of coins Judas received for betraying Jesus (Miquel i Planas, *Spill o Libre de consells*, 384).

[520] 1 Kings 7:2. The manuscript reads *salt*, for *saltus* in *Aedificavit quoque domum saltus Libani* ("He built the House of the Forest of Lebanon") in the Vulgate.

take the construction (the wood from Shittim,[521] the construction material, the silver, the gold, the whole treasure that I spent on the workers, paying for their labor), was not worth so much.

[13,579–13,582] Truly, when Octavian bequeathed his whole empire to the great Tiberius, [13,583–13,597] and when Constantine restituted the donation, oblation, or whatever it was, when Pope Sylvester was the skillful physician of his body,[522] they certainly did not bequeath or give anything that was worth so much. He gave his wife and endowed her with a more triumphant and greater thing.

[13,598–13,630] Additionally, he called the banns by making testament and firmly disposing that right after his death he would resurrect and ascend to heaven, in order to prepare a table,[523] [99v] to arrange a kingdom, which would not be a monarchy or a worldly and temporal lordship,[524] so transitory and illusory. It would not be part of the earth, with cruel wars, traitors and conquerors, like the one promised to so many Jews who left Egypt, of whom only two reached it, along with the new ones who were born on the way. That one was cultivated with great debates, dangers, fears, troubles, and labors, and it could be had, not without toil, at the most for one hundred years.

[13,631–13,641] In contrast, this will be supreme, celestial, and eternal glory for those who have a memory of him dead, for those who want to be his children, children and therefore heirs to his kingdom[525] — and this because of his gift, not on account of their merits.

[13,642–13,647] For the great cultivation of his plain field, which he planted, he chose twelve of his disciples as captains.

[13,648–13,652] And he took as many priests among the most devout, like Ezra did with the brightest among the elders.[526]

[13,653–13,657] He chose twelve, like Joshua did too when he wanted to cross the Jordan.[527]

[13,658–13,665] And when I began to reign, I instituted twelve prefects to rule all the aspects of my court and to distribute rations justly.[528]

---

[521] Shittim or Abel-shittim was the last place where the Israelites rested before crossing the Jordan. It means "meadow of acacias." Cf. Num. 25:1; Josh. 2:1; Mic. 6:5.

[522] See note 444.

[523] Cf. Ps. 23:5: "You prepare a table before me."

[524] Cf. John 18:36: "My kingdom is not from this world."

[525] Rom. 8:16–17: ". . . we are children of God, and if children, then heirs."

[526] Ezra 8:24: "Then I set apart twelve of the leading priests."

[527] Joshua said to the people of Israel, "So now select twelve men from the tribes of Israel, one from each tribe" (Josh. 3:12).

[528] 1 Kings 4:7: "Solomon had twelve officials over all Israel, who provided food for the king and his household; each one had to make provision for one month in the year."

[13,666–13,674] Additionally, I represented as many leading men when I made the twelve little lions, out of fine gold and very beautiful, on the capitals in my royal and high throne.[529]

[13,675–13,682] He also arranged it [100r] like he did with Judah, when he made Jacob, his dearest son among the brothers that started the tribes, the preferred and revered one.[530]

[13,683–13,695] He thus made Simon Peter the supreme presbyter and keyholder, his vicar, with universal and ample authority to untie with honesty, to open and to close his treasures to the needy, not making a mistake with the key.[531]

[13,696–13,713] Among the successors created by them and ordained for such office, only the presbyter does the sacrifice. No one else should expect such high power. An angel, a layperson, or a woman (good or bad) cannot have it. By his own hands he made priests the only distributors, to give generously to married laymen and to the Latin and Greek faithful.

[13,714–13,759] They give quite scarcely to ugly beguines, false devout women who prepare themselves for communion during all feasts, because too much privacy causes contempt. Mainly it must be given very cautiously to *converso* women, because they are wild, contumacious, pertinacious, and full of schism. Baptism is wasted on them. Perfidiously, they despair of the powerful and true God, man and king, and of his law, and they still expect another messiah. They are not Jewish or Christian. They are, rather, *Marrano*[532] women and Philistines, certainly Canaanites and Samaritans, incredulous and vain [100v] apostates. They are baptized and in their hearts they have the Jewish or Mosaic laws. To their own harm, they take the sacred bread, without faith, without pleasure, unworthily. However, the lofty sacrament does not certainly lose value because of their error, nor is it worth less because of their contempt.

[13,760–13,767] Then, wanting to fulfill his enterprise with great generosity, as it had been prophesied and figured in the past, he wanted to close his testament with his death.

---

[529] 2 Chron. 9:18–19: "The throne had six steps and a footstool of gold, which were attached to the throne, and on each side of the seat were arm rests and two lions standing beside the arm rests, while twelve lions were standing, one on each end of a step on the six steps." Cf. the illumination in Hauf i Valls, "De l'*Speculum Humanae Salvationis*," 208.

[530] Gen. 35:9–12. God appeared to Jacob and told him, "Be fruitful and multiply; a nation and a company of nations shall come from you, and kings shall spring from you. The land that I gave to Abraham and Isaac I will give to you, and I will give the land to your offspring after you."

[531] Matt. 16:18–19: "And I tell you, you are Peter, and on this rock I will build my church, and the gates of Hades will not prevail against it. I will give you the keys of the kingdom of heaven, and whatever you bind on earth will be bound in heaven, and whatever you loose on earth shall be loosed in heaven."

[532] *Marrano* ("swine") was the Spanish term used to refer to Jews who had converted to Christianity (*converso*) but continued to practice Judaism.

[13,768–13,775] He put a snake made of copper, bronze, or tin, around a stick or pole, crisscrossed, attached with a nail and raised up high by Moses.[533]

[13,776–13,781] An arch of truce and peace, a celestial sign, a colorful rainbow, was placed on the firmament.[534]

[13,782–13,791] He was the fundament, a most firm rock on which the whole apostolic senate is supported, previously reproved by the artisans who built it and later walled in and made into a cornerstone.[535]

[13,792–13,804] A limestone rock, carved without hands and declared by Daniel as the destroyer of the cruel king's kingdoms (the first one made of gold, the second made of silver, of bronze the third, the fourth of steel, the fifth with cooked clay), which would quickly grow until it was as big as a mountain.[536]

[13,805–13,808] A strong unicorn, tamed and killed by a singing maiden,[537] humble and beautiful.

[13,809–13,810] A buffalo carrying a yoke and plowing straight.

[13,811–13,813] A roasted lamb, completely swallowed without a broken bone.[538]

[101r] [13,814–13,816] He, sown grain, truly dead but bearing much fruit.[539]

[13,817–13,818] He, fine balsam from En-gedi.[540]

[13,819–13,827] A hanging cluster of grapes, carried on a pole around the necks of two scouts,[541] the Christian facing it and the vain Jew with his back turned. The first one is commanded by the rebellious nation.

---

[533] See note 385.

[534] Cf. God's statement to Noah: "I have set my bow in the clouds, and it shall be a sign of the covenant between me and the earth" (Gen. 9:13).

[535] "The stone that the builders rejected / has become the chief cornerstone" (Ps. 118:22). This same verse is quoted by Jesus to the Apostles in Matt. 21:42.

[536] Dan. 2:32–45. Nebuchadnezzar dreams about an image made out of different metals or materials: a gold head, silver breast and arms, bronze belly and thighs, iron legs, and feet part iron and part clay. The image was struck by a stone that shattered it, while the stone became a mountain. In Daniel's interpretation, the head represents King Nebuchadnezzar's kingdom, followed by other kingdoms of less and less quality. The stone is the kingdom established by the God of heaven, which will never be destroyed.

[537] Alludes to the legend that a unicorn could only be caught by a virgin.

[538] The Passover animal must be eaten in its entirety and without breaking any of its bones (cf. Exod. 12:46; Num. 9:12). Jesus is the embodiment of the Passover lamb (cf. John 1:29, 19:36).

[539] John 12:24: "Very truly, I tell you, unless a grain of wheat falls into the earth and dies, it remains just a single grain; but if it dies, it bears much fruit."

[540] Oasis located on the western coast of the Dead Sea. The quotation is from Song of Sol. 1:14.

[541] Moses sent out twelve scouts to the land of Canaan and told them to bring back some of the local fruit. "And they came to the Wadi Eshcol, and cut down from there a

[13,828–13,829] He, dead and felled like Abel.[542]

[13,830–13,834] Joseph, sold to mean people for thirty *denarii* by his brothers.[543]

[13,835–13,836] Samson, tied by his feet and hands.[544]

[13,837–13,841] Jonah, swallowed and kept for three days by the fish called whale and then thrown out onto the sand and back to his mission.[545]

[13,842–13,845] Isaac, a ready son wishing to die in obedience to his father.[546]

[13,846–13,863] The Son of God, the true Redeemer, a generous purchaser, a liberal payer. He, a pelican,[547] injured his breast in order to save and restore his children, pouring all the blood from his body, when one drop alone would have been enough. Not being miserly, he made an abundant and copious redemption[548]—intensively, not extensively.

[13,864–13,880] Such passion, the flogging, the column, the crown of jonkes of the sea,[549] such a cruel hammer, the spear, the nails, the cross, the thirst of the foreign people, the sponge and the stalk, the vinegar and the bile, such a cruel death, so vituperative and painful . . .[550] He wanted it all and he took it out of love for us and to show the immensity [101v] of his charity.

[13,881–13,893] He, a just judge, condemned Adam to death because of his inclination. By dying unfairly and painfully, he very justly wanted to annul and revoke the said sentence, given in absence and in general to his children and successors yet to be born.

[13,894–13,904] Very lovingly, he settled all sins, whether committed or innate, and, high up on the tree whence the forbidden fruit was taken by the innocent, he remitted them in the year five thousand two hundred and sixty.[551]

---

branch with a single cluster of grapes, and they carried it on a pole between two of them" (Num. 13:23).

[542] Gen. 4:8.

[543] Gen. 37:28. Joseph was his father's favorite son, which made his brothers very jealous. They first wanted to kill him, but eventually decided to sell him off to Midianite traders for twenty shekels of silver. The traders then took him to Egypt.

[544] When he was captured by the Philistines (Judg. 16:21). See note 245.

[545] Jon. 2. Jonah prayed to God from inside the belly of the fish that had swallowed him and was vomited out onto dry land.

[546] Cf. Gen 22:7–8.

[547] See note 149.

[548] Cf. Ps. 130:7–8.

[549] In choosing a "crown of jonkes of the sea" over the more commonly known crown of thorns Roig follows Jacobus de Voragine (Carré, "Aportacions," 387–88).

[550] These are all elements of the passion of Jesus mentioned in John 19:1–37.

[551] According to some accounts, the cross where Jesus was crucified came from the tree of Paradise. Cf. De Voragine, *The Golden Legend*, 1:277. In the same passage, De Voragine quotes 5,500 or 5,199 as the number of years elapsed between Adam's days and Christ's redemption.

[13,905–13,909] At that same time—the ninth hour[552]—was the tenth drachma found by the woman.[553]

[13,910–13,915] The errant sheep, which was about to die, was carried on the shepherd's shoulders with joy, who carried her errors on his back.[554]

[13,916–13,919] The prodigal son was welcomed and the angered one stayed outside.[555]

[13,920–13,926] The fat and red calf of immaculate body and skin[556] died sacrificed by the rabble, high up and completely naked.

[13,927–13,937] A true man and God, by putting his back on the cross and dying, he undid our strong steel chain of infernal death. His death restored our mortified state, giving life to it.

[13,938–13,943] Certainly, his injured humanity and his divinity were never separated or disunited; they never abandoned each other.

[13,944–13,954] [102r] Some wise men among the onlookers and executors admitted it and recognized it in what they saw, in the virtues and great signs, all of divine nature, and in the many secrets that took place there.

[13,955–13,957] Judas, the traitor, proclaimed him just when he returned the money.[557]

[13,958–13,959] Dismas, the thief, called him 'Lord'.[558]

[13,960–13,963] A centurion, the leader of one hundred men, said, 'Truly he is the Son of God.'[559]

---

[552] Mark 15:33–34: "When it was noon, darkness came over the whole land until three in the afternoon. At three o'clock Jesus cried out with a loud voice, 'Eloi, Eloi, lema sabachthani?' which means, 'My God, my God, why have you forsaken me?'"

[553] An allusion to the parable of the lost coin told by Jesus to the Pharisees: "Or what woman having ten silver coins, if she loses one of them, does not light a lamp, sweep the house, and search carefully until she finds it?" (Luke 15:8).

[554] A reference to the parable of the lost sheep, which precedes the parable of the lost coin: "Which one of you, having a hundred sheep and losing one of them, does not leave the ninety-nine in the wilderness and go after the one that is lost until he finds it? When he has found it, he lays it on his shoulders and rejoices" (Luke 15:4–5).

[555] An allusion to the parable of the prodigal son, which follows the one about the lost coin (Luke 15:11–28). These are all parables about the lost, which Jesus tells the Pharisees as a reply to their complaint that "This fellow welcomes sinners and eats with them" (Luke 15:2).

[556] Another reference to the parable of the prodigal son, where the father ordered his servants to "get the fatted calf and kill it" (Luke 15:23). Also alludes to Numbers 19:2.

[557] Matt. 27:3–4: "When Judas, his betrayer, saw that Jesus was condemned, he repented and brought back the thirty pieces of silver to the chief priests and the elders. He said, 'I have sinned by betraying innocent blood.'"

[558] Luke 23:42.

[559] Matt. 27:54: "Now when the centurion and those with him, who were keeping watch over Jesus, saw the earthquake and what took place, they were terrified and said,

[13,964–13,965] The French Pilate wrote that he was a king.[560]

[13,966–13,969] The gentile Longinus[561] worshiped him as God when he saw himself cured (before, he was blind).

[13,970–13,973] The sun ceased to shine because its Lord was being tormented.[562]

[13,974–13,977] Clouded, the sky thundered and flashed violently, stirring up strong winds.

[13,978–13,979] The earth trembled.

[13,980–13,982] From hills and mountains, rocks fell down and broke spontaneously.

[13,983–13,987] In the east, one hundred and five cities, with all their inhabitants, were eradicated from their foundations up.

[13,988–13,989] Many mountains disintegrated.

[13,990–13,996] Foreign nations, from the top of the world to where the sun sets every day, upon seeing such contortions, felt fear and invoked God.

[13,997–14,013] When that subtle gentile master called Dionysius[563] felt the world tremble fiercely and saw the sun and the moon eclipse against the common laws of astrology and such darkness during the day, he announced that the god of nature was suffering or that the universal machine of the world would perish forever.

[14,014–14,025] Such upheaval was seen quite closely [102v] by the bad Jew,[564] the supreme prelate of the great bishopric, a treacherous prince who held it that year only because of its benefits. He and his followers, all big hypocrites, never believed it.

[14,026–14,039] Instead, the ones that had come there, moved more by fear than by sorrow or pity, hurriedly, dumbfounded, beating on their chests, pulling their beards, lowering their heads, returned crushed. But they never admitted that they did something wrong.

'Truly this man was God's Son!'"

[560] According to some sources, Pilate died in Lyons, where he was also born (cf. De Voragine, *The Golden Legend*, 1:211–14). See also note 565.

[561] The soldier who speared Jesus on the cross and was healed of his blindness when a drop of the precious blood touched him (De Voragine, *The Golden Legend*, 1:184).

[562] For the natural phenomena that took place at Jesus' death cf. Matt. 27:45, 51–53; Luke 23:45.

[563] Dionysius the Areopagite. According to De Voragine, these words were not Dionysius's, who saw the eclipse that took place on the day of the passion of Jesus and, realizing that it had not been forecast by astronomical rules, wrote to Apollophanes to inquire as to the causes of the event. Apollophanes replied, "O good Dionysius, divine things are being disturbed" (*The Golden Legend*, 2:237). Later on, De Voragine writes, "Elsewhere we read that [the philosophers] said: 'Either the order of nature is overturned, or the elements are lying, or the God of nature is suffering and the elements are suffering with him'" (De Voragine, *The Golden Legend*, 2:238).

[564] Caiaphas, high priest in the year of Jesus' death (John 18:13).

[14,040–14,056] The subscribed triumphal title read by all (Greek and Latin) did not seem to the rabbis to be correct in saying 'King of the Jews.' With bitter voices they expressed their spite and insisted that it should be removed. But it did not please Pilate, so it remained, to their spite, as it had been written.[565]

[14,057–14,064] Many of those who were asleep or dead but had healthy bodies, with skin, flesh, and bones, resurrected from their sepulchers and told what they had seen in the place whence they came.

[14,065–14,067] The concealed altar was uncovered by the torn veil.[566]

[14,068–14,095] He opened the prison of hell and limbo, like Samson did.[567] With a security key, he immediately imprisoned its governor and firmly tied his cavalry and locked it up in limbo, where with tyranny he held holy souls—who can say how many? I, by his grace, did not die in pertinacity—[103r] I repented before dying. I don't dare at all speak of the crime. He immediately recovered all the people who were in limbo or in the bosom of Abraham, Eve and Adam (those of their descendants who knew God), and took them with him, all of them praising God.

[14,096–14,101] He left Cain and all the evil ones as perpetual inhabitants of chaos, suffering forever.

[14,102–14,134] In the meantime, Joseph, a leader and a decurion, a nobleman born in the city of Arimathea, had a new grave or tomb nearby that resembled a cave carved in the rock with a drill, which he had made for himself. He diligently arranged to have permission from Pontius Pilate to bury him there, which he obtained. He had bought a clean linen cloth, nard, benjui, and other perfumes, as is the custom among the Jews—all very expensive, at least one hundred pounds. With the body devoutly wrapped and embalmed, he buried him and closed the door with cement and a very large tombstone.[568]

---

[565] John 19:19–22: "Pilate also had an inscription written and put on the cross. It read, 'Jesus of Nazareth, the King of the Jews.' Many of the Jews read this inscription, because the place where Jesus was crucified was near the city; and it was written in Hebrew, in Latin, and in Greek. Then the chief priests of the Jews said to Pilate, 'Do not write, "The King of the Jews," but, "This man said, I am King of the Jews."' Pilate answered, 'What I have written, I have written.'"

[566] Matt. 27:51–53: "At that moment the curtain of the temple was torn in two, from top to bottom. The earth shook, and the rocks were split. The tombs also were opened, and many bodies of the saints who had fallen asleep were raised. After his resurrection they came out of the tombs and entered the holy city and appeared to many."

[567] The Gazites were planning to kill Samson in the morning. "But Samson lay only until midnight. Then at midnight he rose up, took hold of the doors of the city gates and the two posts, pulled them up, bar and all, put them on his shoulders, and carried them to the top of the hill that is in front of Hebron" (Judg. 16:3).

[568] Mark 15:43–46.

[14,135–14,145] The rabbis feared that the body might be stolen by his people, therefore they urged that his sepulcher be guarded with great care by a good man, a centurion, and his armed people, all of them well paid.

[14,146–14,159] Then, in the morning of the third day, when he came out of the sepulcher with strength, they, frightened, felt dismay and fear. They all believed him [103v] to be the true God. All at once, they hastened and told about it in the city: 'He is truly resurrected.'

[14,160–14,165] But soon, some bribed and some threatened, they changed it a great deal and lied despicably.

[14,166–14,179] Certainly, before the said body was taken down from the tall cross, still warm, a lot of blood and water came out of the right side, where he had been wounded. The people saw this. It was all done in order to fulfill the figures, psalms, and scriptures.[569]

[14,180–14,187] When the Omnipotent ordered the ancient patriarch Noah to build the ark, he wanted water to punish the vice and to be the beginning of virtue.

[14,188–14,205] The good people that were kept in slavery by Pharaoh remained alive and were made free by the blood of that holy lamb, which was the knife of a great slaughter for so much of the offspring of Egypt.[570] Then God had the holy people cross the Red Sea as if on pavement, whereas the water drowned the king's squadron.[571]

[14,206–14,213] Also, God ordered that his people see how Moses, by hitting his rock, caused abundant spring water to come forth, from which all of Israel drank.[572]

[14,214–14,221] When Ezekiel made his prophecies through the inspiration of God, he promised to give a great amount of living water, clean and abstergent water, to cleanse those who commit offenses.[573]

---

[569] John 19:34–36: "Instead, one of the soldiers pierced his side with a spear, and at once blood and water came out. (He who saw this has testified so that you also may believe. His testimony is true, and he knows that he tells the truth.) These things occurred so that the scripture might be fulfilled."

[570] An allusion to the feast of Passover, described in Exod. 12. God ordered the Israelites to kill a lamb per household on the fourteenth day of the first month of each year and eat it with unleavened bread, putting blood on the doors and lintels of the houses where they ate. God would pass through Egypt, killing all the first-borns of men and animals, except those living in the houses marked with blood. As a consequence of the slaughter, Pharaoh commanded Moses and Aaron to lead their people out of Egypt.

[571] Exod. 14:21–29. Upon Moses' signal, God made the waters of the Red Sea recede, allowing the people of Israel to cross it. When Pharaoh's men followed in pursuit, Moses made the same signal and the waters came back, drowning all of them.

[572] See note 374.

[573] Ezek. 36:25: "I will sprinkle clean water upon you, and you shall be clean from all your uncleannesses, and from all your idols I will cleanse you."

[104r] [14,222–14,230] God calls the penitents who are thirsty and invites them to drink free water.[574] Through Isaiah he promises to turn their impurities into white wool and to bleach them.[575]

[14,231–14,235] Jeremiah tells the incredulous that they forsake God, an abundant and plentiful source of living waters.[576]

[14,236–14,251] Zechariah writes, prophetically, that on that day, in time of peace, in King David's palace a fountain as large as a river will appear, which will cleanse all uncleanness.[577] Abundant water was seen coming out of a hole on the right side of the temple,[578] healing illnesses.

[14,252–14,257] And the Messiah wanted to begin by sanctifying that great river when Saint John baptized him there.[579]

[14,258–14,263] And when he turned water into wine and ordered the architricline[580] to drink, he showed there the beginning of glory.[581]

[14,264–14,266] The pool of Siloam showed that well.[582]

[14,267–14,273] Near Sychar, he promised to give an infinite and perpetual source of water of life to the Samaritan peasant.[583]

[14,274–14,282] A fountain with such water, already foretold and prophesied, promised by God, was never attained by the old peoples, the ones who

---

[574] Isa. 55:1: "Ho, everyone who thirsts, / come to the waters."

[575] Isa. 1:18: "Come now, let us argue it out, / says the Lord: / though your sins are like scarlet, / they shall be like snow; / though they are red like crimson, / they shall become like wool."

[576] Jer. 17:13: "O hope of Israel! O Lord! / All who forsake you shall be put to shame; / those who turn away from you shall be recorded in the underworld, / for they have forsaken the fountain of living water, the Lord."

[577] Zech. 13:1: "On that day a fountain shall be opened for the house of David and the inhabitants of Jerusalem, to cleanse them from sin and impurity."

[578] Cf. Ezek. 47:1–2: "Then he brought me back to the entrance of the temple; there, water was flowing from below the threshold of the temple toward the east . . .; and the water was flowing down from below the south end of the threshold of the temple, south of the altar . . .; and the water was coming out on the south side."

[579] The Jordan (Matt. 3:13).

[580] The person who presides at a feast.

[581] A reference to the wedding at Cana, in which Jesus transformed water into wine for the celebration. This was considered "the first of his signs," which "revealed his glory" (John 2:8–11).

[582] John 9:1–12. Jesus mixed his saliva with clay and anointed the eyes of a blind beggar, commanding him to wash in the pool of Siloam. The beggar then received his sight. Jesus told his disciples that this was another manifestation of the works of God through him.

[583] John 4:7–14. This is another reference to the encounter between Jesus and the Samaritan woman, to whom he says, "those who drink of the water that I will give them will never be thirsty. The water that I will give will become in them a spring of water gushing up to eternal life."

obeyed the natural law or the ones who obeyed the scriptural law,[584] who were ungrateful to God.

[14,283–14,289] Not even when he sweated blood when he was crying and praying in the orchard.[585] Only after his death was it truly given, when his side was opened.

[104v] [14,290–14,301] High up on the cross, he wanted to finish the keys to heaven, which were only half started and forged and which he had promised to give to faithful Peter.[586] A subtle locksmith, he tempered them with water and blood, like the good armorer tempers steel.

[14,302–14,307] The king and priest Melchizedek successfully crossed the ravine, river, or torrent, drinking from a chalice or cup.[587]

[14,308–14,317] Once the irrigation from his right side was opened, the supply and the instruments of the usurers and pharmacists were completely revoked by the old senate, and their prescriptions reproved.

[14,318–14,357] Once the vault of divinity was opened, out of pity he gave a new set of antidotes to the new shrine. In it he prescribed seven medicines with seven divine, spiritual and supernatural properties, with well-distinguished qualities, measured in four degrees (three for the three nails and the fourth for the spear),[588] weighed justly and fairly on his scale, the quantities well distributed, with which the prelates (the ointment and pigment makers) would make ointments and fine pigments to preserve and cure, to ratify and conserve the health, the blessed and noble softness, the well-being of the people or the new flock of elected and chosen lambs and rams, leaving aside the bearded goats.[589]

[14,358–14,373] Crying out loud [105r] (as the swan does with a very loud voice when he is close to death,[590] his head up straight), the benign lamb screamed that he was very thirsty for everyone.[591] He paid enough for everyone. The obedient lamb and sheep who came here voluntarily is freely and thoroughly redeemed.

[14,374–14,391] Biting the bit, the haughty and stubborn Jew (already bloated and unglued, like an old wineskin) remained captive by his own fault. Since

---

[584] See note 507.

[585] Luke 22:44: "In his anguish he prayed more earnestly, and his sweat became like great drops of blood falling down on the ground."

[586] See note 531.

[587] Ps. 110:4–7: "The Lord has sworn and will not change his mind, / 'You are a priest forever according to the order of Melchizedek.' / . . . / He will drink from the stream by the path." Cf. also Gen. 14:18.

[588] Possible reference to the three theological and the four cardinal virtues (Miquel i Planas, *El espejo*, 226).

[589] Cf. Matt. 25:31–33: "When the Son of Man comes in his glory . . . he will put the sheep at his right hand and the goats at the left."

[590] Refers to the bestiary legend that the swan sings just before it dies.

[591] John 19:28: "After this, when Jesus knew that all was now finished, he said (in order to fulfill the scripture), 'I am thirsty.'"

they have not confirmed the law or prophecies of the true Messiah, they are not included in his flock. Thrown out of the neighborhood, the Jews are not allowed to own anything in the lands that belong to the crown.

[14,392–14,402] They did not believe that the king who came from heaven to the world was the Messiah, and for that reason they have lost their ox field, the priority in the use of communal lands, and exemptions in the use of meadows and pastures, because of their madness.

[14,403–14,411] Those who are hired and willing to work humbly and to sweat, digging and not leaving uncultivated patches, will be paid a royal *denarius* for their working day.[592]

[14,412–14,417] Those who are deceived, the Moors and other idolatrous Turks, ferocious and fierce, remain as wayward slaves.

[14,418–14,432] Both peoples, the stubborn Hebraic and the gentile lay people, are represented in the two young servants (and the ass with them), who remained together at the bottom and did not climb up to the rock to make [105v] an altar or carry wood for the sacrifice of Abraham, the initial beginning of faith and love.[593]

[14,433–14,441] Isaac's is the third people, the true and Christian people who believes and does what God wants. This alone is the only one of the three that is elected. The other two are damned.

[14,442–14,465] Many are the ones who are called and few the elected.[594] God wants to save everyone he has created, but many evil ones don't want that. So they remove themselves from the promised good, preferring their fat lives and to stay in the market regardless of the rain. They find someone to hire them, and they don't like the pay.[595] They don't like listening to the one who hires them, leads them, and invites them, much less following him. Reading and understanding the figures and the Holy Scriptures or getting their true meaning cannot be imputed to them.

[14,466–14,493] God does not reject the one who approaches him. He does not throw out or desert the man who prepares himself to receive his grace, do-

---

[592] This is a reference to the parable of the vineyard and the laborers that Jesus told his disciples (Matt. 20:1–16). Jesus likened the kingdom of heaven to a householder who hires laborers throughout the day, offering them the same pay, one *denarius*, for the day's work, even though some of the laborers work much less than others, as they begin work later in the day.

[593] Gen. 22:3–6. When God ordered him to sacrifice his son Isaac, Abraham left for the indicated place with his son, two servants, and a donkey. As they were approaching the site, Abraham told his servants to stay behind and keep the donkey, while he "took the wood of the burnt offering and laid it on his son Isaac."

[594] "For many are called, but few are chosen" (Matt. 22:14) is the conclusion to the parable of the marriage feast told by Jesus to the Pharisees.

[595] See note 592.

ing everything that pleases him and obeying him, leaving Satan. He does not abandon the man who comes straight to him and promises his faith, paying him homage as his perpetual vassal, receiving the salt of knowledge by the hands, and in the presence, of his curate, his own prelate and priest, who has made a solemn vow to God. Immediately, he is well received, free and redeemed, his ransom having been duly paid by God.

[14,494–14,506] Incidentally, I want to distance myself and stray away a little from our game. I intend to jump out of the trench [106r] because I so dislike those mean and false beguines. Since their little knowledge and their much thinking provoke me, I want to insert this here.

[14,507–14,531] I see the beguine jumping like a grasshopper from cell to cell, from wake to wake, confusing things, pecking around, disputing and asking questions, reasoning with confessors and preachers. She asks, 'Since such a virtuous, universal, fruitful, and graceful fountain of living water emanates from God, why does it not reach all living men in equal rivers? Because many don't take any, and those who have it, do not do so equally . . . '

[14,532–14,547] In asking so she is bold, like the woman who was cured of her long-lasting hemorrhage.[596] When she heard the true Messiah preach in public to the populace and saw him cure serious illnesses, she wanted to risk it and, raising her voice and crying out loud, blessed the one who had borne him and nursed him.[597]

[14,548–14,552] God disputed her only because of her words and said, 'Listening and then believing is better.'[598]

[14,553–14,568] He also reprimanded Martha when, after he said, 'Remove the tombstone,' she replied and said, doubtful, 'It will stink—after four days it's already rotting.' He said, 'Have I not told you that if you believe I will make you see singular deeds?'[599] Therefore, believing is better than arguing and altercating.

[106v] [14,569–14,577] Therefore, altercating and inquiring the cause that moves the Omnipotent means inquiring of another lord greater than God. Such talk is a great error.

[14,578–14,584] The Creator, when he makes and creates, cannot make a mistake. He wants, he can, he knows. He dyes his cloth red, green, blue, yellow—however he pleases.

---

[596] See note 440.

[597] Luke 11:27. Roig seems to imply that the hemorrhagic woman (Luke 8:43–48) and the woman who blessed Jesus' mother are the same person.

[598] Luke 11:28: "Blessed rather are those who hear the word of God and obey it!"

[599] Martha objected to the opening of the tomb of her dead brother Lazarus, to which Jesus replied, "Did I not tell you that if you believed, you would see the glory of God?" (John 11:39–40).

[14,585–14,593] At his pleasure, he does like the potter, who out of a mass makes a vase, a pot, a bowl, a plate, a jug, a mortar, a basin, a nice receptacle or an ugly one, as he wants.[600]

[14,594–14,613] For the young vine that he has planted, God has hired whoever he has wanted. Some of them have come with their hoes at prime, at nones, at vespers, or at complines. Once the work is over, he calls the workers (both the early risers, tired and sweaty, and the ones hired in the evening) and gives them the same pay—a *denarius*. He wants to do it thus. Whom does he insult if he wants to pay all of them for one day?[601]

[14,614–14,630] Who should complain about whether he made her or unmade her this or that way—Rachel, Leah, Martha, Mary, Esther, Vashti, Ruth, or Naomi? About his distribution, who can say anything? Out of love alone, he creates them good or better at his own pleasure. The one he wants drinks his water or grace with efficacy, as much as can fit in her head.

[14,631–14,647] She who does not want him worships another god. Many of them have feet, [107r] but they don't come or go to him. They have hands to take, heads to learn, ears and eyes,[602] but because of their whims, they don't like to hear or obey the calls and summonses. They don't want to move, to open their floodgates. They have not freely forced their choice and their will.

[14,648–14,653] The one who goes in the wrong direction remains dry. The one who closes her flow and shuts her wicket, lacks water for a good reason.

[14,654–14,673] She who equips herself with a hamper and goes to get water with a basket, a sieve, a screen, or a small container must reprimand herself if she dies of thirst because of her very own provision,[603] not because of the place where the water comes from, which is a generous fountain that God extends through rivers, irrigation channels, conduits, canals, irrigation ditches, streams and streamlets, trickles and spouts as middle ways.

[14,674–14,695] With order, pause, count, measure, weight, and fairness, the high water-keeper lets the water go and gives it for free to the landowner. If someone, because of what she hears, turns her soil with a team of oxen and a plowshare, evens her field with her leveler, hoe, or shovel, makes ridges with wings, opens sluices, and blocks molehills on the slopes, the silt of her wicket takes in only a little of what is left from cleaning and washing.

---

[600] Cf. Isa. 64:8 ("Yet, O Lord, you are our Father; / we are the clay, and you are our potter") and Jer. 18:6 ("Just like the clay in the potter's hand, so are you in my hand, O house of Israel").

[601] See note 592.

[602] Miquel i Planas states that these concepts are included in Ps. 113:5. However, this connection cannot be established. There is a possible connection to Ps. 123:1–2, but it is uncertain at best.

[603] Cf. the Castilian proverb *Agua en cesto se acaba presto* ("water in a basket is soon gone"). A similar expression is used by Alisa in the fourth act of *La Celestina*.

[14,696–14,701] The one who does not weed her spirit and her five senses at least during Easter every year [107v] and does not clean them makes herself a barren desert.

[14,702–14,717] The proud and crazy beguine wastes her time and receives a hammer blow. She cannot clearly tell when her pot is boiling; she cannot spin or sew anything, much less read, but still wants to have an opinion and meddle with knowing, being able, wanting, making, and creating, and giving thanks and secret judgments.

[14,718–14,725] What God promises is infallible, certain, and credible. 'Every man,' says God, 'who does not believe or will not believe firmly will be condemned and expelled.'[604]

[14,726–14,751] Everyone who is baptized with natural spring water (not from a still; oil, milk, wine, or any other liquid are not good for it either) by his own prelate or curate (in times of hurry, if the direction of a priest is missing, any Christian can replace him, if he knows how to say, well and without barbarisms, the baptismal words), with the Holy Spirit pouring the water, greatly obtains the faith through this cleansing, either from himself, if he is already cognizant, or from his godfather and from the others present if he is a little boy.

[14,752–14,760] The faith of the relatives of that sick man who was lying in bed on a high roof and lowered through a hole made by them was enough to heal him, so much so that he remained healthy.[605]

[14,761–14,767] If one gains so much by means of someone else's faith, how much more through one's own, if one has it in abundance, regenerated [108r] and/or reborn, recreated, made!

[14,768–14,775] Charitably elected by God as his adopted son, he will hope and firmly believe those words that are represented by the cloaks placed on the donkey.[606]

[14,776–14,779] And by the twelve baskets or panniers of fish and bread together that were left over.[607]

---

[604] Mark 16:16: "The one who believes and is baptized will be saved; but the one who does not believe will be condemned."

[605] Luke 5:18–20. Several men tried to bring a paralyzed man to Jesus. Being unable to get through the crowd of people, they lifted the sick man lying in his bed to the roof of a house and then lowered him next to Jesus, who forgave his sins because of the faith showed by the men.

[606] See note 494.

[607] A reference to the multiplication of the fish and the bread. "And all ate and were filled; and they took up what was left over of the broken pieces, twelve baskets full" (Matt. 14:20).

[14,780–14,786] They are also represented by the twelve very beautiful rocks that were chosen and taken from the river. Joshua had a new altar built out of them.[608]

[14,787–14,795] The twelve sayings dictated by all the stewards, apostles, and leading men of the only apostolic, Catholic and Holy Church are thus denoted and prognosticated.

[14,796–14,801] Not according to the beliefs of the Manichaean, against whom a new creed was proclaimed in a holy consultative council.[609]

[14,802–14,807] The *Quicumque vult*, composed at a good rhythm and gracefully by Athanasius, says truthfully what must be believed.[610]

[14,808–14,814] Whoever, believing all that, has accused himself quite frequently of all his wrongs here, in the court of his prelate, will eat and drink!

[14,815–14,843] And whoever has already anointed himself with the ointments and the sacraments will do the same. And whoever has dined well (not in the chamber left by the king, with Vashti, which only managed to give dinner to witches and wicked women, but in the very beautiful orchard of the most high King Ahasuerus, which was built by him and his counselors against women in gold and silver), eating and drinking [108v] at his pleasure, not compelled, but with a formed faith accompanied by virtuous and pious deeds, acting well, and elevated not by a dead faith but by a living and charitable faith.[611]

[14,844–14,850] Zacchaeus, up in a tree, believed in order to see God. Jesus called him and invited himself to stay with him and eat together.[612]

[14,851–14,859] If he does not reject him or excuses himself for having taken a new wife, he is invited.[613] Assured, he should not hesitate to join the high supper [14,860–14,862] if he is wearing a nice and clean nuptial outfit.

---

[608] Josh. 4:4–7. After the people of Israel crossed the Jordan, Joshua called the twelve men who represented each of the tribes and asked them to each get a stone from the river as a memorial to their crossing. Then Joshua set them where the priests that held the Ark of the Covenant had stood. Cf. the illumination in Hauf i Valls, "De l'*Speculum Humanae Salvationis*," 207.

[609] Refers to the First Council of Nicaea (325 CE).

[610] *Quicumque vult salvus esse* were the first words of the famous symbol of the faith also known as the Athanasian Creed, which was recited during Prime.

[611] Esther 1:9. While King Ahasuerus had a banquet for the men, his wife Queen Vashti held one for the women. See note 500. Cf. also James 2:17, 20.

[612] Luke 19:1–10. Jesus was passing through Jericho, where Zacchaeus was a chief tax collector. He climbed up a tree because he wanted to see Jesus but could not because he was short and there was a large crowd. Jesus stayed at his house and told him that he was saved.

[613] A reference to the parable of the men invited to a banquet that made excuses not to go. One of them alleged, "I have just been married, and therefore I cannot come" (Luke 14:20).

[14,863–14,869] Whoever is found badly dressed at such a dinner will be imprisoned, chained, and thrown into the fire of hell.[614]

[14,870–14,883] Therefore, since you are to dine from the hand of the usheress who has the mentioned secret seal, the key to the bread, as it has already been said, to the consecrated bread, the baked bread, the cooked soft bread, you must entreat her that she be happy and agree to let you in.

[14,884–14,889] While you still have time, change your clothes and greet her always with 'hail,' beseeching her to cleanse you from your sins.

Fourth Part of the Third

[14,890–14,905] Because of the many conflicts that you have, I, importune, transformed and well informed, have been sent to you. And now [109r] the dawn is coming. I see your stiff tongue trembling and getting ready to say something, to contradict me and to reply. I want to console you a little.

[14,906–14,929] If you still question some passages and they seem to you as if they were badly told examples or null or false bulls, everything that I have told you and repeated so much about women so that you abandon them . . . If you doubt it all, voluptuousness is perturbing you; it blinds your eyes and your common sense. Reason and your age constrain you, though. I have given you advice of much prudence, and experience confirms it all. Have a firm opinion about this and send voluptuousness into oblivion!

[14,930–14,945] If, secondly, you oppose me adducing the command that had already been issued in Paradise before the discord, when God said, 'Multiply and grow, fill the earth,'[615] and that whoever does not follow it and abide by it, according to nature, freeing himself from it instead, does not obey much and breaks the order . . .

[14,946–14,960] I reply that that argument is clearly faulty. Adam was created and formed as the engenderer and beginner of the human lineage. He would have committed an outrage and a grave sin if he had not procreated. All the ones who came after Adam were not held to the same command.

[14,961–14,975] If [109v] Manoah, Abraham, and Joachim[616] had not procreated they would also have sinned. It would have been a great crime in those days if Zechariah had abstained: John the Baptist would not have been born, the

---

[614] An allusion to the parable of the marriage feast given by a king for his son's wedding and told by Jesus to the Pharisees. When the king noticed that one of the guests was not wearing a wedding garment he ordered his attendants, "Bind him hand and foot, and throw him into the outer darkness, where there will be weeping and gnashing of teeth" (Matt. 22:2–13).

[615] Gen. 1:28.

[616] Manoah was Samson's father and Joachim was the Virgin Mary's.

greatest among the born,[617] who never produced a son or had an heir, and did not sin.

[14,976–14,995] It is not necessary to spend much time on this. The lofty words of the consecration are a similar lesson: 'You will do this in remembrance of me.'[618] It is said to all, but it is not shared or done by all. Those two sayings ('you all procreate' and 'you all consecrate') are brief speeches of much virtue, ordered by God to the people in general, not to each one in particular.

[14,996–15,003] The omnipotent Jesus, a true man, did not have a wife. Had he had to, he would have had one. He never sinned, therefore he never broke this law.

[15,004–15,022] He was invited to the feast of his much loved first cousin and confirmed his marriage with a miraculous testimony, but he did not want the husband to fulfill it or ever to sleep with his wife.[619] Therefore, it seems more like a voluntary thing rather than necessary. Certainly, procreating or preserving the establishment is appropriately labeled advice.

[15,023–15,041] Whoever wants to resemble him wholly in his actions, and imitate him and follow him, can avoid that command without sinning or breaking the law. [110r] Whoever wants to may do so. You, get rid of such heat. Don't be afraid that, because you don't have children or fruit, if it is not allowed, your curate might excommunicate you or bar you from entering the temples.

[15,042–15,058] If you also take into account the wonders of some of the women, referring to and arguing for the very high, faultless, and knowledgeable queen of Sheba, called austral,[620] who brought with her a graceful companion of a strange law, wise and well endowed with knowledge and good manners ...

[15,059–15,090] She, famous and powerful, very erudite in the moral and natural sciences, having heard the renown spread throughout the world of my power and great knowledge, more divine than human, in order to understand more and to learn from me, crossing the world, came to see me and had great conversations with me. She gave me ointments of very fine aroma and high price. She gave me a nursery, seeds and shoots of balsam. We planted it all in En-gedi. We spoke frequently and discussed and conversed about astronomy, of which she knew a great deal.

[15,091–15,121] She made a sign to me and indicated, 'On this wood, a strong and much-desired king will be hanged by the Jews, bad vassals of his, [110v] on a cross, high up.' I removed it immediately from the orchard of the

---

[617] "Truly I tell you, among those born of women no one has arisen greater than John the Baptist" (Matt. 11:11; cf. also Luke 7:28).

[618] Luke 22:19; 1 Cor. 11:24; quoted in the Canon of the Mass.

[619] The text alludes to the wedding in Cana (John 2:1–11), but Roig identifies the bridegroom with his cousin, John the Baptist.

[620] Because some accounts consider her kingdom to be located in southwest Arabia (Yemen). 1 Kings 10:1–13 and 2 Chron. 9:1–12.

forest and hid it in the bottom of the pool. Its water took medicine from it,[621] but the pool healed only men — it is not read anywhere that it healed any women. On her advice, Jesus the Messiah was presented and divulged to the Pharisees and Sadducees in days to come. Such diligence would be a strong argument to support a greater knowledge and judgment on their part.[622]

[15,122–15,134] To this sort of argument, I would respond at length if I did not doubt that there is enough time. I will speak briefly, since I can't retract for such a small strait. A swallow certainly does not make a summer[623] — I saw her as the wife of an infidel king: she was outside the law, she had everything. It also happened.

[15,135–15,155] If you get more involved and argue strongly in favor of famous virtuous and venerated women (virgins, little girls, nuns, beguines, a few married ones), who have been canonized as saints by the pope; in favor of so many sibyls who have prognosticated the arrival of God the Redeemer; and in favor of some great women (although they were few), mothers and pillars of the old law, it is convenient that I tell you the truth.

[15,156–15,170] Out of equity and to honor God, since he formed Eve's body, which was the bone from a man and flesh from his flesh,[624] and because through their progeny, by the work of nature, they make man come into the world, [111r] they are somewhat lovable. But they are not estimable and worthier for being wives.

[15,171–15,189] Because marriage is not an indisputable confirmation, but rather quite doubtful. Marriage is an induction or presumption of goodness, but it does not carry any guarantee, since many people raise other people's children. Therefore, they should not be loved much but, rather, tolerated on account of their equipment, just like hens are for the many eggs they lay, although they soil the place where they retire.

[15,190–15,200] Additionally, I want to respond to the general argument of 'because God made women good.' They may have some goodness, but only the

---

[621] Cf. De Voragine, *The Golden Legend*, 2:278: "the queen of Sheba saw the wood in Solomon's forest house, and when she returned home, she sent word to Solomon that a certain man was to hang upon that wood, and that by this man's death the kingdom of the Jews would be destroyed. Later on the pond called Probatica welled up at that spot, and the Nathineans bathed the sacrificial animals there. So it was not only the occasional descent of an angel of the Lord, but also the power of the wood, that caused the motion of the water and the healing of the sick." Cf. also John 5:4.

[622] When the scribes and the Pharisees asked Jesus for a sign, he said, among other things, "The queen of the South will rise up at the judgment with this generation and condemn it, because she came from the ends of the earth to listen to the wisdom of Solomon, and see, something greater than Solomon is here!" (Matt. 12:42).

[623] Cf. the Catalan aphorism *Una oreneta no fa estiu* (Bayerri, *Refraner català*, 3:305).

[624] Gen. 2:23.

common one. Some women take a little bit of it, but most of them toss it quite far, get rid of it, throw it away from them.

[15,201–15,221] The ones that come close to doing anything good according to the law and the faith are somewhat esteemed and remembered as greatly valuable. Like the one-eyed man who is king among the blind,[625] they are mentioned by some laymen and perpetuated by lasting fame. Of these, love what good they have—not all the noise that people make about them, but only their only virtue.

[15,222–15,269] Judith's strength[626] and Esther's willingness to please,[627] for example. Look at Rebekah because of her knowledge.[628] From Sarah or Sarai, who requested Abraham to touch the servant Hagar, take her fidelity.[629] [111v] Take Leah's great humility[630] and the eloquence and beautiful style of Abigail.[631] From Deborah choose only her prophecies.[632] Choose Rahab's concealment,[633] Jael's driving the peg through the temple,[634] Rachel's love,[635] and Anna's widowhood.[636] Take the continence of Susanna,[637] the penance of the Magdalene,[638] the pilgrimage of lofty Helena,[639] the hospitality and the zeal for the poor of Elizabeth,[640] countess, queen and Franciscan Minoress. From Saints

---

[625] Proverbial.

[626] See note 484.

[627] In comparison with her predecessor, Vashti. See also note 500.

[628] See note 255.

[629] See note 274.

[630] The story of Leah is told in Gen. 29–31. See also note 453.

[631] See note 433.

[632] The so-called *Song of Deborah* prophesies the victory of the Israelites over the Canaanites in Judg. 5.

[633] Rahab was the prostitute who concealed the spies sent by Joshua to Jericho (Josh. 2 and 6:22–25).

[634] See note 248.

[635] Gen. 29–31. See also note 453.

[636] Anna was a prophetess from the tribe of Asher. She was married for seven years and a widow for the rest of her life, at least until the age of eighty-four (Luke 2:36–37).

[637] Two lustful elders falsely accused Susanna of adultery. As she was being led to execution, Daniel convinced the people to re-open the trial that had condemned her. After interrogating the two elders separately and obtaining conflicting information, she was declared innocent and the men were put to death (Dan. 13, apocryphal).

[638] About Mary Magdalene, De Voragine writes, "In her conversion she was armed and rendered unconquerable by the armor of penance: she armed herself the best possible way—with all the weapons of penance—because for every pleasure she had enjoyed she found a way of immolating herself" (De Voragine, *The Golden Legend*, 1:375).

[639] Saint Helena, mother of Emperor Constantine, who sent her to Jerusalem in search of the Cross (De Voragine, *The Golden Legend*, 1:278–80).

[640] Saint Elizabeth of Hungary (1207–1231), who, after the death of her husband, joined the Third Order of Saint Francis and devoted her life to the poor and the sick.

Catherine, Tecla, Marina, Anastasia, Agnes, and Lucy, you can love, without too much emotion, their virginity, together with their charity and their martyrdom on account of their faith. With regards to these women, you can give a good reputation to, love well, and speak with pleasure about such virtues only.

[15,270–15,284] I entreat you to avoid the solicitude of living women and to entertain yourself only by reading the lives of such dead ones, because they have followed, in some steps and without tripping, the good ways of the One who sends me. Thus I undo and satisfy your arguments and thoughts.

[15,285–15,290] Leave aside disputes and don't refute my advice because, if you don't believe it, you will certainly live in sorrow and die condemned.

[15,291–15,295] Your bald head, since it is already dawn, must want to sleep. I am leaving now. I entrust you to God."

Fourth Book or Fourth Main Part: About His Widowerhood

First Part of the Fourth: How He Ordered His Life

[112r] [15,296–15,311] When I did not hear his voice any more, I immediately came to, totally elevated, out of my mind, and dumbfounded by what I had just heard, like someone who was dreaming about something pleasant and, being suddenly awakened, he dislikes it and does not appreciate having his pleasure disturbed.

[15,312–15,317] Disconsolate and anguished, like Tobit was when Azariah (the angel Raphael) returned to heaven.[641]

[15,318–15,347] And tired like Saint Ambrose was in front of the body of Saint Martin[642] and like Fronto was in front of Martha's.[643] Reading the letter of the celebration, they fell asleep on the altar and, asleep, they left their respective bishoprics, miraculously guided by God. They truly did the office, the sacrifice, and the holy prayers in the funerals of the aforementioned saints. Their assistants, seeing them lower their heads to their chests and take too much time, woke them up. It displeased them to be disturbed from what they were doing far away and seeing so clearly, and they both were somewhat annoyed.

---

[641] The ascension of Raphael is narrated in Tob. 12:21–22. However, Tobit and his son Tobias were not disconsolate or anguished at his departure. They were shaken and prostrated in awe moments before, when the man they knew as Azariah revealed his true identity as the angel Raphael (Tob. 12:16). After Raphael left, the two men sang hymns of praise to God.

[642] Saint Ambrose once fell asleep for a few hours while celebrating Mass. When they woke him up, he said that he had been leading the prayers at Saint Martin's funeral (De Voragine, *The Golden Legend*, 2:299).

[643] Similarly, Fronto fell asleep while celebrating Mass and was called by God to lead the prayers at Saint Martha's funeral (De Voragine, *The Golden Legend*, 2:25).

[15,348–15,365] And like when God verbally instructed Cleopas and the other one who was with him, and opened their senses to the figures, and declared the Holy Scriptures to them. When they were settled in the building, amazed by what he said, breaking the bread, they recognized him. When they wanted him, he disappeared, [112v] and it pained them much when he was gone.[644]

[15,366–15,381] And like when Saint Augustine found that boy by the seashore who wanted to empty the water into a hole and he spoke to him: "Child, what do you want to do?" With much knowledge, the boy responded, and with great calm Saint Augustine listened while the child spoke. Saint Augustine lost sight of him and with a sad face he remained thinking.[645]

[15,382–15,404] I felt in a similar fashion when I opened my eyes, back to my senses, chilled by having listened and having been awake for so long. I soon started to think, remember, and recall, thinking over and reciting what I had heard, and I understood the beliefs that had been explained and declared to me for my own benefit. The moral and doctrinal content was palpable to me, and practicable.

[15,405–15,430] But the subtle part, of complicated style and truly transcendental, my eyes missed it all since I lacked a high theoretical sense and was shortsighted, and my thinking ability was obscure and feeble, just like the daytime seeing abilities of the owl, the bat, and the little owl. I did not understand it. I only got it when it came down to my apprehensible, intelligible, and coarse level. I managed to not forget it and to remember it for my own profit and now for yours, [113r] [15,431–15,449] my son Baltasar. Without any more delay, I immediately got dressed and out of bed, and kneeling down I praised God and blessed him, thanking and supplicating his glorious, merciful, and blessed mother to separate me from the old leaven[646] and, renewed, to preserve me from the infernal dragon Belial.[647]

[15,450–15,456] And since I thought that the past time, badly spent and lost, could not be recuperated, I put into practice the new good advice I had just heard.

---

[644] Cleopas and another man were walking towards Emmaus, near Jerusalem, and talking about the disappearance of the body of Jesus after his death. Jesus appeared to them but they did not recognize him. He explained to them "the things about himself in all the scriptures." When they sat down to eat, he broke the bread and blessed it, and the two men recognized him, but he disappeared from their sight (Luke 24:13–32).

[645] According to tradition, Saint Augustine was thinking about the mystery of the Trinity when he saw a boy that was trying to empty the waters of the ocean into a hole in the sand. When Saint Augustine pointed out that it was an impossible task, the boy answered that it was not more impossible than trying to understand the mystery of the Trinity (Miquel i Planas, *Spill o Libre de consells*, 397–98).

[646] 1 Cor. 5:8: "Therefore, let us celebrate the festival, not with the old yeast, the yeast of malice and evil, but with the unleavened bread of sincerity and truth."

[647] The devil.

[15,457–15,471] Without delay I wanted to promise (and I made an oath, vow, and sacrament to attend to it with all my heart) never to take a woman but, rather, to live free; never to sit at a bench or at a table with a woman; never to listen to their words, reasoning, parlance, speech; and never to hear their ill intentions.

[15,472–15,478] To boil in oil, to eat my own hands, to die and kick the bucket, rather than to take a wife: better buried than married.

[15,479–15,494] I made a promise of continence. After I was free, I changed my lifestyle, leaving the active life and seeking the contemplative, taking the measure and the example of contemplation of hermits, the sole inhabitants of dry wastelands, where they live resolutely without marrying such devils.

[15,495–15,515] I did it immediately. That summer I went to the [113v] nice Catalan hermit monastery that is called Carthusian, between Falset and Poblet,[648] where limping people climb with great effort. For about half a year I stayed there, where I purified my conscience, examining it with the prior, a good confessor, and ruminating. I finished my penitence.

[15,516–15,525] I was very happy with their life and I would have certainly taken the habit if that treacherous bigamy of mine did not forbid me to be ordained to say Mass.[649]

[15,526–15,529] A woman entering the monastery or coming close to it was never seen.

[15,530–15,543] They even told me that Queen Donya Maria,[650] one day when she was idle, wanted to go in with her maids only to look around. The cloister, the chapels, and every place where they stepped were later cleaned and vigorously scraped. The monks never came out of the choir, where they were locked up.

[15,544–15,559] They are much guarded from the occasion to commit sin. They taught me about prayers and they straightened me greatly with their virtue. They advised me to emend the time I lost and to organize the time to come by living better.[651] They all embraced me and offered to pray to God for me always.

---

[648] Falset and Poblet are villages located in the Catalan province of Tarragona (see note 51). The protagonist visits the old monastery of Scala Dei (Chabàs i Llorente, *Spill o Libre de les Dones*, 343).

[649] Roig uses the term "bigamy" with the now obsolete meaning of second marriage after the death of a former spouse. Having been married twice, the narrator would have needed a special dispensation from Rome to be ordained as a priest (Miquel i Planas, *Spill o Libre de consells*, 399).

[650] Maria of Castile, the wife of Alphonse V the Magnanimous. Miquel i Planas attributes the spelling *Marina* in the original to rhyming needs (*Spill o Libre de consells*, 399–400).

[651] Cf. Eph. 5:15–16: "Be careful then how you live . . . making the most of the time, because the days are evil."

The Mirror 421

[15,560–15,581] I bid farewell to all of them at once and, guided by God, went towards Santes Creus in the midst of much snow and a great cold. I went to Poblet, [114r] on the paved road to Montserrat. I went to Vallbona near Tarragona—what a monastery to convert all sinners! Because of the cold, Benifassà and Vallivana made me very tired. I went, crossing plains and valleys with great effort, to Valdecristo.[652]

[15,582–15,610] When I saw Portaceli,[653] I was certainly close to crying out, "Eli!"[654] because of my exhaustion. But assuredly, in my opinion, I never saw anything more devout, a better arranged and better disposed place than all the others. With good reason is it called the gate of heaven. There, continence is not dead, and they possess the acme of abstinence. Meat is never cooked there, nor does a woman ever approach their boundaries. I reposed there well, until I shook off my weariness. Very happy with them and feeling much love, with their approval and my sword girded on, I went back home, where I am today in peace, I tell you.

Second Part of the Fourth: He Continues His Life

[15,611–15,617] I am ninety-five or one hundred years old, the best fifty or sixty years of which I have been consumed by pains and sorrows.

[15,618–15,633] In truth, the holy sermon of Solomon that was sent to me saved the rest of my years and diverted me. I, badly nourished, a hardened old man, miserable, evil, like a three-year-old kite, [114v] was going down for just a piece of tripe and tying myself to a strong chain.

[15,634–15,646] By telling you about my great emendation of the time that I wasted and I did not know, believe that I am only imitating the tax collector who explained his failure in total humility, and not acting like the vain, self-glorifying, and proud Pharisee.[655]

[15,647–15,714] Instructed and corrected by the help and grace of God, with self-examinations and much work I put limits to my time. I avoid women like

---

[652] Santes Creus is a Cistercian monastery in the province of Tarragona. Montserrat is a famous Benedictine monastery located in the mountain by the same name outside Barcelona. Vallbona is a Cistercian monastery of nuns in the Catalan province of Lleida. Benifassà is a Cistercian monastery located in the Valencian province of Castelló. Vallivana is a sanctuary also in the province of Castelló. Finally, Valdecristo is a Carthusian monastery near the town of Segorbe, in the province of Castelló.

[653] A thirteenth-century charterhouse near the town of Bétera, in the province of Valencia (Miquel i Planas, *El espejo*, 247).

[654] Jesus' cry before his death (Matt. 27:46). See also note 552.

[655] A reference to the parable of the Pharisee and the tax collector who went to the temple to pray. The Pharisee thanked God for being better than other men, including the tax collector. The tax collector did not lift his eyes to heaven and instead begged for mercy from God. Jesus praised the latter, saying that, "all who exalt themselves will be humbled, but all who humble themselves will be exalted" (Luke 18:10–14).

arsenic, so as not to encounter them. Only one chamberlain, a squire and buyer, and a cook and baker, three men, serve me and never leave me. I pay their salaries and show them affection. I don't have annuities. I live off of my natural, first fruit and fairly tithed incomes. I share my possessions, ending my days in pious deeds and penitence. To achieve abstinence, I have my bed on cut wood, my sheets are made out of serge, and my nightgowns out of coarse cilice. For my personal exercise, I sometimes dig in the orchard. As an entertainment, I then walk until I am hungry. On Thursdays, Sundays, and Tuesdays I have meat without fat, three days I have fish, and one day only water and bread. If I don't feel good, bread and red wine. My garments are made out of thick burail. Never forgetting to go to Mass every day, I seek pardons, [115r] confess frequently, and never cease to chant the day and night hours for the dead and the living. I redeem slaves and visit prisoners and widowers frequently. I welcome guests and I never keep my home closed to them. I cure the sick, care for the young, give food to the poor, dress them and cover them.[656]

[15,715–15,729] But I don't help females, because being good or helpful to them is worthless. I don't do anything for them, even if they were dying of cold or ice, of thirst or hunger (I hate them so much), even if they were hit by lightning or burnt, or if they turned to salt, like Lot's wife.[657] Whoever gives them anything tosses it into a hole.

[15,730–15,740] Moreover, whoever forgives them their mistakes sins gravely. Ahasuerus seriously erred when he did not skin his wife, Queen Vashti.[658] Dinah should have died also, because she was nosy.[659]

[15,741–15,752] Phinehas did it better when he killed and pierced the woman called Midianite with his dagger inside the tent.[660] The renown of righteous warrior has remained his forever.

[15,753–15,762] That Raymond who was the last count of Toulouse had a delightful and very restless wife. When he found her out in deceit, he killed her by hanging her wisely but fiercely.[661]

[15,763–15,767] It was a good decision, the one made by those who killed in a great fire the first wife [115v] of strong Samson.[662]

---

[656] See notes 11 and 471.

[657] See note 456.

[658] See notes 500 and 611.

[659] Gen. 34. Dinah, the daughter of Leah and Jacob, went to visit some women and was raped by Shechem. Her brothers then killed all the males of the city where Shechem dwelled.

[660] See note 232.

[661] This account does not correspond to the historical last Count of Toulouse, Raymond VII.

[662] The Philistines burned Samson's wife and her father after Samson burned the Philistines' grain (Judg. 15:6). She had previously divulged the solution to the riddle that

[15,768–15,775] The illegitimate leader rightly had his daughter killed, burned naked, because she sang a song, played a drum, and hurried too much to go out first.[663]

[15,776–15,787] The sojourner who cut up his wife's body showed great skill. Each of the tribes had a nice piece of it, from which derived the great revenge and cruel slaughter of Benjaminite women in Gibeah and of women from Jabesh-Gilead.[664]

[15,788–15,805] That anointed good King Jehu acted nobly when he had Jezebel, a cruel queen and evil woman, thrown off a high cliff and totally crushed. He left her at the entrance so that the dogs would step on her and gnaw at her. Only her feet and her hands, what was left over, were put in a new tomb, since she had been married to a king, and buried.[665]

[15,806–15,823] With good reason, that ancient man and leader, Moses, was angry with Phinehas and the conquerors, because they were protectors of the married Midianite women (then widows) that they had captured, certainly an infinite number of them. He ordered that all the ravished women who were found be killed and beheaded, but not the virgins. Virginity earned them that.[666]

[15,824–15,833] Julian the Apostate correctly punished nine thousand fierce women: he hanged them alive by their breasts on sharpened branches cut from trees.[667]

[15,834–15,847] Hercules also avenged himself promptly. On a hill, [116r] with one blow, he managed to take off the armors of one hundred thousand armed women, ready for combat, which vexed them much.[668] He left them all wounded and with their throats slit at the bottom of the valley.

[15,848–15,853] In Troy they did not kill and cut up fewer of Pantasilea[669] and her kind: forty thousand maybe, who can say how many?

[15,854–15,857] The Persians also killed more than that, thousands of them.

Samson put to his thirty companions. See also notes 238 and 373.

[663] Jephthah promised God the sacrifice of the first person that came out of his house in exchange for his victory against the Ammonites. Jephthah triumphed and was received by his only child, a daughter, who came out of the house dancing and playing music before everyone else (Judg. 11:29–40).

[664] According to Judg. 19–20, it was men that were killed, not women. Also, the name of the city in the manuscript (*Gualahat*) is not correct.

[665] See note 501.

[666] Num. 31:9–18. After killing all the Midianite men, the Israelites took the women and children. Then Moses ordered all the male children and all the widows killed, sparing the lives of young girls. See also note 232.

[667] This event has not been documented (Vidal Alcover, *Espejo*, 144).

[668] This refers to Hercules's eighth labor, against the Amazons.

[669] Queen of the Amazons.

[15,858–15,869] On another occasion, one thousand beautiful virgins, maidens from Britain and many from Spain, fell dead between the orchards and the shores in a great village. Among a great company, they took their death in Germany.[670]

[15,870–15,880] That foolish woman called Lucretia,[671] an unfaithful gentile, did not do herself a great wrong (a zeal of some sort moved her) by killing her body, since she knew that she deserved to die soon because of her mistake.

[15,881–15,893] And Octavian's sister-in-law,[672] who was in love, also killed herself knowing what she was doing, because she saw herself much loathed and full of whoring. Her bad behavior deserved death, and that is why she took such a strong poison.

[15,894–15,903] If such a sport, similar days, and such consequences were frequent, women would be better. If I could, I would give it to them. I mean to the bad ones, but all the women I know are so.

[116v] Third Part of the Fourth

[15,904–15,919] Because of what I owe them for being my fellow human beings and because of the baptism in which all of us who are baptized are cleansed, if I have spoken falsely, I have already repented wholeheartedly. They should not fear, I assure them, even if I complain about them, that I would do them wrong, because the lion is not as brave, as fierce, and as wild as he is portrayed.[673]

[15,920–16,013] So as not to leave them angered and totally roused against me, I want to say a word for their comfort. Their whole orchard full of thorns and thistles I have experienced. I have examined my entire life well. Among the number of their live trees I have seen many nests of green finches and orioles, and many wasp nests. All their gardens I have sought well, and I have only found one virtual fruit tree, alone and singular, bright and grafted with virtues. I believe that it has broken the devil's eye. A single praiseworthy woman, famous and fruitful, well known, a woman considered worthy by many, God-fearing and Christian, completely human, communicative, sweet and loving, graceful, sure, caring, clean, gentle, knowledgeable, humble, and not very talkative. Also a great worker, a well-brought-up woman, hardworking in all she did. She prayed her hours [117r] and the entire office, but her labor and her work were not left because

---

[670] A reference to Saint Ursula, a fourth-century British princess, who was martyred by the Huns in Cologne, along with eleven thousand virgins who had come from all over Europe (cf. De Voragine, *The Golden Legend*, 2:256–60).

[671] A legendary Roman heroine. The wife of Lucius Tarquinius Collatinus, she killed herself after being raped by her kinsman Sextus Tarquinius, the son of the Etruscan king of Rome. This incident led to a rebellion against the tyrant (around 510–509 BCE), which marked the beginning of the Republic.

[672] Cleopatra.

[673] Cf. the Castilian proverb *No es tan fiero el león como lo pintan* ("the lion is not as ferocious as they portray him").

of her prayers. She seemed to all more like a man than like a woman. Since I was born, I never saw so much goodness in a woman. About her I remember that she was married, well brought up, much educated and as such nurtured by her husband, who saw her die very well. I can tell you that he remained inconsolable, alienated, out of his mind. I knew him well, a supplanter and a fighter.[674] White and red is his name.[675] Hers I remember: "Is" plus the first dead man, and the fish called "loach" make up her maiden name.[676] She was my neighbor, mother, godmother, and faithful friend. Not too old, a very bright woman, very dear to me. While she was in this world, I did not love anything as much. When she was gone, I mourned and lamented it. I loved her with all my heart, extremely.

[16,014–16,023] Since in their community I have only found one that deserves a little bit of praise and some celebration; only for that one I tell all of them that it pleases me to sign a final peace with them.

Fourth Part and Last

[16,024–16,041] I would never stop [117v] expressing the supremacy of the peerless and excellent Virgin Mary, Mother of God omnipotent, devoutly and attentively, without haste, every day. I serve in her great confraternity in the Cathedral[677] as much as I can, whenever they go there for a burial, or to honor their processions, Masses, and sermons.

---

[674] Miquel i Planas was puzzled by the term *subplantador*, which he translated as *emprendedor* ("enterprising"). Guia i Marín saw the use of *subplantador* as more evidence that Roig was not the author of *The Mirror*, an idea further supported by the description of Isabel Pellicer as his "neighbor, mother, godmother, and faithful friend," a few lines below (*Fraseologia i estil*, 305). Actually, both "supplanter" and "fighter" refer to Jacob and are, therefore, an allusion to Jaume (James, Jacob) Roig (Carré, "Aportacions," 388). "Supplanter" is the meaning of the Hebrew name Jacob (cf. Gen. 27:36, when Esau, upon discovering his brother's deceitfulness to obtain his birthright and their father's blessing, asks, "Is he not rightly named Jacob? For he has supplanted me these two times."). "Fighter" is a reference to Jacob's struggle with the angel who took human form in Gen. 32, to which an allusion is made previously on line 11,786 (see note 414).

[675] This is a cryptic way of alluding to Jaume Roig: white is the color of Saint James (*Jaume* in Catalan) and red is his last name (*Roig*).

[676] "Is" plus the first dead (Abel) give "Isabel." The fish (*peix*) called loach (*lliçer*) give her last name, "Pellicer."

[677] Against previous scholarship, Anna Isabel Peirats Navarro ("De confraries i gerretes: dues realitats històriques a l'*Spill* de Jaume Roig," *Revista de Lenguas y Literaturas Catalana, Gallega y Vasca* 7 (2000–2001): 113–19) maintains that lines 16,034–16,055 contain references to two different charitable organizations, to which Jaume Roig probably belonged. On the one hand, lines 16,034–16,041 refer to the *Confraria del Miracle or de la Seu*, which cared for sick and poor priests. On the other hand, lines 16,042–16,055 allude to the *Orde de la Gerra*, the emblem of which was a jar containing lilies. The purpose of this second organization as established by Ferdinand I in 1413 was the protection

[16,042–16,059] I wear the stole and the emblem of the king well extended over my chest, white and with a little jar or cup and a lily. And, without fail, on the four great festivities I have seven poor men, of those who beg discreetly, over as guests, and every Saturday two of those who live on alms. With such bridle, reins, and bit, I am setting in order the end of my whole body.

[16,060–16,081] So that she can emend what I lack in this vale so full of tears, I pray to the Glorious One, night and day, to consider me among her servants, among the first who run by her milestones, earning the jewel of supreme repose. I dare hope, trusting with faith, that with her help I will attain and gain, after my death, the safe celestial port, the perpetual and high consistory.

[16,082–16,099] I know that I am much in debt with purgatory on account of my badly emended sins. I beseech her as much as I can to keep me away from it, and to provide me here with ills and pains in order to make amends. But only corporeal ones—the spiritual ones, the displeasure that women have given me in the past, and my present ills [118r] may count as payment towards future torments.

[16,100–16,124] Now I am being put to the test by bad humors. Pains and aches I have presently. I feel pain on my heels, and I have kidney stones and sand. I have back, shoulder, and elbow aches. My thumbs are twisted. I cannot hold myself up, let alone handle a cup, a comb, a pen, or ink. My right eye is red. I cannot see or hear. I cannot sit, let alone write. Much more is left about this gest that I have not told you: I have not had enough time. Old and irksome, I cannot do any more.

[16,125–16,151] In the present, my good son Baltasar Bou, there is nothing new:[678] everything is old. I, dear nephew, have only rewritten for you what seemed to me profitable. Honey and butter, if they are chewed well, can be valuable to know well, to recognize clearly, to speculate correctly, to inquire and discern what must be loved, what must be hated, what to choose, what to loathe.[679] Those two opposites[680] are shown by various examples, clear similes and concordances, which take a better aim at them than flying high.

[16,152–16,173] Disputing great issues in sermons, imperceptible and not apprehensible subtleties, substantial distinctions about the Trinity, whether Mary was conceived in sin, whether she was redeemed, predestining, [118v] proving

---

of widows and orphans, and the defense of religion. King Alphonse V would later introduce the custom of having its members wear their emblem over white clothes on certain occasions and invite five indigents to eat at their expense.

[678] Eccles. 1:9: "there is nothing new under the sun."

[679] Cf. Isa. 7:15: "He shall eat curds and honey by the time he knows how to refuse the evil and choose the good."

[680] On the didactic use of opposites, see Catherine Brown, *Contrary Things: Exegesis, Dialectic, and the Poetics of Didacticism* (Stanford: Stanford University Press, 1998).

The Mirror

the faith, the sayings of Pertusa,[681] the muse of Llull, the different opinions of Occam and Scotus, very fine things in subtle rhymes ... All that pleases people but no profit usually derives from it.

[16,174–16,193] In my opinion, the pleasure taken from listening to such preaching is like counting someone else's florins. Do not expect those who hear such harmonies and melodies and enjoy them to be able to tell or recount what they have heard or who it was, once the sound is gone. You will only hear, "They sounded good," "He has preached well, to my liking."

[16,194–16,221] Thus, certainly, it happened to me. The lofty things I heard pleased me much, but did not fit in my container—my brain grasped very little of it. What I retained I have written above with as little confusion as I have been able to manage. Of what I have learned I have made a summary, but all of it submitted to the polishing touch of the One who is the summit of all correctors. If in anything I have made any mistakes against the faith, if I have said anything wrong or have not rewritten anything correctly, I consider it not said and revoked. I want it to be considered annulled. I do not have enough virtue and I want to leave it.

[16,222–16,241] I only request that you read it frequently and that you add whatever you learn. In time you will believe what I am writing for you. What I am telling you is never to deal and get involved [119r] at all with women, and to be in harmony only with the High Mother who, with God the Father and the Holy Spirit, has a common Son who shares their seed and who lives as one God, in Unity and Trinity, eternally.

[16,242–16,247] Finally, men and women, good men and good women, let us all live on this side. Saved on the other side, we shall say, "Amen."

---

[681] Francesc de Pertusa, fifteenth-century Valencian theologian (Chabàs i Llorente, *Spill o Libre de les Dones*, 344).

Index of Proper Names

The names are listed in English in alphabetical order. In parenthesis are given the different Catalan spellings found in the manuscript, followed by the number/s of the line/s in which they appear.

Aaron (Aron; 11,151)
Abel (Abel; 13,828)
Abigail (Abiguahil, Abiguayl; 11,883, 15,238)
Abraham (Abraham, Abram; 11,621, 11,662, 13,180, 14,089, 14,430, 14,964, 15,231)
Absalom (Absalon; 10,166)
Adam (Adam; 8,012, 10,340, 10,342, 11,622, 11,775, 12,859, 13,459, 13,882, 14,090, 14,949, 14,959)
Agnes, Saint (Agnes; 15,260)
Ahasuerus (Asuer; 10,891, 11,876, 13,134, 14,827, 15,735)
Alagón (Alaguo; 3,388)
Albir (Albir; 7,451)
Albufera (Albufera; 7,445)
Alexander the Great (Alexandre; 9,719)
Alhambra (Alfambra; 5,956)
Altea (Alte'; 7,451)
Amazons (Amazones; 9,390)
Ambrose, Saint (Sent Ambros; 15,319)
Amnon (Amon; 10,165)
Anastasia, Saint (Anastasia; 15,259)
Andrew, Saint ((Sant) Andreu; 9,447, 9,465, 12,408)
Anna (Anna; 15,245)
Anne, Saint (Sent'Ana; 6,159)
Anthony, Saint (Sent Antoni; 4,955)
Antofol (Antofol; 11,815)
Aragon (Araguo; 3,387, 4,539, 6,887, 7,216)
Arimathea (Arimatia; 1,407)

Arthur (Artus; 7,842)
Athaliah (Atalia; 9,347)
Athanasius (Atanas; 14,803)
Athaulf (Taulfus; 7,178)
Athens (Atenes; 11,803)
Augustine, Saint ((Sent) Aguosti; 12,503, 15,367)
Augustinians (Aguostins; 4,153)
Averroës (Aben Roys; 8,654)
Avignon (Auinyo; 10,738)
Azariah (Azaries; 15,314)
Babylon (Babilonia, Babibonia; 7,136, 10,875)
Balaam (Balam; 13,179)
Balaguer (Balaguer; 6,947)
Baltasar (Baltasar; 254, 15,431)
Baltasar Bou (Baltasar Bou; 241, 16,127)
Barcelona (Barçelona; 1,332, 7,181)
Bathsheba (Bersabe; 11,700)
Beelzebub (Bel, Zabuch; 12,121, 12,127, 12,133)
Beguines (Beguins; 4,154)
Beirut (Barut; 8,410)
Belial (Belial; 15,448)
Benaguasil (Benaguazir; 4,883)
Benedict de Luna (Benet de Lluna; 10,739)
Benifassà (Benifaça; 15,576)
Berenguer Oller (Berenguer Oller; 7,189–7,190)
Bernard of Clairvaux, Saint (Bernat; 11,810)
Bethlehem (Betlem; 11,299, 11,640, 12,893)

Bethphage (Betfaget; 13,211)
Béziers (Beses; 1,386)
Bigorra (Biguorra; 4,537)
Biterna (Biterna; 9,732)
Boaz (Boç; 8,754)
Boil (Boyl; 4,582)
Bosseria (Boseria; 2,643)
Bou (Bou; 268)
Britain (Bretanya; 15,861)
Brittany (Bretanya; 9,325)
Bunyol (Bunyol; 3,181)
Cadiz (Calis; 7,148)
Caesar (Sesar; 11,297)
Cain (Cahim, Caym; 6,940, 12,457, 14,096)
Calixtus (Caliste; 9,853)
Callosa (Callosa; 10)
Calp (Calp; 7,453)
Canaan (Canahan; 12,297)
Capitol (Capitoli; 7,903, 11,398)
Carthage (Cartayna; 7,138)
Castile (Castella; 6,884, 7,149, 7,230. 9,491)
Catalonia (Cata(l)lunya; 969, 1,854, 9,743)
Catherine, Saint (Caterina; 15,257)
Catholicon (Catholicon; 660)
Cato (Cato; 2,864)
Cava (Caua; 7,203)
Chapel of Saint Michael (Sent Miquel; 3,537)
Chapel of Saint Salvador (Sent Saluador; 3,723)
Christopher (Cristofol; 11,816)
Church of Saint Vincent (Sent Uiçent; 7,237)
Cicero (Tuli; 656, 2,864)
Clapers (Clapes; 923)
Cleopas (Clehofas; 15,354)
Company (Conpany; 4,206)
Constantine (Guostanti; 12,152, 13,583)
Convent of the Magdalene (Magdalenes, Magdalena; 2,634, 7,316)
Convent of the Minoresses (Menoretes; 2,642)
Corà (Cora; 2,623)
Cullera (Cullera; 7,446)
Cyrus (Çir; 9,371)

Damascus (Domas; 10,289, 11,809)
Daniel (Daniel; 261, 13,795)
Dante (Dant; 2,865)
Dauphin (Dalfi; 1,466)
David, King (Dauid, Dauit, Dauiu; 655, 11,072, 11,162, 11,604, 11,889, 12,451, 12,596, 12,921, 13,258, 13,569, 14,241)
Deborah (Delbora; 15,239)
Diana (Diana; 9,422)
Dinah (Dina; 15,738)
Dionysius the Areopagite, Saint (Dionis; 13,999)
Dionysius the Great, Saint (Dionis; 11,805)
Dismas (Dimas; 12,073, 13,959)
Douai (duays; 2,068)
Ebro (Ebro; 12,281)
Egypt (Egipte, Egipt'; 12,349, 13,618, 14,199)
El Garrofer (El Guarrofer; 7,450)
Elijah (Elies; 11,157)
Elisha (Eliseu; 12,164, 12,211)
Elizabeth (Elisabet; 11,284). Mary's kinswoman and Zechariah's wife.
Elizabeth of Hungary, Saint (Ysabel; 15,254)
Emmanuel (Hemanuel, Emanuel; 11,487, 11,646, 12,962)
En-gedi (Enguadi, Guadi; 13,818, 15,084)
Esau (Esahu; 12,732)
Esther (Ster, E( )ster; 10,892, 11,875, 13,144, 14,619, 15,224)
Etymologies (Timologies; 662)
Eve (Eua; 357, 6,477, 8,979, 10,341, 10,344, 10,465, 10,793, 10,853, 11,617, 12,790, 12,817, 12,820, 12,858, 14,090, 15,159)
Ezekiel (Ezechiel; 14,214)
Ezra (Esdraç; 13,651)
Facetiae (Fassesies; 2,861)
Falset (Falcet; 15,501)
Famagusta (Famoguosta; 9,481)
Farfana (Farfana; 2,692)
Felix (F(f)eliu; 12,933, 12,936)

Index of Proper Names

Francis, Saint (Sent Françesch, F(f)ranc-esch; 4,155, 10,094, 11,814)
Fronto (Fronti; 15,322)
Fusteria (Fusteria; 7,536)
Gabriel (Guabriel; 11,219, 11,488, 12,822)
Gad (Guat; 12,382)
Galderic de Soler (Guauderich lo de Soler; 3,106–3,107)
Galilee (Gualilea; 11,221)
Gandia, Duke of (duch de Guandia; 9,476)
Gascony (Guascunya; 1,853)
George, Saint (Jordi; 8,400)
Germany (Alamanya; 15,868)
Gethsemene (Jetsemani, Jhetsemani; 11,169, 13,209)
Gibeah - The name of this city is mistaken in the manuscript for Galaad or Gileah (Gualahat; 15,787).
Gideon (Gedeon; 11,152)
Gilead (Gualahat; 12,381)
Girona (Girona; 7,182)
Godfrey of Bouillon (Guodofre, Bollo; 8,781, 8,787)
Goliath (Guolies; 11,332)
Granada (Granada; 5,958)
Grau (Grau; 880)
Hagar (Aguar; 8,718, 15,232)
Ham (Cam; 13,378)
Hannibal (Anibal; 7,144)
Heber (Obel; 12,810)
Helena, Saint (Elena; 15,250)
Hercules (Ercules; 15,835)
Herod (Erodes; 8,002)
Herodina (Erodina; 8,006)
Hezekiah (Ezechies; 7,590, 12,449)
Hippocrates (Ypocras; 7,928)
Horta (Orta; 4,650)
Huetaviar (Huetauiar; 7,282)
Iran (Iram; 11,167)
Isaac (Ysach; 11,109, 13,842, 14,433)
Isaiah (Isayes, Ysahies, Ysayes; 7,123, 11,140, 14,230)
Israel (Ysrael, Israel; 261, 6,792, 7,585, 11,645, 12,798, 12,961, 14,213)

Jacob (Iacob, Jacob; 8,059, 11,786, 12,296, 12,733, 13,678)
Jael (Iabel, Guabel; 12,809, 15,243)
James, Saint (Sent Iaume; 3,306)
James the Good (Iaume'l Bo; 7,215)
Jehu (Hieu; 13,151, 15,789)
Jeremiah (Iheremies; 14,235)
Jerusalem (Jherusalem, Salem; 9,307, 11,180, 11,639, 12,894, 12,905)
Jesus, Christ, Jesus Christ (Ihesus, Crist, Ihesucrist, Jhesus; 36, 272, 3,252, 4,065, 5,329, 8,241, 11,337, 11,353, 11,486, 11,744, 11,905, 12,084, 12,087, 12,926, 12,963, 14,847, 14,997, 15,112)
Jezebel (Ihesabel, Gesabel; 13,147, 15,793)
Joachim (Ihoachim; 14,965)
Joan Fabra (Iohan Ffabra; 1–2)
Joash (Johas; 9,360)
Job (Iob; 11,081, 12,203)
John the Baptist, Saint ((Sent) Iohan, Johan (Babtista); 3,162, 8,000, 10,553, 11,779, 12,392, 14,256, 14,971)
John the Evangelist, Saint (Iohan, Johan; 34, 11,790, 11,913, 12,425)
John I the Hunter (Iohan; 1,366)
Jonah (Ionas, Jhonas; 7,565, 13,836)
Jordan (Iorda; 12,171, 12,378, 13,656)
Joseph (Iosef, Iosep, Jhosef; 5,830, 10,098, 11,172, 13,830) Son of Jacob.
Joseph, Saint (Josep, Josef; 6,624, 11,039, 11,106, 11,116, 11,228)
Joseph of Arimathea (Josef; 14,103)
Joshua (Iosue, Iosuhe, Josue; 12,375; 13,654, 14,784)
Judah (Iuda; 10,943, 13,453, 13,676). The Jewish tribe.
Judah (Iudes, Juda; 8,634, 13,082). Son of Jacob.
Judas (Iudes, Judes; 12,457, 13,392, 13,957)
Judea (Iudea, Iudeha; 11,222, 12,024)
Judith (Iudich; 12,804, 15,223)
Julian the Apostate (Iulia; 15,825)

Justina (Iustina; 9,427)
Laban (Llaban; 8,852, 12,298)
Languedoc (Llenguadoch; 9,633)
Lawrence, Saint (Llorenç; 12,504)
Leah (Llia; 12,302, 14,617, 15,235)
Leonor (Lleunor; 9,472)
Levi (Lleui; 13,159)
Lleida (Lleyda; 1,866, 12,900)
Llotja (Llonga; 2,611)
Llull (Llull; 16,166)
Longinus (Longi; 13,966)
Lucia, Saint (Lluçia; 15,260)
Lot (Llot; 8,630, 11,115, 12,338, 15,727)
Lucifer (Lluçifer; 6,315, 10,481, 12,787)
Lucretia (Llucreçia; 15,872)
Luke (Lluch; 273)
M. Aquilinus (M. Aquillino; 7,163)
Maçià Martí (Maçia Marti; 2,682–2,683)
Majorca (Mallorca; 7,638)
Malmsey (maluesia; 2,663, 4,111)
Manoah (Manue, Emanue; 11,215, 14,963)
Maria of Castile (dona Marina; 15,532)
Marina (Merina; 15,258)
Martha (Marta; 12,525, 14,553, 14,618, 15,323)
Martin of Tours, Saint ((Sent) Marti; 1,794, 11,818, 12,504, 15,321)
Martin the Humane (Marti; 1,368)
Mary (Maria; 11,065) Either the mother of Zebedee's sons or Mary Magdalene.
Mary (Maria; 14,618). Martha's sister.
Mary, The Virgin ((Verge) Maria; 3,396, 4,063, 10,973, 11,235, 11,270, 11,532, 12,825, 16,027)
Mary Magdalene (Magdalena; 12,071, 12,518, 12,928, 15,249)
Mary of Montpellier (Maria de Monpeller; 8,686–8,687)
Matthew (Mateu; 12,403)
Mecca (Mequa; 6,131)
Melchizedek (Melchisedech; 14,307)
Michael the Archangel, Saint ((Sent) Miquel; 277, 13,106)
Michal (Micol; 11,073)
Mirror (Spill; 239)
Moab (Mohab; 12,801)

Molvedre (Moruedre; 1,885, 7,145)
Mongibel (Mongibell; 8,545)
Monica, Saint (Santa Monica; 3,829)
Mont Vert (Montuert; 7,141)
Montserrat (Monserrat; 1,382, 15,568)
Moses (Moy( )ses; 7,603, 11,061, 11,787, 12,351, 12,582, 13,772, 14,208, 15,809)
Mount Horeb (Orep; 11,171)
Mount Sinai (Sinay; 11,170)
Mount Tabor (Tabor; 7,850, 11,171, 11,781, 13,191)
Muhammad (Mafomet; 3,687)
Naaman (Nahaman; 12,173)
Naomi (Nohemi; 8,747, 14,620)
Nazareth (Natzaret; 11,224, 11,283, 12,890)
Nebuchadnezzar (Nabuguadonosor; 12,188–12,189)
Nicholas, Saint (Nicolau; 12,505)
Nile (Nil; 11,400)
Nineveh (Niniue; 7,133, 7,564)
Noah (Nohe; 7,103, 11,111, 11,143, 13,329, 13,353, 13,375, 14,183)
Obed (Obet; 8,758)
Occam, William (Ocham; 16,167)
Octavian (Octouia; 11,391, 13,579, 15,883)
Old Valencia (uella Ualençia; 7,152)
Olite (Olit; 3,352)
One Hundred Novels (Çent Nouelles; 2,860, 8,795)
Origen (Origenes; 11,804)
Our Lady of the Puy (Nostra Dama del Puy; 1,388–1,389)
Pange lingua (Pange; 3,741)
Pantasilea (Pantasilea; 15,849)
Papias (Papies; 661)
Paris (Paris; 1,392, 1,517, 1,663, 11,806)
Paterna (Paterna; 689)
Patmos (Palamos; 10,781)
Paul, Saint ((Sent) Pau; 6,499, 10,178, 11,785)
Paulus (Pol; 7,185, 7,193)
Pelleria (Pelleria; 7,535)
Penedès (Penedes; 1,336)
Pertusa, Francesch de (Pertusa; 16,165)

Index of Proper Names

Peter, Saint ((Sent) Pere; 4,212, 12,407, 12,455, 12,933, 12,934, 14,294)
Peter II of Aragon (Pere; 8,689)
Peter III of Aragon (Pere; 7,191)
Peter III of Catalonia and IV of Aragon (Pere; 7,255)
Pharaoh (faraho; 3,084, 12,347, 14,190)
Phinehas (Fine(h)es; 7,587, 15,742, 15,810)
Pillar (Pilar; 3,394)
Plato (Plato; 2,863)
Poblet (Poblet; 15,502, 15,566)
Pont Trancat (Pont Tranquat; 6,137)
Pontius Pilate ((Ponç) Pilat; 13,964, 14,052, 14,117)
Portaceli (Portaçeli; 15,583)
Psalter (Psaltiri; 12,597)
Q. Valentinus (Q. Ualentino; 7,164)
Quintus Sertorius (Quinto Çertori; 7,165)
Rabassa (Rabaça; 4,585)
Rachel (Raxel, Rachel; 12,304, 12,310, 14,617, 15,244)
Raguel (Raguel; 6,791)
Rahab (Raab; 15,241)
Raphael (Rafel; 15,315)
Raymond VII, count of Toulouse (Ramon; 15,753)
Rebekah (Rebecha; 8,057, 15,227)
Red Sea (Roiga Mar; 12,359, 14,202)
Remolins (Remolins; 4,209)
Requena (Requena; 3,183)
Reuben (Ruben; 12,383)
Roderic (Rodrich; 7,205)
Rhodes (Colach; 7,135)
Rodrigo Diéguez (Díaz) de Vivar, Campeador (Rodriguo Sçit Diegueç Campeador; 7,209–7,211)
Rome (Roma; 2,768, 7,138, 11,394, 11,453)
Roussillon (Rossello; 4,540)
Rovella (Rouella; 7,313)
Ruth (R(r)ut; 8,750, 14,620)
Sagunt (Seguont; 7,139)
Saint-Denis (Sent Dinis; 1,391)
Saint Martin (Penedès) (Sent Marti; 1,334)

Samson (Sam(p)so; 7,825, 7,924, 11,166, 11,217, 13,835, 14,070, 15,767)
Sanou (Çanou; 2,648)
Santa Creu (Senta Creu; 6,135)
Santes Creus (Sentes Creus; 15,563)
Santiago de Compostela (Sent Iaume; 3,157)
Santo Domingo de la Calzada (Calçada; 3,277)
Saragossa (Saraguossa; 3,390, 3,815)
Sarah (Sarra; 11,056, 15,228)
Sarai (Sarray, Sarrahi; 8,715, 15,229)
Satan (Satan, Satanas; 11,336, 11,354, 11,625, 12,121, 12,136, 12,796, 14,474)
Saul (Sau, 6,497). Saint Paul.
Saul, King (Sahul; 8,067)
Scotus, Duns (Aschot; 16,167)
Segorbe (Soguorp; 3,876)
Semiramis (Semiramis; 9,269)
Sheba (Sabba; 15,050)
Sibila de Fortià (Fortiana; 1,343)
Sidon (Sidonia; 7,135, 12,025)
Sigüenza (Çiguença; 7,148)
Silla (Çilla; 5,097)
Siloam (Silohe; 14,265)
Simon Peter (Simo Pere; 13,683)
Sisera (Sisara; 7,933)
Socrates (Socrates; 7,980)
Sodom (Sodoma; 7,137)
Solomon (Salamo; 7,035, 11,695, 15,620)
Song of Songs (Cantichs Cantats; 11,136)
Sophia (Sofia; 12,061)
Sophia, Saint (Sufia; 12,513)
Soterna (Soterna; 690)
Spain (Spanya, Espanya; 7,200, 15,862)
Stromboli (Estranguol; 8,546)
Suau (Suau; 2,649)
Susanna (Susanna; 15,246)
Sychar (Çiquar, Sichem, Sichar; 7,876, 11,179, 14,267)
Sylvester, Saint ((Sant) Siluestre; 281, 12,149, 13,590)
Tamar (Thamar; 10,164)
Tarragona (Ta(r)raguona; 1,331, 15,569)
Tecla (Tecla; 15,258)
Teruel (Terol; 3,821)

Thomas Aquinas, Saint (T(h)omas; 11,810, 12,506)
Tiberius (Tiberi; 13,582)
Third Isaiah (Terç d'Isayes; 7,123)
Titus (Titus; 12,911)
Tobias (Tobies; 11,158, 12,502)
Tobit (Tobies; 11,095, 15,313)
Tomyris (Tamar; 9,369)
Torra (Torra; 6,134)
Torrent (Torrent; 690)
Toulouse (Tolosa; 15,755)
Trench (Trench; 7,402, 7,536)
Troy (Troya; 7,137, 15,848)
Tyre (Tir; 7,136)
Uguccione of Pisa (Guçi; 661)
Uriah (Uries; 12,450)
Valdecristo (Uall de Crist; 15,581)
Valencia (Ualençia; 4,541, 6,889, 7,156, 7,195)
Valero, Saint (Sent Ualero; 3,755)
Vall d'Andorra (Uall d'Andorra; 6,133)
Vallbona (Ualbona; 15,570)
Vallivana (Ualliuana; 15,577)
Vashti (Uasti, Vasti; 13,131, 13,146, 14,619, 14,821, 15,737)
Veronica, Saint (Ueronica; 3,830)
Vervins (Veruins; 2,068)
Vespasian (Vespesia; 12,909)
Vila Seca (Uila Çequa; 6,132)
Vincent Ferrer, Saint (Vissent Ferrer, Uiçents, Sant Uiçent Fferrer; 5,791, 7,543, 9,339–9,340)
Vincent of Saragossa (Uiçents; 7,543)
Violant de Bar (Uiulant; 3,837)
Wamba (Banba; 7,183)
Xúquer (Chuquer; 12,278)
Zacchaeus (Gesseu; 14,844)
Zebedee (Zebedeu; 12,413)
Zechariah (Zacharies; 11,289, 14,236, 14,968)